Gibran Khalil Gibran
جبران خليل جبران

Filósofo dos Profetas, Profeta dos Filósofos

Copyright do texto © 2008 Assaad Zaidan
Copyright da edição © 2008 Escrituras Editora

Todos os direitos desta edição cedidos
Escrituras Editora e Distribuidora de Livros Ltda.
Rua Maestro Callia, 123 – Vila Mariana – 04012-700 São Paulo, SP
Telefax: (11) 5082-4190 / www.escrituras.com.br / escrituras@escrituras.com.br

Editor
Raimundo Gadelha

Coordenação editorial e gráfica
Fernando Borsetti

Revisão
Silmara de Oliveira, Regina Vallado e Renata Assumpção

Assistente de redação
Márcia Valéria M. Batista

Ilustrações de capa e interiores
Konrad Zeller

Capa e projeto gráfico
Vaner Alaimo

Editoração eletrônica
Vaner Alaimo e Juliana Fanchini

Impressão
Gráfica Edições Loyola

Dados Internacionais de Catalogação na Publicação (CIP)
(Câmara Brasileira do Livro, SP, Brasil)

```
Zaidan, Assaad, 1933-      .
   Gibran Khalil Gibran : filósofo dos profetas e
profeta dos filósofos / Assaad Zaidan ; prefácio
de Gabriel Chalita. -- São Paulo : Escrituras
Editora, 2008.

   Bibliografia.
   ISBN 978-85-7531-297-1

   1. Gibran, Kahlil, 1883-1931 2. Escritores
árabes - Líbano - Biografia 3. Místicos -
Biografia I. Chalita, Gabriel. II. Título.


08-07130                              CDD-928.927
```

Índices para catálogo sistemático:

1. Escritores árabes : Biografia   928.927

Impresso no Brasil
Printed in Brazil

ASSAAD ZAIDAN

Gibran Khalil Gibran
جبران خليل جبران

Filósofo dos Profetas, Profeta dos Filósofos

Prefácio de Gabriel Chalita

escrituras
São Paulo, 2008

Prefácio

A leitura dos originais de Assaad Zaidan, a respeito do revolucionário Gibran Khalil Gibran, foi uma surpresa duplamente agradável. Primeiro porque é uma robusta análise histórica do Líbano, dentro de contextos sociológicos esclarecidos com a limpidez da lupa do tempo, acrescida da luz do talento. Em segundo lugar porque é uma contribuição não só ao entendimento da importância literária deste profeta do Oriente, mas um aclarado parecer sobre sua intervenção na construção do Líbano moderno.

Em uma linguagem encantadora, até surpreendente para um imigrante cujo vernáculo nativo é tão diferente do português, Assaad Zaidan transforma em poema até mesmo descrições de batalha. É um escritor, como ele mesmo diz, porque a literatura corre em suas veias. E escritor de talento produz coisas boas em qualquer língua, ele afirma.

Pesquisador de excelentes recursos técnicos, ele plana como um pássaro Roca pelos ares, perscrutando o mundo inteiro com um olhar agudo. Depois, mira um pedaço de terra e mergulha em um vôo direto para um ponto específico. Vai, assim, do universal ao particular com muita competência, conduzindo o interesse do leitor com vívidas descrições e numerosas informações complementares, de ordem cultural, histórica e literária. E, em um bom exercício de genealogia, traça hábitos e atitudes de família. Afinal, o homem é produto do seu meio.

Tudo isso entremeado de frases garimpadas de todos os livros de Gibran, apresentando, aos poucos, a produção literária ao leitor. Outro recurso narrativo que denota a preocupação didática deste livro. Sem dúvida, uma contribuição ao ensino da literatura árabe.

A pesquisa de Assaad Zaidan, que lhe ocupou 25 anos, explica, por exemplo, a origem da igreja maronita, o processo de ocupação das terras libanesas pelas potências européias, no século XIX, os arranjos e desarranjos políticos, as características sociais e econômicas. É uma pequena enciclopédia, que certamente ajudará os numerosos descendentes de libaneses no Brasil a entenderem as raízes do cedro milenar.

Este preâmbulo é necessário porque Gibran é o Líbano. Não se pode compreender o país sem ele, apesar de tantos anos vividos no exterior e de uma vasta produção literária em língua inglesa – aliás, esta é a razão pela qual o Ocidente o conhece tão bem. Gibran foi um dos três mais importantes renovadores da literatura árabe, ao lado de Amin Rihani e Miguel Naime. Curiosamente, todos os três viveram no Ocidente (todos nos Estados Unidos).

Gibran nasceu em uma pequena cidade, cheia de moinhos e de vinhedos, no alto de uma montanha. Gibran assim falou de sua terra natal: "Bicharry é uma cidade debruçada no colo da montanha e deitada no travesseiro de suas tradições". Mudou-se ainda menino para Boston, na costa leste dos Estados Unidos, onde passou a dedicar-se ao desenho e à fotografia. Conheceu artistas. Conheceu amores. Voltou para o Líbano, por quatro anos, para estudar a língua e a literatura árabes com o padre Youssef Hadad, no Colégio El Hikmat, em Beirute.

Jovem tímido, teve como único amigo, na época, Youssef Huwayyik (que mais tarde se tornaria pioneiro na arte da escultura, no Líbano). Este amigo reencontrou Gibran, em Paris, anos depois. E, em 1957, relatou essa amizade para a escritora libanesa Edevie Chaibub, que escreveu um livro valioso pela revelação de uma parte da vida do profeta, *Minhas Memórias com Gibran*, que serviu como fonte de referência para vários escritores. A juventude de Gibran era um período em que o Império Otomano tentava "turquificar" a língua árabe, no dizer preciso de Assaad Zaidan, mas também era um período em que Napoleão Bonaparte estendia suas conquistas para o mundo muçulmano, chegando ao Egito e contrapondo-se aos turcos, estimulando o ensino da língua árabe e a produção de livros nesta língua.

Gibran foi sempre pobre. Para viajar de volta de Beirute a Boston, pagou a passagem de navio e só lhe restaram quatro dólares. Ao chegar, deparou-se com a irmã morta e com epidemias de varíola e tuberculose que ameaçavam a família inteira. Pedro, o irmão, ficou tuberculoso. Por recomendação médica viajou para Cuba, onde o clima era melhor, mas voltou em estado de saúde ainda pior, e morreu poucos meses antes da mãe.

Depois que passou a escrever, em inglês, crônicas e poemas para jornais, Gibran conheceu a fama, e sua situação financeira melhorou. No entanto, passou a ser questionado por ter abandonado os escritos em árabe e as críticas que fazia às injustiças cometidas em sua terra pelo sultão turco. Voltaria, mais tarde, a resgatar estas críticas, em vários de seus contos. Principalmente depois da Primeira Grande Guerra, porque o Império Otomano aliou-se à Alemanha contra a França, Inglaterra e Rússia. O exército turco invadiu o Líbano e assassinou milhares de pessoas em Beirute e Damasco, acusando-as de serem informantes dos europeus. Gibran escreveu sobre a tragédia no seu livro *Filhos de minha nação*:

"Meus parentes estão mortos, e eu vivo a chorá-los na minha solidão e isolamento.

Meus amados estão mortos, e o seu desaparecimento mergulhou minha vida na desgraça.

Meus parentes estão mortos, e as suas lágrimas e o seu sangue mancham os prados da minha terra; e eu estou aqui, vivendo como vivia quando meus parentes e amados estavam sentados no trono da vida e a minha terra estava iluminada pelo Sol.(...)

Meus parentes morreram crucificados.

Morreram de mãos estendidas para o Oriente e o Ocidente e de olhos fitos na escuridão do espaço.

Morreram no silêncio, pois os ouvidos da humanidade se fecharam para seus apelos e gritos.

Morreram porque não aceitaram aliar-se a seus inimigos como covardes, nem renegar seus amigos como traidores.

Morreram porque não eram criminosos.

Morreram porque eram pacíficos.

Morreram de fome na terra onde jorra mel e leite."

Gibran Khalil Gibran escreveu 13 livros, entre 1905 e 1928 – oito em árabe e cinco em inglês. Depois de sua morte, em 1931, aos 48 anos, foram publicadas as seguintes obras: *Os deuses da terra, O errante* e *Jardim do profeta*.
Gibran teve um amigo no Brasil, Jamil Maluf, a quem escrevia com freqüência (era um grande escritor de cartas; seus biógrafos registram mais de 1.300 cartas enviadas).

Em Paris, onde viveu por algum tempo, Gibran conheceu rapidamente o famoso escultor Auguste Rodin.

Em 1911, a contragosto, mudou-se para Nova Iorque, para uma estada de três anos. Em vez disso, radicou-se na cidade e nunca mais saiu de lá. Fundou e foi o primeiro presidente, naquela cidade, em 1920, da Liga Literária, uma academia de escritores que se movimentavam para renovar a literatura árabe, imutável havia 12 séculos. Diz Assaad Zaidan: "Gibran desenhou o símbolo da Liga Literária e colocou o seguinte dizer: Alá possui tesouros debaixo de seu trono celestial que são revelados pelas rimas dos poetas."

Assaad Zaidan teve especial cuidado em relatar os amores de Gibran, com o objetivo de mostrar a delicadeza de espírito do poeta. O destaque, como não poderia deixar de ser, foi dado a Mary Haskell, que manteve com ele profunda amizade por vinte anos. Um longo e belo capítulo do livro revela a dedicação dos dois. Da volumosa correspondência entre ambos, há em uma carta de Gibran para Mary um trecho digno de ser destacado aqui: "A vida é uma visão cheia de possibilidades e realizações doces e infinitas. Mas as pessoas são tão insignificantes e suas falas são insignificantes. A vida é poderosa. O homem é pequeno. E há um abismo entre a vida e o homem. Não se pode erguer uma ponte sobre este abismo sem torcer sua alma e se contorcer. Vale a pena para um artista ser acrobata?

Pessoalmente, só consigo conviver com os dois elos extremos da corrente humana: o homem primitivo e o altamente civilizado. O primeiro é sempre puro, e o segundo sempre sensível."

O livro de Assaad Zaidan não é um trabalho de crítica literária, mas uma biografia, romanceada, bem escrita, amorosa. É uma contribuição à compreensão da vida – e portanto da obra – do profeta e filósofo Gibran Khalil Gibran. Um livro para ser relido.

Gabriel Chalita
Junho de 2008

SUMÁRIO

Parte I

1. Gibran Khalil Gibran - I 17
2. O Líbano 19
   - Otomanos no Líbano 23
3. Frases de Gibran (1) 27
4. Líbano na época de Gibran 29
5. Frases de Gibran (2) 31
6. Bicharry, cidade natal de Gibran 33
7. Frases de Gibran (3) 35
8. Os ascendentes de Gibran 37
9. Frases de Gibran (4) 40
10. Nascimento do pequeno profeta 41
11. No dia em que nasci 45
12. Frases de Gibran (5) 48
13. Gibran, o imigrante 49
14. Frases de Gibran (6) 52
15. Gibran em Boston 53
16. Frases de Gibran (7) 55
17. Primeiro pecado do profeta 57
18. Frases de Gibran (8) 59
19. Gibran, o pintor 61
20. Gibran no Colégio El Hikmat 65
    - Orientadores 66
    - Ambiente de Estudo de Gibran 68
21. Frases de Gibran (9) 70
22. Marta Albanesa 71
23. Frases de Gibran (10) 77
24. Férias escolares 79
25. Primeiro amor do profeta 81
26. Frases de Gibran (11) 86

Parte II

1. Gibran Khalil Gibran – II 91
2. O retorno à América 93
3. Frases de Gibran (12) 95
4. Novo Mundo 97
5. Fantasma da morte 101
6. Frases de Gibran (13) 104
7. Anjo protetor 107
   - Mary Haskell 108
8. Frases de Gibran (14) 110
9. O sonho traz inspiração, e o acaso atrai aproximação 111
10. Frases de Gibran (15) 114
11. O encontro 115
12. Frases de Gibran (16) 118
13. Alma de gênio e coração de poeta 119
14. Gibran e Amin Gorayeb 121
15. Frases de Gibran (17) 123
16. Gibran: escritor e poeta 125
17. Frases de Gibran (18) 127
18. Asas sem penas 129
    - Os Pássaros 130
    - Diálogos 131
    - João, o Louco 134
19. Frases de Gibran (19) 138
20. A inspiração de um poeta 139
21. Frases de Gibran (20) 143

Parte III

1. Gibran Khalil Gibran – III 147
2. Paris, "meu sonho" 149
3. Almas rebeldes 153
   - O livro 155
   - Khalil, o Herege 159
4. Frases de Gibran (21) 179

Parte IV

1. Gibran Khalil Gibran - IV 183
2. Gibran em Paris 183
3. Gibran e Youssef 187
    - As Idéias do Dr. Casper 189
    - Excursão noturna 193
    - Que é o amor? 196
    - A maçã da Eva e o ovo dos Fenícios 198
    - O restaurante da Madame Baudet 202
4. O pintor e o jornalista 205
5. Gibran órfão 207
6. Amin Al-Rihani em Paris 209
    - Pai, Filho e Espírito Santo 210
    - Com Al-Rihani no Louvre 213
7. Gibran despede-se de Paris 217
8. Passagens de Gibran em Paris 219
9. Frases de Gibran (22) 221

Parte V

1. Gibran Khalil Gibran - V 227
2. Gibran frente à realidade 229
3. Gibran em Nova Iorque 235
    - A fada e a feiticeira 240
    - May Ziadah 241
    - A mão do destino 242
    - Frente ao trono da morte 243
4. Correspondências, namoro e críticas 249
5. Imigrantes e intelectuais 253
6. O profeta revolucionário 257
    - A escravidão 260
    - Os dentes cariados 262
    - Meus parentes morreram 263
    - Filhos de Minha Nação 266
    - Satanás 268
    - Gibran, o oriental 271
7. Revolucionário na trincheira 273

Parte VI

1. Gibran Khalil Gibran - VI 279
2. Missão 280
3. Frases de Gibran (23) 283
4. A evolução de Gibran 285
5. Frases de Gibran (24) 289
6. A Liga Literária 291
7. Gibran, o profeta 295
   - Primeira profecia 295
   - Segunda profecia 296
   - Terceira profecia 297
   - Quarta profecia 297
   - Quinta profecia 297
   - Sexta profecia 298
8. Gibran, o filósofo 299
   - O primeiro olhar 305
   - O primeiro beijo 305
   - Gibran assim escrevia 307
   - Sempre tem conserto 310
   - Dois filósofos 310
9. Gibran e Nietzsche 313
   - Friedrich Wilhelm Nietzsche 314
10. Gibran e o nazismo 319
11. Frases de Gibran (25) 324

Parte VII

1. Gibran Khalil Gibran – VII 327
2. Reencarnação 329
   - Reencarnação e o segredo da morte 331
   - Cinzas dos séculos 333
   - O poeta de Baalbech 339
3. Jesus de Gibran x Clero de Jesus 345
   - Thiago, filho de Zebedeu 346
   - Quando Jesus era criança 347
   - Nazareno orador 347
   - Curador dos enfermos 347
   - Caifás, O Sumo Sacerdote 348
   - Novo Deus para Israel 348

- Jesus menosprezou e puniu os hipócritas 349
- Jesus, o Salvador 349
- Jesus, o bom carpinteiro 350
- Jesus vencera 350
- Jesus não era manso 351
- Jesus, o que Ele era? 351
- Não era um Deus 352
- Que os mortos enterrem seus mortos 352
- Eles odiavam Jesus 352
- Pôncio Pilatos 353
- Sangue de Jesus é nova argila da Terra 353
- Pensamento de Judas 355
- Anãs, o Sumo Sacerdote 355
- Thiago, o irmão do Senhor 356
4. Frases de Gibran (26) 357
5. A eterna obra "O Profeta" 359
   - O Profeta escrito pelo profeta 360
   - Mensagem de "O Profeta" 364
   - A Imagem de "O Profeta" 365
   - Suavizar a consciência 365
   - Al Mustafá 366
6. Adeus ao profeta de Orphales 375
   - Despedida 381
   - Nosso profeta entre nós 383
7. Obras de Gibran 401
8. Mulheres na vida de Gibran 403
9. Referências 405

PARTE I

Gibran Khalil Gibran - I

- Era uma estranheza;
- Era uma tempestade impetuosa;
- Era um farol cultural;
- Era uma revolta que refletia a ampla imagem do amor;
- Era um gênio revoltado contra todo tipo de escravidão;
- Fazia das conversas poesias agradáveis, revolucionava as cordas do violão para que tocassem melodias suaves e, das rimas, fazia músicas poéticas que falavam aos corações;
- Surgiu como uma pequena revolta. Essa revolta cresceu com ele e terminou em revolução da primeira à última palavra que escreveu;
- Era severo e não aceitava embarcar no veículo tradicional da História, isso porque ele era a História;
- Conheceu a música pelo espírito, antes mesmo de ouvi-la;
- Era um pensador progressista. Seu pensamento partia do improviso dos sentimentos que vinham de seu espírito. Aqueles que desejam entender sua filosofia devem ultrapassar a magia de sua redação, captar sua opinião, conhecer seus pensamentos;
- Desejava ser anjo e assim o fez desenhando seu quadro;
- Tocou com seu pincel os teclados da harmônica da mente humana e fez nascer uma sinfonia de palavras com cores e desenhos que formam frases purificadoras do espírito humano;
- Suas frases fizeram o homem se interessar em conhecer os segredos de si próprio e ainda buscar desmistificar os mistérios da eternidade;
- Ele considerava a literatura uma arte que conduzia à beleza e à vida;
- Mudou o ditado de "arte para a arte" para "arte para a vida";
- Ele sonhava com o dia em que não houvesse escravidão e com a humanidade caminhando de mãos dadas com a justiça social. Essa era a base da sua filosofia;
- Ele sonhava com a liberdade, pátria unida e sem as algemas das tradições, do tempo ou dos lugares;
- Ele dizia que a liberdade tem um preço muito alto;
- Ele se achava mais forte que a morte, pois pregava a reencarnação;
- Escreveu sobre Jesus como ninguém e mostrou que os ensinamentos de Cristo eram verdadeiros alicerces do despertar da mente humana para o bem;

- Para escrever sobre Gibran, o melhor seria mergulhar a pena na luz, e não na tinta;
- A mãe de Gibran dizia que seu filho estava além da psicologia;
- Gibran desejava que o mundo todo ouvisse suas palavras;
- Ele dizia: "o espírito é maior que o espaço, mais forte que o tempo, mais profundo que o oceano e mais alto que as estrelas";
- Seu nome jamais será apagado da cultura mundial. Isto porque seu pensamento despertou a mente humana para a força transformadora do futuro e seu espírito entrou na corrida do tempo, desprendendo as amarras enfraquecidas das tradições;
- Gibran promoveu a crítica contra a opressão e a exploração do homem;
- Gibran era um mensageiro da afeição, amizade e humanismo. Representava a criatividade e os valores históricos da grandeza cultural do Líbano, o "país do cedro";
- Ele veio a este mundo para escrever seu nome em letras douradas.

O Líbano

Líbano, pequeno território, epopéia da história humana, onde foram aperfeiçoadas as primeiras letras, construídas as primeiras casas, os primeiros remos e cantadas as primeiras rimas de amor de Afrodite - deusa da beleza na mitologia fenícia -, para o seu namorado Adônis.

Líbano, "caverna dos leões e morro dos leopardos"[1], oásis da História, de quando esta ainda era um vasto deserto, jardim cultural onde floresceram as primeiras letras do alfabeto, ponte entre Oriente e Ocidente promovida por seus habitantes, os fenícios, que navegavam unificando mares e oceanos.

O território libanês é o ponto central no mapa do globo terrestre. Sempre foi alvo da ganância de conquistadores, antigos imperadores egípcios, assírios, babilônicos, hititas, persas, gregos e romanos. Todos estiveram conquistando, dominando, explorando, destruindo, e depois fugiram, desaparecendo nas areias movediças da História, enquanto o Líbano permaneceu firme.

Seus habitantes eram os cananeus[2], chamados de fenícios pelos gregos, e assim seus territórios passaram a se chamar Fenícia. Senhores dos mares, navegavam no Velho Mundo construindo cidades para servir de bases mercantis, como Cádiz, Málaga, Cartago, etc. Como professores viajantes, levavam, além de mercadorias, conhecimento e cultura aos habitantes do Mundo pré-civilizado, fazendo intercâmbio entre os povos de um universo primitivo.

Na época da conquista grega, os sábios libaneses participaram da formação da cultura helênica, pois vários filósofos eram das cidades de Tiro, Sidon, Biblos e Beirute, que se tornaram verdadeiros centros de estudos filosóficos, onde surgiu a comunidade filosófica do Novo Platonismo. Beirute ficou conhecida pelo estudo da legislação e jurisprudência, sendo Juliano posteriormente apelidado de "Pai da Legislação".

No início do domínio Romano no Oriente Médio aconteceu o nascimento de Jesus Cristo. As cidades do sul do Líbano, Tiro e Sidon, foram visitadas por

---

1 Frase do Cântico dos Cânticos (Bíblia Sagrada).
2 Cananeus, primeiros habitantes conhecidos na história da civilização. Habitavam a Palestina, a costa marítima do Líbano e a ilha Uruad (Norte da Síria). O nome fenício lhes foi dado pelos gregos, porque um marinheiro, da cidade de Tiro (Sur) no litoral libanês, descobriu a fórmula da tinta coral-vermelho, das conchas do mar. Os gregos chamavam esse tom coral-vermelho de "fonício" e assim surgiu a designação para os descobridores desta cor.

Ele e seus apóstolos. Nas proximidades de Sidon existe uma igreja construída sobre uma caverna: a "Caverna das Esperanças" (Mugharat Al Natra). Dizem que nesse lugar, Nossa Senhora esperou para encontrar seu filho Jesus. A maioria dos apóstolos de Cristo utilizava os portos libaneses em suas viagens para divulgar a doutrina cristã em outros continentes. Tiro foi também a primeira cidade do Oriente a aderir ao cristianismo em sua totalidade e eleger um bispo.

Durante os tenebrosos dias de perseguição aos cristãos no Império Romano, milhares deles foram crucificados em Beirute. Essa perseguição só cessou quando o imperador Constantino aderiu ao Cristianismo e converteu todo o Império, e quando o Império Romano (376 – 395 d.C.) foi dividido em duas partes: Ocidental, com a capital em Roma, e Oriental, com sua capital Constantinopla. Naquela época, o Cristianismo gozava de prestígio imperial e se alastrou no Líbano, por todo o Oriente, norte da África e território do império bizantino.

Na época dos bizantinos (405 a 450 d.C.) surgiu um religioso, Santo Maron, consagrado por dedicar sua vida aos pobres e propagar a doutrina humanista cristã. Nascido no norte da Síria, viveu na fortaleza de Afamia, à beira do rio Assi, entre as cidades de Homs e Hama. Após sua morte, seus discípulos, os maronitas, se multiplicaram, porém entraram em confronto com os cristãos ortodoxos orientais, os jacobitas, por divergirem sobre a natureza de Cristo. Os maronitas passaram a admitir as duas naturezas de Cristo, a divina e a humana, e se submeteram à autoridade Papal. Já os Cristãos ortodoxos possuíam seus próprios patriarcas e eram adeptos da teoria monofisista, que consistia na crença de que Cristo possuía uma única natureza composta por duas vontades. Com isso, as desavenças entre os cristãos ortodoxos e os maronitas aumentavam, culminando no extermínio de 500 dos 800 monges maronitas no mosteiro de Afamia (518 d.C.). Os monges sobreviventes fugiram para as montanhas do norte do Líbano, onde construíram igrejas e mosteiros e converteram os habitantes locais. Atualmente, os maronitas são uma das principais seitas religiosas do Líbano, com adeptos na Síria, Chipre, Palestina e nos países para onde seus seguidores imigraram, como Brasil e Estados Unidos.

No período bizantino (300 a 600 d.C.) houve uma migração em massa dos habitantes das tribos da península Arábica para a Síria, Iraque, Palestina e leste do Líbano (Vale do Bekaá). Assim, em 632, quando a conquista árabe-islâmica avançou, essa região não apresentou muita resistência, e em menos de três anos toda a grande Síria estava conquistada, assim como sua população, na grande maioria árabe, com uma parcela cristã da velha migração, e árabe-muçulmana da nova conquista. Em cidades libanesas litorâneas e do monte ocidental, a população era descendente dos velhos fenícios, adeptos da nova seita maronita, e também não ofereceu resistência à conquista árabe, devido às divergências com os jacobitas.

Com o domínio árabe instaurado na região, após a divisão do Islã entre sunitas e xiitas, o primeiro califa da dinastia Omíadas Muawiat Bem Abi Sufian, mudou a capital do califado de Medina para Damasco e fez amizade com os libaneses conhecedores das navegações. Deu-lhes tratamento especial em troca de uma frota marítima, para combater os bizantinos e os romanos, inconformados com a perda do domínio da região para os árabes, e que sempre atacavam as cidades marítimas. Assim, os libaneses construíram uma poderosa frota naval que colaborou para sua vitória sobre romanos e bizantinos, e que levou os árabes à conquista de diversas ilhas no Mar Mediterrâneo. O Líbano viveu em paz durante o período Omíadas (660 a 750 d.C.), quando muitas tribos árabes se estabeleceram no sul do Líbano (Bekaá) e nas cidades litorâneas abandonadas pelos romanos e bizantinos.

Em 750, a dinastia Omíadas foi praticamente eliminada pela dinastia Abássidas e a capital do califado foi transferida de Damasco para Bagdá. O tratamento dos califas aos libaneses mudou para pior. O segundo califa da dinastia Abássidas mandou esmagar cruelmente os habitantes revoltados do monte Munaitara. Porém, os bizantinos, viram nessa situação uma nova oportunidade de restabelecer seu domínio na costa libanesa e assim ameaçar o poder dos árabes.

O califa Abu Jafar El Mansur percebeu o perigo iminente e em sua viagem a Damasco em 759, ordenou a diversas tribos árabes que estavam no norte da Síria que ocupassem as montanhas centrais e a costa do Líbano. Essas tribos eram lideradas pela tribo iemenita Tanouhk e se aliaram a outras para defender heroicamente o Líbano dos invasores bizantinos. Posteriormente, durante o califado Fatimita[3], os Tanouhk combateram invasões das Cruzadas por dois séculos, consagrando assim o Líbano como território árabe, e permaneceram no governo libanês de 759 a 1516.

No início do século X o califado Abássidas entrou em declínio, sendo dividido em três: Omíadas, na Andaluzia; Fatimita, no Egito, norte da África, Síria,

---

[3] O califado Fatimita assim é chamado porque essa dinastia descende de Imam Hussain, filho de Fátima, filha do profeta Mohamed e esposa de Imam Ali, ídolo xiita.

Líbano e Palestina; e o Califado de Bagdá que se tornou autoridade religiosa. O Líbano, que estava sob o domínio do califado Fatimita, posteriormente passou para o sultanato Aiubita e depois para o mameluco.

    Vale ressaltar que o sexto califado Fatimita, El Haken Bi Amralla, fundou uma tese científica e reformista na religião islâmica, influenciada pelas doutrinas filosóficas dos irmãos da Serenidade[4], dos mutasilata e dos gregos, especialmente Pitágoras e sua teoria da reencarnação, fundamentada no "logos". Esse pressuposto diz que tudo deveria ser confirmado pela mente humana, e que se algum milagre não for confirmado pela mente, não deveria fazer parte da religião. Dessa tese surgiu a seita islâmica drusa, também chamada de unitarista, por acreditar em Deus único, que seria a luz primeira e original de todas as coisas, poderosa energia criadora da natureza e da mais bela obra: a "mente humana".

    Essa nova seita foi combatida pelos sultões mamelucos turcos e curdos fundamentalistas, por renegar os milagres mencionados na Bíblia e no Alcorão. Para evitar a perseguição das autoridades e dos fanáticos religiosos, os divulgadores do "drusismo" passaram a utilizar a versificação esotérica, e assim a seita drusa conseguiu permanecer até hoje. Os membros das tribos Tanoukh do Líbano e seus aliados converteram-se a ela. Atualmente, possui adeptos no Líbano, Síria e Palestina. Seus membros se destacam na luta em defesa da independência de seus países. Apesar da perseguição da seita drusa, a tribo Tanoukh conseguiu permanecer, governando o Líbano até 1516, quando o Sultão Otomano Salim I conquistou o Oriente Médio e transferiu o emirado libanês dos Tanoukh para a tribo Maanita, que era da seita *Drusa*.

---

4   Os irmãos da Serenidade escreveram cinqüenta tratados sobre diversos assuntos: "Matéria Original", "Segredos da Natureza", "Superfície da Terra e as Mudanças", "O Universo e a Degradação", "Meteorologia", "Galáxia e Universo", "Conhecimento das Estrelas", "Composição dos Minérios", "Botânica", "Patologia", "Geologia", "Relação do Esperma com o Espírito", "Composição do Corpo", "Sensibilidade e Senso", "As Profissões Práticas e Científicas", "Os Números e suas Características", "Engenharia", "Música", "A lógica e suas variantes", "A divergência das Moralidades", "A Natureza dos Números, "O Humano é um Grande Universo", "O Segredo da Paixão", "Morte e Reencarnação", "Época e Gente", entre outros.

Otomanos no Líbano

Em 1516, os turcos otomanos[5] invadiram o território dos turcos mamelucos[6], que governavam Egito, Síria, Palestina, Líbano e Hejaz[7], além de Meca e Medina, lugares sagrados para os mulçumanos. Este domínio permaneceu de 1253 a 1517.

Com essa invasão, a conquista de Constantinopla em 1453 e as vitórias na Europa Oriental, os otomanos, principalmente na época do Sultão Suleiman, "o Magnífico" (1520 - 1566), tornaram Constantinopla, a capital do mundo muçulmano, mais rica e poderosa que a antiga capital de Bagdá.

Ainda em 1516, na chegada do sultão otomano Salim I em Damasco após a vitoriosa batalha de Marj Dabeck sobre os mamelucos, os príncipes libaneses se reuniram em comitivas para saudar o conquistador e lembrá-lo que no momento decisivo da batalha, eles tinham abandonado o inimigo e se aliado aos exércitos do novo conquistador.

Nessa ocasião, o príncipe libanês Fakher El Deen Maan fez um discurso comovente repleto de elogios ao sultão otomano, que, para retribuir, nomeou o príncipe Maanita como governador do Monte Líbano. Assim, transferiu o governo do Líbano da dinastia Tanoukh (759 a 1516) para a dinastia Maanita.

Os sultões turcos otomanos confirmaram as leis latifundiárias predominantes no período do domínio mameluco. Dividiram a região em estados e entregaram seu domínio aos baxás[8] escolhidos por eles. O Líbano estava dividido politicamente da seguinte forma: os governantes da região do Monte Líbano eram príncipes libaneses nomeados diretamente pelo sultão turco de Constantinopla; enquanto o Líbano Central, a planície de Bekaá e a região de Baalbeck eram territórios do bacharelato de Damasco. Os limites do Líbano eram estes, exceto no governo do príncipe Fakher El Deen II (1590 a 1635) pois, durante seu governo, o território libanês foi expandido do norte da Síria ao sul da Palestina, ao passo que a população se dividia conforme a região e religião.

No sul do Líbano e na região de Baalbeck, a maioria da população fazia

---

5   Otomanos, adjetivo conferido à dinastia Otomana, descendentes de Otomã, que fundou um dos maiores impérios islâmicos da história. Sua capital era a histórica cidade de Constantinopla, atual Istambul. Esse império ocorreu de 1326 a 1922 e teve em seu trono 36 sultões. Seu território se estendia do Irã, na Ásia, a Viena, na Europa Oriental, Oriente Médio, lugares sagrados no Hejaz, Egito e Norte da África. No mapa mundial, esse território formava um desenho de meia Lua, símbolo da bandeira da Turquia.
6   Os mamelucos eram cidadãos turcos, curdos, sendo alguns mongóis e outros, trazidos para as capitais Bagdá e Cairo para servir ao exército e à guarda dos palácios. Tornaram-se uma poderosa força militar que dominou Egito, Síria e Hejaz por dois séculos e meio.
7   Hejaz faz parte do reino da Arábia Saudita.
8   Os baxás possuem títulos compatíveis com os barões, duques e marqueses. Em português, é comum vermos baxás escrito com a letra P, "Paxás"; no entanto, essa letra não existe no árabe, então, a forma correta é baxás.

parte da seita muçulmana xiita. Nas cidades litorâneas de Beirute, Sidon e Trípoli, a maioria da população era muçulmanos sunitas. Já no Monte Líbano, onde se localizava o palácio do Príncipe Maan, a população se dividia em dorsos e cristãos. No norte do Líbano, a maioria era da seita cristã maronita. Na região da Al Kura, encontravam-se os cristãos ortodoxos. Durante a dinastia Maanita, especialmente durante o governo do Príncipe Fakher El Deen II, havia uma união nacional que proporcionava o progresso e a coexistência pacífica como jamais existira no Líbano. Isso ocorreu porque o Príncipe Fakher El Deen II tratava latifundiários, líderes religiosos e a população em geral com diretos iguais; ao contrário do sultão otomano, que fornecia tratamento diferenciado às seitas religiosas, favorecendo os muçulmanos sunitas e incentivando desavenças e intrigas entre as diversas seitas, tudo para enfraquecer a união do Líbano e facilitar sua dominação.

O sistema econômico da região era baseado na agricultura de pequenas propriedades familiares. Os lavradores mantinham culturas específicas, como oliveiras, para a produção de azeite, e amoreiras, para a criação do bicho-da-seda, pois do seu casulo era extraído o fio de seda. Os pastores cuidavam de pequenos rebanhos, geralmente de cabras e carneiros, e os tapeceiros fabricavam fina tapeçaria. O agricultor pagava impostos e prestava serviços nas terras do latifundiário, que era o chefe político do vilarejo ou da região e possuía as melhores terras para o cultivo. A tributação era feita anualmente com base nas safras e na produção. Três quartos da arrecadação de tudo o que se produzia ia para o latifundiário, que retirava sua parte e repassava a porcentagem das autoridades religiosas, bispos ou xeques, e o restante para o príncipe, governador libanês nomeado pelos turcos, que da mesma forma retirava sua parte e repassava o valor do imposto em moedas de ouro ou prata ao Sultão.

Segundo Gibran *"Os latifundiários viviam como gigantes no meio de anões"*, pois seus ricos palacetes destoavam em meio aos pobres casebres dos lavradores. Possuíam guarda particular e Aghas, os arrecadadores de impostos, que asseguravam o cumprimento com as leis e ordens do sultão. Dessa forma, o sistema tributário era pesado, que explorava o povo e causava descontentamento profundo e velado. Porém, como o Príncipe Fakher El Deen II promovia um governo de trabalho e construção do novo Líbano, com muitos empregos na construção das pontes, estradas, fortalezas, fábricas têxtil, etc., isso deixava o povo satisfeito.

Conforme mencionado, as diversas seitas viviam pacificamente durante a dinastia Maanita. Porém, com o falecimento do último príncipe Maanita em 1697, os xeques e latifundiários drusos se reuniram e elegeram um príncipe da tribo Chehabita. Com a dinastia Chehabitas no poder, o Líbano foi palco de intrigas e atrocidades, principalmente no governo do Príncipe Bachir II (1789 a 1840), que semeava discórdia e guerras, principalmente entre as seitas irmãs maronita e drusa. Bachir II convocou oito mil soldados cristãos, a maioria maronitas, para se aliar ao exército egípcio e aniquilar a revolta drusa no sul da Síria e sudeste do Líbano. Esse episódio acabou com os laços entre as duas seitas, enfraquecendo a união nacional libanesa.

※※※※

Do século XVI ao XIX, a marcha iluminista européia começou a mostrar resultados com o crescimento industrial, econômico, cultural e social, ou seja, o progresso chegou e com ele a ambição das potências européias, traduzidas em conquistas militares na África, no extremo oriente asiático e no Oriente Próximo, formado pela Síria, Palestina, Líbano, Iraque e Jordânia, onde, mais tarde, ficou conhecido como "meia-lua fértil". Esse território, preferido pelos colonizadores europeus devido à localização estratégica, estava sob o domínio do sultão otomano, e sempre que seu império fracassava, essas potências avançavam, conquistando mais e mais territórios. Assim, o declínio ocorria principalmente por causa do domínio bárbaro de exploração e atraso econômico, e ainda pela política do sultão, que estimulava a discórdia entre as seitas, apoiando uma ou outra alternadamente.

As potências européias, ambiciosas, cobiçavam dominar o Oriente Próximo, e, vendo nessa situação um caminho aberto para iniciar uma investida, enviaram missionários com o pretexto de ensinar e levar o progresso à região. Na realidade, buscavam conquistar e dominar a população por meio do ensino, ou seja, queriam mostrar conhecimento e história à população analfabeta e apontar o futuro conforme suas perspectivas. E assim, cada potência, alegando proteger uma seita, se infiltrou no território libanês: a França e sua proteção aos cristãos maronitas; a Áustria e o Vaticano com o catolicismo; a Rússia protegendo os ortodoxos; a Inglaterra defendendo a seita drusa e a protestante; e o sultão otomano protegendo os mulçumanos sunitas.

Os ideais da revolução francesa de liberdade, igualdade e fraternidade chegaram ao Líbano com os missionários e professores europeus, conquistando muitos adeptos, especialmente entre os maronitas. Estes ideais geraram em 1858 um movimento revolucionário de agricultores, liderado pelo ferreiro Tanios Chahim, que invadiram propriedades de latifundiários e posteriormente do clero, tomando e distribuindo suas riquezas. Com isso, os latifundiários e o clero maronita, receosos de perder suas propriedades, aliaram-se, objetivando enfraquecer os princípios da revolta do ferreiro por meio de conflitos religiosos contra a seita oposta, a drusa[9].

Por outro lado, os latifundiários drusos temiam que o mesmo acontecesse em seus territórios, pois sabiam que Tanios incentivava a revolta dos lavradores drusos contra eles. Porém, nem precisaram incentivar a guerra de sua população contra os cristãos, pois ainda estavam carregados de ódio contra os soldados cristãos de Bachir II que lutaram ao lado dos egípcios, massacrando a revolta drusa. Assim, em 1860, um motivo banal causou uma guerra sangrenta, que tomou conta do Líbano central. Cristãos e drusos se enfrentaram em combates bárbaros, que causaram a morte de mais de 20 mil inocentes e a queima e destruição de dezenas de cidades e vilarejos cristãos. Dessa forma, as autoridades religiosas e latifundiárias conseguiram enfraquecer os princípios da revolta de Tanios Chahin.

Além dos latifundiários e do clero, havia outros interessados no desencadeamento da guerra civil de 1860, como as potências européias, que almejavam intervir no Líbano e fazer de seu território uma base para conquistar o Oriente Médio, além do imperador otomano, com sua política de gerar conflito e causar fracasso para facilitar seu domínio.

Apesar da guerra civil gerada por essa situação, houve um saldo positivo para o Líbano: a entrada dos missionários, que levaram educação e conhecimento às novas gerações e fundaram escolas e universidades. Os evangélicos anglo-americanos fundaram a Universidade de Beirute e a ordem dos Jesuítas fundou posteriormente a Universidade de São José. Escolas de ensino médio se espalharam pelo Líbano e em algumas cidades da Síria e Palestina. O czar russo construiu diversos colégios de ensino médio e superior para proteger a seita cristã ortodoxa, o mais famoso na cidade de Nazaré, na Palestina. Isto fez com que o sultão otomano também buscasse levar educação ao povo mulçumano, seu protegido, abrindo dois grandes colégios Destinação (Al Macassid): um em Beirute e outro em Trípoli, no Líbano. E dessa forma, surgiram no Líbano pensadores, jornalistas, escritores, poetas, etc., um fato inédito para a época.

---

9   Seita islâmica, fundada pelo califado Fatimita (997 a 1020). As tribos Tanoukh e Mãan, governadoras do Líbano de 760 a 1797, aderiram à seita drusa. Os Chehabitas eram de raízes sunitas, mas também se converteram ao drusismo para governar o Líbano, apoiados pelos chefes latifundiários drusos. Após Bachir II, os Chehabitas mudaram de crença e atualmente a maioria se tornou maronita cristã, com alguns drusos e poucos muçulmanos sunitas.

FRASES DE GIBRAN (1)

- "Eu não gostaria de ouvir um conquistador
pregando para o povo conquistado."[10]

- "As nações ignorantes perdem seus homens de bem e os entregam
aos seus déspotas; e um país governado por um tirano persegue
aqueles que tentam libertar o povo do jugo da escravidão."[11]

- "Tenho pena de vocês, companheiros, porque vocês são
um instrumento vigoroso e cego nas mãos de um homem que
oprime o fraco com a força de seus braços. Vocês são escravos da ignorância.
Ontem, eu era como vocês, mas amanhã vocês terão o pensamento
livre, como tenho o meu agora."[12]

- "No Líbano, esta montanha cheia de luz, mas pobre de conhecimentos,
o nobre e o padre se aliam para explorar o camponês que se protege da
espada do soberano e da maldição do padre. O libanês rico se abriga
orgulhosamente em seu palácio e grita para as multidões: 'O sultão
me apontou como vosso superior.´ E o padre diante do altar diz:
'Deus me escolheu para guiar vossas almas.´ Mas os libaneses se
refugiam no silêncio, pois os mortos não podem falar."[13]

- "Desde o início da criação, até nossa época, certos clãs, ricos
graças a heranças recebidas, e sempre entrosados com o clero,
se nomeavam governantes do povo. Esta é uma ferida antiga e
aberta no coração da sociedade, que só poderá ser extinguida
quando a ignorância for intensamente combatida."[14]

- "O verdadeiro príncipe é aquele que constrói
seu principado no coração do povo."

---

10 GIBRAN, Gibran Khalil. *Areia e Espuma*, p. 54. Tradução: Mansour Challita.
11 GIBRAN, Gibran Khalil. *Espíritos Rebeldes*, p. 79. Tradução: Emil Farhat.
12 Ibid., p. 77.
13 Ibid., p. 74.
14 GIBRAN, Gibran Khalil. *Espíritos Rebeldes*, p. 73. Tradução: Emil Farhat.

*- "Graças ao interesse dos mandatários, nós nos dividimos;
e para que permaneçam tranqüilos em seus tronos, armaram
os drusos contra os nazarenos, instigaram os xiitas e atacaram
os sunitas, encorajaram os curdos e massacraram os beduínos,
estimularam os maometanos contra os cristãos. Até quando irmão
continuará matando irmão na pátria-mãe? Até quando a Cruz
de Cristo terá que ficar separada do Crescente de Maomé diante
dos olhos de Deus?"*[15]

*- "Os pobres oprimidos são o meu clã e minha família
e esse vasto país é minha terra natal."*[16]

---

15   Ibid., p. 99.
16   Ibid., p. 79.

Líbano na época de Gibran Khalil Gibran

Diante do trágico quadro que a guerra civil de 1860 deixou no Líbano, as potências européias acharam oportuno intervir no Oriente Médio, com o pretexto de proteger os libaneses e realizar seus sonhos de expansão colonialista. Assim, após reunião de urgência com o Sultanato Otomano, decidiram mandar para o Líbano 12 mil soldados, e a princípio, cada potência mandou um diplomata para avaliar a situação da sua seita protegida. A França[17] tomou a frente e enviou dez mil soldados comandados pelo General Bovour de Tibol, que chegaram ao Líbano em agosto de 1860.

O sultão otomano, antes da chegada das tropas francesas, mandou seu Ministro do Exterior Fuad Baxa, conhecido como "A Raposa da Diplomacia", chefiar um grande exército para o Líbano e a Síria.

Entre 1860 e 1861, o Líbano vivia como na lenda da Torre de Babel, onde cada um dos representantes das potências falava uma língua diferente, de interesse de sua própria pátria e indiferente aos interesses do povo libanês. O diplomata otomano estabeleceu castigos como forca e fuzilamento aos criminosos de guerra. Enquanto isso, realizavam reuniões que resultaram em um acordo: o Monte Líbano, excluindo as cidades litorâneas de Sidon, Beirute, Trípoli e planície do Bekaá, seria governado por um "mutussarife", espécie de governador com autoridade máxima e independente, que deveria ser cristão e otomano. Assim iniciou a era dos "mutussarifes" (1861 a 1915), que teve oito governantes e confirmou o Líbano como um Estado otomano, com suas leis, moedas, bandeira, etc. Destes governantes, apenas três eram homens de ética e visão política progressista, e realizaram obras importantes como escolas, estradas de ferro e de carruagem. No entanto, os demais "mutussarifes" eram corruptos e serviram bem ao propósito otomano de impedir o progresso do país.

Esse acordo desagradou o clero maronita, que tinha recuperado sua liderança e não aceitou o "mutussarife" otomano, pois queria um governador libanês,

---

17   A França tinha estreito laço de amizade com o Império Otomano, isso desde que o Sultão Suleiman, "o Magnífico" (1520 a 1566), apoiou o Rei francês François I, quando esse foi derrotado e aprisionado pelo Imperador Charles V, na Batalha de Pavin, em 1521. Assim, o Sultão otomano Mohamed IV, permitiu que o rei francês Luís XIV declarasse proteção francesa aos maronitas e católicos do Líbano.

cristão e ainda da dinastia Chahabita[18], que acatasse sua orientação. Assim, na cidade de Ehden, vizinha a Bicharry, onde nasceu Gibran Khalil Gibran, surgiu Youssef Beik Karam, aluno dos jesuítas, líder absoluto dos cristãos do norte do Líbano. Corajoso e destemido, Karam, instruído pelo clero maronita, acelerou a revolta contra o primeiro "mutussarife", Dawoud Baxá. Após diversos conflitos e confrontos, mesmo vitorioso na maioria, Karan acabou vencido, pois contava com combatentes e armas insuficientes. Sua única alternativa foi pedir exílio ao consulado francês, onde foi acolhido e ficou até morrer, em 1889.

Com o fim da revolta de Youssef Beik Karan, seus companheiros fugiram para o Egito, Europa e Novo Mundo. Assim começou a imigração libanesa do norte do Líbano. Mais tarde, ocorreu uma imigração em massa dos libaneses, que fugiram dos vestígios da guerra civil, do tratamento humilhante dos latifundiários, do domínio turco e das tragédias da primeira Guerra Mundial, que no Oriente é conhecida como "Guerra de Quatorze", por ter iniciado em 1914.

---

18 A tribo Chahabita é uma ramificação da tribo Kuraich do profeta Maomé, seus membros se radicaram no sul da Síria durante a conquista islâmica (631 d.C.), onde fundaram a cidade de Shahba em alusão ao nome Chehab. No século XIII, comandaram a luta contra as Cruzadas na região de Elaklin no Líbano e tornaram-se governantes e latifundiários da região. Para adquirir *status* governamental, os Chehabitas, que eram muçulmanos, se uniram em matrimônio com a tribo maanita drusa. Atualmente, a maior parte dessa família no Líbano é cristã maronita, poucos são sunitas e somente alguns são drusos.

FRASES DE GIBRAN (2)

- *"Eu sou libanês e me sinto honrado por isso; não sou Otomano, e também me sinto honrado por isso. Eu me orgulho da beleza e história da minha pátria, mas não tenho governo para me proteger ou defender."*

- *"(...) Eu sou cristão e me sinto honrado por isso, porém gosto do profeta árabe, e enalteço seu nome, e gosto da glória do islã, mas temo seu regresso. Eu sou do Oriente e me sinto honrado por isso. Se for obrigado a sair da minha pátria, vou sempre manter costumes e ética da Síria e tendências e afeição do Líbano."*

- *"(...) Eu sou do Oriente, de civilização milenar e veneração mágica, mas admiro o progresso do Ocidente e suas descobertas científicas. O Oriente continua a pátria dos meus sonhos e esperanças."*

- *"O fanático religioso é um orador surdo."*

- *"Meus conterrâneos, suas almas estão nas mãos de sacerdotes e bruxos e seus corpos nas garras de tiranos e sanguinários, e vosso país agoniza com o domínio de inimigos e conquistadores"*

- *"Tudo na Terra vive de acordo com a lei da natureza, e daí surgem a glória e a alegria da liberdade."*[19]

- *"Uma nação é uma comunidade cujos membros divergem no caráter, nas tendências e opiniões, mas são unidos por um laço moral mais forte que suas divergências."*[20]

---

19 GIBRAN, Gibran Khalil. *Espíritos Rebeldes,* p. 31. Tradução: Emil Farhat.
20 GIBRAN, Gibran Khalil. *Temporais,* p. 46. Tradução: Mansour Challita.

Bicharry, cidade natal de Gibran

Bicharry, onde nasceu Gibran, fica a mil e quinhentos metros do nível do mar e cento e vinte e cinco quilômetros de Beirute. A cidade é coberta pela sombra do cedro milenar e está localizada acima de um abismo que desce entre as ravinas do famoso vale de Wadi Qadisha, como se fosse uma escadaria suspensa nos galhos de álamos e salgueiros.

"Bicharry é uma cidade debruçada no colo na montanha e deitada no travesseiros de suas tradições"[21]. Em suas cavernas, ecoam cantos de rouxinóis e o murmúrio das folhas do cedro sagrado. A seus pés corre o rio Qadisha. E em cada canto de Bicharry há um moinho, um templo, uma aldeia, uma tenda, uma eira ou um vinhedo com seu espantalho.

Nos velhos casarões de Bicharry, encontramos as lendas dos séculos gravadas nas paredes e ainda vivas na memória de sua população. No inverno, os flocos de neve cobrem rochas e árvores do vilarejo, deixando uma linda paisagem branca. Com a primavera, a neve dá lugar às flores e seu inebriante perfume, à vegetação dos riachos, à neblina que envolve o abismo, ao aroma do incenso e aos sinos da igreja, que a cada domingo anunciam festejos de batizado, casamento e outros ritos.

Bicharry significa casa de "charra", ou casa de Astaroute (Bait Astarout), e "primeira morada" em siríaco-aramaico. Uma cidade da antiga história, da época dos fenícios, onde há vestígios das colonizações gregas e romanas. Na época das cruzadas, era um distrito do emirado[22] de Trípoli[23]. Foi apelidada de "cidade dos comendadores", porque seus latifundiários faziam da região um território fechado, sob o seu domínio, denominado "Jubat Bicharry".

Na época em que Gibran nasceu, a população de Bicharry e de toda a região do norte do Líbano comentava sobre a revolta de Youssef Beik Karan. Alguns eram a favor da revolta, outros contra, alegando que a população de uma pequena região não pode enfrentar o poderoso sultanato otomano. Alguns latifundiários eram contra a revolta para intimidar outros líderes e porque esperavam ser contemplados com cargos importantes oferecidos pelos baxás turcos.

---
21 JABR, Jamil. *Gibran em Sua Vida Tempestuosa*, p. 15.
22 Durante a época das cruzadas, as regiões eram divididas em emirados.
23 JABR, Jamil. *Gibran em Sua Vida Tempestuosa*, p. 15.

Essa política era costumeira no Líbano e no Oriente Médio em geral.

A família de Gibran não era latifundiária e nem possuía títulos. Portanto, era a favor da revolta de Karan; mais que isso, alguns membros da família - Tanios, Habib e Salin - lutaram com ele contra a força turca. Porém, Khalil, pai de Gibran, tinha estreita relação de amizade com o latifundiário Ragi Beick[24] El-Daher, que era a favor dos mutusarrifes e do sultão, e por isso Khalil não apoiou a revolta de Karan.

Essa é a cidade onde nasceu Gibran. Os latifundiários viviam com conforto e bem-estar, com seus cavalos de raça, trajes de seda pura e em seus palacetes, forrados por tapetes persas. Suas maneiras e costumes eram diferentes do restante da população, formada por ricos e pobres, fortes e fracos. Essa era a situação sócio-econômica em que se encontrava a cidade de Bicharry, não muito diferente da época dos coronéis dos engenhos de cana-de-açúcar no nordeste brasileiro.

---
24   Beick tem significado similar aos títulos de barão e marquês no Ocidente.

FRASES DE GIBRAN (3)

- *"Os homens são escravos da vida, e a escravidão marca seus dias com atos mesquinhos e suas noites com sangue e lágrimas."*

- *"Perguntaram à Liberdade onde estavam seus filhos. Ela respondeu: o primeiro morreu crucificado, o segundo morreu louco e o terceiro ainda não nasceu."*

- *"O padre na igreja é como um soldado em um campo de batalha, obedece a seu superior, ajoelhando-se à sua frente."*

- *"A vida é como um sono*
Por sonhos entremeados,
E os sonhos são reflexos
Daquilo que a alma anseia.
E o segredo da alma
Para sempre nos escapa:
Ora a tristeza o oculta,
Ora a alegria o oculta.
E o sentido da vida
Também ele nos escapa
No bem-estar e na aflição.
Somente o que se eleva
Por sobre conforto e dor
Verá a sombra daquele
Que escapa à compreensão."[25]

- *"Gostaria muito que vocês estivessem aptos para se alimentar do aroma da natureza, da luz e do ar, assim como os vegetais."*[26]

- *"No mundo poucos aceitam*
A vida como ela vem
Sem que a sua singeleza

---
[25] GIBRAN, Gibran Khalil. *As Procissões a Música*, p. 19. Tradução: Mansour Challita.
[26] GIBRAN, Gibran Khalil. *O Profeta*, p. 73. Tradução: José Mereb.

Decepcione ou entedie.
Por isso, tantos desviam
O rio da existência
Para taças de bebida
Que alegram e anestesiam,
Como se a embriaguez
Fosse o caminho natural
Para o prazer.
Há homens que atingem o êxtase
Pela oração
E há aqueles
Extasiados por riquezas.
Outros conseguem apenas
De sonhos se embriagar.
O mundo é uma taberna
E o destino é o seu dono:
Somente os ébrios
O aceitam como ele é.
Se neste mundo encontrares
Uma alma sóbria,
Pasma de admiração.
Pois alguma vez viu a Lua
Sob a chuva
Buscar proteção?"

- "Vossas casas são vossos corpos ampliados: Crescem sob o calor do Sol e dormem com o silêncio da noite."[27]

- "Além desta região, há um bosque de encantamentos. Para aquele que lá vive, minha paz é como um redemoinho e meu enlevo uma ilusão."[28]

- "A diferença entre o mais rico dos ricos e o mais pobre dos pobres é um dia de fome e uma hora de sede."

---
27 GIBRAN, op cit., p. 103.
28 GIBRAN, Gibran Khalil. *O Precursor*, p. 89. Tradução: Mansour Challita.

Os ascendentes de Gibran

A família de Gibran era da cidade de Bicharry[29]. Segundo o padre Francisco Rahmé, era uma família descendente dos Ghassanitas[30], de Hauran, sul da Síria, que tinha se instalado no vilarejo de Bichali e no final do século XVII se transferiu para Bicharry.

De classe média, trabalhavam na lavoura, não tinham grandes propriedades nem títulos de comendadores, e não eram autoridades. Seu bisavô, também Gibran, era um homem forte, corajoso e respeitado, de personalidade firme. Os moradores mais velhos de Bicharry narram que o bisavô de Gibran desafiava o clero e não aceitava suas ordens.

Certa vez, o chefe do monastério mandou uma mensagem ameaçando o bisavô de Gibran, que corajosamente respondeu ao padre mensageiro: "diga para seu superior que a Síria é o maior bacharelado do império otomano, o Líbano, que é parte deste bacharelado, é a coroa de toda Síria, Bicharry é a pérola mais brilhante desta coroa, a família Gibran é a mais forte de Bicharry e eu sou a cabeça desta maldita família, então seu patrão deve saber quem está ameaçando."[31]

O pai de Gibran, Khalil, nasceu em 1844 e faleceu em 1909. Com estatura mediana, mas físico forte, era enérgico e robusto, tinha olhos azuis, testa larga, cabelos loiros e bigodes castanhos. Sempre carregava consigo um relógio de prata preso a uma corrente pendurada na cintura de sua calça. Era bom de copo e generoso, sua presença era agradável e festejada nas reuniões de amigos. Era forte como um touro e tratava mulher e filhos com a grosseria do caboclo rude. Trabalhava como cobrador de impostos. Khalil era pobre e morava em um casarão tradicional herdado do seu bisavô. Cultivava em uma pequena chácara, também herança.

Sua mãe Kemilah Rahme (1854 - 1904) possuía muita vitalidade, era morena, simpática, inteligente, de sorriso atraente e olhar cativante. Filha de Stephano Abdul Kader Rahme, pároco de Bicharry, ficou conhecida pela sua bela voz e

---
29 As famílias da cidade de Bicharry são: Gibran, Daher, Rahme, Jájá, Tauk-Queiroz, Massoud, Aridá, Sukar, Faghri, Xabiaá, Gaspar, Bacha, Tarbai, Romanous, Saade, Jahjah, Chidiac, Chamoun, Shaib, Anton, Jinblat, Abi Fanajin e Ballan.
30 Uma das primeiras tribos árabes que migraram do Iêmen para a Síria, onde eram vice-reis famosos na época do domínio do Império Bizantino.
31 Gibran sempre citava esta história de seu bisavô. Alguns escritores escrevem que Gibran herdou do seu bisavô a inimizade com o clero.

por conhecer os idiomas: árabe, grego, siríaco, latim, francês e italiano. Caçula de sete filhos, Kemilah era a mais querida pelo pai, pela sua inteligência aguçada e voz melodiosa. Kemilah ajudava o pai nos sermões, cantando na igreja. O pároco Stephano tinha uma vasta propriedade, o que permitia estabilidade necessária para se dedicar à cultura e à vida religiosa. Foi posteriormente nomeado padre como reconhecimento à sua dedicação cristã.

Apesar de Gibran ser contra o clero, não deixou de admirar seu avô materno. Escreveu, referindo-se a ele na crônica "A clareza e as trevas": "Na região oeste de Bicharry, Stephano morava em uma casa isolada em meio aos pomares. Era querido por seus seguidores, um homem de bem, padre venerado pela população, isto porque possuía todas as qualidades de um cavalheiro e homem honrado, e não por ter barba comprida e vestir batina escura". Em outro momento, Gibran escreveu sobre seu avô em uma carta para May Ziadah[32], considerando-o um profundo conhecedor de teologia e apaixonado pelas músicas de orquestras e cantos religiosos. Quanto à sua avó, era uma mulher muito forte fisicamente. Ele contou à amiga Mary Haskell que sua avó viveu até os cento e dez anos de idade e que com mais de oitenta anos tinha montado sozinha em um cavalo e subido ao topo do Monte do Cedro, Fam Elmizab.

Para Gibran, a pessoa mais importante da família era sua mãe. Sua voz suave acalentava os corações durante as orações na igreja. O pai de Kemilah também se orgulhava dela e se referia à filha como "meu coração que anda na minha frente". Ela não era letrada, mas ainda assim foi capaz de aprender a missa em siríaco[33].

Kemilah casou-se aos dezenove anos com seu primo João (Hanna) Abdul Salam Rahme e logo depois imigrou com ele para o Brasil, onde em 1877 tiveram um filho, Pedro. Com a morte do marido, ela voltou com o filho ao Líbano. Em Bicharry, e com influências dos costumes brasileiros de liberdade, sem dar satisfação sobre sua vida amorosa, nem atenção aos machistas tradicionais predominantes na sociedade daquela época, Kemilah viveu um amor escondido com seu parente José Elias Jajá, com quem se casou, mas divorciou-se na primeira semana, pois não houve entendimento entre o casal.

Posteriormente, ela revolucionou o coração do solteirão Khalil, que ouviu sua voz na igreja e passou a amá-la antes mesmo de vê-la. Kemilah o conheceu casualmente no boticário da cidade. Ele fumava cigarro na piteira e era um solteirão

---

32 Literata libanesa radicada no Cairo, Egito. May tinha um salão de literatura, onde reunia escritores e poetas da época. Escrevia com estilo parecido ao de Gibran, com quem se correspondia, e com isso se apaixonou por Gibran, tornaram-se namorados, mas morreram sem se conhecer.
33 Os maronitas do oriente até hoje celebram a missa em siríaco, a língua que Jesus Cristo falava.

de trinta e sete anos. Ela, uma viúva de vinte e sete. Foi paixão à primeira vista. Ela, com sua nova visão de vida livre adquirida no Brasil, viveu com Khalil por três meses até chegar a permissão para o casamento concedida pelas autoridades religiosas. Desse casamento nasceram: Gibran (1883), Mariana (1885) e Sultana (1887). Essa era a família do filósofo profeta e profeta filósofo Gibran Khalil Gibran.

FRASES DE GIBRAN (4)

- *"Seus corações conhecem no silêncio
os segredos dos dias e das noites
Mas os seus ouvidos anseiam por
ouvir o que o seu coração conhece.
Vocês querem conhecer em palavras aquilo
que sempre conheceram em pensamento.
Vocês querem tocar com seus dedos
o corpo nu de vossos sonhos.
E é bom que assim desejem.
A secreta nascente de sua alma precisa se manifestar
e correr, murmurando para o mar;
E o tesouro de sua infinita profundeza
deve ser revelado aos seus olhos.
Não crie, porém, balanças para pesar
vosso tesouro desconhecido;
E não investigue a profundidade do seu
conhecimento com um dispositivo de medição.
Pois o Eu é um mar sem limites nem medidas.
Não diga "encontrei a verdade", mas "encontrei uma verdade."
Pois a alma caminha por todos os atalhos.
A alma não caminha em linha reta, nem cresce como junco.
A alma desabrocha, como um lótus de incontáveis talas."*[34]

- *"A terra é minha pátria e a Humanidade, minha família."*

---
[34] GIBRAN, Gibran Khalil. *O Profeta*, p. 79 - 80. Tradução: Pietro Nassetti.

Nascimento do pequeno profeta

Na noite gelada de inverno de seis de dezembro de 1883[35], em um quarto bem fechado para amenizar o frio, Kemilah gritava as dores do parto, cercada pela parteira, pelas mulheres da vizinhança que ajudavam e outras que rezavam. De repente, um grito estridente de recém-nascido silenciou os gemidos de dor da mãe.

O pai, Khalil, ouvindo os berros do bebê, correu, abriu a porta do quarto e foi entrando, mas logo foi abordado pelas mulheres: *Fecha logo essa corrente de ar gelado, antes que mate de frio sua mulher e seu primeiro filho, que acaba de chegar ao berço desta casa.*

Ele pulou de alegria: *Então é homem, é homem mesmo?* As mulheres confirmaram. Então Khalil, meio bêbado, correu até o armário e pegou um punhado de passas, figos secos e nozes descascadas e distribuiu para a parteira e as mulheres em comemoração ao nascimento de seu primogênito.

No dia seguinte, o pai acordou tarde com o bebê nos braços, sentou-se ao lado de Pedro, filho de sua mulher Kemilah, e disse: *Você agora tem um irmãozinho... Que nome você quer dar a ele?* Pedro respondeu: *"Antar!"*[36] Khalil deu uma gargalhada e disse: *Não, não! Vou colocar um nome histórico e digno, que será o do meu pai e do meu bisavô Gibran.*

❊❊❊❊

Após o nascimento de Gibran, Kemilah ainda teve duas filhas, Mariana e Sultana, completando a família. A situação financeira não era das melhores para manter uma família de seis pessoas como a de Khalil, que era cobrador de impostos

---

35 Alguns autores e tradutores registram, equivocadamente, a data de nascimento de Gibran como sendo seis de janeiro de 1883. A data correta é seis de dezembro de 1883. Isso ocorre porque no Líbano e no Oriente Médio ainda se escreve os meses como no antigo calendário babilônico (aramaico-assírio) e alguns meses em grego. O mês de dezembro é "canoun primeiro" e o mês de janeiro é "canoun segundo". Assim, Nassib Arida, escritor e companheiro de Gibran da Liga Literária, confundiu "canoun primeiro" e "canoun segundo" e registrou o aniversário de Gibran em seis de janeiro na obra *Uma Lágrima e Um Sorriso*. No mesmo livro, na crônica "No dia em que eu nasci", o nascimento do colega aparece como seis de dezembro. Gibran não questionou o erro, pois parece ter gostado que coloquem sua data de nascimento em seis de janeiro, mesmo dia que Jesus Cristo nasceu segundo o calendário dos cristãos ortodoxos orientais.
36 Antar é o cavaleiro negro da época pré-islâmica na península arábica. Famoso por sua força e participação nas guerras das tribos árabes, Abes, contra seus rivais, Fazarat. Também era um poeta famoso, suas poesias exaltavam a coragem, mas especialmente seus versos românticos, para sua namorada, Abla. Antar dizia: *"Por diversas vezes, no fronte de batalha, senti o desejo de beijar as espadas afiadas, que pareciam o brilho do teu sorriso".* Era o herói de uma obra de sete volumes, semelhante à "Ilíada" de Homero, que conta a vida dos árabes no período pré-islâmico.

de pastores das aldeias da região. Seu pagamento e o que recebia de "bakhxix"[37] não eram suficientes para *sustentar suas farras*.

Além disso, Khalil era grosseiro e de pouca instrução. Bateu duas vezes em Gibran; a primeira surra foi quando o menino apanhou de um colega e não revidou, e a segunda porque rabiscava, o que o pai considerava desperdício de papel. As irmãs de Gibran não freqüentavam o colégio, por causa da situação financeira da família. Khalil gostava mais de Pedro, o filho de Kemilah, do que de seu próprio, porque era forte e o ajudava na lavoura. O pai ficava revoltado quando via Gibran desenhando e dizia que queria um filho como Pedro, queria que deixasse de lado a caneta e o papel e cuidasse da lavoura, que desse resultados financeiros imediatos para o sustento.

Aos cinco anos, Gibran foi enviado para o colégio da cidade, que mais parecia uma sala com trinta garotos em regime de prisão do que de ensino. Como a região de Bicharry era da seita maronita[38] era obrigatório estudar o assírio. Gibran teve sorte, pois seus professores eram padres italianos carmelitas[39], que lhe mostraram alguns quadros de Leonardo da Vinci e de Michelangelo, artistas que deixaram Gibran impressionado e se tornaram influência marcante em sua vida e obra.

Outra grande influência foram os ensinamentos religiosos que dominaram os pensamentos do pequeno profeta, pois naquela época os ensinamentos das autoridades religiosas dominavam a vida das pessoas, que muitas vezes temiam o inferno pregado pelos padres. Gibran, com quase quatro anos, em uma sexta-feira da Paixão, fugiu com intuito de colher galhos perfumados "myrtes" para a coroa da imagem de Cristo Crucificado.

O escritor Miguel Naime[40] em seu livro *Gibran Khalil Gibran* escreveu que um dia um vendedor de azeite anunciava sua mercadoria nos becos de Bicharry e as mulheres corriam para comprá-lo. Em frente à casa de Khalil, uma dessas freguesas perguntou ao vendedor de onde era o azeite. Ele respondeu: *Eu e meu azeite somos do melhor sítio de azeitonas de Amion El Kura*. Quando as mulheres ouviram isso, desistiram da compra. Mas Khalil, pai de Gibran, xingou e protestou contra a ignorância das mulheres, que discriminaram o vendedor por ele ser de outra seita religiosa. Ele comprou cinco litros do azeite e ainda convidou o homem

---

37 Bakhxix: gorjeta ou suborno. Palavra persa inserida no dicionário universal.
38 Seita Maronita, uma seita cristã oriental, que, embora obediente ao Papa, difere da Igreja Católica Romana pela liturgia síria e pela desobrigação do celibatário do clero.
39 Ordem religiosa que chegou ao norte do Líbano no século XVII, lecionava no mosteiro "Mar Sarquis".
40 Miguel Naime era membro da tríade renovadora da literatura árabe (Gibran, Amin Rihani e Miguel Naime), amigo, colega e companheiro de Gibran. Era filósofo libanês espiritualista, imigrou para os Estados Unidos, onde conheceu Gibran. Morreu em 1990 em sua cidade natal Biskinta, Líbano. Deixou dezenas de obras literárias, dentre elas o livro sobre a vida do amigo Gibran.

para almoçar em sua casa. Gibran tinha nessa época seis anos e ficou contente com o procedimento do pai, mas não entendeu por que as mulheres da vizinhança não tinham comprado o azeite do vendedor de Amion. Perguntou à sua mãe, que respondeu: *Porque a população de Amion é cristã ortodoxa.*

Gibran tornou a questioná-la:
- Quantos Cristos existem?
- Um Cristo, meu querido!
- Então por que existem diversas seitas cristãs?
- Pergunte aos padres, seus professores.

Os padres, no entanto, já haviam observado a inteligência prodigiosa do menino Gibran, viram a genialidade tanto nos desenhos que fez das ruínas históricas da cidade milenar de Baalbeck, que visitou quando tinha nove anos, quanto em suas respostas. Então incentivaram Khalil a levar o filho para o colégio secundário "Santo Jacobino", financiado pelo governo. O pai de Gibran foi à casa do chefe político da cidade, o Comendador Xeique Ragi Beik El Daher, e pediu que ele arcasse com o custo dos estudos do menino, pois tudo indicava que ele teria um futuro brilhante.

O Xeique Ragi Beiki disse a Khalil que o considerava como amigo, mas que o resto de sua família apoiava o inimigo do governo Youssef Beik Karan, e que seria constrangedor manter os estudos de alguém de uma família adversária no colégio do governo. Gibran, escutando a conversa, respondeu com raiva ao Xeique Ragi Beik: *Um dia o povo destas aldeias irá se ajoelhar diante do meu túmulo e dizer: "este menino era um profeta."*[41]

---

41 Menção em entrevista de Habib Queiroz, diretor do museu Gibran em Bicharry - Jornal libanês Alnidá. (Outros autores escreveram esse caso com redação teatral, citada neste livro no Capítulo V)

No dia em que nasci

"Foi em um dia como este que minha mãe me trouxe a este mundo.

Em um dia como este, há 25 anos, a quietude me trouxe a este mundo repleto de conflitos e lutas.

Já dei 25 voltas ao redor do Sol e não sei quantas vezes a Lua deu voltas ao redor de mim. Mas ainda não compreendi os segredos da luz nem os mistérios das trevas.

Vinte e cinco vezes acompanhei a Terra, a Lua, o Sol e as estrelas em volta da Suprema Força do Universo. Mas eis que minha alma sussurra agora o nome desta Força assim como as cavernas repetem os ecos das ondas do mar: devem-lhe a existência sem lhe conhecer a essência e cantam a melodia das suas marés altas e baixas sem compreendê-las.

Há 25 anos, a mão do Tempo me escreveu uma palavra no livro deste mundo estranho e terrível. E eis-me uma palavra vaga, equívoca, que simboliza ora uma coisa, ora outra.

Meditações, considerações e recordações tumultuam minha alma neste dia do ano e ressuscitam as sombras dos dias que se foram, para dissipá-los em seguida como os ventos dissipam as nuvens do horizonte, e como as canções dos arroios se evaporam nos vales distantes.

Neste dia do ano, os espíritos que delinearam minha alma correm a mim dos quatro cantos do mundo e me envolvem com as canções melancólicas da saudade e depois lentamente desaparecem, como se fossem bandos de pássaros que pousaram em uma eira abandonada e, não encontrando sementes, esvoaçaram por um momento e depois voaram para outro lugar.

Neste dia, ergue-se diante de mim o significado da minha vida passada, como um espelho embaçado onde, por mais que eu olhe, só vejo os rostos pálidos dos anos passados, como rostos de defuntos, e os rostos das minhas aspirações e esperanças, enrugados como rostos de idosos. Depois, fecho os olhos e fixo novamente o espelho e nada vejo senão meu rosto, e neste, somente melancolia. Interrogo a melancolia e descubro que ela é muda. E se a melancolia falasse, falaria com mais doçura que a alegria.

Nestes 25 anos, muito amei. E quantas vezes amei o que os homens odeiam, e odiei o que eles amam. O que amei quando garoto, continuo a amar hoje. E o que amo hoje, continuarei a amar até o fim da minha vida. O amor é tudo que consigo adquirir, e ninguém pode tirá-lo de mim.

Amei a morte e desejei-a muitas vezes, chamando-a com nomes suaves, e cantando-a em segredo e em público. E, embora não renegasse a morte, aprendi a amar a vida também. A morte e a vida passaram a ter a mesma beleza para mim e a serem igualmente *desejáveis e a contribuirem igualmente para aumentar minha paixão e minha saudade, e também meu amor e minha ternura.*

E amei a liberdade. E meu amor crescia à medida em que eu descobria a submissão dos homens à iniqüidade e opressão, e seu culto imutável aos ídolos esculpidos pelo obscurantismo, erguidos pela ignorância e polidos pelos escravos. Mas amei esses escravos tanto quanto amei a liberdade, e tive pena deles porque são cegos: beijam as garras sanguinárias das feras sem querer, inalam o hálito envenenado das serpentes sem sentir e cavam suas sepulturas com as próprias mãos sem perceber.

Amei a liberdade acima de tudo, achei-a semelhante a uma jovem debilitada pelo abandono, que se transformou em sombra transparente que passa entre as casas, pára na encruzilhada das ruas e chama os transeuntes, sem despertar atenção ou interesse.

E amei a felicidade, como todos os homens. Cada manhã eu a procurava como todos a procuram. Mas nunca a encontrei nos caminhos dos homens, nem lhe descobri pegada alguma nas areias que circundam os palácios, nem ouvi sua voz saindo dos templos. E quando a procurei fora dos caminhos comuns, ouvi minha alma sussurrar ao meu ouvido: "A felicidade nasce e cresce no fundo do coração e não vem de fora." E quando abri meu coração para ver a felicidade, achei seu espelho, seu leito e seus vestidos, mas não a encontrei.

E amei os homens. Amei-os muito. E classifiquei-os em três tipos: o que amaldiçoa a vida; o que a abençoa e o que a contempla. Amei o primeiro por sua infelicidade, o segundo por sua tolerância e o terceiro por sua compreensão.

Assim se passaram meus 25 anos. Assim se esgotaram rapidamente meus dias e noites, desligando-se da minha existência como se desligam as folhas das árvores ao sopro dos ventos do outono.

E hoje somente relembro, medito como um viajante cansado que percorreu a metade do caminho. Olho para todos os lados e não vejo realização no meu passado que mereça ser apontada diante do Sol. Minhas estações só produziram papéis pintados e desenhos reluzentes, feitos de linhas e cores desarmônicas, e onde enterrei meus pensamentos, emoções e sonhos, como o semeador enterra as sementes na terra. Porém, o semeador volta para casa ao entardecer, esperançoso pela colheita; e eu semeei os grãos no meu coração sem esperança nem expectativa.

E agora que atingi esta etapa da existência, em que o passado me aparece por trás do nevoeiro das lamentações e o futuro por trás do véu do passado, paro e olho para o mundo pela minha janela. Vejo as faces dos homens e ouço suas vozes. Observo seus passos. Sinto o toque de suas almas, as ondas de suas inclinações e o bater de seus corações. As crianças brincam, rindo às gargalhadas. Os jovens caminham com a cabeça erguida, como se fossem embalados pelo poema da juventude que lêem nas nuvens douradas pelo Sol. As moças dançam como os ramos das árvores, sorriem como as flores e olham para os rapazes com inclinação e ternura veladas. Os velhos curvados sobre si mesmos caminham devagar, apoiados em bengalas, fitando o chão, como se procurassem por tesouros perdidos na terra.

Sento-me à janela e olho, meditativo, para todas essas imagens e sombras. Depois, olho para além da cidade e vejo campos cheios de beleza severa e de quietude expressiva; vejo colinas e vales, árvores e hortaliças, flores e rios e pássaros; vejo ainda o mar com suas profundezas cheias de maravilhas e ondas sempre em movimento, sempre espumantes, e os vapores que lhe cobrem a face e caem em forma de chuva; olho para além do mar, o espaço ilimitado, com seus mundos, estrelas, sóis, luas e planetas, todos governados por leis imutáveis que determinam a sua atração e repulsão e movimentos e harmonias.

Vejo todas essas coisas pela minha janela, medito e esqueço meus vinte e cinco anos e os séculos que os precederam e os que ainda virão. E todo o meu ser e ambiente parecem, no que eles têm de visível e invisível, uma fração de um gemido de bebê, que treme em um vazio incomensurável e insondável.

Sinto, contudo, a existência deste átomo, desta alma, deste ser que chamo de Eu. Sinto seu movimento e ouço seu ruído. Suas asas se elevam para o alto e se estendem em todas as direções, vibram hoje como no momento em que vieram ao mundo. E, com uma voz que se eleva das suas profundezas mais sagradas, esse átomo de vida grita: "Salve, ó vida! Salve, ó despertar! Salve, ó visão! Salve, ó dia, que envolve com sua luz as trevas da terra. E salve, ó noite, que, com suas trevas, põe em evidência as luzes do céu. Salve, ó estações! Salve, ó primavera, que renova a juventude da terra. Salve, ó verão, que proclama a glória do Sol. Salve, ó outono, que proporciona colheitas e frutos do trabalho. Salve, ó inverno, que renova com suas perturbações as energias da natureza. Salve, ó dias, que proclamam o que outros dias escondem. Salve, ó gerações, que consertam o que outras gerações estragam. Salve, ó tempo, que nos leva à perfeição. Salve, ó espírito, que, escondido nos raios do Sol, controla as rédeas da vida. E bendito seja, ó coração, porque não pode zombar da paz quando está em lágrimas. E benditos sejam, ó lábios, porque falam da paz enquanto bebem o fel."[42]

---

42   GIBRAN, Gibran Khalil. *Uma Lágrima e Um Sorriso*, p. 121-125. Tradução: Mansour Challita.

FRASES DE GIBRAN (5)

- *"Jesus não era inimigo de nenhum homem e de nenhuma raça."*[43]

- *"Vossos filhos não são vossos. Eles são os filhos da vida que buscam ansiosamente a si mesmos."*[44]
- *"Sem dúvida o sal tem força sagrada, ele está no mar e em nossas lágrimas."*[45]

- *"Minha irmã Mariana disse: 'Este mundo é surdo, coitado daquele cuja necessidade o obriga a falar nos ouvidos desse surdo'"*.

- *"Falsas são as doutrinas que causam infelicidade ao homem."*

- *"A luz verdadeira é aquela que emana de dentro do homem e revela os segredos do coração para a alma, deixando-a alegre com a vida."*

- *"As perseguições não atingem a alma quando são injustas. Sócrates bebeu veneno sorrindo e Paulo foi apedrejado com alegria. Somente a nossa consciência, quando culpada, que causa nossa infelicidade."*

- *"Jesus disse: 'Gratuitamente você recebeu e assim deve dar, não acumule ouro, nem prata, nem cobre'. Então, que mandamentos autorizam o clero a vender orações por moedas de ouro e de prata?"*

---

43 GIBRAN, Gibran Khalil. *Jesus, O Filho do Homem*, p. xvii. Tradução: Mansour Challita.
44 GIBRAN, Gibran Khalil. *O Profeta*, p. 43. Tradução: Pietro Nassetti.
45 GIBRAN, Gibran Khalil. *Areia e Espuma*. Tradução: Assaad Zaidan.

Gibran, o imigrante

*"Minha casa me diz: "Não me deixe, aqui mora seu passado."
E a estrada me diz: "Vem, porque sou o seu futuro."
E eu digo a ambas: "Não tenho passado, nem futuro. Se ficar, haverá uma ida em minha permanência; e se partir, haverá uma permanência em minha ida. Só o amor e a morte mudam todas as coisas."*[46]

Na escola, em casa, nas brincadeiras com amigos, nas reuniões com homens de bigode ou com religiosos, o pré-adolescente Gibran, dos oito aos onze anos, sempre marcava presença nas conversas, com linguagem suave e imaginação fértil.

À medida em que amadurecia, ele se aprofundava nas questões da vida humana. Sentia revolta contra os fariseus, porque usavam a religião para obter benefícios. Também repudiava a exploração dos lavradores pelos governantes corruptos e desonestos e era contra o latifúndio. Assim, seguia enriquecendo sua teoria com base em suas experiências e no ambiente em que vivia de sociedade dividida: de um lado, uma minoria que detinha por hereditariedade os poderes econômicos, políticos e religiosos; e de outro estava a maioria da população, explorada, humilhada e sacrificada, também pela herança de séculos.

O pequeno profeta se angustiava com as injustiças sociais, almejava a luta de classes, porém não tinha instrutores que pudessem mostrar o caminho da rebelião. Seus professores eram padres que demonstravam sua indignação com essa situação, mas que acima de tudo pregavam que os bárbaros e os pecadores seriam julgados e condenados pela divina justiça de Jesus Cristo. Então, Gibran cresceu olhando para a imagem de Cristo como o salvador dos sacrificados. Pode-se dizer que ele dedicou as suas obras escritas em árabe ao sofrimento do povo do Oriente Médio, em particular do Líbano.

A mãe de Gibran era sua grande admiradora, costumava gabar-se da inteligência dele com amigas ou na igreja, de suas respostas pertinentes, poesias, desenhos de pessoas e lugares. Certa vez, Kemilah, que fora infeliz em seus três casamentos, passando em frente ao convento de freiras "São Simion" com o filho, começou o seguinte diálogo:

---
[46] GIBRAN, Op cit., p. 13.

- Quando eu tinha dezenove anos, quis ser freira neste convento. Hoje penso que teria sido melhor para mim e para a sociedade.
- Se você tivesse se tornado freira, eu não teria nascido!
- Você é o destino, meu filho!
- Só que eu já havia escolhido você como minha mãe há muito tempo.
- Se você não tivesse nascido, você seria um anjo no céu.
- Eu continuo sendo um anjo!
- Mas não têm asas.
Gibran pegou a mão de sua mãe, colocou-a no ombro e disse: Aqui estão as minhas asas!
Kemilah respondeu: São asas mutiladas.
Ele nunca esqueceu o que a mãe falou, e em 1912 escreveu o romance Asas Mutiladas.

❃❃❃❃

Os anos passavam e a situação da família de Khalil só piorava. O que ele ganhava mal dava para manter seus vícios com cigarro e bebidas. Suas filhas cresceram sem estudo e a vida parecia não ter perspectiva de melhorar. Ele queria que Gibran fosse forte como Pedro para trabalhar na lavoura como o irmão. Um dia o pai o levou para as montanhas para trabalhar na roça mas Gibran caiu, fraturou o ombro e passou a usar bengala, o que acabou se tornando constante e até lhe deu um toque de elegância.

Segundo o provérbio popular libanês, "a pobreza traz a intriga e a intriga traz a briga". E assim vivia a família de Gibran. O pai vivia bêbado e maltratava a mulher e os filhos. Pedro desejava melhorar e sonhava com uma nova vida na América. Convidava Kemilah para sair da vida de pobreza e sofrimento e ir para Boston, onde havia muitas famílias de Bicharry, pessoas conhecidas que poderiam ajudar a começar uma nova vida. Ele acreditava que lá teriam melhores condições de trabalho e que logo mudariam de vida.

Kemilah aceitou a proposta do filho e passou a insistir com o marido para que fossem para a América, alegava que no Líbano não havia futuro para eles. Khalil não aceitava deixar o casarão, pois se deixassem o Líbano, as tradições de sua família seriam esquecidas. Contudo, um fato inesperado aconteceu e mudou o rumo das coisas: as autoridades acusaram-no de corrupção e de apropriação dos impostos arrecadados. Mais tarde, já nos Estados Unidos, Gibran contou à amiga Mary Haskell que esse momento humilhante foi uma das piores lembranças de sua infância, os soldados do governo cercando sua casa e prendendo seu pai. A casa foi penhorada e Khalil ficou em prisão domiciliar por três anos. Kemilah decidiu que nada mais a impediria de ir para a América. Insistiu com o marido para que ele fosse se encontrar com ela em Alexandria ou Paris. Ele concordou em princípio, mas não foi se encontrar com a família, preferindo ficar com suas tradições.

Segundo o Xeique David Daher, emigrante libanês da cidade de Bicharry que se estabeleceu no Rio de Janeiro, Kemilah partiu em 1894 com os quatro filhos e recebeu ajuda financeira de seu pai, o padre Stephano, para viajar e recomeçar a vida. Durante algum tempo, ela aguardou por Khalil em Alexandria e depois em Paris, mas ele não foi encontrá-los. Seguiu viagem e, em julho de 1895 chegou a Boston com Pedro, Gibran, Mariana e Sultana e se instalaram no bairro chinês, onde havia uma numerosa colônia libanesa.

FRASES DE GIBRAN (6)

*"O direito é privilégio das almas fortes
que dominam a própria sorte.
Os fracos são diversão do destino,
pois a fortaleza do espírito
prevalece sobre a força dos músculos.
No covil do leão há imponência,
que os chacais não ousam desafiar
na sua presença ou ausência.
No anu há covardia,
mesmo quando está voando,
e nas águias há altivez,
mesmo quando agonizando. "*[47]

*- "Tomamos empréstimos hoje para pagar
a dívida de ontem."*[48]

*- "Prefiro escolher o caminho mais difícil,
Para acompanhar as estações e suportar as
majestades dos anos;
Semear e esperar que a semente rebente no solo;
Chamar a flor de seu esconderijo
E dar-lhe força para aninhar sua própria vida,
E depois colhê-la quando a tempestade cai na floresta,
Ergue o homem da secreta escuridão,
E mantém suas raízes agarradas à terra."*[49]
*- "Irmãos, meus temidos irmãos,
O jovem está cantando no fundo do vale;
Mas sua canção sobe aos cumes das montanhas.
Sua voz sacode a floresta,
Transpassa o firmamento
E acaba com o cochilo da terra."*

---

[47] GIBRAN, Gibran Khalil. *As Procissões a Música*, p. 35. Tradução: Assaad Zaidan.
[48] GIBRAN, Gibran Khalil. *O Profeta*, p. 94. Tradução: José Mereb.
[49] GIBRAN, Gibran Khalil. *Os Deuses da Terra*, p. 23. Tradução: Mansour Challita.

Gibran em Boston

Boston[50] é uma das cidades mais antigas do Novo Mundo. Nela há uma grande mistura de raças e religiões. Podemos encontrar imigrantes de todas as partes do mundo como irlandeses, chineses, árabes, etc.

Kemilah e seus quatro filhos chegaram a Boston em 25 de junho de 1895 e se instalaram no bairro chinês, onde havia uma numerosa colônia libanesa. Logo começaram uma vida árdua e de muito trabalho. Pedro alugou um casebre e mobiliou-o com móveis usados. Empregou-se em uma lojinha. As duas meninas, Mariana e Sultana, trabalhavam nas casas dos vizinhos. A mãe trabalhava como costureira, lavava roupa para fora e ainda saía, de porta em porta, com sua caixa de mascate vendendo miudezas: fitas, agulhas, linhas, etc. E Gibran, em trinta de setembro do mesmo ano, foi registrado em uma escola do governo. Kemilah orgulhava-se muito do filho e sempre dizia: "Eu trabalho dia e noite, mas não deixo meu filho sem estudo. Meu filho está além da psicologia..."[51]

Passaram-se dois anos e a família conseguiu economizar algum dinheiro. Assim puderam montar uma lojinha para Pedro. Nesse mesmo período, Kemilah deparou-se com Gibran lendo um livro volumoso e perguntou-lhe:

- Que livro você está lendo?
- O romance da A Cabana do Pai Tomás.
- Esse livro é em árabe ou em inglês?
- Claro que é em inglês.
- Cristo te proteja! Nessa idade e com apenas dois anos na América já está lendo um livro deste tamanho!
- Quando eu crescer, vou escrever um livro do tamanho deste.
- Mas meu filho, assim você esta castigando sua saúde, o tempo todo lendo e desenhando, vai brincar um pouco!
- Com quem eu vou brincar? Com os filhos dos chineses? Dos irlandeses? Ou dos nossos compatriotas? A maioria é mal educada, inclusive as moças. Eu prefiro corações limpos, prefiro os meus livros e cadernos! Ah, a minha professora de inglês gosta muito

---

50 Naquela época, a cidade de Boston tinha aproximadamente meio milhão de habitantes e era considerada pioneira na independência e liberdade dos negros. Também ficou conhecida como a Atenas do Novo Mundo.
51 YOUNG, Barbara. *Esse homem do Líbano*, p. 13. Tradução: Aurélio de Lacerda.

de mim. Ela me chama de Khalil, disse que o primeiro nome da pessoa não pode ser igual ao sobrenome. Foi ela quem me emprestou este livro. Eu queria que você soubesse ler em inglês para conhecer a história do Tio Tomaz e seu sofrimento nas mãos dos homens brancos. A professora também me apresentou ao fotógrafo que faz retratos usando desenhos. Ele viu meus desenhos, me parabenizou e disse: "Você, Gibran, é de uma terra bonita, o Líbano, e seu povo tem talento para arte. Você é um pequeno artista e terá um futuro brilhante." Ele me convidou para visitá-lo.

- Meu filho, esses desenhos e essas poesias não dão dinheiro, você deveria ajudar seu irmão na loja que dá mais resultado, nossa situação é precária.

- Mãe, não fique triste com a pobreza, porque se a loja não fizer fortuna, ainda assim, você deve confiar na minha pena, que lhe dará um rio de dinheiro. Pra mim, um dedo de um artista vale por todos os comerciantes de Boston! Claro que excluindo meu irmão! E uma página de poesia vale por todos os estoques de tecido das lojas da cidade.

FRASES DE GIBRAN (7)

- *"Os poetas não são somente aqueles que escrevem poesias, mas sim aqueles cujos corações são cheios de vida"*[52]

- *"Jesus amava todas as coisas belas: o rosto acanhado das crianças, a mirra e o incenso do sul."*[53]

- *"Não há profundidade além da alma do homem."*[54]

- *"Na verdade, nós observamos, mas não vemos; escutamos, mas não ouvimos; comemos e bebemos, mas não saboreamos. E aí esta a diferença entre nós e Jesus de Nazaré."*[55]

- *"Negociar e perder é melhor do que não agir."*[56]

- *"Ontem é apenas a recordação do hoje e o amanhã, o sonho do hoje."*
- *"A terra oferece os seus frutos, se souber encher as mãos de fertilidade, não sentirá o dissabor da necessidade."*[57]

- *"As mãos que fazem as coroas de espinhos são até melhores do que as mãos paradas."*[58]

- *"Será que o amor da mãe de Judas por seu filho era menor do que o amor de Maria por seu filho Jesus?"*[59]

- *"O poeta é o elo entre este mundo e o outro."*[60]

- *"O poeta é uma fonte cristalina onde bebem as almas sedentas."*[61]

---

52 NAIME. *A Vida de Gibran*. Tradução: Assaad Zaidan.
53 GIBRAN, Gibran Khalil. *Jesus O Filho do Homem*, p. 73. Tradução: Mansour Challita.
54 Ibid., p. 28.
55 Ibid., p. 86.
56 Ibid., p. 102.
57 GIBRAN, Gibran Khalil. *O Profeta*, p. 11. Tradução: José Mereb.
58 GIBRAN, Gibran Khalil. *Areia e Espuma*, p. 87. Tradução: Assaad Zaidan.
59 Ibid., p. 88.
60 GIBRAN, Gibran Khalil. *Uma Lágrima e Um Sorriso*, p. 119. Tradução: Mansour Challita.
61 Ibid., p. 119.

- *"O poeta é uma árvore plantada à beira do rio da beleza, cujos frutos alimentam os corações famintos. É um rouxinol que salta entre os ramos da palavra e canta melodias que enchem os corações de ternura."*[62]

- *"A sabedoria é uma poesia que canta na mente."*[63]

- *"Quando alguém dá as costas ao Sol, só vê sua sombra."*[64]

---

62 Ibid., p. 119.
63 Ibid., p.27.
64 Gibran, Op. Cit., p. 35.

Primeiro pecado do profeta

Gibran discutia sempre com sua mãe sobre sua dedicação à arte. Ela dizia:
- Deixa essa idéia sonhadora de fotografia de lado, porque não dá resultado para nossa vida sacrificada.
- Mãe, parece que você entende de arte do mesmo jeito que eu entendo a língua turca. O fotógrafo de que lhe falei, que elogiou meus desenhos, apresentou-me uma senhora famosa no meio artístico e literário de Boston, vou visitá-la amanhã!

Bastou essa informação para que seus irmãos lhe enchessem de perguntas. Pedro indagava-o com sorriso malicioso: Essa artista é jovem, velha, bonita, feia, casada ou solteira?

Durante um minuto o jovem Gibran ficou em silêncio, como se o profeta pudesse sentir, em suas veias, correr um sangue amargo. Levantou-se, deu um murro na mesa e disse: Até quando vão olhar pra mim como se eu fosse um garoto ignorante? Eu já sou um homem e sei distinguir o certo do errado!

Kemilah encerrou a discussão: Deus! Afaste de nós à hora da decisão e do pecado original!

No dia seguinte, Gibran foi à casa da colecionadora e artista plástica. Ela o recebeu: Bem-vindo amiguinho libanês. Já chegou? Não faz mal! Eu não tinha seu telefone para adiar a visita para amanhã, hoje acordei com uma dor de cabeça forte, passei o dia na cama e por isso estou recebendo-lhe no quarto e de baby-doll. Não há nada de mal nisso, apenas gosto de estar à vontade e acredito que você também goste! Veja esse retrato, é meu. O que você acha?

Gibran, acanhado, respondeu: Desculpe, melhor voltar outro dia!

A mulher retrucou: Não, não, você já está aqui, sua presença talvez faça minha dor de cabeça passar. Você é do Oriente, eu gosto muito do Oriente, suas magias e encantos. Sente e olhe o quadro e me dê sua opinião!

Olhando profundamente o quadro, Gibran comentou: Queria poder ressuscitar Leonardo da Vinci para retificar seu retrato. Mudar esse olhar de ovelha sossegada para o olhar de uma águia ferida, seu sorriso que parece uma rosa sorrindo ao Sol para o sorriso de uma rosa que perde as pétalas. Eu vejo no seu verdadeiro rosto a tristeza que não aparece no retrato. Vejo um falso véu de felicidade que cobre sua aparência, uma força amargurada e sofrida!

A mulher ficou surpresa e ao mesmo tempo encantada com as palavras do jovem intelectual, levantou-se, abraçou-o e disse: Você é poeta, artista e mágico, tudo ao mesmo *tempo. Quem lhe revelou meus segredos? Quem lhe contou que meus pais me fizeram casar com um homem vinte anos mais velho que eu? Meu marido é comerciante e dono de curtume. Ele só entende de pele de vaca, ovelha e cabrito. Faz dez anos que nos casamos, mas parece um século de sofrimento. Esta casa para mim é como um túmulo. Tentei diversas vezes agasalhá-lo com pele humana, mas parece preferir a pele de gado. Eu para ele sou um objeto de alto valor.*

Gibran indagou: Onde está seu marido?

Ela respondeu: Depois que seu negócio entrou em falência, ele está no escritório, trabalhando dobrado e só voltará após a meia-noite. Olhe, meu pequeno anjo, suas palavras fizeram minha dor diminuir. Passe a mão em minha testa para que desapareça o resto da dor.

Gibran: A partir de hoje sua dor será minha!

Nesse momento lágrimas escorreram dos olhos de Gibran e da mulher, que respondeu: Feliz neste mundo o coração que encontra outro que lhe entende.

Às onze da noite, Gibran se despediu da mulher e também de sua pureza juvenil. Sentia como se tivesse sido cuspido pela boca de um vulcão, e ao mesmo tempo era como se cada gota de seu sangue se transformasse em brasa ardente, mas esse estado de euforia passou antes mesmo que pudesse chegar em casa, transformando-se em arrepios de arrependimento. Lembrava das palavras da mãe: "Deus! Afaste de nós a hora da decisão e do pecado original!"[65]

Tempos depois, Gibran, no conto "Cidade Santa" de seu livro "O Louco", escreveu: "Todos ao chegar à juventude tornam-se pecadores".

---

[65] Assaad Zaidan fez uma tradução livre deste capítulo do livro escrito em árabe, de Miguel Naime, *A Vida de Gibran*. Naime, diversas vezes, fez as revisões das crônicas do amigo em árabe, já que tinha sólidos conhecimentos da gramática, era filósofo libanês, sofista e espiritualista. Deixou dezenas de obras literárias, dentre elas o livro "Merdad", que escreveu para concorrer com *O Profeta* de Gibran, e também, a obra *A Vida de Gibran*. Nela, Naime demonstrou um pouco de inveja do amigo e colega, parecia que ele desejava ter fama como Gibran. Naime era celibatário e nunca teve um relacionamento amoroso com mulher alguma, pois, dessa forma, acreditava alcançar a purificação. Ele condenava os relacionamentos de Gibran e acreditava que isso era fraqueza e pecado.

FRASES DE GIBRAN (8)

-"*A Babilônia não foi destruída por causa de suas prostitutas; a Babilônia foi reduzida a cinzas para que os olhos de seus hipócritas não pudessem mais ver as luzes do dia.*"[66]

- "*Chorem comigo, filhos de Astaroute e todos amantes de Tamuz. Façam seus corações derreter e levantar, pois aquele que era feito de ouro e de marfim não existe mais.*"[67]

- "*Arrependimento: Em uma noite sem Lua, um homem entrou no jardim de seu vizinho e furtou o maior melão que encontrou. Abriu-o e constatou que ainda estava verde. Então, olhe que maravilha! A consciência do homem despertou e castigou-o com remorso. E ele se arrependeu de ter furtado o melão.*"[68]

- "*Disse um lobo cortês a um carneiro ingênuo: 'Não gostaria de me visitar?' E o carneiro respondeu: 'Eu me sentiria muito honrado com essa visita se tua casa não estivesse no teu estomago'.*"[69]

- "*Os homens estabelecem regras opressivas para eles próprios.*"[70]

---

66 GIBRAN, Gibran Khalil. *Jesus O Filho do Homem*, p. 76. Tradução: Mansour Challita.
67 Ibid., p. 176.
68 GIBRAN, Gibran Khalil. *O Precursor*, p. 83 Tradução: Mansour Challita.
69 GIBRAN, Gibran Khalil. *Areia e Espuma*, p. 37. Tradução: Mansour Challita.
70 GIBRAN, Gibran Khalil. *Espíritos Rebeldes*, p. 31. Tradução: Emil Farhat.

Gibran, o pintor

Delírios do Profeta [sic!]
"Do meu coração levantou-se um pássaro e voou para o céu.
Subiu cada vez mais alto, e assim tornava-se cada vez maior.
A princípio, era apenas como uma andorinha, depois como uma cotovia, depois como uma águia, depois tão grande como uma nuvem de primavera e depois encheu os céus estrelados.
Do meu coração, um pássaro voou para os céus. E foi-se tornando cada vez maior à medida que voava. Contudo, não deixou meu coração.
Oh, minha fé, meu saber indomado, como poderei voar para as alturas em que estás, e ver contigo o Eu maior do homem, desenhado no céu?
Como converterei em neblina este mar dentro de mim, e como me moverei contigo no espaço imensurável?
Como poderá um prisioneiro no templo contemplar-lhe as cúpulas douradas?
Entretanto, de meu coração tu voas rumo ao céu, meu coração é que te contém, e ficarei contente." [71]

Gibran estava entusiasmado com a atenção que sua professora de desenho lhe dispensava, além da admiração e palavras animadoras - "Você é um pequeno falcão da arte..." - do famoso artista e fotógrafo Fred Holand Day. Ele o convidou para conhecer seu ateliê de fotografia e pintura. Gibran aguardava inquieto o término da aula. Quando o sinal tocou, rapidamente se dirigiu ao endereço do fotógrafo, corria nos becos, perdido em seus pensamentos, nem se dava conta do que acontecia ao seu redor, nada mais lhe interessava além de chegar à casa de Fred. Parecia ser carregado pelos sonhos, como se o seu futuro estivesse atrás da porta do fotógrafo, pois ele tinha lido que muitos artistas tinham conquistado fama ajudados por pessoas desconhecidas. Ele acreditava que o mesmo aconteceria consigo.

Durante sua caminhada, muitas idéias perturbaram a mente do pequeno "falcão", mas sabia que deveria impressionar o anfitrião com sua inteligência e talento, e deixar marcada na conversa a sua ambição e seus planos de ser um

---

[71] GIBRAN, Gibran Khalil. *O Precursor*, p. 59. Tradução: Mansour Challita. O Título original da poesia é "Do Meu Coração".

grande escritor e pintor. E que desejava ser como um falcão e voar além dos céus de Boston.

O artista Fred Holand Day era um homem afortunado e de comportamento estranho[72]. Bastante influenciado por Oscar Wilde, Fred admirava o talento artístico de Gibran, e o incentivava a aperfeiçoá-lo. Tinha verdadeira paixão pelas lendas, teologia e espiritualidade do Oriente, e encontrou em Gibran um elo com o Oriente, um modelo da natureza inocente. Viu nos quadros dele a sombra do mundo Oriental como em seus sonhos. Por isso, tornou-se seu padrinho artístico, abrindo as portas do mundo para Gibran.

Mas Gibran estava angustiado, pois tinha uma sede insaciável de aprendizado. Ele sabia de suas limitações, mas não desanimava e buscava incessantemente o conhecimento. Pouco a pouco foi introduzido no mundo artístico de Boston, conheceu muitas personalidades, poetas, pintores, desenhistas, literatos, jornalistas, etc., com quem mantinha amizade. Também servia de modelo para alguns artistas, inclusive para o próprio Day, que fez diversas fotos inspirado no estilo oriental de Gibran. Em março de 1898, Fred expôs trezentas fotos em um vernissage no clube Câmera. As mais vendidas foram as de Gibran em suas roupas árabes.

Na noite de lançamento da exposição, Gibran estava presente e conheceu diversas pessoas que expressaram sua admiração pelo pequeno artista sírio[73]. Dentre os presentes, estava a amante da arte, a afortunada Sarah Montgomery Sears[74]. No final do evento, ela convidou Gibran para ir à sua casa, e lá ele viu sete telas com suas gravuras penduradas na parede. Também viu, pela segunda vez, a poetisa Josefina[75]; ela tinha descoberto nele a afeição e a tristeza. E realmente Gibran era a cara do sofrimento, da privação e pobreza que lhe impediam de voar pelo espaço literário da fama e conhecimento. Ele se julgava como a pessoa mais sofrida à luz do Sol, e estava sempre diante de duas forças: uma, oculta e intuitiva, que o levava às nuvens, fazendo-o viajar e delirar em suas visões, mostrando-lhe as melodias da felicidade e a beleza da fama; a outra, lógica e realista, puxava-o para a realidade, firmava-lhe os pés no chão, na escuridão das necessidades e nos problemas cotidianos da vida.

---

72 Um francês escreveu que Fred tinha comportamento extravagante e lunático. Foram feitos comentários maldosos sobre a amizade de Gibran e Fred Day, mesmo assim Gibran não tinha nenhum envolvimento com Fred. Além disso, Fred era admirador de Oscar Wilde e quando comentaram sobre o comportamento de Wilde, Gibran respondeu: "Isso é imundo".
73 Na América do Norte, achavam que todos os imigrantes do Oriente Médio: sírios, palestinos, libaneses, etc. eram sírios, pois naquela época o Oriente ainda não estava dividido em nações. Os imigrantes aceitaram o pseudônimo, para evitar o que aconteceu na América do Sul, onde foram chamados de turcos.
74 Senhora rica, colaboradora permanente, sempre comprava as telas de Gibran.
75 JABR. Jamil. *Gibran em sua Vida Tempestuosa*. Tradução: Assaad Zaidan.

A fama do talento e da inteligência de Gibran chegou muito cedo. Aos quatorze anos, ainda estudante e paupérrimo, foi recomendado por seu protetor Fred Day ao proprietário de uma gráfica, para fazer os desenhos das capas de livros. Dessa forma o problema financeiro foi amenizado. E a cada dia, ele ampliava suas amizades com artistas e literatos de Boston. Gibran se sentia mais à vontade para escrever suas poesias e crônicas e expressar sua revolta, e por fim sua profecia literária. Mas, como poderia fazer isso, se ainda não escrevia em árabe nem era versado em inglês?

Sentia uma grande revolta e a certeza que traria uma renovação no estilo literário. Queria se tornar uma nova escola, mudar os modelos da escrita com expressões desconhecidas. Seria um paradigma para os jovens árabes que há muitos séculos não tinham uma renovação nos modelos da língua do Alcorão. Também tinha certeza que introduziria no idioma inglês um estilo suave e lírico, mas, para isso, precisava aumentar sua bagagem cultural e melhorar sua escrita em árabe.

Como ambicionava voltar ao Líbano e estudar sua língua pátria, muitas vezes apelava com carinho para que sua mãe o enviasse ao Líbano. Ela consentia, mas a situação financeira não permitia. Gibran comentou com os amigos, especialmente com Fred Day, sobre o desejo de sua mãe de mandar-lhe para o Líbano, com intuito de aperfeiçoar os estudos em árabe, mas que precisava obter a verba necessária. O fotógrafo mobilizou os amigos, que fizeram uma coleta para ajudá-lo a financiar seu aprendizado e conhecimento.

Jamil Jabr escreveu em seu livro *Gibran em sua Vida Tempestuosa* que Kemilah, como religiosa praticante da seita maronita e criada sob a rígida orientação religiosa de seu pai, pároco de igreja, estava sempre atenta ao filho, pois notava que ele podia ser influenciado pelo convívio com os protestantes americanos e, para ela, isso seria uma heresia. Ela se esforçava para conseguir mandá-lo a um colégio cristão maronita no Líbano. Então quando Gibran contou-lhe que os amigos se mobilizaram para financiar seus estudos, ela juntou o dinheiro das economias da família e o deu a ele para que fosse concluí-los no Líbano. Neste momento, Gibran ficou comovido com o gesto da mãe e dos amigos, a ponto de seus olhos encherem-se de lágrimas.

Gibran no Colégio "El Hikmat"

O Bispo Youssef El Dibs, um dos pilares históricos e culturais da seita maronita no Líbano, autor de muitas obras teológicas e culturais, tinha como objetivo principal construir um colégio que fosse administrado por maronitas em Beirute. Ele dizia: "As casas de ensino maronita são as melhores do Oriente Médio e estão nos vilarejos montanhosos, mas sentimos sua ausência na capital". Isso porque os colégios maronitas eram administrados por missionários católicos europeus, que chegaram ao Líbano na época dos "mutussarifes". O bispo Youssef El Dibs fez apelos aos católicos da Europa para ajudá-lo a abrir um grande colégio maronita em Beirute, capital do Líbano, onde os professores seriam maronitas libaneses, que dedicariam seus esforços ao ensino da língua árabe e às tradições teológicas, isso para não perder espaço para os colégios protestantes, que eram muitos e estavam espalhados pelos quatro cantos do Líbano.

Em 1874, o Bispo Dibs vendeu sua pequena fábrica de casulos de seda na cidade de Ximlan e meio vilarejo que o clero possuía em Kafra El Bikaá, juntou com a verba recebida da Europa e iniciou a construção do colégio El Hikmat (A Sabedoria). A inauguração foi em outubro de 1875, a primeira turma tinha setenta alunos e sua missão era ensinar a língua árabe e preservar as tradições maronitas, assim, evitaria que os jovens desta seita fossem atraídos pelos missionários protestantes e abandonassem suas crenças, mudando de religião.

Um ano após a inauguração, o colégio "El Hikmat" tornou-se referência, e ficou conhecido como o melhor centro de ensino da língua árabe e da teologia maronita. Essa fama chegou ao Novo Mundo e aos ouvidos de Kemilah, mãe de Gibran, mulher religiosa, que, ao se despedir do filho, que estava retornando ao Líbano para estudar, recomendou-lhe que se matriculasse no colégio "El Hikmat", insistindo que somente ali Gibran teria a melhor educação.

Assim, em outubro de 1898, Gibran chegou ao Líbano para iniciar o ano escolar. Primeiro, visitou o pai em Bicharry, e viu com tristeza o pai envelhecer antes do tempo. O temperamento de Khalil tornara-se ainda mais violento, mas ficou feliz quando viu o filho, achando que ele voltara para trabalhar no sítio da família.

Na metade do mês de outubro, Gibran retornou a Beirute e se matriculou no "El Hikmat". O diretor do colégio, um padre idoso, perguntou a ele: "Quem trouxe você para o colégio?".

Gibran respondeu: "Eu vim sozinho. Eu sou o meu responsável! Vim porque *desejo aprender a língua de meu povo, pois somente sei ler como primário". O diretor colocou-o na classe junto aos iniciantes, mas ele recusou-se a ser primário e procurou o Padre Youssef Hadad, professor de literatura, que se impressionou ao ver aquele jovem de cabelos compridos, largados nos ombros, rosto rosado e olhar concentrado. Gibran se apresentou: "Sou Gibran Khalil Gibran, de Bicharry, estudei inglês na América, tenho curso de filosofia em inglês, estou aqui no Líbano para estudar árabe, a língua de meu povo e de minha pátria. Mas o diretor me colocou junto às criancinhas." Padre Hadad disse: "Você deve subir a escada, degrau por degrau".*

E Gibran respondeu: "Mas as águias não sobem escadas, elas voam pelo espaço. Antes de bater na sua porta, soube que você era nosso professor de literatura, que trata seus alunos com compreensão e benevolência, que é respeitado perante a diretoria do colégio. Por isso, vim falar de meu problema, pois eu quero aprender árabe. Deixe-me assistir às suas aulas, e nos três primeiros meses não me faça perguntas, porque eu não as responderei."

Então, já no dia seguinte, ele estava assistindo à aula do Padre Hadad, escrevia e não perguntava nada, conforme combinado, nos três primeiros meses. Segundo o Padre Hadad[76]*, Gibran ficava com os ouvidos atentos e quando a lição não era de seu agrado, rabiscava, desenhava ou escrevia frases em inglês. Algumas vezes, pedia ao professor para indicar livros que deveria ler. Padre Hadad disse: "Indiquei os livros Kalilat e Dimnet, Alaghani, Os Prolegômenos de Ibn Khaldoun, Nahj As Balaghat, As Mensagens de Badih Alzaman, as obras de Adib Ishak, Almutanbi, a Bíblia Sagrada e outros livros com estudos sobre a natureza e temperamento das pessoas, suas éticas, costumes e insisti que lesse livros de história".*

Em conversa com o poeta Elias Abi Chabki, Padre Hadad disse: - "No primeiro encontro com Gibran, percebi que se tratava de um menino com inteligência fora do comum; e ao ler sua primeira redação, coloquei-lhe uma regra: pense longe, leia muito e escreva pouco; pois sua narrativa já dava indícios de que ele seria um poeta, um escritor surrealista."[77]

Orientadores:

A literatura em geral sempre representou a civilização de um povo e o brilho dos idiomas.

A literatura árabe, com suas poesias antigas, conheceu um período de brilho durante a época pré-islâmica. Com o surgimento do Alcorão, a literatura fincou suas raízes na

---

[76] O professor de literatura, Padre Youssef Hadad, falou sobre Gibran como aluno ao literato libanês Maroun Abud e ao poeta Elias Abi Chabki, que mencionaram esses fatos em conferências e artigos publicados nos jornais libaneses.
[77] JABR, Jamil. *Gibran em sua Vida Tempestuosa*, p. 30-39 Tradução: Assaad Zaidan.

língua árabe clássica e deixou seu estigma nas páginas dos idiomas e das civilizações. Mais tarde, com a extensão dos impérios árabes e a evolução da literatura, acompanhou as conquistas, principalmente as do império de Bagdá no Oriente e Córdoba no Ocidente.

Os árabes produziram centenas de obras, nos mais variados estilos científicos, filosóficos, teológicos, poéticos, etc. Essas obras foram disseminadas pelos cinco continentes, iluminando os caminhos das civilizações e as mentes humanas. Ainda nos tempos atuais, podemos ver obras como "Averrois", "Avisena", "Al Razi", "Al Garismo", "Ibin Khaldoun", bem como outras, que foram traduzidas para diversos idiomas, e continuam sendo fonte de referência nas universidades do mundo.

A língua árabe estava ameaçada de ser "turquificada". O literato libanês Raif Coury[78] *escreveu: "A decadência da literatura árabe começou quando Hulaco, comandante mongol, conquistou Bagdá em 1258, e continuou até o início do século XIX"*[79]*. Essa "turquificação" não ocorreu porque os religiosos não aceitavam que as orações fossem feitas em outras línguas. Uma surat do Alcorão diz: "Fizemos descer o alcorão em língua árabe cristalina pura". Essa atitude dos religiosos, combinado ao surgimento de intelectuais libaneses, que aceleraram o rejuvenescimento da literatura árabe, evitou a dissolução da língua árabe, ou que fosse "turquificada", isto é, influenciada pelos radicais nacionalistas turcos na época do domínio otomano.*

No começo do século XIX, Napoleão Bonaparte conquistou o Egito e introduziu a primeira grande gráfica árabe "Bulac" em Cairo, onde encontrou diversos "Olamas"[80]*, que receberam o instrumento de impressão com entusiasmo. Enquanto isso, no Líbano, a pequena gráfica já existia desde 1585, tornando os libaneses pioneiros na tradução de livros dos idiomas europeus para o árabe e vice-versa. Diversos libaneses, maronitas, católicos, evangélicos e ortodoxos foram para os países europeus e passaram décadas pesquisando, traduzindo obras valiosas, e de posse de suas realizações culturais, retornaram ao Oriente Médio. No começo do século XIX, os missionários europeus começaram a chegar ao Oriente, e encontraram então um ambiente propício. Assim, nesta marcha para a evolução cultural do Oriente Médio, o Líbano largara na frente.*

Surgiram muitos intelectuais que se dedicaram ao desenvolvimento do ensino e formaram muitos escritores, tradutores, professores, poetas, historiadores e cientistas. Esses intelectuais estavam no Líbano; outros fugiram para o Egito, onde aceleraram a marcha cultural árabe. O Egito tinha mais liberdade que o Líbano, por ser protetorado

---

[78] Rafi Coury, literato libanês, faleceu em 1967. Escreveu mais de dez livros, que são leitura obrigatória nas universidades de diversos países árabes.
[79] O motivo pelo qual os turcos não conseguiram banir o idioma árabe deve-se ao fato de que os muçulmanos têm a obrigação de recitar em árabe suas orações do livro sagrado, o Alcorão.
[80] Os Olamas são sábios, teólogos muçulmanos, especialistas no idioma árabe e no Alcorão.

inglês, enquanto o Líbano era dominado pelo império otomano. E foi nessa época em que Beirute era considerada capital cultural do mundo árabe que Gibran voltou ao Líbano.

Gibran comparava os diversos estilos literários e conteúdos das obras clássicas e modernas, sempre auxiliado pelo padre e professor Youssef Hadad, que sempre lhe guiava, apontando livros interessantes e adequados, que o ajudariam em sua busca por conhecimento. Indicou-lhe as obras de Ahmed Fares El Chidiac, Boutros Bustani, Nassif Yazigi, Chibli Chumail, Farah Anton, Fransis Murach, Abdul Rahman Al Kawakbi, Adib Ishak e Yacoub Sarouf, além dos poetas Kalil Mutran, Ibrahim Yazigi e Kassin Amin, defensor dos direitos das mulheres.

Gibran permaneceu no Líbano aproximadamente quatro anos, período bastante proveitoso para aperfeiçoar-se na língua árabe e libertar-se das algemas das tradições e dos ensinamentos que lhe prendiam, garantindo-lhe as asas do imaginário, que desejava para voar como uma águia e alcançar o espaço infinito do lirismo.

Padre Youssef Hadad[88] Nasceu em 1865 no vilarejo Ain Kifaã, região de Biblos. Na gravura ao lado feita pelo pintor Kaissar Gumail, padre Youssef possui um olhar penetrante, aparece barbudo e com uma barreta (kalnussa) preta cobrindo os cabelos, característica dos padres. Youssef foi um dos orientadores que mais influenciaram Gibran, pois ele indicava os livros que Gibran deveria ler. Além disso, ele era professor de literatura, um intelectual, poeta clássico, escritor de peças teatrais e de teses literárias.

Ambiente de Estudo de Gibran:

No colégio "El Hikmat", Gibran logo ficou conhecido devido a sua inteligência e curiosidade sobre tudo. Era um aluno aplicado, tranqüilo, tinha poucos amigos e não demonstrava muito interesse em fazer amizades. Nas pesquisas realizadas pelos escritores que biografaram sua vida, somente Youssef Huwayik[81] *foi citado como amigo de Gibran.*

Huwayik conta: "Eu estava rabiscando na minha carteira da sala de aula quando fui surpreendido por um rapaz sentado atrás de mim, que observava os meus desenhos. Ele era muito curioso e perguntou-me quem eu era. Respondi: "Sou Youssef Huwayik,

---

81 Youssef Huwayik era amigo e colega de Gibran em Beirute. Foi posteriormente companheiro de Gibran em Paris por dois anos. Youssef registrou suas lembranças no livro *Minhas Memórias com Gibran*, compilado e publicado por Adevic Chaibub, no Líbano.

filho de Saadallá El Huwayik, do vilarejo de Halta, da região de Batroun! E você?" Ele respondeu: *"Sou Gibran Khalil Gibran, de Bicharry. Voltei de Boston, na América, para onde havia emigrado com minha mãe, irmãs e irmão. Estou aqui para estudar o idioma árabe!" Depois disso, tornaram-se companheiros.*

Youssef, no livro Minhas Memórias com Gibran, *diz: "Gibran sempre se vestia com roupas finas, limpas e elegantes. Os livros não saíam de suas mãos, e ele parecia devorá-los. Seu olhar era firme, anunciando sua inteligência e personalidade. Seus cabelos eram nos ombros. Uma vez, o diretor do colégio pediu que cortasse, mas Gibran se recusou, e isso quase causou a sua expulsão, que só não aconteceu por intervenção do Padre Youssef Hadad. Gibran ficou com seu charme, os cabelos compridos."*

Apesar de gostar de estar sozinho e ter poucos amigos muito bem escolhidos, ele era espirituoso e fazia crônicas e caricaturas de alguns alunos e professores. Mas isso acabou depois que venceu uma competição do colégio para eleger a melhor poesia, pois passou, com Youssef e outros alunos, a publicar a revista mensal do colégio, "Al Nahdat" (Renascença).

Em Beirute, Youssef disse: "Sempre estávamos juntos, eu e Gibran, no colégio, fazendo as matérias da revista, e nos passeios. Um dia, estávamos no bar "El Shark" (O Oriente), na praça Al Burj[82], e Gibran estava tomando um café quando viu um garoto vendendo flores, trajando roupas remendadas. Seu rosto era a pura expressão da pobreza. Gibran comprou dele uns botões e perguntou sobre sua família. O garoto falou da situação miserável em que ele e sua mãe viviam. Gibran ficou comovido e no dia seguinte foi visitar a pobre mulher doente em seu casebre. Os dois conversaram bastante e ela contou a Gibran sua triste história de vida."

Mais tarde, esse fato o inspirou para que escrevesse "Marta Albanesa", do livro As Ninfas do Vale.

---

82 Uma praça localizada no centro de Beirute, cujo nome, atualmente foi mudado para "Praça dos Mártires".

FRASES DE GIBRAN (9)

- *"O Nazareno não apoiava o servo contra seu senhor, nem seu senhor contra o servo; não sustentava homem algum contra outro homem."*[83]

- *"Esquecemos das pessoas com quem sorrimos juntos, mas nunca esquecemos daquelas com quem choramos juntos."*[84]

- *"Nós podemos chegar à aurora sem passar pela noite."*
- *"Dai-me um ouvido e vos darei uma voz."*
- *"Se desejas possuir algo, não reclames."*
- *"O músico pode cantar ritmos que preenchem o espaço, mas não pode oferecer o ouvido que o capta, nem a voz que repete."* [85]

- *"Quando algum amigo revela francamente seus pensamentos, não tenha medo de dizer-lhe 'não' e nem de dizer-lhe 'sim'."* [86]

- *"Ontem é a lembrança do hoje, e o amanhã é o sonho do hoje."*[87]

- *"Será que o tempo não é como o amor, invisível e imensurável?"*[88]

- *"O prazer é uma canção da liberdade, mas não é a liberdade; ela é a flor do seu desejo, mas não é a fruta."*[89]

- *"Na realidade, o prazer é uma canção de liberdade, espero que você guarde esta canção no coração, para que não perca o coração na canção."*[90]

---

83 GIBRAN, Gibran Khalil. *Jesus O Filho do Homem*, p. 124. Tradução: Mansour Challita.
84 GIBRAN, Gibran Khalil. *Areia e Espuma*, p. 83. Tradução: Mansour Challita.
85 GIBRAN, Gibran Khalil. *O Profeta*, p. 81. Tradução: Pietro Nassetti.
86 Ibid., p. 71.
87 Ibid., p. 74.
88 Ibid., p. 75.
89 Ibid., p. 82.
90 Ibid., p. 83.

Marta Albanesa[91]

    Seu pai morreu quando ela ainda estava no berço, e antes de completar dez anos, perdeu também sua mãe... Pequena, órfã, recebeu de herança de seu pai apenas o nome e um casebre humilde, e de sua mãe somente o sofrimento e as lágrimas. Assim, tornou-se estranha na terra em que nasceu. Sozinha, foi amparada pela família vizinha, um casal com filhos, pobres que viviam da coleta de sementes e frutas naquela aldeia cercada pelo belo vale de Ban.
    Marta perambulava toda manhã, descalça, maltrapilha, conduzindo uma vaca leiteira para o outro lado do vale, onde havia bosques férteis para aumentar a produção leiteira.
    No final do dia, ela voltava ao casebre, castigada pela fome, sentava-se à mesa com a filha de seu protetor e patrão e saboreava um pedaço de pão de milho, algumas verduras e frutas secas. Depois, deitava-se sobre a palha seca e dormia, desejando que a vida fosse um sonho. Mas, despertava na manhã seguinte assustada com os gritos de seu protetor e patrão, chamando-a para servi-lo.
    Assim passaram-se os anos da pobre Marta, que cresceu em meio a vales e colinas. Cresceu, assim como se desabrocham as flores, sem que ela pudesse perceber. Pouco a pouco, a pobre menina órfã se tornava uma moça bela e inocente, sem traços de conhecimento ou experiência, exilada naquele vilarejo.
    Nós, que passamos a maior parte de nossas vidas nas cidades populosas, pouco sabemos da vida nas aldeias isoladas do Líbano. As agitações da vida moderna nos impedem de ver a nobreza da filosofia de vida dos aldeões, a singeleza e inocência que os fazem ceifar o que semeiam. E nós, materialmente mais ricos do que os camponeses, muito ceifamos e pouco semeamos, vivemos como escravos da ambição, ao passo que eles são nobres, pois o seu contentamento os mantém sempre livres. Tragamos a vida na taça turva da amargura e eles tragam a vida na transparência da limpidez.
    Um dia, Marta, com dezesseis anos, estava sentada próxima a um córrego quando escutou o barulho do galgar de um cavalo nos pedregulhos do rio. Viu um cavaleiro aproximar-se lentamente, descer de seu cavalo e cumprimentá-la, com tanta distinção como nunca tinha visto. Ele perguntou-lhe qual caminho levaria à costa. Marta não entendeu e quis indagar, mas o cavaleiro a deteve. Seu olhar foi atraído pelos pés desnudos e a pele rosada de Marta, que emudeceu por motivos que não sabia explicar.

---

91   GIBRAN, Gibran Khalil. *As Ninfas do Vale*, p. 9-22. Tradução: Assaad Zaidan. Albanesa originária de Ban, vilarejo no Norte do Líbano.

Naquela noite, a vaca leiteira retornou sozinha ao casebre. O protetor de Marta a procurou por muito tempo entre colinas e vales e sua mulher passou noites chorando, dizendo: "Eu a vi em meu sonho sendo atacada por um animal selvagem, e ela sorria e chorava ao mesmo tempo."

E foi assim que em umas férias de verão naquela bonita aldeia me contaram a história de Marta Albanesa.

❋ ❋ ❋ ❋

Com a chegada do outono de 1900, voltei a Beirute, depois de passar as férias escolares no norte do Líbano. E, uma semana antes do início das aulas, fui com meus colegas passear na cidade, gozando de toda liberdade, a recompensa pelos tempos que passamos entre quatro paredes, em casa ou na escola. Assim, éramos como pássaros diante da porta aberta da gaiola, que saíram e foram encher seus corações com os prazeres dos passeios. A juventude é um belo sonho, infiltra suas delícias em meio às páginas dos livros, transformando-os em uma realidade cansativa. Será que um dia os sábios vão conseguir unificar os sonhos da juventude às delícias da sabedoria, como uma demonstração dos corações indignados? Será que um dia a natureza se tornará professora do homem e a Humanidade tornará a vida e sua escola o seu livro? Será que este dia chegará? Isso não sei! Porém, sentimos que estamos caminhando no sentido de compreender a beleza do universo.

Em uma tarde, estava eu sentado na varanda da minha casa, observando a agitação contínua na praça da cidade e ouvindo o barulho dos vendedores e o grito de cada um ao anunciar seu produto: comidas, bebidas e roupas. Neste momento, chegou perto de mim um menino de cinco anos, vestindo roupas sujas e remendadas. Ele carregava em sua cabeça uma cesta de flores e, com a voz enfraquecida pela humilhação da pobreza, perguntou se eu gostaria de comprar flores.

Olhei seu rosto pálido; os olhos traziam as marcas da tristeza e miséria, a boca entreaberta, uma ferida no peito sofrido, o braço fininho e desnudo e seu corpo pequeno debruçado na cesta de flores como se fosse um galho amarelo em meio à relva.

Eu o observei e demonstrei minha compaixão com um sorriso amargo. Comprei algumas flores para ajudá-lo e pensei em conversar, pois senti que atrás daquele olhar triste batia um pequeno coração abatido por uma sucessão de tragédias causadas pela miséria humana, que sempre são apresentadas nos teatros da vida cotidiana para a diversão dos desumanos; que pouco se importam com a dor dos que sofrem. Falei com carinho, ele ouviu, tranqüilizou-se e confiou, mas estranhou minhas palavras carinhosas, pois tanto ele como *seus colegas pobres estavam acostumados com as palavras grosseiras e humilhantes dos que olham para os meninos de rua com nojo, como se tivessem uma doença contagiosa e como se não fossem pequenas pessoas feridas pelas flechas do destino.*

Perguntei ao menino como se chamava. Ele respondeu olhando para o chão: "Meu nome é Fuad".

- Você é filho de quem? Onde está a sua família?

- Sou filho da Marta Albanesa.

- Onde esta seu pai?

Ele balançou a cabeça indicando que não sabia.

- "Onde está sua mãe, Fuad?"

- "Está doente em casa!"

Nesse momento, fiquei comovido. Surgiu em mim um sentimento triste. Percebi que aquela história da Marta, mãe do menino, podia ser a mesma que já tinha ouvido nos vilarejos montanhosos. Será que era ela mesma, que há tempos vivia tranqüila nas sombras das árvores dos vales e hoje está na cidade, sofrendo de doença e fome? Aquela órfã que passou sua juventude segura nas mãos da natureza, pastoreando a vaca leiteira nos sítios verdes, hoje regressa vítima da cidade perversa e depravada, da desgraça e sofrimento.

Tomado por estes pensamentos, eu imaginava a situação do menino na minha frente, olhando para mim como se tivesse reconhecido a tristeza do meu coração, e quando quis andar, peguei nas suas mãos e disse: "Vá na minha frente para a casa de sua mãe, eu quero vê-la."

Calado, admirado, andava na frente e de vez em quando olhava para trás, como se quisesse confirmar que eu estava atrás dele.

Entre becos sujos e casebres demolidos, onde criminosos agem na escuridão, desviamos uma vez para a esquerda, outra para a direita; parecendo rastros de cobra. Eu andava com medo atrás de um menino que tinha uma coragem desconhecida em sua infância e na pureza de seu coração, no meio de uma cidade no Oriente que tinha a fama de "Ninfa" da Síria, a pérola brilhante na coroa do sultão.

Quando chegamos ao seu bairro, o menino entrou em um casebre, com apenas uma parede ainda inteira. Entrei atrás do menino, meu coração batia acelerado a cada passo, até entrar em um quarto úmido, que tinha uma lamparina de luz amarela fraca e uma cama caída, mostrando a situação precária de miséria afetiva da mulher deitada, com o rosto voltado para a parede, fugindo ou se protegendo das injustiças deste mundo. Parecia ter encontrado na parede a ternura que não achou nos corações humanos. O menino a chamou: "Mãe!" Ela olhou e o menino apontou com o dedo para mim. Enrolou-se no lençol velho e rasgado, e disse com a voz ofegante: "O que você quer de mim? Será que você veio comprar o fim de minha vida com sua libertinagem e luxúria? Vá embora para os becos cheios de mulheres que vendem seus corpos por valores insignificantes! Quanto a mim, não sobrou nada para vender, além de restos e suspiros cansados; a morte logo vai me levar para o túmulo."

Aproximei-me da cama e disse: "Suas palavras causam dor ao coração! Como se tivesse expressado meus sentimentos com suas palavras. Não tenha medo de mim, Marta, eu não vim aqui como um animal faminto! Vim como homem dolorido, como libanês que viveu tempos naqueles vales e nos vilarejos vizinhos à floresta de cedro."

Marta ouviu minhas palavras e sentiu que eram de uma pessoa que sentia suas dores, e estremeceu na cama. Colocou suas mãos no rosto, como quem quer esconder as lembranças tristes e ao mesmo tempo doces. Após o silêncio, mostrou seu rosto e aí vi dois olhos afundados e os lábios secos emitindo gemidos profundos. Com uma voz pedindo clemência, ela disse: "Você veio como caridoso e compassivo, o céu lhe recompensará por mim, eu peço que volte para onde veio, porque a sua presença neste lugar lhe causará críticas e vergonha; sua compaixão resultará em infâmia e humilhação. Volte antes que alguém o veja neste quarto imundo. Vá depressa cobrindo o rosto para que não seja reconhecido pelas pessoas. O carinho que enche o seu coração não devolverá minha pureza e nem vai tirar as mãos da morte de cima de meu leito. Estou exilada em minha tragédia nesta escuridão profunda. Não deixe sua benevolência aproximá-lo desta pessoa vergonhosa. Sou como uma leprosa, não se aproxime de mim porque a sociedade vai considerá-lo imundo e afastá-lo. Volte agora e não se refira ao meu nome naqueles vales sagrados, porque ouvirá: "Pervertida malvada, seu pastor renegou a ovelha leprosa, preservando seu rebanho! E se disser meu nome, diga que Marta Albanesa já morreu".

Depois pegou as mãos de seu filho, beijou-as com afeição e disse: "Provavelmente, amanhã ou depois, os homens olharão para meu filho com humilhação, dirão que é o fruto do pecado e da desonra. Pode ser que digam mais do que isso, pois são cegos e ignorantes, não sabem que purifiquei sua infância com minhas lágrimas e dores. Morrerei e deixarei meu filho órfão, no meio dos meninos nos becos da cidade. Deixarei somente a lembrança vergonhosa. Se ele for covarde, a lembrança causará revolta. Se ele for corajoso e justo, o céu o ajudará a ser um homem forte, e ele ajudará o céu a castigar aquele que arruinou a vida de sua mãe. E se morrer e ficar livre dos embaraços da vida, me encontrará aguardando sua chegada descansando na luz."

Meu coração me inspirou: "Marta, você não é igual aos leprosos, mesmo morando no meio dos túmulos! O corpo tuberculoso não atinge a alma pura e inocente. Marta, você é uma vítima! O seu agressor é filho dos palácios e dono de grande fortuna, mas de pouca dignidade. Você foi agredida e humilhada, e é melhor ser agredida do que ser a agressora. A vida humana é um elo de ouro, uma corrente de força divina. O fogo, de repente, pode *derretê-lo, modificando sua forma, mas jamais o ouro poderá ser transformado em outra matéria, seu brilho sim, pode aumentar. Ah, Marta! Você é uma flor esmagada, debaixo dos pés do animal escondido no homem que a pisou com força, mas que não apagou seu aroma, espalhado por lamentações e gritos dirigidos aos céus, que são a fonte da justiça e misericórdia. Seu consolo é a flor pisoteada, e não o pé esmagador."*

Conforme eu falava para Marta, parecia que a luz do consolo iluminava sua face amarelada. Ela fez sinal para que eu sentasse ao lado de sua cama. Sentei e olhei seu semblante, cujos traços pareciam falar dos segredos de seu íntimo entristecido, traços de uma jovem ainda na primavera da vida, mas com a morte a rodeá-la, traços de uma mulher abandonada, e que há pouco tempo, nos vales libaneses, era bonita e cheia de vida, e que hoje, derrotada, aguarda resignada o momento de se libertar das algemas da vida.

Depois do silêncio afetuoso, Marta juntou o restante de suas forças e disse: "Sou injustiçada, sim! Sou vítima do animal escondido no homem! Sou uma flor esmagada debaixo dos pés do agressor! Eu estava sentada na beira da da fonte de água, quando ele passou, montado em seu cavalo, e falou comigo com grande bondade e benevolência, disse que eu era bonita, e que não me deixaria sozinha naquela selva cheia de solidão; então, me abraçou e me beijou, e eu, até aquele momento, não conhecia o sabor do beijo, por ser órfã abandonada. Ele me colocou em seu cavalo e me levou a uma bela casa isolada. Na casa, continuou lamentando minha situação de pobreza e trouxe-me roupas lindas de seda, perfumes e comidas deliciosas, e fez tudo isso alegre e sorridente, encobria sua maldade e suas intenções animalescas com palavras e sinais amorosos. E, depois de se satisfazer usando meu corpo, me largou, deixando em meu ventre uma brasa acesa, que cresceu rapidamente, e depois saiu em meio a dores e gritos. Assim, desde aquele momento, minha vida foi dividida em duas partes, uma em um corpo fraco e sofredor, e a outra em um corpo gritante, que, no silêncio da noite, suplicava a volta ao espaço infinito[92]*. Naquela casa isolada, minha criança mamava na aflição da fome, frio e solidão; nosso único consolo eram as lágrimas e o choro que acalmavam nosso medo e histeria."*

Ele ainda avisou os colegas onde eu morava, eles conheciam minha pobreza, necessidade e fraqueza de mãe. E assim, veio um atrás do outro, cada um deles queria comprar meu corpo por dinheiro e trocar a minha honra pelo pão. Muitas vezes entreguei minha alma em sacrifício, porque minha alma não me pertencia sozinha, era minha e de meu filho, o sócio de minha alma, meu filho que o céu mandou para esta vida, da mesma forma que me jogou no fundo deste abismo... E agora é chegada a hora da morte me levar.

Após um momento de silêncio profundo, ela abriu os olhos cobertos pela sombra

---

[92] Gibran acreditava na reencarnação. Para ele, o nascimento de uma criança não representa uma vida nova, mas sim uma alma que volta a viver neste mundo.

da morte e disse calmamente: "Ó, você, justiça escondida atrás desta imagem terrível, que está ouvindo os gritos de despedida de uma alma sofredora, meu coração aflito pede que proteja com sua mão direita este meu filho e com sua esquerda a minha alma.

Nesse momento suas forças enfraqueceram e sua respiração diminuiu. Ela virou o olhar vagarosamente em direção de seu filho e com ternura, tristeza e a voz sussurrada, disse:

"Pai Nosso que estais no céu
Santificado seja o Vosso nome
Venha a nós o Vosso reino
Seja feita a Vossa vontade
Assim na terra como no céu"

Ela se calou, seu corpo continuou a se movimentar até que todo corpo ficasse estático, seu coração deu o último suspiro.

Na manhã seguinte, coloquei o corpo de Marta Albanesa em um caixão de madeira, carreguei-o nos meus ombros, e enterrei-o em um terreno abandonado, longe da cidade. Os clérigos não aceitaram rezar na presença de seu corpo, nem que descansasse no cemitério.

Ninguém acompanhou o enterro de Marta Albanesa, além de seu filho e um jovem, ao qual as tragédias da vida ensinaram o significado de compaixão.

FRASES DE GIBRAN (10)

- "*A morte é reveladora, a morte de Jesus revelou sua vida.*"[93]

- "*A justiça é tudo que o inocente pode pedir.*"[94]
- "*As tempestades e geadas podem acabar com as flores, mas não matam as sementes.*"[95]

- "*No meu reino não há estrangeiros.*"[96]

- "*É belo dar a quem necessita! Porém, mais belo ainda é dar a quem nada lhe pedir, quando conhecer suas necessidades.*"[97]
- "*Ó liberdade, veja-nos! Por detrás da escuridão, nós te estendemos a mão. Ó liberdade, veja-nos! Estamos aqui na neve e cremos em ti.*"[98]

- "*Pudessem os vales ser vossas ruas, e os verdes sendeiros vossas alamedas, para que pudésseis encontrar-vos nos vinhedos, e possais ficardes perfumados, como a fragrância da terra.*"[99]

- "*Vosso coração conhece no silêncio os segredos dos dias e das noites. Mas vossos ouvidos anseiam por ouvir os que vosso coração conhece.*"[100]

- "*Deus fala ao mundo pelas mãos dos generosos.*"[101]

- "*A canção silenciosa no coração da mãe será cantada pelos lábios do filho.*"[102]

---

[93] GIBRAN, Gibran Khalil. *Jesus O Filho do Homem*, p. 178. Tradução: Mansour Challita.
[94] GIBRAN, Gibran Khalil. *Espíritos Rebeldes*, p. 82. Tradução: Assaad Zaidan.
[95] Ibid., p 66.
[96] GIBRAN, Gibran Khalil. *Jesus O Filho do Homem*, p. 95. Tradução: Mansour Challita.
[97] GIBRAN, Gibran Khalil. *O Profeta*, p.87. Tradução: José Mereb.
[98] GIBRAN, Gibran Khalil. *Espíritos Rebeldes*, p. 97. Tradução: Emil Farhat.
[99] GIBRAN, Gibran Khalil. *O Profeta*, p. 35. Tradução: Assaad Zaidan.
[100] GIBRAN, Gibran Khalil. *O Profeta*, p. 79. Tradução: Pietro Nassetti.
[101] GIBRAN, Gibran Khalil. *O Jardim do Profeta*, p. xxxv. Tradução: Mansour Challita.
[102] YOUNG, Barbara. *Gibran, Este Homem do Líbano*, p. 24. Tradução: Assaad Zaidan.

- "A amargura da morte do mártir é menos amarga que a vida."[103]

- "A piedade e a crueldade lutam no coração humano como elementos furiosos no céu."[104]

- "Não diga "encontrei o caminho da alma". Diga antes: "encontrei a alma andando no meu caminho."[105].

- "O Mestre que caminha na sombra do tempo em meio a seus discípulos não oferece sabedoria, mas sim sua fé e ternura"[106].

- "O astrônomo pode falar de sua compreensão do espaço, mas não pode dar sua compreensão"[107].

- "Alguns jovens buscam o prazer como se isso fosse tudo, e por isso são julgados e repreendidos.
Eu prefiro não julgá-los, nem repreendê-los, mas deixá-los procurar.
Pois eles encontrarão o prazer, mas não só eles; sete são suas irmãs, e a última delas é mais bela do que o prazer.
Nunca ouviu falar do homem que escavava a terra em busca de raízes e encontrou um tesouro?"[108].

---

103 GIBRAN, Gibran Khalil. *Jesus O Filho do Homem*, p. 129. Tradução: Mansour Challita.
104 GIBRAN, Gibran Khalil. *Espíritos Rebeldes*, p. 54. Tradução: Emil Farhat.
105 GIBRAN, Gibran Khalil. *O Profeta*, p. 80. Tradução: Pietro Nassetti.
106 Ibid., p. 81.
107 GIBRAN, Gibran Khalil. *O Profeta*, p. 81. Tradução: Pietro Nassetti.
108 Ibid., p. 96.

férias escolares

Em Beirute, Gibran e seus poucos amigos[109] às vezes saíam no fim-de-semana para visitar alguns lugares ou parentes. No fim de março de 1898, ele visitou parentes em Beirute e conheceu o vizinho Habib Srur, famoso na região por seus desenhos maravilhosos. Gibran passou a visitar Habib nas horas vagas. Em uma dessas ocasiões, o sacerdote da cidade Chiah pediu a Habib que fizesse uma tela grande de São Francisco. Habib vestiu Gibran com uma batina, colocou-lhe uma cruz no pescoço e desenhou a pequena cabeça de Gibran com um bigode comprido e o corpo de São Francisco. Segundo Jamil Jabr[110], essa tela ainda pode ser encontrada na igreja de Chiah, subúrbio de Beirute.

A primavera era a estação do ano que Gibran mais gostava de passar em Beirute, pois as ruas ficavam livres da lama do inverno e da poeira do verão. Escreveu: *"Beirute na primavera está entre a chuva do inverno e o calor do verão; fica como uma bela jovem que se banhou na água do rio e que está enxugando seu lindo corpo ao Sol."* E para amenizar o calor, ele ia à floresta São Metra e ficava lendo "As Confissões de Jean Jacques Rousseau".

Desde criança, Gibran adorava a natureza. Mesmo com a saúde fraca, gostava de passear nos sítios. Festejava quando seu pai o levava ao campo, assim podia apreciar a natureza. Mencionou várias vezes esses passeios nas montanhas e as lindas paisagens com muita sensibilidade, principalmente em suas obras em árabe:

"Como eram bonitas às noites que passávamos nas montanhas, no meio da natureza. Nossas tendas ficavam próximas à fonte de água, dormíamos sob as estrelas, o céu brilhava e a atmosfera estava repleta de segredos profundos. Acordávamos cedo com o Sol, eu imaginava riachos, flores, pássaros e rochas como um grupo musical".

Nas obras escritas em árabe, Gibran mencionou diversas vezes as músicas de flautas dos pastores ao retornar com seus ovelhas na hora do pôr do Sol. Também descreveu os primeiros lugares que visitou, como quintais, ruas, praças, sítios, ladeiras, etc., demonstrando sua nostalgia. Uma lembrança de quando

---

[109] Além de Youssef Huwayik, Gibran teve alguns colegas da mesma sala de aula. Dentre eles, Dawood Saadi falou sobre Gibran: "Ele estava sempre bem elegante, vestia roupas caras e limpas, com chapéu alto bem alinhado, andava sem afetação, preferia a solidão, não se abria para amigos, gostava de zombar fazendo caricaturas".
[110] JABR, Jamil. *Gibran em sua Vida Tempestuosa*, p. 32. Tradução: Assaad Zaidan.

ainda era criança e que Gibran nunca esqueceu, foi a visita à casa de seu avô materno, onde conheceu alguns frades italianos que lhe mostraram pinturas e textos. Desde esse momento, sentiu inveja dos artistas italianos e passou a sonhar com a fama deles. Essas obras foram influências marcantes nas suas telas.

❀ ❀ ❀ ❀

Em todas as férias escolares, de julho a setembro, Gibran sentia a diferença do calor insuportável de Beirute, pois Bicharry, sua terra natal, está localizada a 1500 metros do nível do mar, onde o clima rejuvenesce o corpo e as paisagens coloridas dos "vales das ninfas"[111] mexem com as emoções, inspirando o artista em suas poesias e desenhos.

Em 1899, Gibran aproveitou suas férias ao máximo, hospedou-se na casa de sua tia paterna Laila. Certo dia, Gibran, acompanhado de seu primo Nicolas, foi à fonte de água do "Ruáis" e lá desenhou um anjo esticado nos tapetes de flores e, como ficou muito bonito, passou a desenhar telas da sua imaginação, ajudado pelas paisagens, pelos cantos dos canários, o murmúrio da fonte e pelo sussurro das folhas de álamos e salgueiros. Quando completou um álbum, enviou-o para seu amigo, Fred Day, em Boston, que respondeu imediatamente com muitos elogios e cinqüenta dólares. Então Gibran foi a Trípoli, cidade libanesa no norte do país, próxima a Bicharry, comprou um terno marrom com botões brilhantes e um par de sapatos luxuosos, pois queria apresentar-se com elegância e impressionar Salma Karame, seu primeiro amor.

---

111 Título de um dos dezesseis livros de Gibran.

Primeiro amor do profeta

"Eu tinha dezoito anos quando o amor abriu meus olhos com sua luz mágica e com seus dedos de fogo tocou meu íntimo pela primeira vez. Salma Karame foi a primeira mulher que despertou minha alma com sua beleza. Ela me guiou para o paraíso dos sentimentos superiores, onde os dias passam e as noites terminam como núpcias. Salma Karame, com seu encanto, me ensinou a adorar a beleza, e com seu jeito meigo revelou-me o segredo do amor. Foi ela quem cantou nos meus ouvidos as primeiras rimas dos versos do sentido da vida.

(...) Eu te amarei Salma, farei da minha vida um quadro para a sua alma. Meu coração é uma casa para guardar sua beleza, meu peito é um túmulo para sua tristeza. Eu te amarei Salma, assim como o amor dos jardins à primavera, viverei com seu amor assim como as flores vivem com a luz do Sol; respeitarei seu nome, assim como os vales do Líbano respeitam o eco dos sinos da igreja; sua lembrança ficará em mim, assim como o imigrante solitário lembra da sua terra natal, assim como o faminto lembra da mesa farta e saborosa, assim como um rei lembra de um trono perdido e dos dias de glória e assim como um prisioneiro lembra de seus dias de liberdade.

Pensarei com esperança em ti, Salma, assim como o lavrador semeia, espera e acredita na colheita, assim como o pastor paciente pensa nos pastos verdes e nas fontes jorrando água, para seu rebanho sedento.

Salma é bonita de corpo e alma, como poderei explicar sua beleza para quem não a conhece? A beleza no rosto de Salma não confere com os padrões de beleza que os sábios humanos ditam. Sua beleza é estranha como um sonho, como a imaginação, como um pensamento do espírito superior que não se pinta com a pena de um desenhista nem com o mármore do escultor.

A beleza de Salma não está em seu cabelo cor de ouro, mas no ar de pureza que a cerca; não está em seus olhos grandes, mas sim no brilho e luz que surge deles; não está em seus lábios rosados, mas no doce derretido que há neles; não está em seu pescoço marfinizado, mas no jeito que o inclinava para frente.

A beleza de Salma não está na simpatia de seu corpo, mas sim na natureza de sua alma, que parecia uma chama branca acesa nadando nas nuvens entre a terra e a infinidade. A beleza de Salma é semelhante ao talento poético, seus fantasmas se refletem em poemas, fotos e melodias.

Salma é muito pensativa e pouco fala, seu silêncio é musical, eleva seu companheiro aos grandes sonhos e faz escutar as batidas de seu coração, ver as imagens de seu pensamento e a nostalgia nos seus olhos."[112]

※ ※ ※

Com essas e outras frases, Gibran se referia às qualidades e beleza de seu primeiro amor e primeira namorada no romance *Asas Mutiladas*, que recebeu o codinome de Salma Karame.

Passaram-se aproximadamente vinte anos até que os escritores redigissem a biografia de Gibran e revelassem o verdadeiro nome da jovem que roubou o coração do filósofo profeta pela primeira vez. Riad Hunain escreveu mais de um livro sobre a vida dele e, no livro *Conversa com Gibran*, na página nove, consta o nome da namorada dele, Hala El Daher. Ghassan Khaled, que também escreveu sobre ele, publicou um livro em 1959 onde diz ser o primeiro a revelar o nome do primeiro amor de Gibran. No entanto, essa informação é equivocada, pois o primeiro a fazer essa revelação foi o imigrante libanês radicado no Rio de Janeiro, Xeique Dauoud El Daher[113], emigrado da cidade de Bicharry, sobrinho do Xeique Tanous El Daher, pai de Hala. Dawoud teria sido o primeiro a revelar o verdadeiro nome de Salma Karame, personagem principal do romance *Asas Mutiladas*, para Jorge Saidah, autor do livro *Nossa Literatura e Nossos Literatos nas Américas*, publicado no início da década de 50 do século passado em Beirute, Líbano, nove anos antes das obras de Riad Hunain e de Ghassam Khaled.

Younis Al Ibn, escritor, poeta e jornalista do jornal "Al Anwar", de Beirute, publicou um artigo (edição nº 14.869 de 20/10/2002) sobre esse romance, onde diz: *Férias de 1899, Gibran estava com dezesseis anos e foi passar suas férias em Bicharry. Em uma visita casual à casa de Tanous El Daher, conheceu aquela que disparou seu coração, Hala. Saidat, irmã de Hala, relatou ao jornalista Younis: 'Todos comentavam sobre a beleza de Hala. No primeiro encontro de minha irmã com o jovem, notei a mudança de cor na face dos dois e na despedida o tremular de suas mãos. No outro dia, Hala falou-me que tinha gostado muito daquele rapaz que tinha voltado da América. E ao mesmo tempo, Gibran contava a um de nossos primos que ele já se sentia um homem novo depois de ter visto Hala'.*

---

112 GIBRAN, Gibran Khalil. *Asas Mutiladas*, Tradução: Assaad Zaidan.
Livro publicado em 1912, em árabe. Alguns autores traduzem como "Asas Quebradas", "Asas Partidas" ou "Asas Mutiladas".
113 Em São Paulo, eu editava o jornal "Notícias Árabes", e certo dia recebi o Xeique Dauoud El Daher, patrício, escritor e historiador. Durante a conversa, ele disse ter sido o primeiro a revelar, a Jorge Saidah, o verdadeiro nome da primeira namorada de Gibran, que tinha sido sua prima Hala El Daher (Nota do autor).

Nas férias do ano seguinte, Gibran, aproveitando-se da ausência de Kaissar, irmão de Hala e chefe da família, visitou-a diversas vezes e confessaram seu amor recíproco. Quando voltou a estudar em Beirute, Gibran se correspondia com Hala por intermédio de sua irmã Saidat e quando publicava seus artigos e poesias nos jornais, inclusive a poesia que ganhou o primeiro lugar no colégio El Hikmat, usava pseudônimo para Hala, assim o irmão dela não ficava sabendo do romance, pois na cidade dos comendadores, o amor não é suficiente para unir dois jovens, as tradições não permitem que pessoas de classes sociais diferentes se unam.

Gibran sabia disso, mas ainda assim tentou conseguir a permissão para namorar sua amada, agradando o respeitável xeique dos El Daher. Desenhou para Kaissar a árvore genealógica da família como presente, mas o irmão de Hala em vez de agradecer, considerou como adulação, encheu-se ainda mais de orgulho e proibiu a irmã de falar ou receber Gibran em casa, e disse: *"Desde quando o filho do contador corrupto de ovelhas tem coragem de levantar seus olhos para a filha do Xeique Tanous El Daher? Será que chegamos ao ponto em que o filho de Khalil sirva para noivar a digníssima bisneta do Xeique Hanna El Daher?"*

Os enamorados não se amedrontaram, nem se abateram diante das tradições e da proibição do irmão de Hala; continuaram a se encontrar no bosque São Sarquis e firmaram compromisso amoroso. Em um desses encontros furtivos, Hala contou a Gibran o que seu irmão Kaissar tinha dito para humilhá-lo. Posteriormente, Gibran contou à amiga Mary Haskell sobre o arrependimento que acompanhou sua vida, de ter bajulado um latifundiário como Kaissar El Daher. Hala, ao perceber a tristeza de Gibran, disse: *"Não se entristeça, a vida é assim, uma lágrima, um sorriso"*. Hala contava essa história a Saidat: *"Depois que Gibran me ouviu, passou a murmurar e repetir: uma lágrima, um sorriso"*[114]. E de fato, essa frase ficou gravada na memória de Gibran, que anos depois, em 1914, publicou em Nova Iorque a obra Uma Lágrima, Um Sorriso.

Saidat conta ao poeta e jornalista Younis El Ibn, que tanto Hala quanto Gibran respeitaram o aviso e ameaça de Kaissar El Daher. Segundo Saidat, Hala disse a Gibran: *"Não venha a nossa casa, é perigoso enfrentar a estupidez de meu irmão. Estarei pronta para lhe encontrar no bosque São Sarquis quando quiser"*. E assim, os dois continuaram a se encontrar escondidos, principalmente nas férias. Em 1901, no último feriado que Gibran passou no Líbano, longe do olhar do irmão dela, juraram fidelidade e amor eterno. Gibran fervia de ódio contra as autoridades

---

114 Jornal "Al Anwar", Líbano, de 20/10/2002, artigo de Younis Al Ibn.

latifundiárias que tinham o apoio do clero e vice-versa. Disse a Hala: *"A família de El Daher ainda vai se inclinar para mim... Voltarei e construirei um palacete aqui no bosque São Sarquis para nós".* Hala respondeu: *"Qualquer casebre que estivermos juntos será um palácio."*

Gibran retornou a Beirute para estudar e no último ano (1901-1902) conheceu Ayoub Tabet[115], que gostava de política e se preparava para entrar na universidade de Medicina. Ayoub se parecia com Gibran, era esclarecido e liberto de pensamentos, crenças e lendas religiosas. Gibran passou a visitá-lo, o que serviu de consolo à Sultana, irmã de Ayoub, uma linda viúva de trinta e dois anos que também fazia poesias. Ela ficou radiante com as poesias e a redação dele.

Alguns autores que escreveram a biografia de Gibran mencionam que, mesmo com a diferença de idade, o adolescente e a viúva tiveram envolvimento amoroso por correspondências. Um mês após o falecimento da viúva, em 1902, Ayoub entregou a Gibran um envelope contendo algumas jóias e dezessete cartas de amor escritas a ele. Em 1907, Gibran contou à amiga Mary Haskell sobre sua tristeza por não ter recebido as cartas quando a viúva ainda era viva. Ele dizia: *"Ela tinha olhos vastos, os maiores que já vi. Ela andava com um botão de rosa vermelha atrás da orelha"*[116].

Em 1902, Gibran ainda estudava em Beirute, mas já programava sua volta a Boston, pois tinha recebido uma carta de seu irmão Pedro, lastimando a situação financeira e de saúde precária em que ele, Kemilah, Mariana e Sultana se encontravam. Assim, Gibran se viu obrigado a retornar à América o mais rápido possível, porém antes se despediu do Líbano, de Bicharry e de sua namorada Hala El Daher, deu-lhe um pequeno anel e um vidrinho cheio de lágrimas e Hala deu-lhe alguns bordados feitos por ela. Prometeram que nunca se casariam se não fosse um com outro. Gibran prometeu voltar e realizar o sonho de amor dos dois, Hala prometeu esperá-lo.

Ele não conseguiu cumprir sua promessa a ela, pois estava mergulhado na vida ocidental de cultura, agitação e trabalho. Buscava sair da situação de miséria e ajudar sua família a superar a doença. Não queria mais perder seus entes queridos, mas a morte levou sua mãe, irmão e irmã. Quando finalmente conseguiu melhorar sua situação financeira, Gibran adoeceu e faleceu em 1931, aos 48 anos.

Ao pesquisar a saga de Gibran e de Hala, percebe-se que os dois foram fiéis às suas promessas. Ele passou anos escrevendo cartas a ela entregues por

---

115 Em 1943, Ayoub Tabet se tornou chefe do governo libanês.
116 JABR, Jamil. *Gibran em sua Vida Tempestuosa*, p. 35. Tradução: Assaad Zaidan.

parentes e ela respondia, até que o irmão dela encontrou as cartas e ordenou que Hala não respondesse. Mesmo assim, Gibran passou sua vida pensando em seu primeiro amor, sonhando em voltar ao Líbano e construir um palacete no bosque São Sarquis, mas morreu solteiro. No romance *Asas Mutiladas*, Hala recebeu o pseudônimo de Salma Karame e casou-se com Mansour Baik Ghaleb, sobrinho do Bispo Boulos Ghaleb, com quem teve um filho. Ainda sobre o romance, Salma Karame era filha única e herdeira de uma fortuna, fazendo com que o bispo arrumasse o casamento com seu sobrinho para assegurar-lhe um futuro confortável. No romance, morreram todos da família de Salma, o que torna a obra totalmente surrealista, longe da realidade, mostrando a união entre o poder do latifúndio religioso e temporal. Isso nos lembra a realidade do Oriente Médio, mais precisamente do Líbano, e nos faz pensar na vingança dos poderosos latifundiários que dominavam os vilarejos no Oriente e nos motivos de Gibran para escrever a verdadeira saga, seus personagens e enredo, evitando o suplício que atingiria a ele e a sua amada Hala.

Hala passou décadas sonhando com o retorno de seu amado. Gibran voltou em agosto de 1931, porém somente seu corpo voltou, sem vida. No dia da homenagem ao profeta do "orphales"[117], os maiores literatos do Líbano e do Mundo Árabe estiveram em Bicharry com seus discursos e deram seus depoimentos considerando-se testemunhas de um profeta, de sua filosofia, arte e magia do estilo literário de Gibran.

Milhares de pessoas do Líbano e de outros países árabes estiveram no dia 22 de agosto de 1931, à Praça de Bicharry se despedir de Gibran. Seu corpo estava embalsamado em um luxuoso ataúde.

No meio da multidão, uma mulher vestida de preto, com o rosto pálido e olhos cheios de lágrimas, ajoelhou-se e beijou o ataúde, Hala passou o dia no velório derramando lágrimas sobre o caixão de seu amado. Essa mulher foi reconhecida por Mariana, irmã de Gibran, como Salma Karame do romance *Asas Mutiladas*, e na realidade era Hala El Daher, o primeiro amor e primeira namorada de Gibran.

A irmã de Hala contou ao jornalista Younis El Ibn que depois da morte de Gibran, Hala ficou cega e faleceu em 1955. Acrescentou: *"Minha querida irmã pedia de vez em quando para ser levada a um lugar que lhe trazia recordações, no bosque de São Sarquis. Lá ela se ajoelhava e rezava. Quando se levantava, eu a observava e via em seus olhos apagados uma lágrima e um sorriso".*

---

117 No livro "O Profeta", Gibran escreveu diversas vezes "Profeta de Orphales" e assim ficou conhecido. E ainda, o poeta Chicralla El Jur, que emigrou para o Rio de Janeiro, escreveu um livro sobre Gibran intitulado: "Profeta de Orphales".

FRASES DE GIBRAN (11)

- *"Quando o amor nos acena, siga-o, embora seus caminhos sejam ásperos e escarpados. Quando suas asas o envolverem, renda-se a ele, embora a espada escondida entre suas plumas possa ferir-te. Quando falar com você, acredite nele, embora sua voz possa arrasar seus sonhos, devastar o jardim como o vento do norte.*
Ele o açoita para mostrar sua nudez.
Ele o peneira para separá-lo de tuas palhas.
Ele mói até a brancura.
Ele o prepara até ficar macio e depois leva a seu fogo sagrado para que você se torne pão do banquete sagrado de Deus.
Todas essas coisas o amor fará com você, para que possa conhecer os segredos do seu coração, e com isso, se tornará parte do coração da vida.
O amor não tem outro desejo que não chegar à própria plenitude.
Porém, se você amar e tiver desejos, que sejam estes:
Confundir-se com um ribeirão que canta sua melodia para a noite;
Conhecer a dor da ternura em excesso;
Ser ferido pela sua própria compreensão do amor;
Sangrar de boa vontade, alegremente;
Acordar ao amanhecer com o coração alado, dando graças por mais um dia de amor;
Descansar ao meio-dia e meditar sobre o êxtase do amor;
Voltar para casa ao anoitecer com uma prece para o bem-amado no coração e uma canção de bem-aventurança nos lábios."[118]

- *"O primeiro pensamento de Deus foi um anjo.*
A primeira palavra de Deus foi um homem."[119]

- *"A lembrança é uma forma de encontro."*[120]

- *"O amor e a dúvida nunca estiveram em bons termos."*[121]

---
118 GIBRAN, Gibran Khalil. *O Profeta*, p. 37. Tradução: Pietro Nasset.
119 GIBRAN, Gibran Khalil. *Areia e Espuma*, p. 7. Tradução: Mansour Challita.
120 Ibid., p. 10.
121 Ibid., p. 33.

*à dignidade e ao orgulho,
não deixes que o que há de forte e
constante em mim
coma o pão ou beba o vinho
que provocam meu lado mais fraco.
Deixa-me antes passar fome
e deixa meu coração ressecar de
sede,e deixa-me morrer,
antes de estender a mão
a uma taça que não encheste
ou a uma tigela que não abençoaste."* [127]

---

[127] GIBRAN, Gibran Khalil. *O Precursor*, p. 21. Tradução: Mansour Challita.

PARTE II

Gibran Khalil Gibran - II

- Era o mensageiro do amor, da liberdade e do humanismo;
- Era a sabedoria transformada em obra de arte;
- Fazia poesia eloqüente, chamando a consciência humana à revolta, objetivando a liberdade e a justiça social;
- Era como o clarim da Revolução Francesa, que no alto das montanhas do Líbano clamava por liberdade e o fim da prisão imposta por tradições antiquadas;
- Era pensador, filosofo e criador da fórmula literária mágica;
- Armado com sua caneta, enfrentou carrascos latifundiários escravistas, falsos religiosos e otomanos dominantes, escrevendo belos hinos de liberdade, manifesto ardente contra a exploração e humilhação de pobres lavradores;
- "Sua sombra era exatamente como a da águia das montanhas, seus pensamentos como um temporal no mar e seu amor evoluía com a dor, os desejos e a saudade"[1];
- "Foi um dos raros gestos do poder; seu ser trazia uma autoridade que não deve ser confundida com a mera excelência humana, pois nunca esteve inteiramente neste mundo"[2];
- Polêmico, parecia saber os segredos da eternidade;
- Iluminava o pensamento humano com suas obras;
- Profeta da literatura e filósofo das artes libanesas, estendeu sua teoria universalmente;
- Era de escola determinada, genialidade destacada, pensamento elevado e poesia inspirada no paraíso;
- Era um mestre criativo e crítico, repreendeu os escritores de sua época, pois continuavam fazendo poemas e elogios a mortos e autoridades, e por estabelecerem casamentos vazios de amor. Gibran classificou esses literatos como obstáculos à educação contemporânea dos jovens, que impediam os avanços da nação e distanciavam a população do pensamento progressista;
- Era um rei e sua coroa era feita de pérolas literárias e violetas das artes;
- Era um visionário, encaminhou os povos do Oriente à libertação de costumes e regimes atrasados;
- Retrato de um libanês que luta para conquistar a liberdade;

---
1 YOUNG, Barbara. *Esse homem do Líbano*, Tradução: Aurélio de Lacerda.
2 YOUNG, Op. Cit., p.13.

- Escrevia palavras que caíam como bálsamo nos corações tristes;

- Acreditava que o poeta iluminado deveria comandar a luta dos escravos à conquista da liberdade;

- Desenhava a beleza para aproximá-la da Humanidade, e vice-versa;

- Com suas poesias, valorizava nossos dias, e com devaneios, as nossas noites;

- Dedicava suas crônicas à quebra das algemas das tradições com a esperança de ter um futuro justo, sereno e seguro;

- Pesquisava a substância humana, não importando nacionalidade, crença, cor ou raça;

- Desenvolveu uma filosofia profunda, resumida na liberdade sem limites;

- Era um gênio da arte e da literatura, seu semblante refletia a feição árabe expressiva e sua voz trouxe a sabedoria do Oriente espiritualista para o Ocidente materialista;

- Era um pensador progressista e reformista, sua arte intuitiva buscava uma sociedade justa, criticando leis que serviam aos interesses dos poderosos, acabando com costumes atrasados e obscuros;

- Gibran era um gênio, poeta, pensador, escritor, artista plástico, filósofo da profecia e profeta da filosofia. Ocupa lugar de destaque na literatura dos imigrantes árabes no Novo Mundo. Escreveu com criatividade em dois idiomas: inglês e árabe. Declarou guerra contra as oligarquias dominantes dos sultões otomanos e protestou contra o cinismo latifundiário religioso libanês. Expressou seu pensamento humanista com sensibilidade poética;

- Sua profecia e filosofia ficaram registradas em telas e livros, com sentimentos estéticos e impressão do sagrado. Assim, esta mescla definiu o título dessa obra: filósofo dos profetas e profeta dos filósofos.

O retorno à América

Quatro anos no colégio El Hikmat foram suficientes para Gibran aprender as normas da língua árabe, enriquecer seu vocabulário e tornar sua redação uma magia literária a ponto de colher admiração dos professores do colégio. Seu irmão Pedro também se impressionava e escreveu: "Querido irmão, suas cartas são lidas quatro, cinco vezes. São carregadas de melodia musical, parecem com a Bíblia."

Na realidade, Gibran, durante a temporada no colégio El Hikmat, havia adquirido conhecimentos literários valiosos, por esforço próprio ou pela atenção especial dispensada por seus professores e admiradores. Apesar disso, Miguel Naime, em seu livro *Gibran Khalil Gibran*, e Jamil Jabr, no livro *Gibran, Sua Vida Tempestuosa*, afirmam que Gibran não chegou a se aperfeiçoar nas regras gramaticais da língua árabe.

Gibran aprendeu com a literatura e passou a escrever muito bem, mas chegou a cometer erros gramaticais e por isso alguns autores o criticaram. Gibran respondeu em uma crônica: *"Vocês têm suas línguas e eu tenho a minha"*, e ainda: *"Não importam os erros gramaticais, pois eu zelo pelo significado da frase, ao invés da sintaxe."* Os versos de Gibran não eram como no clássico árabe *Scandir*[3], que é de difícil organização. Ele preferia fazer poesias usando o modelo "muwachahat", que conferia mais melodia e musicalidade aos versos clássicos, e as poesias populares libanesas chamadas de *zajal*.

Gibran queria ficar mais tempo no Líbano para dar continuidade aos estudos, mas uma carta comovente de seu irmão anunciando que ele próprio, Sultana e a mãe estavam com tuberculose deixou Gibran perturbado. Ele escreveu a Fred Day, pedindo ajuda para voltar aos Estados Unidos. Fred respondeu que estava ajudando sua família com o que fosse necessário, que tinha viagem marcada para o Oriente e que ele deveria aguardá-lo em Beirute. Dias depois, ainda em março de 1902, Gibran recebeu outra carta informando que a ida ao Líbano tinha sido cancelada e que, ao invés, iria para Paris, onde Gibran deveria encontrá-lo. Na carta também havia uma ajuda em dinheiro para as despesas de viagem.

No dia quatro de abril de 1902, Gibran estava em Paris sentado em

---
3 Prosa que invade os limites da poesia.

um banco em frente à Catedral de Notre Dame, olhando a paisagem e o Sol da primavera nos jardins da "Cidade Luz". Muitas lembranças e idéias passaram pela sua mente, sozinho estava o poeta estrangeiro no meio da multidão parisiense. Estava chegando aos vinte anos e tinha tantos planos e sonhos, que ainda não havia realizado, apenas iniciara o de aperfeiçoar o árabe, mas ainda faltava muito, pois era mantido pelos admiradores de sua inteligência: sua mãe, irmão e amigos. Não tinha ainda conseguido subir um degrau rumo à fama, sonhava em ser como os gênios Leonardo da Vinci e Michelangelo. Apesar de estar na capital universal da arte e literatura, não tinha condições de conhecer o famoso Auguste Rodin.

Muitos pensamentos rondavam a mente do jovem poeta, além de estar preocupado, como se aguardasse a trágica notícia de falecimento de alguém querido. O amigo cancelou a viagem a Paris e dali mesmo Gibran decidiu voltar a Boston. Atravessou a Avenida Champs Elysées e foi ao prédio dos correios para enviar um telegrama a Pedro, informando que embarcaria no próximo navio. Horas depois, com a passagem de navio nas mãos, aguardava o momento de embarcar e contava o dinheiro que tinha sobrado: apenas quatro dólares. Segundo Miguel Naime: *"No dia quatro de abril de 1902, Gibran procurava um presente para sua irmã Sultana, mas ao seu lado andava o fantasma da morte, que naquele dia já havia carregado em suas mãos a alma de Sultana"*[4].

---

4 Outros escritores relatam que Gibran recebeu a notícia da morte de Sultana em Paris.

FRASES DE GIBRAN (12)

- *"A dor é o caminho dos talentosos para as fontes de inspiração."*[5]

- *"Os deuses estão me chamando, a morte está chegando para me separar de ti. Não te desesperes, pois a vontade dos Deuses é sagrada e os decretos da morte são justos."*[6]

- *"As aspirações da alma,
na própria alma se escondem:
nem as aparências,
nem as imagens as revelam.

Alguns dizem que as almas se desvanecem
quando atingem a perfeição,como os frutos maduros,
que caem das árvores ao sopro do vento.
Outros dizem que, quando dormem os corpos,
na alma não permanece nem vigília nem procura,
como uma sombra no lago desaparece,
quando a água se turva.
Erram todos, pois a centelha da vida
não perece com o corpo, nem com a alma:
o que o vento do norte enterra,
ressuscita com a passagem do vento do leste"*[7].

---

[5] Citação ad. Tempora.
[6] GIBRAN, Gibran Khalil. *As Ninfas do Vale*, p. 29. Tradução: Mansour Challita.
[7] GIBRAN, Gibran Khalil. *As Procissões, a Música*, p. 71. Tradução: Mansour Challita.

Novo Mundo

*"E uma vez que sois um alento na esfera de Deus e
uma folha na floresta de Deus, vós também deveis
repousar na razão e agir na paixão."[8]
"Pois vida e morte são uma só coisa, assim como
o rio e o mar são um."[9]
"Todas as coisas que morrem voltam a nascer, a
fruta morre para nascer a árvore, e a árvore morre
para virar semente, que vai virar outra fruta.
A rocha morre para se transformar em pedras
para a construção de templos, a vela morre
para se transformar em luz. Todas as coisas
morrem para voltar à sua origem.
A vida é ida e a morte é a volta.
A vida é a vestimenta e a morte é a nudez.
A vida é uma idéia célebre e a morte é uma
idéia clandestina."
(Pensamento de Gibran)*

    Na segunda quinzena de abril de 1902, Gibran chegou à nova e humilde residência de sua família em Boston. De longe sentiu os ares de tristeza. Ao se aproximar, viu pela janela o clima fúnebre: sua mãe com vestido preto e uma fita preta na cabeça cobrindo sua testa. Pedro, com o rosto pálido, estava calado e distraído; tinha ficado quatro dias sem se alimentar após a morte da irmã.

    Gibran foi recebido pelos dois com lágrimas de aflição. Não conseguia falar nem chorar. Perguntou pela irmã Mariana e sua mãe explicou que a patroa só havia permitido uma hora de folga durante o almoço. Ele passou a usar roupas de luto e deixou a barba crescer por quarenta dias, conforme as tradições libanesas.

    No período de luto, Pedro trabalhava na loja, enquanto Gibran estava ao lado da mãe, contando-lhe histórias de seus parentes e amigos em Bicharry, no Líbano. Dessa forma, ele a distraia, afastando a dor da perda da filha. Depois da missa de quarenta dias pela alma de Sultana, voltou a reproduzir nas telas as idéias que há tempos vinham surgindo em seus sonhos.

---

8 GIBRAN, Gibran Khalil. *O Profeta*, p. 76. Tradução: Pietro Nassett.
9 Ibid., p. 105.

Uma semana após a missa de Sultana, Gibran, de barba feita e vestindo roupas claras, foi visitar o amigo e padrinho Fred Holand Day. Falou de seus planos artísticos e perguntou sobre a poetisa Josefine Bibody. Day disse que ela estava se preparando para passar o verão na Europa, e que durante o período em que Gibran esteve no Líbano, ela havia publicado uma coleção de poesias e peças teatrais. Gibran a conheceu antes de ir para o Líbano e a impressionou com seu talento. Escreveu-lhe uma carta quando estava no Líbano e ela respondeu com uma poesia amorosa, que o deixou repleto de alegria.

Durante o dia, Gibran desenhava no estúdio de seu padrinho Day e à noite ajudava seu irmão com a organização das contas e correspondências da loja. Mesmo ocupado, Gibran procurou Josefine. No dia seis de novembro de 1902, ela recebeu um cartão postal que a fez lembrar do jovem libanês. Colocou imediatamente sua foto feita por Gibran no criado-mudo, assim poderia ver seu corpo ao natural. Para retribuir à gentileza, o convidou para participar de um sarau em sua casa.

O profeta foi o primeiro a chegar à reunião na casa de Josefine, mas não teve a atenção especial que esperava. Porém, consta na agenda da anfitriã: *"Admiro muito a inteligência deste jovem, suas telas e escritos, quero encontrá-lo, agora que voltou do Líbano."* Assim, a atraente e simpática poetisa se encontrou diversas vezes com Gibran. Em uma dessas ocasiões, ele ficou constrangido por não ter se aperfeiçoado na língua inglesa clássica e poética, desculpou-se pelo sotaque carregado e por não conseguir se expressar como desejava. Ela respondeu: *"Basta sabermos duas palavras da língua do outro que já será possível nos entendermos e comunicarmos."*

Gibran não tinha grande conhecimento do inglês, mas aproveitava a oportunidade de estar no meio cultural para se desenvolver intelectualmente. No sarau de Josefine, deu sua opinião sobre as poesias dela, elogiando sem veneração e analisando com profundo conhecimento das normas poéticas. Este diálogo a surpreendeu, e logo os dois iniciaram um romance, que durou quatro anos.

Josefine foi amiga, madrinha, namorada e amante de Gibran, acompanhou os dias mais difíceis de sua vida, de doença e morte de sua mãe e irmão. Namorada fiel, somente se afastou dele com o passar dos anos. Ela, com trinta anos, já não era tão bela, receava um futuro sacrificado, ignorou as telas e cartas poéticas de Gibran, que prometiam um futuro de conforto e estabilidade econômica. Quando conheceu o engenheiro Leonel Marques, Josefine escreveu a Gibran dizendo que o casamento entre eles não era possível devido à diferença de idade e à situação financeira dos dois, mas que continuariam amigos.

❋❋❋❋

Assim, o período de 1903 a 1907 foi o mais difícil para Gibran e sua família, de muito sofrimento e dor, com a morte de seus familiares, a pobreza e o abandono de Josefine, a mulher que tinha aberto as portas dos salões de arte de Boston, divulgando suas telas e capacidades aos amigos amantes da arte, para que ajudassem o talentoso artista. Muitas vezes, conhecidos de Josefine compravam as telas de Gibran para que ele conseguisse comprar os remédios de sua família e pagar o aluguel da casa.

Fantasma da morte

O relógio indicava meia-noite. Ele estava acordado, pensativo. Seu irmão Pedro também estava acordado, tossia e sentia dor, mas se esforçava para não incomodar Gibran, que estava a dois metros de distância. Pedro ouviu um choro baixinho, como um resmungo vindo debaixo das cobertas de Gibran, sentou-se e disse: "*Está chorando por Sultana a uma hora dessa? Será que você perdeu sua fé na força divina de Deus?*"

Gibran respondeu: "*Pedro, se as lágrimas seguissem aos horários, eu não estaria chorando por Sultana... Eu não estou chorando por Sultana, e sim pelo próprio Deus, que morreu junto com Sultana há pouco. Eu o medicava com muitas orações, confissões e preces. E hoje Ele morreu e está junto de Sultana, estou confuso!!! Como posso viver sem Deus?*"

Pedro não gostou do que ouviu e respondeu: "*Durma Gibran, você está com febre, triste, e por isso está delirando, falando coisas que desconhece, pare com esses pensamentos irracionais...*"[10]

Gibran continuou: "*Não! Não! Na minha mente tem mil por quês! Por que eu sou irmão de Sultana? Por que Deus a fez minha irmã? Por que a morte preferiu levá-la, e não a nós? Por que a morte escolheu uma doença terrível para levá-la? Por que a vida a trouxe das montanhas libanesas, de um lugar sagrado, espaçoso, para uma casa pequena no bairro chinês de Boston? Que pecado Sultana cometeu contra a Humanidade para merecer o castigo da morte por tuberculose? Ela, que dentre nós era a mais pura! Era como um botão de rosa, seu aroma ainda estava dentro de seu coração. Se minhas dúvidas e meus por quês me atingiram e me abateram, peço que me enterre junto de meu Deus em um só túmulo. Talvez consiga despertar meu Deus para levantar-se comigo, um Deus justo, bonito e eterno.*"

Pedro adormeceu e Gibran continuou com suas frases "gibrânicas" até dormir: "*Em verdade eu vos digo: o grão que cai na terra, se não morrer, fica sozinho, mas se morrer na terra, produzirá árvores frutíferas.*"

※ ※ ※ ※

---

10 NAIME, Miguel. *Gibran Khalil Gibran*, p. 58. Tradução: Assaad Zaidan.

A varíola se alastrou em Boston, e Kemilah, consumida pela tristeza da tragédia, sucumbiu a essa doença terrível. Ela reagia, dedicando-se ao tratamento da tosse de Pedro. Assim, a família do profeta teve que lutar contra a tuberculose de Pedro e a varíola e tuberculose que debilitavam Kemilah. Pedro, seguindo conselhos médicos sobre a mudança de clima, viajou para Cuba a passeio e aproveitou para fazer negócios. Mas a doença o enfraquecia e Pedro chegou a emagrecer tanto, que sua irmã Mariana não o reconheceu quando ele voltou para Boston. Em sua chegada, Pedro pediu ao motorista de táxi para avisar que ele precisava de ajuda para subir. Mariana desceu, olhou e disse: *"O senhor deve ter se enganado de endereço, pois não conheço aquele homem e não temos quartos para alugar."* Nesse momento, Pedro, com a voz fraca, perguntou: *"Não me conhece mais Mariana? Sou o seu irmão Pedro! Peça para Gibran me ajudar a subir os degraus de casa!"*

O trágico cenário estava completo: Pedro, o irmão mais velho, que sempre trabalhou e sustentou a casa, estava tomado pela doença. A mãe Kemilah estava hospitalizada e Gibran, além da preocupação com sua família, tinha que manter a casa. No dia vinte e cinco de fevereiro de 1903, Gibran sonhou que seu irmão morreria em breve. Sultana faleceu em quatro de abril de 1902 e Pedro em quatorze de março de 1903. Kemilah morreu em junho de 1903.

Apesar de o relacionamento com Josefine estar então próximo do fim, Gibran recorreu à namorada para chorar sua dor e lamentar a pobreza. Ele empenhou-se para honrar o nome da família e pagar as dívidas. Trabalhava durante o dia na liquidação da loja do irmão. À noite, Josefine o levava aos salões de arte, para renová-lo nas exposições dos artistas e ainda divulgar a inteligência e o talento do poeta, incentivando os simpatizantes de sua arte a comprar suas telas, assim como o fiel amigo Fred Day, que sempre o ajudou. Gibran conseguiu abrandar a pobreza e evitar a falência da loja. Intensificou por um ano os trabalhos no estabelecimento e depois passou o negócio para os dois maiores credores. Dessa forma, conseguiu sanar as dívidas.

Foram os piores dias na vida de Gibran, quatorze meses enfrentando a morte, que impiedosa rondava sua casa. Quando seu irmão faleceu, Kemilah olhava a casa cheia de amigos que tinham ido apresentar suas condolências e dizia: *"Meu filho, nosso encontro será em breve!"* Três meses depois, ela faleceu. Gibran escreveu ao amigo Day: *"Terminou o sofrimento de minha mãe para começar o sofrimento de seus filhos. (...) Chorei porque ela não era somente minha mãe, amiga, paciente... Não vai ser fácil algum sábio pronunciar uma palavra tão doce quanto à palavra mãe! Palavra pequena, mas cheia de esperança, amor e ternura. Com a ausência de minha mãe perdi o consolo e o ânimo, e a força agora deu lugar à fraqueza."*

Gibran escreveu ao pai informando o falecimento de Sultana, Pedro e Kemilah. Khalil sentiu um choque, e com isso, começou a perder a visão, sentiu como nunca o mal que havia feito à família, e que agora ela estava pagando pelo seu vício e suas tradições com o destino desastroso no outro continente. O pai não conseguiu responder a Gibran e pediu ao amigo Salim Hanna El Daher para escrever por ele. Salim informou a situação precária em que seu pai estava: *"A tristeza e a pobreza fizeram de um homem forte e sadio um espantalho, pele e osso. Mande-lhe um par de óculos, pois ele não enxerga mais."* Além deste relato, Salim encorajou Gibran a prosseguir no campo das letras e artes.

Após os dolorosos dias de luto, Gibran levou suas telas ao estúdio do amigo e padrinho Fred Day e procurou sua namorada, Josefine, cuja situação financeira não era muito favorável. Ela tinha ajudado Gibran como amiga, promovendo suas obras, mas se recusava a continuar como sua namorada. Mesmo assim, ele a desejava como tal. Josefine conheceu o rico engenheiro Leonel Marques, então namorado de Mary Haskell, e pouco a pouco o conquistou. Casaram-se e construíram uma vida feliz. Ao mesmo tempo, ela apresentou Gibran a Mary Haskell, que posteriormente se tornou amiga, anjo da guarda, orientadora, professora e namorada de Gibran. Mary era uma pessoa fora do comum. Encantou-se com a inteligência e o talento do artista. Seu espírito humanitário se identificou com o do poeta, a compreensão e percepção de vida se encaixaram com a de Gibran. Os dois conversavam sobre os pontos de vista de cada um, a vida do homem, a arte, etc. Surgia uma amizade e admiração mútua, e assim Gibran e Mary Haskell se aproximaram da mesma forma que Josefine e Leonel.

Josefine foi amiga e protetora de Gibran, tanto durante o namoro, quanto na separação, pois foi ela quem o aproximou de Mary Haskell, que ajudou o profeta a criar e fortalecer suas "asas imaginárias" de artista e aprofundar-se no mar da sabedoria. Mary foi certamente quem ajudou a revelar Gibran como profeta da arte e filósofo da literatura.

FRASES DE GIBRAN (13)

- *"A morte é o fim*
Para o filho da terra,
Mas para aquele de espírito divino,
É o começo e a vitória.
Quem em seus sonhos abraça a aurora
Sobreviverá à morte;
E quem dorme toda noite
Se desvanece.
E quem se apega demais à terra
Em seu despertar,
Seguirá apegado à terra,
Até que as estrelas desapareçam.
Pois a morte é como o mar:
O que é leve o atravessa
E o que é pesado, afunda."[11]

- *"O amor que o corpo leva para um leito*
de interesses se suicida."[12]

- *"E o saber mais profundo*
é um sonho inatingível,
do qual os homens riem,
sem jamais o compreenderem.
Se vir um sonhador
Isolado de seu povo
E por ele rejeitado
Diga: Eis um profeta
Que o manto do futuro
Protege dos que ainda
Vestem o manto do passado.
Eis um estrangeiro
E um imigrante neste mundo,

---
11 GIBRAN, Gibran Khalil. *As Procissões, a Música*, p. 79. Tradução: Mansour Challita.
12 Ibid., p. 55.

Quer o censurem ou desculpem.
Eis um forte e um remoto,
Embora aja com doçura
E às vezes se aproxime."[13]
- *"Somente uma vez fiquei mudo, quando alguém me perguntou: 'Quem és tu?'"*[14]

- *"Será que os espíritos que moram no espaço celeste não invejam o homem e sua dor?"*[15]

---
13 GIBRAN, Gibran Khalil. *As Procissões, a Música,* p. 39. Tradução: Mansour Challita.
14 GIBRAN, Gibran Khalil. *Areia e Espuma,* p. 6. Tradução: Mansour Challita.
15 Ibid., p. 11.

Anjo protetor

Gibran, quando se referia à Mary Haskell, dizia:
- Mary Haskell estava em tudo que eu escrevia;[16]
- Eu devo à Mary Haskell o caminho aberto para o supremo lugar na arte;
- Ela me ajudou com as despesas de minha viagem e permanência em Paris, para que eu pudesse aperfeiçoar a minha arte;
- Ela revisava minhas obras em inglês, em especial O Profeta, corrigiu erros e frases com criatividade notável;
- Ela me incentivou a desenhar e escrever e levou meu nome para a eternidade cultural;
- Ela era meu anjo da guarda!

Mary Haskell fez parte da vida de Gibran por vinte anos, e tudo o que ele disse sobre ela, além da gratidão por todo o bem que ela havia lhe feito, também demonstrava a realidade do espírito elevado de Mary.

Haskell ajudou Gibran imensamente. Ficou a pergunta: Será que ele retribuiu os favores dela? Muitos autores desconsideram o fato de Gibran ter recompensado toda benfeitoria realizada por ela. Gibran certamente retribuiu esses favores quando imortalizou seu nome e o registrou ao lado do seu na história da cultura universal, mencionando-a como uma mulher brilhante, culta e detentora do mais nobre espírito humanitário.

Além disso, com o estilo de vida de Mary Haskell, Gibran mostrou aos povos do Oriente um exemplo da mulher americana, batalhadora, digna e altruísta; uma versão bem diferente da imagem que estes povos, especialmente os árabes, faziam dos americanos, vistos como extremante materialistas; que possuem valor somente quando donos de importâncias financeiras, como se "quem tem um dólar vale um dólar e quem não tem dólar, não vale nada". Assim, com a história de Mary Haskell, os povos do Oriente tiveram provas de que o espírito humanitário não tem pátria, raça, cor, etc., e que, tanto na América como em outras nações, da mesma forma que havia pessoas avarentas, poderosas, que adoravam o ouro mais do que a Deus, instigadoras da guerra para aumentar ainda mais seus ganhos com a venda de armas, havia também pessoas como Mary, capazes de economizar seu dinheiro de trabalho árduo para ajudar um

---
16 Carta de Gibran à Mary Haskell, de 20/11/1911.

estranho vindo de um continente distante, mas que, com seu espírito bondoso, enxergava a necessidade dos outros e ficava alegre por ajudar.

Mary percebeu em Gibran o talento artístico, como um diamante bruto que precisava ser lapidado. O que fez por Gibran demonstra o verdadeiro sentimento humanitário cristão na América capitalista e consumista. As práticas dela refletiam a sua consciência filantrópica e altruísta, e não paixão e amor físico, como muitos autores relatam. Gibran não fazia o tipo "Dom Juan", que pudesse enlouquecer as mulheres com seu tipo físico, e Mary era dez anos mais velha que ele. Portanto, Mary Haskell ajudou Gibran pelo seu espírito benevolente e porque ambos compartilhavam do amor ao próximo.

※※※※

Mary Haskell nasceu em 11 de setembro de 1873, filha de Alexandre Chaves Haskell, gerente de um dos bancos em Columbia, Estado da Carolina do Sul. Tinha cinco irmãos e quatro irmãs. Sua família passou por dificuldades após a Guerra Civil Americana, e a pobreza fez com que Mary desde criança se acostumasse com a vida de economia, trabalho e dificuldades.

As necessidades enfrentadas em sua infância foram determinantes no desenvolvimento de sua ética e geraram nela o espírito humanitário e de solidariedade. Em seu diário, no dia 19/07/1914, ela mencionou: *"quem planta coração, colhe muitos corações"*. Mary Haskell era uma mulher diferente, não acompanhava seus familiares quando iam a restaurantes luxuosos, pedia que lhe dessem o valor em dinheiro para comprar livros e depois de ler emprestava aos alunos.

Ao chegar à primavera da vida, começou a colher os frutos financeiros, resultado de sua carreira de professora na escola da irmã. Sempre que conseguia juntar alguma quantia, não fazia investimentos no banco nem gastava com luxo, maquiagem ou roupas. O dinheiro economizado por Mary era aplicado em recursos humanos, ela sentia grande conforto espiritual ao ajudar um artista a se aperfeiçoar, a expor suas telas em algum salão de arte, ou quando ajudava um aluno talentoso sem recursos financeiros a completar seus estudos.

No ano de 1897, Mary concluiu seus estudos e passou a ajudar sua irmã, Luiza, na direção de um grande colégio para moças, reconhecido por sua excelência. Em 1903, sua irmã Luiza se casou com Reginaldo Day e foi aproveitar sua feliz vida de casada. A direção do colégio foi entregue à Mary Haskell, que assumiu com garra e competência, fazendo o colégio prosperar brilhantemente. Esse foi um passo muito importante em sua vida, pois começou a ganhar mais e ao mesmo tempo aumentou sua ajuda filantrópica.

Segundo Miguel Naime, colega e amigo de Gibran, Mary Haskell podia ser descrita da seguinte forma:

"Rosto comprido em sinal de magreza, testa larga, cabelos negros e brilhosos amarrados na altura da nuca, cílios finos, sobrancelhas pequenas sobre os olhos azuis amendoados, nariz fino e comprido, lábios delicados, ombros altos e braços compridos, que culminavam em palmas largas de dedos grandes. Vestia-se com simplicidade e elegância, mas parecia não ligar para os modismos.

Falava com calma e quando abordava um assunto, expunha-o por completo. Suas frases eram bem colocadas. Sua conversa era bastante coerente, demonstrando sua mente equilibrada. Odiava mentiras e era mais fácil ser enganada do que enganar alguém. Também não guardava ódio nem inveja, e nem dava atenção às fofocas.

Em seu olhar havia um brilho, seu rosto apresentava um tom avermelhado como o crepúsculo e em seu sorriso havia a pureza de uma criança, mesmo sorrindo pouco. Quando falava, parecia às vezes uma criança e em outras vezes parecia uma poetisa sábia.

Seu coração se reconfortava perante a justiça e também quando realizava um benefício aos seres humanos necessitados, enquanto que o ganho desonesto de dinheiro a fazia tremer de raiva. Ela jamais tinha participado de algum ato ilícito.

Nunca demonstrou superioridade e nem fazia alegações mentirosas.

Era bonita de corpo e alma..."

Quando Gibran a visitou no colégio pela primeira vez, ela apresentou sua auxiliar, a simpática professora francesa Michelline, dizendo: *"Esta é a Emily Michel, nós a chamamos carinhosamente de Michelline. Ela é querida por todos, é o anjo deste colégio."*

Michelline respondeu: *"Nossa diretora sempre nos trata com muito carinho, e quem merece o elogio é ela mais do que qualquer um. Ela sim é nosso anjo da guarda. Nós a chamamos de carvalho, que finca suas raízes na terra e seus ramos no céu, e nós somos como os passarinhos acolhidos por seus galhos e sua sombra."*

FRASES DE GIBRAN (14)

- *"O infinito brinca com minha vida e o destino me guia ao redor de um ponto marcado, dele não posso me desviar."*[17]

- *"Só consigo conviver com dois elos extremos de corrente humana: o homem primitivo e o homem altamente civilizado. O primeiro é sempre puro e o segundo é sempre sensível."*[18]

- *"Você sempre me faz tocar no ponto mais brilhante de minha alma."*[19]

- *"Nunca nos entendemos um ao outro até reduzirmos a conversa a sete palavras."*[20]

- *"Os que acreditam na vida confiam na sua generosidade e seus cofres nunca estão vazios."*[21]

- *"Não ignore seu erro quando pede a alguém que voe com suas asas sem poder dar a ele sequer uma pena."*[22]

- *"Deus fala ao mundo pelas mãos dos generosos."*[23]

- *"Amizade é uma responsabilidade permanente e não é um meio para os oportunistas."*[24]

- *"A arte está a um passo da natureza para o infinito."*[25]

---

[17] Trecho da carta de Gibran a seu primo Nakhle, de 22/08/1910.
[18] Carta para Mary Haskell de 05/04/1914.
[19] Carta para Mary Haskell de 05/04/1914.
[20] GIBRAN, Gibran Khalil. *Areia e Espuma*, p. 34. Tradução: Mansour Challita.
[21] GIBRAN, Gibran Khalil. *O Profeta*, p. 86. Tradução: José Mereb.
[22] Ad. Tempora.
[23] Cf. *O Profeta*.
[24] GIBRAN, Gibran Khalil. *Areia e Espuma*, p. 33. Tradução: Mansour Challita.
[25] Ibid., p. 87.

O sonho traz inspiração, e o acaso atrai aproximação

O historiador Jorge Saidah, autor do livro *Nossa Literatura e Nossos Literatos nas Américas*, relatou a seguinte história registrada por Miguel Naime em seu livro *Gibran Khalil Gibran*, como um fato contado por Mary Haskell:

"Era meia-noite de seis de dezembro de 1883, hora, dia e ano do nascimento de Gibran. Mary Haskell tinha dez anos. Dormia e sonhava que estava indo ao colégio, quando foi cercada por dez vira-latas, que rosnavam mostrando os dentes e latiam ameaçadoramente. Ela gritava pedindo socorro, mas suas colegas paradas na calçada riam de seu vexame. No sonho, ela fugiu, entrando em um matagal fechado, parecendo um abismo de escuridão. De repente, em meio à angústia, Mary viu um feixe de luz vindo do Oriente, rasgando e rompendo a escuridão do abismo, envolvendo seus braços e cintura e levando-a para fora."

Mary nunca esqueceu esse sonho e, ao conhecer Gibran, recordou-se da luz que no sonho a guiou pela escuridão. No entanto, Gibran era quem amargava o triste abismo do sonho de Mary Haskell; era ele quem estava abatido pela dureza dos últimos e trágicos acontecimentos: a morte de seus entes queridos e a pobreza que reinava em sua vida. Após a morte de Pedro, ele passou um ano pagando as dívidas da loja de seu falecido irmão e somente quando entregou a loja como pagamento da dívida ao seu maior credor é que ele conseguiu novamente sentir a liberdade. Mais tarde, Gibran, em sua carta à Mary de 22/04/1911, diz: *"Sentia que estava me matando, minha vida estava simplesmente se extinguindo naquela loja."*[26]

Os dias difíceis vividos por Gibran foram durante a sua juventude. Ele não tinha outra fonte de renda, além de seus quadros e da agulha de sua irmã Mariana. Os famosos salões de arte não aceitaram suas telas, nem com os pedidos de Josefine. Seu amigo Fred Day também tentava ajudá-lo, montando uma exposição dos quadros de Gibran em seu estúdio, mas não teve sucesso com as vendas. Mariana trabalhava como costureira e recebia sessenta dólares por mês, valor que mal dava para o aluguel e o sustento. Gibran dizia a sua irmã

---

26 HILU, Virginia. *O Grande Amor do Profeta*, p. 36. Tradução: Valerie Rumjanek.

Mariana: *"Sua agulha mais parece um punhal perfurando os meus olhos e a linha parece uma corda me enforcando. Este mundo é surdo e mudo, coitado daquele que acredita que o mundo escuta seus apelos e responde seus pedidos."*

❈ ❈ ❈ ❈

Abaixo segue uma transcrição do diário de Mary Haskell de 22/04/1911, publicado no livro *Khalil Gibran e Mary Haskell - O Grande Amor do Profeta*. Nele podemos perceber as dificuldades e amarguras vividas pelo profeta filósofo:

Boston, sábado, 22 de abril de 1911

"Não sei como, mas começamos a falar sobre presentes. "Quando meu irmão morreu, deixou 23 mil ou 24 mil dólares de dívidas na loja, e os bens totalizavam aproximadamente metade desta quantia. Minha mãe tinha em seu poder dinheiro de muitos sírios pobres. Eles pediam para que ela guardasse suas economias - 50 ou 500 dólares, pois tinham receio dos bancos, e ela era uma espécie de igreja para eles. Minha mãe confiava cegamente em meu irmão e pediu para que ele cuidasse do dinheiro. Ele o investiu no negócio. Quando morreu, não havia documentos referentes ao dinheiro dessas pessoas, mas minha mãe tinha feito uma lista com os nomes de todos eles antes de falecer. Depois que ela se foi, nada restou. Usamos os 200 ou 300 dólares que conseguimos com a venda de alguns objetos para oferecer à minha mãe o tipo de enterro que ela merecia. Todos sabiam que eu não tinha dinheiro e algumas daquelas pessoas pobres estavam muito preocupadas com suas economias. Havia um pastor sírio que morava perto de nós, um velho de barba e cabeça branca. Um dia, ele veio à minha casa enquanto eu cochilava, após uma noite que mal tinha dormido, abriu a porta de leve, aproximou-se da minha cama e disse: 'Effendi[27]! Effendi!' Apenas isso. Logo que acordei, parecia que eu tinha sonhado com sua presença ali. Porém, mais tarde, naquela manhã, depois de ter levantado e minha irmã ter arrumado o sofá onde eu havia dormido, ela encontrou um pacote de notas de um, dois, 10 e 50 dólares – 750 dólares ao todo. O homem tinha surgido e desaparecido tão silenciosamente que, a princípio, eu não conseguia entender de onde tinha vindo o dinheiro. Imediatamente, saí procurando o velho para devolver o dinheiro.

Ele estava sentado no final de um beco comprido, junto à sua porta, conversando. Quando me viu chegar pelo outro extremo, simplesmente desapareceu. Corri atrás dele, e quando

---
27 Palavra de origem turca, significa: *digníssimo senhor* ou *nobre senhor*.

me aproximei, ele virou e disse: 'Você não veio para me fazer mal, veio?' Contou-me o quanto nossa família significava para ele. Aceitei o dinheiro e seis meses depois consegui devolvê-lo.

Comecei a trabalhar na loja, e com nossos dois maiores credores como sócios, conseguimos saldar todas as dívidas. Em pouco mais de um ano, tudo estava regularizado, exceto 200 ou 300 dólares. Fui até os sócios e disse que precisava deixar o negócio. E assim o fiz. Sentia que estava me matando, minha vida estava simplesmente se extinguindo naquela loja."

FRASES DE GIBRAN (15)

- *"Não há religião nem ciência para além da beleza."*[28]

- *"O desejo é a metade da vida, a indiferença é a metade da morte."*[29]

- *"Você pode esquecer aqueles com que ri, mas
nunca esquecerá aqueles com quem chora."*[30]

- *"As tartarugas conhecem as estradas melhor do que os coelhos."*

- *"A vida é uma visão cheia de possibilidades
e realizações doces e infinitas."*[31]

- *"Com suas paixões,
O homem, que nasce livre,
Constrói, sem saber,
Uma prisão para si mesmo."*[32]

---

28 GIBRAN, Gibran Khalil. *Areia e Espuma*, p. 59. Tradução: Mansou Challita.
29 Ibid., p. 74.
30 Ibid. p. 83.
31 Carta de Mary Haskell de 05/04/1914.
32 GIBRAN, Gibran Khalil. *As Procissões, a Música*, p. 43. Tradução: Mansour Challita.

O *encontro*

Fred Day era uma figura bastante conhecida no meio artístico de Boston e entre os amantes e admiradores das belas-artes. Com sua influência, ele convidou amigos, dentre eles Mary Haskell, para a exposição dos quadros de Gibran em seu estúdio. Josefine também reforçou o convite, pedindo a Leonel Marques que levasse sua namorada Mary Haskell para apreciar a exposição. Apesar de ter se tornado simpatizante da cultura do Oriente desde o sonho tido aos dez anos, Mary não se interessou de imediato e somente no último dia de exposição decidiu ver as telas.

Gibran olhava desolado os quadros expostos, porque até então não haviam sido vendidos. Não deu importância quando viu a nova visitante, pois achava que era mais uma curiosa que iria embora sem comprar nada. Observou Mary e percebeu que ela estudava minuciosamente os detalhes, buscando desvendar os segredos ocultos. Pensou na agulha de coser de sua irmã e falou para si: *"Talvez essa senhora compre alguma tela."* Levantou-se, amarrou os cabelos compridos e, com um sorriso amável e modesto, aproximou-se dela dizendo: *"A senhora deseja alguma explicação sobre as telas?"*

Mary respondeu: *"Sim, gostaria... Confesso que preciso de algumas explicações, pois essas telas são bastante incomuns nas nossas artes. Sou uma amante da arte, mas não sou uma artista, apesar de admirá-los muito."*

Gibran lembrou que havia muitos impostores naquela cidade e chegou a pensar que aquela senhora poderia ser uma impostora. Porém, respondeu cordialmente: *"Será um prazer!"*

- O senhor conhece o artista que pintou estas telas?

- Sim, sou eu!

- Muito prazer, sr. Gibran, prazer em conhecê-lo! Eu sou Mary Haskell, diretora superintendente da escola Miss Haskell para moças... Talvez o senhor já tenha ouvido falar.

- Certamente, srta. Haskell! Ouvi dizer que seu colégio é uma das melhores escolas para moças nesta cidade. Também fico honrado em conhecê-la!

- Desculpe não ter perguntado quem era o senhor, mas me pareceu ser de origem francesa ou italiana...

- *Eu sou do Líbano!*

- *Ah! Líbano, a terra do cedro, do cântico dos cânticos!*

- *Sim! Isso mesmo, nasci aos pés do cedro milenar, do outro lado do vale sagrado, na cidade de Bicharry.*

- *O senhor aprendeu a pintar suas telas em Paris?*

- *Não, eu aprendi sozinho, também tive orientações de alguns pintores e fotógrafos!*[33]

Fazendo sinal para um quadro na parede, Mary Haskell pediu a Gibran para que desvendasse os segredos daquela tela.

Gibran explicou-lhe: "*Eu chamo essa tela de 'A volta do espírito a Deus'. Não sei se você vê da mesma forma que eu! Para mim, tudo que há na existência perceptível é símbolo da vida não perceptível. Acho que o objetivo da arte não seria imitar símbolos. Veja o rosto que você vê no alto do quadro! É a face de Deus. Eu sei, assim como a senhorita sabe, ninguém viu exatamente o rosto de Deus, mas muitos já o viram usando a imaginação.*

- *Suas palavras são bonitas e inteligentes, sr. Gibran... Até hoje nenhum pintor havia falado comigo com essa linguagem espiritual, que transmite a imaginação do pintor para a mente do visitante. Seus quadros são bonitos e obedecem à confidência da beleza! O que o senhor disse sobre esse quadro me fez parar e ficar observando a tela por vários minutos...*

- *O que chamou sua atenção e a fez parar e ficar observando por vários minutos?*

- *Esses corpos despidos, agarrados uns aos outros, como se uma força os lançasse para o alto e depois caíssem como água e as gotas logo se infiltrassem nos jardins...*

- *São corpos sofridos, eu chamei esta tela de "Chafariz da Dor", porque, pra mim, a vida é toda como um chafariz de dor!*

- *Por que a maioria de suas telas são corpos nus?*

- *Isso por que a vida é nua! O corpo nu é o símbolo da vida, se eu desenho uma montanha de corpos nus ou uma catarata de corpos nus caindo do alto para o abismo é porque vejo na montanha um montículo de vida e na catarata, uma corrente dos cursos da vida.*

- *Por que em seus quadros há muitos símbolos da morte e da dor? Será que existe algum significado em particular?*

- *Sim, porque até hoje a dor e a morte têm sido o meu grande destino. De abril de 1902 a junho de 1903, a morte levou minha irmã caçula, meu irmão e minha mãe, as pessoas mais queridas da minha vida.*

---
[33] Miguel Naime registrou este diálogo baseado no primeiro encontro de Gibran e Mary Haskell em seu livro *Gibran Khalil Gibran*, p. 69-71, publicado em árabe, em Beirute.

Depois desse encontro, Mary ficou bastante comovida com a situação de Gibran e convidou-o a visitá-la e expor seus quadros na luxuosa galeria de seu colégio. E acrescentou: *"Entendo e compartilho de sua tristeza, sr. Gibran! Entendo as lágrimas que vejo em seus olhos porque são as mesmas que tenho em meu coração. Eu tenho sofrido assim como o senhor! Perdi minha mãe recentemente, era a pessoa mais importante e querida da minha vida! Assim, vejo dois laços entre nós, um da arte e outro da dor.*

FRASES DE GIBRAN (16)

- *"Como é nobre o coração triste que canta com os corações alegres!"*[34]

- *"Se não compreendeu seu amigo em todas as circunstâncias, então nunca o compreendeu."*[35]

- *"Até ontem eu me considerava um simples fragmento a tremer sem ritmo na esfera da vida. Agora sei que sou a própria esfera e que a vida toda se move dentro de mim em ritmos fragmentados."*[36]

- *"Meu Deus, minha meta e minha contemplação, sou teu ontem e tu és meu amanhã. Sou tua raiz na terra e tu és minha flor no céu, e juntos crescemos diante o Sol."*[37]

- *"A consciência humana é o fruto do passado inteiro. O futuro infinito o tornará maduro, mas jamais mudará suas propriedades."*[38]

- *"Disseram-me: 'você deve conhecer primeiro sua pessoa para depois conhecer o mundo todo'. Eu respondi: 'não posso conhecer minha pessoa antes de conhecer o mundo todo.'"*[39]

---

[34] GIBRAN, Gibran Khalil. *Areia e Espuma*, p. 22. Tradução: Mansour Challita.
[35] Ibid., p. 33.
[36] Ibid., p. 06.
[37] GIBRAN, Gibran Khalil. *O Louco*, p. 14. Tradução: Mansour Challita.
[38] Carta de Mary Haskell de 16/05/1916.
[39] GIBRAN, Gibran Khalil. *Areia e Espuma*, p. 67. Tradução: Mansour Challita.

Alma de gênio e coração de poeta

Mary Haskell, ao se despedir de Gibran, disse: *"Você me serviu uma taça do excelente vinho da arte!"* e ele respondeu: *"As taças da arte estão sempre cheias, mas são poucos os apreciadores!"*

Gibran ficou animado com Mary e seu convite para expor seus quadros no salão de arte do colégio. Falou para si: *"Queria que Deus tivesse me feito cinco centímetros mais alto, assim quando ficasse de frente a uma mulher alta como a srta. Haskell, eu não me sentiria tão pequeno como me senti hoje... Meu Deus, por que não é justo na divisão da altura das pessoas?"*[40]

No entanto, esse problema era ínfimo perante a pobreza alarmante que o preocupava, e vencer esse obstáculo imposto pela vida era primordial para alcançar o espaço da fama e gravar seu nome ao lado dos gênios universais da arte. Posteriormente, ele escreveu no romance *Asas Quebradas*: *"Os jovens têm asas de penas poéticas e nervos de ilusão que os levam para além das nuvens, assim vêem as galáxias cobertas de luzes coloridas como o arco-íris e escutam a voz da vida cantando hinos de glória, fama e grandeza. Mas as asas poéticas são arrebentadas pelas tempestades da esperança da vida e logo caem no mundo da realidade, e este mundo é como um espelho estranho, onde a pessoa se vê como uma figura diminuída e deformada. Essa contradição entre o sucesso e indolência é da mesma forma como a vida e a morte, perto e longe de tudo ao mesmo tempo."*

Diversas vezes Gibran havia afirmado que teria sucesso em um trabalho e inesperadamente veio o fracasso. Da mesma forma, ele tinha esperança e expôs os quadros no estúdio do seu amigo Fred Day, mas ao invés de sucesso, aconteceu uma desgraça, um incêndio destruiu o estúdio do fotógrafo com todas as suas obras e telas de Gibran.

Ao saber do incêndio, Josefine mostrou-se profundamente triste e abatida: *"Sinto-me como se tivesse perdido uma parte de mim. Porque cada tela tem um traço meu,*

---
40 NAIME, Miguel. *Gibran Khalil Gibran*, p. 74.

um rosto, uma expressão." De fato, Gibran disse-lhe várias vezes: *"Você está em todos os meus quadros."* Mary Haskell, por sua vez, escreveu uma carta consolando Fred Day e outra de cortesia a Gibran. Naquele momento, ela nunca poderia imaginar que além daquela carta escreveria centenas de outras a Gibran.

Após o trágico incêndio, Gibran deixou de voar nos sonhos e voltou seus olhos para os problemas da vida cotidiana; relembrou as palavras de seu primeiro amor em sua cidade natal: *"A vida é uma lágrima e um sorriso."*

Gibran e Amin Gorayeb

Em 1904, um casal de imigrantes da cidade de Bicharry convidou Amin Gorayeb[1], do jornal Al Mohager (O Imigrante) de Nova Iorque para os festejos de seu casamento. Dentre os rapazes encarregados de recepcionar os convidados, Gibran acompanhou o jornalista Amin. O jovem de vinte e dois anos mostrou em sua conversa um alto nível cultural, diferente dos outros imigrantes da Síria e Líbano. Amin ficou impressionado com o talento do jovem e deu-lhe muita atenção. Leu as crônicas e visitou o estúdio com as telas de Gibran. Admirado com o novo estilo literário e com a genialidade de suas telas, principalmente as emoções que ele conseguia expressar nos rostos das gravuras, Amin convidou Gibran para escrever poesias e crônicas para o seu jornal, garantindo que faria a revisão gramatical[2] e que pagaria um dólar por cada crônica ou poesia.

---

1   Amin Gorayeb nasceu em 1881 na cidade libanesa de El Damour. Filho de Mansour Chahin Gorayeb, o "príncipe dos poetas populares libaneses" da época. Amin estudou na universidade Jesuíta São José e no colégio Mzar em Ghazir, Kisrwan, no Líbano, dirigido pelo mestre Jorge Zuain. No fim do século XIX, Amin foi para Nova Iorque, nos Estados Unidos, e seus cinco irmãos imigraram para o Brasil. Amin dominava o francês, o inglês e era especialista na gramática árabe, trabalhou em diversos jornais árabes de imigrantes na América, dentre eles: Al Hoda, de Naum Mukarzal; Kaukab America, de Nagib Orbaili e seu irmão Dr. Ibrahim; Al Sakhrat e Miraat Al Gharb, do seu amigo e literato Nagib Diab. No final de 1903, Amin começou seu próprio jornal Al Mohager, primeiro a publicar as crônicas de Gibran. Mas, no dia 23 de julho de 1908, aconteceu o inesperado para aqueles tempos, os turcos se rebelaram contra o Sultão otomano Abdul Hamid II e proclamaram uma nova constituição e um novo parlamento "Mabhusan". Amin, assim como todo o mundo, viu surgir um cenário novo e promissor no império otomano. Aproveitou a oportunidade para vender seu jornal em Nova Iorque, comprar uma gráfica nova e embarcar para Beirute, onde passou a publicar o jornal El Hares (O Vigia) por quatro anos, até o início da Primeira Guerra Mundial (1914), quando então foi proibido de circular. Amin foi aprisionado pelos soldados turcos em maio de 1916 e levado à corte marcial em Alai para que fosse enforcado, assim como muitos outros intelectuais libaneses e sírios acusados de oposição ao domínio otomano. Mas, com a intervenção favorável de algumas personalidades políticas, ficou exilado na Anatólia. Com o fim da Primeira Guerra Mundial, Amin retornou a Beirute e voltou a publicar seu jornal. No início da década de 30 foi contratado para chefiar a redação do maior jornal do mundo árabe, o Al Aharam (As Pirâmides), publicado até os dias de hoje no Egito. Em 1950, Amin se mudou para o Brasil, onde morou até falecer em 1971, na cidade de São Paulo.
2   Na década de 50, o poeta popular Zaglul El Damour e seu amigo Tanios Hamlawi estiveram no Brasil. Amin Gorayeb os convidou para um jantar em sua residência. Durante a recepção, Zaglul, da cidade de El Damour, a mesma de Amin Gorayeb, recitou: *"Considerei este convite como uma condecoração, pois me senti honrado de sentar à mesa com o professor de Gibran, o profeta."*

A partir daí, Gibran passou a utilizar o jornal como palco de disseminação de suas obras. No dia cinco de março de 1904 a primeira crônica, "A Visão", foi publicada pelo Al Mohager. Nessa ocasião, Gibran foi apresentado por Amin Gorayeb aos leitores como um escritor renovador da literatura árabe. Em 1905, a gráfica do jornal Al Mohager publicou os contos e poesias de Gibran, inclusive "Marta Albanesa"[41], reunidos no livreto *A Música*, com prefácio de Amin Gorayeb[42].

O trecho abaixo é deste livro:

"Sentei-me ao lado de minha amada, e escutei-a falar. Escutava sem dizer uma palavra. Uma vibração na sua voz encontrava eco em meu coração e separava meu eu do meu outro eu. Meu espírito voou e pairou em um espaço sem fim, de onde eu via o mundo como um sonho e o corpo como uma cela estreita.

Uma estranha magia se misturava com a voz da minha amada e elevava meus sentimentos. E algo mais expressivo que as palavras me distraía.

Era a música! Ouvi-a quando minha amada suspirava e sorria após certas palavras. Ouvia-a quer se expressasse em vocábulos entrecortados, quer em frases coordenadas.

Via as emoções de seu coração com o meu ouvido. Desviava-me do que ela dizia para absorver o que ela sentia, materializado na música, que é a voz da alma.

Sim, a música é a linguagem das almas. Suas modulações são brisas suaves que tocam as cordas dos sentimentos, são dedos delicados que batem à porta dos sentidos e acordam a memória e acontecimentos enterrados pelos anos nos campos do passado revivem com todo o seu cortejo de emoções.

A música é uma melodia que traz de volta, sobre as asas da lembrança, tanto as horas de dor e amargura como as horas de felicidade e alegria.

Suas notas tristes te imobilizam e enchem teu coração de pranto e as tristezas desfilam então como fantasmas.

Suas notas alegres invadem teu coração, e ele dança de júbilo e embriaguez.

A música é uma vibração que vem do espaço celeste para teu ouvido, e às vezes se transforma em lágrimas em teus olhos, lembrando a amada que se foi ou as feridas do destino, e outras vezes vira sorriso em teus lábios, para as dádivas da vida.

A música é um corpo sublime, cuja alma é um suspiro e cuja mente é uma emoção."

---

41 Appud p. 85 deste nosso livro.
42 Em 1961, conheci o jornalista Amin Gorayeb, tivemos uma conversa longa e proveitosa na qual o jornalista contou-me a respeito da amizade com Gibran e das correspondências que trocaram ao longo da vida. Presenteou-me com duas coleções de revistas "Al Hares", publicadas no Brasil na década de 50, e com seu livro "Jawaher Al Ussur" (Pérolas dos Séculos), publicado no Brasil no início da década de 60. (Nota do Autor)

FRASES DE GIBRAN (17)

- *"(...) Quem rouba uma flor
recebe condenação e menosprezo;
mas quem rouba todo o campo
é chamado de herói. (...)"*[43]

- *"Todos os homens são iguais e diferentes
somente em aparências secundárias."*[44]

- *"Nestes dias, sou como um barco à deriva, lançado
nas ondas do mar agitadas por causa da fúria da tempestade.
Até agora não tenho lugar nem travesseiro confortável para
encostar minha cabeça."*[45]

- *"A poesia é um prolongamento da visão e a música
é um prolongamento da audição."*[46]

- *"Os poetas não são simplesmente os que escrevem poesias,
mas aqueles cujos corações estão cheios do espírito da vida."*[47]

- *"Não poder rir é ser duro ao mesmo tempo."*[48]

- *"Quando tua alegria ou tua tristeza se torna
grande, o mundo se torna pequeno."*[49]

---

43 GIBRAN, Gibran Khalil. *As Procissões, a Música,* p. 31. Tradução: Mansour Challita.
44 GIBRAN, Gibran Khalil. *Temporais,* p. 55. Tradução: Mansour Challita.
45 No final de 1910, quando retorna de Paris a Boston.
46 Carta à Mary Haskell, datada de 20/06/1914.
47 Carta à Mary Haskell, datada de 17/07/1915.
48 GIBRAN, Gibran Khalil. *Areia e Espuma,* p. 65. Tradução: Mansour Challita.
49 Ibid., p. 74.

Gibran: escritor e poeta

A vida de Gibran apresenta longos períodos de tragédia e muitos poemas de amor. Além disso, observa-se que o seu existencialismo e as experiências com seus poucos amigos e muitas pessoas que conheceu deram origem a toda sua produção intelectual e cultural e devoção aos seus ideais progressistas frente à sociedade do Oriente, conservadora e perpetuadora das tradições e entraves sociais.

Depois que começou a escrever para o jornal Al Mohajer, Gibran passou a receber cartas de leitores árabes, imigrantes ou não, com muitos elogios. Dentre elas, uma intelectual dizia: *"agradeço-lhe o que escreveu em defesa da mulher do Oriente. Li 'Marta Albanesa' e 'Rosa Al Hani' e tudo mais que chegou às minhas mãos. Desejo tocar e beijar as mãos que escreveram poesias tão belas."*

Gibran, mediante tantas cartas, sentiu-se responsável perante a sociedade e abraçado pelos deuses da arte. Ele, que escondia suas poesias e crônicas por receio das críticas a erros gramaticais, se convenceu, após ler as inúmeras cartas repletas de elogios enviadas pelos leitores árabes, de que era um excelente artista plástico, um escritor eloqüente e um poeta inspirado. Voava pelo espaço direto para a órbita da filosofia profética e para a profecia filosófica.

❋❋❋❋

Gibran, refletia em suas obras o momento triste e a situação crítica em que se encontrava: a perda de seus entes queridos, o incêndio que destruiu suas telas, fruto de um ano de trabalho, e ainda a perda do amor de Josefine, a pessoa que era o seu refúgio. Ela se casou para fugir do sofrimento que a pobreza lhe causava e usufruir do conforto que a riqueza lhe proporcionaria.

A cada dia neste clima, Gibran sentia que esta era a sua sina, assim como os árabes dizem "maktub" (estava escrito - o destino). Mais tarde, esse pensamento o influenciou quanto ao sofismo dos filósofos árabes da Andaluzia, Ibn Al Farid e Ibn Arabe. Gibran ponderava: *"Se eu não tivesse nascido em Bicharry, não teria um pai grosseiro e pobre, não teria viajado com minha mãe e irmãos a Boston, não tinha sofrido com a perda deles para a dolorosa doença, não tinha sido afastado do meu primeiro amor Hala El Daher pela humilhante diferença de classes sociais e, por fim, não teria conhecido minha Josefine."*

Os pensamentos de suas desventuras rondavam sua mente, fazendo-o tirar conclusões até conseguir manter suas memórias no passado. Porém, o que sentiu pela primeira namorada Hala de Bicharry, por Sultana Tabet de Beirute e por Josefine Bibode de Boston passou a ser concebido como um só amor. Gibran uniu as três mulheres e as usou de inspiração para escrever:

"Você se lembra da noite que nos uniu aos raios do espírito que nos envolveram com círculos de luz, os anjos do amor percorriam ao nosso redor com melodias e poesias dos espíritos... Você se lembra dos dias que cantamos à sombra das árvores e que queríamos nos esconder dos olhares das pessoas, assim como o corpo esconde os segredos do coração? Você se lembra dos corredores em declive que passamos? Neles andávamos com os dedos presos um ao outro, nossas cabeças juntas, entrelaçando nossos cabelos, como se estivéssemos nos protegendo de nós mesmos... Onde estará neste momento minha amada? Será que está acordada no silêncio da noite? Porque, a cada vez que passa uma brisa de vento, envio-lhe os sons da palpitação do meu coração, refúgio das minhas feridas... Será que você está vendo o retrato do seu amado? Aquela foto não se parece mais com o dono, pois a tristeza mudou seu semblante, sua feição, que ontem estava alegre ao seu lado, agora está coberta pela sombra da tristeza e as lágrimas deixaram suas pálpebras murchas, pálpebras estas que ontem estavam mergulhadas em sua beleza, êxtase que secou nos lábios que antes eram melados com seus beijos...

Onde estará minha amada? Será que você está ouvindo minhas lamentações além das ondas do oceano?

Ah, como o amor é gigante e eu sou pequeno!"[50]

---

50 JABR, Jamil. *Gibran Em Sua Vida Tempestuosa*, p. 63. Tradução: Assaad Zaidan.

FRASES DE GIBRAN (18)

- *"O homem é o pão dos Deuses."*[51]

- *"A sabedoria é a vida que tem asas."*[52]

- *"Já esquecemos as glórias dos grandes conquistadores, mas jamais esqueceremos até o fim dos tempos, os loucos de amor."*[53]

- *"Você é escravo de quem você ama, porque você a ama, e você é escravo da pessoa que te ama, porque ela te ama."*[54]

- *"A tristeza não passa de um morro entre dois jardins."*[55]

- *"Não espere nascer flores nas suas mãos se você tiver seu coração como um vulcão."*[56]

- *"A cadeia não é péssima, mas não gosto daquela parede que me separa do outro prisioneiro."*[57]

- *"O amor é uma felicidade que treme."*[58]

---

[51] GIBRAN, Gibran Khalil. *Os Deuses da Terra*, p. 30. Tradução: Mansour Challita.
[52] Carta à Mary Haskell, de 15/11/1915.
[53] GIBRAN, Gibran Khalil. *As Procissões, a Música*, p. 63. Tradução: Mansour Challita.
[54] GIBRAN, Gibran Khalil. *Areia e Espuma*, p. 36. Tradução: Mansour Challita.
[55] Ibid., p. 74.
[56] Ibid., p. 40.
[57] Ibid., p. 39.
[58] GIBRAN, Gibran Khalil. *Curiosidade e Beleza*. Tradução: Assaad Zaidan.

Asas sem penas

Os caminhos percorridos pelos gênios estão sempre cheios de espinhos, e somente com teimosia e luta os de maior destaque conseguem superá-los. Assim, não era diferente com Gibran, que estava consciente de seu infortúnio e travava sua batalha pessoal obstinado a superar os obstáculos. Melhor dizer que a vida forçou-lhe à superação. A cada dia da sua vida cheia de infelicidades, ele aprendia arduamente uma nova lição, resignava-se ao silêncio e seguia seu curso. Limitava-se a desabafar escrevendo suas poesias e contos ou pintando suas telas.

> "No mundo, poucos aceitam a vida como ela vem,
> sem que sua singeleza decepcione ou entedie.
> Por isso, tantos desviam o rio da existência
> para taças da bebida que alegram e anestesiam,
> como se a embriaguez fosse o caminho natural para o prazer.
> Há homens que atingem o êxtase pela oração
> e aqueles extasiados por riquezas.
> Outros ainda conseguem se embriagar apenas com sonhos.
> O mundo é uma taberna e o destino é o seu dono:
> somente os ébrios o aceitam como ele é.
> Se neste mundo encontrares uma alma sóbria,
> pasma de admiração.
> Pois alguma vez viu a Lua sob chuva
> Buscar proteção?"[59]

Para cada desventura, Gibran encontrava em seu pensamento o refúgio e o consolo: para os espinhos da pobreza, que lhe atropelavam os planos de avançar no espaço artístico e literário, ele se dedicou ao trabalho permanente

---
[59] GIBRAN, Gibran Khalil. *As Procissões, a Música*, p. 23. Tradução: Mansour Challita.

e insistentemente pintava e escrevia contos e poesias para o Al Mohajer; para o suplício do corpo e suas dores, Gibran tomou como exemplo o sofrimento de Cristo; para a calamidade da dor da ausência de seus entes queridos, ele viu consolo na teoria de Pitágoras da imortalidade da alma. Convenceu-se dessa crença e dizia: *"Tudo que morre, nasce de novo. A rocha morre para se transformar em pedras para a construção de templos. A vela morre para se transformar em luz."*

A primeira declaração de Gibran com relação à sua crença na reencarnação foi registrada no livro *As Ninfas do Vale*:

- *"Ó alma, o ignorante diz:*
'A alma desaparece com o corpo.
E o que se vai não volta mais.`
Dize-lhe que as flores também passam,
Mas as sementes permanecem.
Assim é com a essência da vida."

❊ ❊ ❊ ❊

Os Pássaros

Jamil Jabr, em seu livro *Gibran em sua vida Tempestuosa*, diz: - *"Gibran freqüentava o jardim público de Boston. Olhava os pombos livres e alguns pássaros nas gaiolas, que os impediam de voar. Gibran achava nisto um consolo à situação e começou a levar punhados de trigo, jogava para os pássaros, que rapidamente o rodeavam e saciavam sua fome.*

Um dia, ele viu um pássaro carregar o grão de trigo no bico e, ao invés de engolir, levou para outro pássaro no meio da relva, que abriu seu bico para receber o grão. Gibran percebeu que o pássaro era cego, e quando o bando voou, o pássaro protetor ajudou o pássaro cego com sua asa e os dois voaram juntos com os outros pássaros."[60]

Gibran interpretou esse acontecimento como um caso em sua própria vida, onde ele precisaria de ajuda para voar. Mas quem seria como o passarinho? Quem poderia ser esse anjo de coração humano, disposto a mudar sua trajetória e ajudá-lo? Nesse dia, voltou pensativo para sua casa, refletia sobre o futuro obscuro, a glória e a derrota e as alegrias e tristezas que a vida lhe reservava.

---

60 JABR, Jamil. *Gibran Em Sua Vida Tempestuosa*, p. 64. Tradução: Assaad Zaidan.

Diálogos

Quando conheceu Gibran, Mary Haskell namorava o engenheiro Leonel Marques e Gibran namorava Josefine. Entretanto, isso não impediu Josefine de se aproximar de Leonel, pois percebeu as vantagens do futuro ao lado do engenheiro e preferiu mudar sua situação financeira, ao invés de continuar com o pobre Gibran, poeta sonhador. Sempre que Mary Haskell demonstrava admiração pelo talentoso Gibran[61], Josefine se aproximava de Leonel e afastava-o de Mary, até conseguir separar os dois definitivamente. Enquanto isso, Gibran, depois da primeira visita à Mary Haskell, nunca mais deixou de procurá-la. Mais tarde, Mary registrou em seu diário na data de 07/09/1910: *"Nunca cheguei a perdê-lo de vista, eu o convidava para jantar uma ou duas vezes no inverno e ele nunca recusou, mas também nunca veio sem ser convidado. Ele jamais me visitou de surpresa."*

As visitas, encontros e troca de idéias do talentoso poeta e de ideais renovadores aconteciam naturalmente com mulheres bonitas, cultas e educadas, principalmente com Mary Haskell, pois ela possuía muita afinidade de espírito com Gibran. Cada vez mais aumentavam a admiração e amizade entre os dois. No começo de 1905, ela convidou-o para um jantar, em que estiveram presentes também a bela professora de francês Michelline e uma jovem atriz americana divorciada, Charlout[62].

No decorrer do jantar, o tempo à mesa foi curto se comparado à longa conversa que se seguiu, as trocas de idéias foram até depois da meia-noite. Mary começou perguntando a Gibran: *"Será que seu estilo de escritor combinará com o de pintor? Por que escolheu este estilo?"*[63]

Gibran respondeu: *"Não, eu não escolhi esse estilo, foi ele quem me escolheu! Andei por este caminho e sem perceber estava caminhando por uma estrada nova e ainda desconhecida. Não faço distinção, nem objeção. Pinto telas conforme a imaginação, alguém disse que a pintura é a imitação da natureza! E eu digo que não podes imitar a natureza, pois a arte é incapaz de fazer os milagres que a natureza faz! A natureza é sensível para quem tem sensibilidade, a arte é a compreensão dos segredos da natureza, é a reprodução desses segredos para quem não entende. Eu não gosto de remoer os hábitos*

---

61 Tanto Miguel Naime quanto Jamil Jabr citaram o amor de Gibran por Josefine e sua insistência sentimental e amorosa, seu sofrimento, suas lágrimas e pedidos para que ela não o abandonasse. No entanto, Josefine estava cansada da dura vida de penúria, desejava uma vida tranqüila e confortável. Além do mais, já beirava os trinta anos e o brilho de sua beleza já começava a empalidecer. Assim, o coração perdeu para a mente calculista.

62 Charlout era uma atraente atriz de teatro, tinha sido aluna e colega de John Dyoi na Universidade de Chicago, mais encantava os alunos do que lhes ensinava. Era liberal, entusiasta dos ideais progressistas, acreditava na reencarnação. Seu romance *A Gaiola* agradou Gibran pelas críticas contra a sociedade hipócrita e os avarentos, que usavam da brutalidade para fazer fortuna, e por defender os pobres. Dr. Jamil Jabr escreveu que ela influenciou a cultura de Gibran.

63 Muitas páginas foram escritas sobre as reuniões e visitas de Gibran à Mary e Michelline. Trata-se aqui de uma tradução resumida deste diálogo.

na minha escrita, os meus quadros têm criatividade e vitalismo que levam as pessoas espontaneamente a raciocinar o significado oculto da frase ou do quadro. Eu fujo do método dos costumes para o método de dedução."

Haskell percebia os olhares simpáticos de Michelline correspondidos por Gibran. Ela sentiu ciúmes, mas o escondeu com o alto estilo. Dirigiu-se à Michelline e disse: *"Fiquei sabendo que nosso convidado é um monge conhecedor da existência estética. Por favor, sr. Gibran, dê-nos sua opinião sobre a estética."*

Em meio às beldades e diante de tanta simpatia, Gibran sentiu crescer uma energia e o desejo de conquistar ainda mais admiração e começou a falar, usando seu raciocínio de dedução: *"A beleza é uma ternura encantada entre a alegria e a tristeza. A beleza aproxima nossos corações para o trono da mulher, isto porque o trono da mulher é o trono de Deus."*

Haskell interrompeu-o dizendo: *"O senhor está elogiando muito a mulher, colocou-a no trono de Deus!"*

Gibran se explicou: *"Sim! Todas as religiões falam de Deus qualificando-o como masculino. Porém, isto não é certo, pois Deus é pai e mãe ao mesmo tempo. A mulher é como Deus Mãe. Proclamamos o Deus Pai pelo machismo da mente do homem, que imaginou o caminho para Deus elogiando-o como homem! Ora, quanta ignorância! O caminho para Deus não está em qualquer adjetivo ou nome. O caminho para Deus Pai ou Deus Mãe se dá por meio do Amor! O amor e o vinho que as Deusas espremem dos seus corações derramam nos corações dos homens."*

※※※※

Os encontros de Gibran e Mary Haskell aconteciam nesse clima de confraternização. Dessas conversas nasceu a pureza da nobre amizade entre uma professora humanitária e um literato genial. Contudo, esses saraus eram ainda mais importantes para Gibran, pois serviam de amparo e o distanciavam da solidão e do desânimo que o abatiam, fortificando seu espírito para continuar produzindo crônicas e pinturas. Mas o jornalista Amin Gorayeb preferia publicar as poesias e contos de Gibran, ao invés de suas gravuras. Isso porque os leitores do jornal Al Mohager se interessavam mais pelas poesias e contos do que pelas telas, pois não tinham tanto interesse em desvendar os segredos dos seus quadros.

Dessa forma, Gibran atendeu aos apelos do jornalista e de seus fãs e deteve-se a criar poesias e contos. O jornal Al Mohager, de Amin Gorayeb, atravessou o oceano e o mediterrâneo, conquistou novos leitores no Oriente Médio, interessados nas crônicas perspicazes, pois sua sagacidade demonstrava a realidade da opressão das antigas leis que beneficiavam as classes religiosas e latifundiárias e colocavam o povo sob o domínio otomano. As crônicas e poesias de Gibran eram transcritas nos jornais e revistas do Mundo Árabe, principalmente pela imprensa egípcia[64] por ter uma certa liberdade, uma vez que o Egito estava desde 1882 desligado do império otomano turco e tinha se tornado protetorado inglês.

Os maiores jornais da época festejavam a inovação das poesias e crônicas de Gibran, tanto na narrativa suave e poética, reveladora da magia da língua árabe, como no valioso conteúdo das crônicas, que eram como um clarim chamando o povo do Oriente Médio a marchar em busca de sua liberdade e quebrar as algemas da escravidão, da tirania dos bachás turcos e dos latifundiários locais.

Gibran, com suas crônicas, fez uma revolução silenciosa. Ele também desmascarava e revelava a demagogia dos falsos religiosos, que ao invés de pacificar a vida da população, instigavam a discórdia para que houvesse divisão entre as seitas e reforçavam a exploração dos lavradores, mencionado leis sagradas que impunham obediência, visando o próprio benefício. As crônicas de Gibran, que chegavam ao Oriente, eram um verdadeiro farol destinado a iluminar a mente do povo em direção à liberdade, civilização e progresso.

A primeira publicação de Gibran no jornal Al Mohager tinha o prefácio de Amin Gorayeb, que dizia: *"Este jornal tem o privilégio de apresentar ao mundo árabe um retrato da pessoa cujos desenhos agradaram aos maiores jornais de Boston, a cidade das letras e artes. Esta pessoa é Gibran Khalil Gibran, natural de Bicharry, no Líbano. Mencionamos o seu nome sem qualquer título e convidamos os leitores a imaginar suas grandes idéias retratadas no Al Mohager sob o título de "Uma Lágrima, Um Sorriso". Certamente não seríamos criticados pelo orgulho que sentimos por este jovem escritor, pois é o reflexo do orgulho dos americanos por este libanês."*[65]

O livro *As Ninfas do Vale* foi publicado em 1906, contendo os contos: "Marta Albanesa"[66], "A Cinza dos Séculos e o Fogo Eterno" e "João, o Louco". Este livro teve grande repercussão no Oriente Médio, mas não tanto quanto *Espíritos Rebeldes*, que foi o terceiro livro, publicado em 1908 em Nova Iorque e que teve duzentos exemplares contrabandeados para o Oriente Médio.

A seguir, trechos do conto "João, o Louco", publicado em *As Ninfas do Vale* em árabe e traduzido para o português por Mansour Challita:

---

64 Naquela época, os grandes jornais e revistas egípcias (Al Muktataf, Al Hilal, Al Ahram, etc.) e os clubes literários de destaque eram dirigidos por intelectuais libaneses que se mudaram para o Egito fugindo da opressão do domínio otomano.
65 SAFADY, Jorge. *Imigração Árabe no Brasil*, p. 145-168.
66 In: transcrito na página 71 deste nosso livro.

João, o Louco[67]

(...) *Durante horas, João continuou sofrendo com o Deus-Homem pelo corpo e a sentir-se glorificado com ele pelo espírito. Ao meio-dia, levantou-se para reunir seus bois, mas não os encontrou, e começou a procurá-los. Quando chegou ao caminho que passa pelo meio dos campos assim como as linhas na palma da mão, viu de longe um homem vestido de preto, em pé, no meio dos pomares. Correu até ele e o reconheceu, era um dos monges do convento. Cumprimentou-o respeitosamente e perguntou-lhe: "Padre, viu por acaso bois caminhando neste jardim?"*

O monge olhou para ele, procurando esconder sua ira, e respondeu hipocritamente: "Sim, eu os vi. Estão ali. Venha vê-los."

João seguiu o monge até o convento e viu os bois dentro de uma cerca e vigiados por outro monge que, com uma vareta, batia neles sempre que se mexiam.

Quando João se adiantou para se aproximar dos bois, o monge o segurou e gritou em direção ao convento: "Eis aqui o pastor criminoso, já o prendi!"

Monges e noviços correram de todos os lados, liderados pelo padre superior, que se distinguia dos demais pela finura de sua roupa e seriedade de seu semblante. Cercaram João como soldados impacientes para acabar com sua presa. João olhou para o padre superior e perguntou calmamente: "O que eu fiz para ser tratado como criminoso, por que me prenderam?" O superior respondeu com uma face dura, de cólera, e uma voz cortante como serra: "Teus bois pastaram o trigo do convento e comeram as ramas novas do seu vinhedo, por isso te prendemos, o pastor responsável pelos estragos do rebanho."

João disse em tom conciliador: "São animais irracionais, Padre. E eu sou um pobre pastor, que só possui os próprios braços e estes bois. Deixe-me levá-los e prometo que nunca mais os trarei a estas terras."

O superior se adiantou, levantando o dedo para o céu, e disse: "Deus nos encarregou de cuidar das terras do seu querido Isaías, o Poderoso. Nós a protegemos dia e noite com todo nosso empenho porque são sagradas, e assim como o fogo, queimam quem delas se aproximar. Se te recusares a compensar o convento pelo prejuízo, o pasto se converterá em veneno no estômago de teus bois. Em todo caso, não poderás recusar, pois manteremos teus bois em nossa cerca até que pagues o último centavo que deves."

Quando o superior quis se retirar, João o deteve e disse com voz suplicante e humilde: "Suplico, pelos dias sagrados que testemunharam os sofrimentos de Jesus e as lágrimas de Maria, que me deixe ir com meus bois! Não seja duro comigo! Sou um pobre coitado e o convento é rico e poderoso! Perdoe minha distração e tenha compaixão da velhice de meu pai!"

---

67 GIBRAN, Gibran Khalil. *As Ninfas do Vale*, p. 54. Tradução: Mansour Challita.

O padre olhou-o e disse com ironia: "O convento não te perdoará, ó ignorante, sejas pobre ou rico. E não apeles para as coisas sagradas, pois conheço os segredos e mistérios melhor do que tu. Se quiseres levar teus bois, deves pagar pelo que pastaram no campo de trigo."

Disse João com voz sufocante: "Padre, não possuo um sétimo sequer do dinheiro que cobra. Tenha compaixão de mim e de minha pobreza." Depois de pentear a barba cerrada com os dedos, o padre retrucou: "Vai e vende parte de tua terra e traze o dinheiro. É melhor pra ti entrar no céu sem terra do que provocar a ira de Isaías, o Poderoso, e passar a eternidade no fogo do inferno."

Calou-se João por um minuto. Mas, de repente, seus olhos brilharam. Seu rosto se descontraiu. A expressão de súplica deu lugar a uma expressão de força e determinação. Com uma voz que misturava o timbre do conhecimento e o vigor da juventude, João disse: "Deve o pobre vender sua terra, que lhe dá o pão e a vida, para acrescentar aos cofres do convento repletos de ouro e prata? É justo que o pobre se torne mais pobre e morra de fome para que Isaías, o Poderoso, perdoe o crime de animais esfomeados?" O superior respondeu com orgulho sereno: "Assim falou Jesus Cristo: 'Quem tem recebe mais e quem não tem perde o que tiver.'"

Ao ouvir essas palavras, João sentiu seu coração se rebelar, sua alma crescer e sua estatura se agigantar, como se a terra tivesse crescido sob seus pés. Pegou o Evangelho que estava no seu bolso, como um soldado saca sua arma para se defender, e gritou: "Assim brinca com os ensinamentos deste livro, hipócritas! Assim utiliza o que há de mais sagrado na vida para praticar os males da vida. Ai de vocês quando o filho do Homem voltar a esta terra. Destruirá seus conventos e lançará suas pedras nestes vales, e porá fogo em seus altares e estátuas! Ai de vocês quando o sangue de Jesus e as lágrimas de sua santa mãe se transformarem em torrente que os arraste ao abismo! Ai de vocês que se curvam, curvais diante dos ídolos de sua cobiça, que escondem sob roupa negra a maldade de suas almas, que oram com seus lábios enquanto seus corações são mais duros que as rochas, que se ajoelham com humildade ao pé dos altares enquanto suas almas se rebelam contra Deus. Trouxeram-me por uma cilada a este lugar repleto de seus pecados e prenderam-me como um criminoso por um pouco de capim que o Sol faz crescer tanto para mim como para vocês. E quando supliquei em nome de Jesus, riram de mim como se eu fosse um demente. Pegue e examine este livro e mostre-me onde Jesus não é compassivo. Leia este drama divino e diga-me quando Jesus não agiu com clemência: em seu Sermão na Montanha, ou na Praça do Mercado, quando defendeu a prostituta infeliz contra seus perseguidores, ou no Gólgota, quando abriu seus braços na cruz para abraçar toda a raça humana? Impiedosos, olhem para estas cidades e aldeias pobres, onde enfermos, pecadores, mendigos, órfãos, viúvas e aqueles sem lar gemem e sofrem, sem encontrar amparo, enquanto vocês gozam aqui o repouso da preguiça e consomem os frutos de jardins que não plantaram. Nunca visitaram um doente, nunca se preocuparam com um prisioneiro, nunca deram alimento a um faminto, nunca acolheram um errante, nunca consolaram um flagelado. Ao contrário, estendem a mão para o que a viúva economizou e para o que o lavrador guardou para sua velhice."

  João se calou por um momento, e depois disse com altivez e calma: "Vocês são muitos e eu sou sozinho. Façam de mim o que quiserem. Os lobos devoram a ovelha na escuridão da noite, mas os vestígios do seu sangue permanecem até a aurora e o nascer do Sol."

  João falava com uma força sobrenatural que paralisava os monges, embora provocasse neles o desejo de vingança. Assim como corvos famintos, tremiam de raiva e rangiam os dentes na expectativa de um sinal de seu Superior para dilacerar o rebelde e esmagá-lo sobre os pés. Quando João se calou, como se a tempestade tivesse acalmado após atingir ramos soberbos e plantas secas, o Superior gritou: "Prendam este criminoso desequilibrado, tirem o livro de suas mãos e levem-no a uma das celas escuras do convento, pois quem blasfema contra os escolhidos de Deus não será perdoado nem nesta vida nem na outra."

  Os monges saltaram sobre João como feras sobre uma presa e levaram-no às masmorras, agredindo-o no caminho até a exaustão, com murros e pontapés.

  Contudo, na sua cela escura, João não se sentia vencido, mas um vitorioso, o inimigo tinha conseguido somente aprisioná-lo. Olhou o vale cheio de Sol pela fresta e sua face se iluminou. Sentiu uma grande alegria na alma e uma segurança deliciosa em todo o seu ser. A cela encarcerava somente o seu corpo. Sua alma pairava livre por cima das colinas e dos prados. Os maus tratos dos monges haviam atingido somente seus músculos. Seus sentimentos estavam aconchegados, felizes junto ao Nazareno, pois as perseguições não atingem a alma quando são injustas. Sócrates bebeu o veneno com sorriso e Paulo recebeu o apedrejamento na alegria. Somente a nossa consciência, quando culpada, é que causa nossa infelicidade.

  Quando a mãe de João soube o que tinha acontecido a seu único filho, foi ao convento, apoiada em sua bengala, e se jogou aos pés do superior. Chorava e suplicava para que perdoasse a insensatez do filho. Respondeu o superior, com os olhos no céu e o tom de quem está acima das fraquezas humanas: "Nós perdoamos a insensatez de seu filho e esquecemos a sua demência, mas o convento tem direitos sagrados que não podemos esquecer. Aceitamos com humildade os erros dos homens, mas Isaías, o Poderoso, não perdoa os que danificam seus vinhedos e trigais.

  A mãe olhou para ele entre as lágrimas que caíam. Depois, tirou um colar de *prata do pescoço e colocou-o nas mãos do superior, dizendo: "Não possuo senão este colar. Foi um presente de minha mãe quando me casei. Que o convento aceite em compensação pelos delitos de meu filho."*

O superior apanhou o colar, colocou-o no bolso e disse à pobre mulher que lhe beijava as mãos de gratidão: "Ai desta geração! Refletem-se nela as advertências do Evangelho, porém invertidas: agora são os filhos que comem a uva verde e os pais que têm os dentes enfraquecidos. Vai, mulher virtuosa, e reze por teu filho demente, para que o céu o cure."

João saiu de seu cárcere e caminhou vagarosamente ao lado da mãe, curvada sobre sua bengala. Em casa, levou os bois às manjedouras e sentou-se à janela, contemplando o desaparecimento da luz. Ouviu seu pai sussurrar à sua mãe: "Quantas vezes, Sara, você discordou de mim quando eu afirmava que nosso filho estava beirando à loucura. Agora vejo enfim que está convencida depois do comportamento que comprovou minhas palavras. E ainda o reverendo padre superior disse a você hoje o que venho dizendo há anos (...).

FRASES DE GIBRAN (19)

- *"A ressurreição da eterna poesia foi a chama espiritual que despertou o espírito do Oriente."*[68]

- *"A poesia alivia o coração da perturbação e angústia."*[69]

- *"As aparições da alma, na própria alma se escondem. Nem as aparências e nem as imagens se revelam."*[70]

- *"Toda vez eu que subir uma montanha, chegarei a uma planície verde."*[71]

- *"Ó minha alma, o mar zomba de tua imobilidade."*[72]

- *"A Humanidade é um rio de luz correndo da ex-eternidade para a eternidade."*[73]

- *"Faça de mim, Senhor, a presa do leão antes de fazer do coelho a minha presa."*[74]

- *"Não podemos atingir a aurora sem passar pela noite."*[75]

- *"Quando a vida não encontra um cantor para cantar o seu coração, produz um filósofo para falar pela sua mente."*[76]

- *"Mergulham sua penas em nossos corações e pensam que são inspirados."*[77]

- *"A sabedoria é uma poesia que canta na mente."*[78]

---

68 YOUNG, Barbara. *Gibran Esse Homem do Líbano*, p. 20. Tradução: Aurélio Lacerda.
69 Ibid., 27.
70 GIBRAN, Gibran Khalil. *As Procissões, a Música*, p. 7. Tradução: Mansour Challita.
71 GIBRAN, Gibran Khalil. *Os Deuses da Terra*, p. 81. Tradução: Mansour Challita.
72 Ibid., p. 54.
73 Ibid., p. 11.
74 Ibid., p. 12.
75 Ibid., p. 12.
76 Ibid., p. 19.
77 Ibid., p. 24. GIBRAN, Gibran Khalil. *Areia e Espuma*, p. 162. Tradução: Assaad Zaidan.
78 Ibid., p. 27.

A inspiração de um poeta

A inspiração de um pensador, de um artista e de um poeta vem naturalmente, assim como as lembranças de seu passado: infância, juventude, problemas ou ambientes em que viveu. As canções, alegrias e dificuldades enfrentadas na infância pobre ou de pessoas próximas, além de tudo mais que marcou as trajetórias, ficam gravadas em sua memória e em suas obras, pois o pensador as imortalizou ao introduzi-las em sua produção cultural.

As obras de Gibran são reflexos das experiências vivenciadas por ele. Elas traduzem sua essência, espiritualidade e sua revolta, além do amor pela beleza das paisagens. Certamente, as lindas paisagens de primavera das montanhas do Líbano, os jardins coloridos, o perfume das flores, o murmúrio das folhas das árvores, o canto dos rouxinóis e o choque da queda de água nos pés dos vales deixaram suas influências marcadas para sempre no pincel do artista e nas rimas de suas poesias.

Gibran escreveu ao seu primo Nakhle Gibran, que morava no Brasil, confirmando a teoria de que sua infância e juventude eram lembranças presentes em sua vida: *"Eu sou daqueles que guardam na memória todos os acontecimentos, tanto os novos quanto os antigos, e não permito que as imagens destas memórias desapareçam nas nuvens. E o motivo da minha tristeza e depressão é porque guardo as imagens do passado."*

Encontrou em sua mãe a forma suave e meiga de se expressar. Kemilah acalmava até mesmo a raiva de seu pai e seu jeito de falar grosseiro e cheio de palavrões. As diferenças entre as palavras doces e suaves da mãe e os gritos e insultos do pai fizeram com que o pequeno poeta percebesse muito cedo a importância das palavras e optasse pelo estilo suave e doce. Podemos notar nitidamente essa influência na carta de Gibran à Mary Haskell: *"Eu adoro a palavra, eu sou autor da fórmula da frase e não da idéia. Ás vezes, passo semanas esperando uma palavra que encaixe no assunto. Desde criança adoro escolher as palavras que combinam com meu estilo de escrever."*

Essa situação de sua mãe oprimida, suportando em silêncio a tirania do pai, também lhe serviu de influência para escrever sobre a condição da mulher do Oriente. O livro *Gibran, Sua Personalidade e Suas Obras*, de Ghassan Khaled, relata:

"Gibran defendeu os direitos da mulher do Oriente com uma literatura revolucionária, desconhecida na história velha e contemporânea no mundo árabe, influenciado pelo sofrimento de sua mãe com os tratamentos grosseiros de seu pai, sem poder reclamar ou queixar-se para as autoridades ou à sociedade"[79]. Também serviu de influência a proibição de seu namoro com Salma Karame, mencionada no romance *Asas Mutiladas* de Gibran, em que Salma, obrigada pela família, casa-se com um boêmio, sobrinho do bispo, que ela não ama.

    Outra influência marcante foi a infância pobre: descalço, sem uniforme da escola e sem livros, cadernos ou pasta, via os filhos dos ricos latifundiários e comendadores, agraciados por hereditariedade com riquezas e títulos do sultão. Eram crianças bem alimentadas, que vestiam belas roupas. Essas lembranças ficaram marcadas na memória do pequeno poeta, em meio a uma sociedade injusta e regida por tradições opressoras, onde os homens poderosos escravizavam a população com o barbarismo e, ajudados pelos chefes religiosos do clero Cristão, usavam os ensinamentos de Cristo como ópio para entorpecer as pessoas e facilitar a exploração do povo.

    Os líderes religiosos pregavam a obediência aos senhores de latifúndios como dever sagrado e obrigatório. Gibran se revoltava com essa situação e com o sofrimento de seu povo mediante a exploração imposta pelos latifundiários e clero. Também se revoltava contra a ignorância; sentia que somente por intermédio do conhecimento poderia se libertar das tradições obscuras e do fanatismo religioso.

    Desde criança, o poeta sentia uma inquietação que lhe motivava e movimentava seus pensamentos à busca da vida espiritual. Tinha profunda admiração por Jesus Cristo, uma influência dos ensinamentos cristãos do avô materno, o pároco Stephano, e de sua mãe, cristã fervorosa, que, mesmo vivendo na América, onde havia muita influência protestante, mantinha as tradições e a religião. Em uma carta à May Ziadah, Gibran disse: *"Eu herdei da minha mãe noventa por cento das minhas tendências e éticas, mas isso não quer dizer que sou semelhante a ela em termos de brandura, doçura e grandeza de coração."*

    A morte é uma presença constante na vida e obra do poeta, pois a mãe, o irmão Pedro e a irmã Sultana morreram de tuberculose ainda jovens. Ele entendia a morte como uma passagem para uma nova vida, e aí se espiritualizou ainda mais. Segundo Khaled, Gibran escreveu à May Ziadah: *"Depois da morte de minha mãe, sua influência permanece tão marcante em minha vida como quando ela ainda estava viva."*

---

[79] KHALED, Gassan. *Gibran, Sua Personalidade e Suas Obras*, p. 13.

Existem duas fases na vida e obra de Gibran ligadas ao ambiente e à condição social em que vivia. A primeira, na infância e juventude, com o poeta muito ligado ao Oriente, inconformado com as injustiças sociais cometidas pelos latifundiários, governantes turcos e clérigos, e a ignorância causada pelas tradições. Assim, escreveu exclusivamente em árabe, tratando em suas crônicas e poemas de questões sociais, criticando leis e tradições do Oriente. Nessa fase, escreveu oito livros: *A Música, As Ninfas do Vale, Espíritos Rebeldes, Asas Mutiladas, Uma lágrima e Um Sorriso, As Procissões, Temporais* e *Curiosidade e Beleza*. Nesses livros escritos em árabe, Gibran, critica os cleros fanáticos, os poderosos latifundiários, as tradições apodrecidas e o regime bárbaro.

A segunda fase se refere aos escritos em inglês, deixando de lado as críticas feitas nos livros em árabe para se tornar Gibran, o americano. Nessa segunda fase, ele, de volta aos Estados Unidos, após a morte de sua mãe, irmão e irmã e com uma situação financeira mais favorável, deixou gradativamente o árabe e passou a escrever em inglês. Nesse período, esqueceu um pouco a sua revolta e voltou-se à espiritualização, tornando-se profético. Nessa fase, suas obras tratam da alma, vida, morte, fé e espiritualidade. Escreveu também oito livros: *O Louco, O Precursor, O Profeta, Areia e Espuma, Jesus, O Filho do Homem, Os Deuses da Terra* e *O Errante*.

Quando Gibran deixou de escrever em árabe e passou para o inglês, alguns escritores árabes lhe criticaram severamente, acusaram-no de mal-agradecido com o idioma que lhe abriu espaço e contemplação e que lhe deu asas poéticas para voar nos céus do infinito, do pensamento e da profecia. No entanto, outros escritores lhe defenderam, dizendo que Gibran nunca tinha sido mal-agradecido a uma língua que sempre tinha enfatizado seu charme e suas riquezas literárias, e que tinha preferido a língua inglesa por ter vindo naturalmente de seu interior, como se tivesse sentido uma necessidade de mudar uma civilização gigante e materialista com seus ensinamentos, para um espírito amável do Oriente, desviando essa civilização de seu ritmo materialista, ou seja, levar a civilização americana do materialismo ao espiritualismo humano global. Por isso, deixou de escrever em árabe e começou a escrever em inglês.

Mesmo com essa mudança de idioma, Gibran fez o bem tanto em inglês quanto em árabe e ainda à Humanidade, pois seus livros foram traduzidos para todos os idiomas vivos do universo.

Assim, em sua vida e em suas obras, podemos mergulhar na essência do poeta, compreender as diversas influências que o motivaram a escrever com suavidade e ao mesmo tempo com revolta e penetrar no pensamento espiritualizado e iluminado pela sabedoria, codificado no surrealismo criativo de suas obras literárias e em suas telas. *"Gibran é um dos poucos que tiveram sua produção literária influenciada pelas imagens de sua infância e juventude."*[80]

---

80 KHALED, Gassan. *Gibran, Sua Personalidade e Suas Obras*, p. 11.

FRASES DE GIBRAN (20)

- "*A Vida é como um sono permeado por sonhos,
e os sonhos são reflexo daquilo que a alma anseia.
O segredo da alma para sempre nos escapa:
ora a tristeza o oculta, ora a alegria o oculta.
O sentido da vida, também ele nos escapa no bem-estar e na aflição.
Somente o que está acima do conforto e da dor
verá a sombra daquele que escapa à compreensão.*"[81]

- "*As lindas paisagens da natureza: montanhas, vales,
planícies e jardins coloridos e perfumados pelas flores do Líbano.*"[82]

- "*A libertação da mulher do Oriente e a preservação de seus
direitos são chamas acesas em minhas costelas.*"[83]

- "*Eu devo tudo que sou à mulher. A mulher, na forma de vida
e dona de tudo, e na forma de morte e vencedora de tudo.*"
- "*Eu gosto da juventude árabe, a libanesa em particular,
do seu espírito de revelação das tradições e renovação,
prometendo construir um futuro feliz.*"

- "*Se eu conseguir abrir uma janela nova no coração do homem,
isto quer dizer que minha vida não terá sido em vão.*"

- "*Sou viajante e navegador, e todo dia descubro
um novo país em minha alma.*"

- "*A alegria é maior que a tristeza. Outro grupo, contrariando,
dirá que a tristeza excede a alegria. Porém, eu vos digo, na verdade,
alegria e tristeza são gêmeas e inseparáveis, nascem juntas e juntas
se ausentam e morrem.*"[84]

---

81 GIBRAN, Gibran Khalil. *As Procissões, a Música*, p. 19. Tradução: Mansour Challita.
82 Influência da natureza colorida do Líbano no estilo literário de Gibran.
83 A situação da mulher do Oriente deixava Gibran indignado.
84 GIBRAN, Gibran Khalil. *O Profeta*, p. 98. Tradução: José Mereb.

- *"Pode uma mulher comprar a sua felicidade com a infelicidade de seu marido?"*[85]

- *"Pode um homem escravizar sua esposa quando perceber que jamais terá seu amor?"*[86]

- *"Tudo na vida está de acordo com a lei da natureza, e dessa lei emergem a glória e a alegria da liberdade."*[87]

- *"Todo grande homem tem dois corações: um sangra e o outro suporta."*[88]

- *"Todo homem é na realidade dois homens: um está acordado nas trevas e o outro está dormindo na claridade."*[89]

- *"Os filósofos vendem suas cabeças para alimentar seus estômagos."*[90]

---

[85] GIBRAN, Gibran Khalil. *Espíritos Rebeldes*, p. 30. Tradução: Emil Farhat.
[86] GIBRAN, Gibran Khalil. *Espíritos Rebeldes*, p. 31. Tradução: Emil Farhat.
[87] GIBRAN, Gibran Khalil. *Espíritos Rebeldes*, p. 31. Tradução: Emil Farhat.
[88] GIBRAN, Gibran Khalil. *Areia e Espuma*, p. 82. Tradução: Mansour Challita.
[89] Ibid., p. 67.
[90] GIBRAN, Gibran Khalil. *Areia e Espuma*, p. 188. Tradução: Assaad Zaidan.

PARTE III

Gibran Khalil Gibran - III

- Gibran não era apenas um escritor, pintor e pensador. Era também um fenômeno ávido por liberdade. Lutava contra a perseguição dos humildes e defendia sem tréguas os direitos das mulheres do Oriente;

- Foi um dos escritores renovadores da literatura árabe de maior destaque;

- Sua alma era inspirada pelo amor, suas mensagens irradiavam afeição, irmandade, justiça e esperança, buscavam soluções para o injustiçado;

- Gibran, literato humanitário, defensor dos aflitos, ansiava por reformar a sociedade, sonhava com um mundo sem pobres morrendo de fome e sem ricos perecendo de indigestão;

- Era um conquistador, construiu seu império com caneta e pincel;

- Era uma águia que, com suas garras, rasgava os mantos das lendas usadas como ópio para cobrir de trevas as mentes humanas;

- Gibran curava as feridas dos corações com as rimas de suas poesias;

- Era como um livro espiritual sagrado, que iluminava as mentes com seus ensinamentos;

- Foi em vida, e mesmo após a sua morte, mensageiro da eternidade, da paz e do amor;

- Gravou o nome do Líbano na literatura universal;

- Gibran é para os libaneses assim como Shakespeare é para os ingleses, Tagure para os hindus, Cervantes para os espanhóis, Dante para os italianos, Vitor Hugo para os franceses e Homero para os gregos;

- Suas poesias eram como melodias suaves aos ouvidos e suas telas mostravam a descoberta do caminho espiritual aos olhos;

- Gibran era uma tocha celestial que compartilhava sua energia com os espíritos enfraquecidos, devolvendo-lhes a vida;

- Ele parecia um anjo revoltado contra a ignorância e a injustiça;

- Gibran, com seus livros em árabe, irritou o latifúndio local, encolerizou o clero e sacudiu o trono do sultão otomano;

- Ele deixou ao mundo telas e livros de valor imensurável, tanto em árabe como em inglês. Porém, a maior de suas realizações foram as lições filosóficas e espirituais de seus livros, que germinaram nos corações de quem os lia;

- Defendia a verdade, a justiça e o amor com a beleza de palavras suaves e doces, que entravam nos ouvidos sem permissão;

- *Carregava a dor do povo, principalmente a dos libaneses, e escrevia os sonhos de liberdade e justiça de todos os seres humanos;*

- *Protegia as rimas com a sombra das folhas do cedro sagrado;*

- *Ele embelezou a literatura com criatividade e magia;*

- *Gibran foi um presente literário do Líbano ao universo;*

- *Representava o casamento do espírito com a arte e literatura;*

- *Gibran era profeta da arte e filósofo da escrita;*

- *Seus ideais foram divulgados em todos os idiomas, assim sua fama se multiplicou por gerações, porque seus ensaios eram autênticas inquietações do homem: sua vida, morte, sentimento, anseio, liberdade e escravidão;*

- *Gibran não era totalmente oriental e nem se transformou totalmente ocidental. Ele era uma mescla entre as duas culturas e encantava os ocidentais com a magia do Oriente;*

- *Segundo o advogado e poeta Sírio Naufal Elias, ao visitar o museu de Gibran em Dair Mar Sarkiss, registrou as seguintes frases: "São três os que eu não gosto: Deus, cedro e Gibran, porque eles são eternos e eu sou mortal."*

Paris, "meu sonho"

Certo dia, Gibran escreveu a Mary Haskell dizendo: *"tanto faz pintar uma tela ou escrever um poema, porque cada retrato é um espelho que reflete a própria pessoa e cada poema é a história de uma vida."*

Para o amigo Amin Gorayeb, que sempre lhe escrevia convidando-o para morar em Nova Iorque, Gibran respondeu em 12/11/1908, dizendo: *"Agora que conhece minha história, sabe que moro em Boston não por amor à cidade e nem pela minha antipatia a Nova Iorque, e sim pela existência de um anjo mulher, que me conduz a um futuro maravilhoso e suaviza meu caminho ao sucesso intelectual e financeiro."* No começo desta carta, há relatos da natureza e do espírito humano de sua amiga Mary Haskell, da amizade e admiração que se transformaram em afeto, e que depois deu lugar ao amor. Desta forma, a amiga se tornou namorada, mãe adotiva e anjo da guarda, tudo ao mesmo tempo.

Mary, ciente do orgulho, caráter e personalidade de Gibran, tentava ajudá-lo a realizar o grande sonho de estudar artes plásticas em Paris, e assim comprou dois quadros: "A Dança dos Pensamentos" e "Chafariz da Dor", por cem dólares, valor que seria suficiente para financiar sua viagem a Paris. Além disso, ela garantiu o auxílio mensal de setenta e cinco dólares, um empréstimo que ele pagaria no futuro que ela acreditava ser brilhante. Dessa forma, Gibran poderia realizar o sonho de estudar artes plásticas na Cidade Luz e conhecer as academias de arte dos artistas famosos, principalmente Auguste Rodin, que admirava muito.

Gibran aceitou a ajuda de Mary Haskell, mas sempre se questionou se era certo aceitar a doação. Mary escreveu em seu diário: *"Ele freqüentemente questionava o acerto de sua viagem a Paris. Não teria sido um erro ter aceitado dinheiro sem restrições? Ele sofria com esta incerteza. O que deveria fazer? Se recusasse o dinheiro, ele me decepcionaria com relação ao meu desejo de ajudá-lo em sua carreira. Saldar a dívida talvez demoraria mais tempo do que gastaria para conseguir com seu trabalho e tornar-se um artista lucrativo."*[1]

Gibran contou a sua irmã Mariana sobre a viagem para Paris como um presente vindo do céu, mas ela, ao invés de se alegrar, ficou triste e, enxugando as lágrimas, disse: *"Será o destino me aproximando ainda mais da pobreza e da solidão, será que meu destino é ser sozinha neste mundo?"*

---
1 Diário de Mary Haskell, de 01/09/1913.

Gibran a consolou: *"São apenas dois anos! Eu voltarei com a fama de um pintor conhecido no mundo todo. Tenho que atender ao chamado do destino, que está me levando ao futuro desconhecido. Com essa viagem eu me especializarei e nossa situação financeira vai melhorar."*

Mariana se acalmou e desejou sucesso a Gibran, embora afastar-se do irmão lhe fizesse sofrer. Mariana voltou a pensar na solidão que enfrentaria como moça sozinha em um país estranho, o que seria dela? Porém, Gibran afastou sua ansiedade e emprestou-lhe seu anjo da guarda, Mary Haskell, que se comprometeu a ajudar e cuidar de Mariana na ausência de Gibran.

Mary fez parte de, aproximadamente, trinta anos da vida de Gibran, desde o momento em que se conheceram.[2]

❆❆❆❆

Durante quatro anos (1904 a 1908), as visitas de Gibran a Mary nunca foram interrompidas, ele a visitava duas a três vezes por semana. Os encontros ocorriam em agradáveis reuniões, jantares, acontecimentos sociais e culturais, e neles, as conversas eram ecléticas, sobre literatura, poesia, pintura, filosofia, personalidades, eternidade, amigos, cotidiano, recordações da infância, guerra, etc. Muitas vezes, nessas conversas com Mary e a simpática Micheline, Gibran transformava o sonho de ser descendente da nobreza em estórias interessantes, mas Mary percebia que se tratava da imaginação fértil de um jovem transformando seus sonhos de grandeza em contos[3].

Enquanto isso, os verdadeiros acontecimentos ocorridos em sua infância na região de Bicharry, entre lavradores e latifundiários, xeiques arrogantes, religiosos exploradores e dominadores turcos, ficavam guardados em sua mente e foram registrados nos contos publicados em árabe nos jornais. Posteriormente, as crônicas foram reunidas e editadas em formato de livros, visando incentivar as novas gerações árabes, principalmente a libanesa, à revolta contra o domínio otomano, as algemas das tradições e o atraso causado pelo fanatismo religioso.

Em 1907, Gibran passou mais tempo se dedicando à revisão do livro

---

2   FARRIS, Anthony. *Khalil Gibran: Auto retrato*.
3   Muitos árabes que imigraram para o Ocidente voltavam seus olhos para o lendário Oriente, terra das "Mil e Uma Noites", cheio de magias e sonhos. Nesse contexto, achavam oportuno criar estórias fantásticas sobre sua descendência de príncipes ou criar aventuras fictícias no deserto, em meio a tribos de beduínos, lutando com espadas, em defesa da namorada levada no "haudjas", tenda-leito sob o dorso do camelo. Da mesma forma, Gibran se vangloriava contando muitas estórias sobre a tradicional família da qual pertencia. Em um dos episódios, seus antepassados eram dois príncipes que haviam sido enforcados na cidade de Antioquia na época das Cruzadas. Criava estórias lisonjeadoras de seu passado sem se preocupar com o futuro. Amin Rihane criticou essa postura e preveniu-o a respeito de sua responsabilidade perante as novas gerações, que lhe consideravam como ídolo. Certa vez, Gibran disse com relação a esse assunto: *"Muitas vezes assumi crimes que não cometi para não parecer inferior aos criminosos que me rodeavam!"*

Espíritos Rebeldes, publicado em 1908 pela gráfica do jornal Al Mohager, com prefácio de Amin Gorayeb, da mesma forma como *A Música*, de 1905, e *As Ninfas do Vale*, de 1906.

Durante esse período, Mary Haskell preparou a viagem de Gibran a Paris. Na semana anterior a sua ida, Gibran a visitou, levando-lhe de presente uma estátua de bronze do Deus egípcio Ozires, que representava a vida após a morte, além de seus três livros em árabe autografados. O livro *A Música* continha os seguintes dizeres: *"Para Mary Elyzabethe Haskell, que recomendou às ninfas das poesias que enchessem minha alma com suaves cantos. Com meu profundo amor."* No livro *As Ninfas do Vale*, escreveu: *"Para Mary Haskell, que determinou que eu deveria ver a mim mesmo e mostrar-me ao mundo."* E em *Espíritos Rebeldes*: *"Com meu profundo amor a M.E.H, que honrou a vida em mim e que dá força às minhas asas, ela que propicia as minhas belas realizações."*

Gibran escreveu aos amigos dando notícias. Na carta a Jamil Maluf, que morava no Brasil, contou de sua viagem e o censurou por ter deixado a literatura para se dedicar aos negócios. Também escreveu muitas páginas ao parente e companheiro de infância, Nakhale Gibran, em Bicharry, falando da viagem, relembrando da pacata vida na aldeia, das brincadeiras nos pomares verdes e da bela paisagem que se formava com a montanha esbranquiçada, quando coberta de gelo. Quando indagado sobre sua saúde, ele dizia: *"Minha saúde, como já sabe, é como uma lira nas mãos daquele que não sabe tocar e escuta uma melodia de que seus ouvidos não gostam. Eu, em meio aos quadros e livros, sou como um pequeno barco no meio do mar, infinito em sua profundidade, e o espaço de um azul sem fim. Sonhos, grandes esperanças, pensamentos ligados e rompidos, entre eles há algo que se chama desespero e eu o chamo de inferno."*

Também escreveu a Amin Gorayeb e Fred Holand Day, se despedindo rumo a Paris, com as seguintes palavras: *"Começa agora a nova vida de Gibran Khalil Gibran."*

Almas rebeldes

Gibran embarcou no dia primeiro de julho de 1908 para Paris. Lá voltou a escrever seus contos, que delatavam os regimes sangüinários do sultão otomano e a podridão das tradições tribais e religiosas atrasadas, e abria uma janela para que a luz da civilização pudesse entrar nas mentes dos povos do Oriente.

Quando Gibran soube que o amigo Amin Gorayeb estava de viagem marcada ao Líbano, escreveu-lhe, dizendo:

Minha viagem a Paris agitou meus sonhos das grandes realizações e projetos.

Em sua volta, você passará em Paris, vamos nos encontrar e reviver nossas alegrias, visitar monumentos, parar um momento junto aos túmulos de Vitor Hugo, Rousseau, Chateaubriand e Ernest Renan. Vamos passear pelos corredores do Louvre, apreciar as telas de Rafael, Miquelangelo, Leonardo da Vinci e Renoir. À noite, vamos à ópera ouvir os cantos e louvores de Beethoven, Wagner, Mozart, Freddy e Rossini, inspirados pelos deuses. Esses construíram a civilização européia e foram enterrados pelo tempo, porém, a tempestade, meu caro Amin, consegue matar as flores, mas jamais consegue eliminar as raízes.

Em seus primeiros meses em Paris chegaram as notícias sobre seu livro *Espíritos Rebeldes*, cujos duzentos exemplares enviados ao Líbano pelo Egito-Palestina, foram apreendidos pela polícia otomana "Gindirma". O clero e seguidores fanáticos se encolerizaram e, na principal rua de Beirute, ao lado do prédio do Orfanato de São Lázaro, atearam fogo nos exemplares de *Espíritos Rebeldes*. Naqueles dias, ele foi excomungado e o sultão otomano aprovou um decreto proibindo Gibran de pisar em sua terra natal ou em qualquer território do sultanato otomano. Este exílio foi revogado quando um novo governo se instalou na Turquia e constituiu um parlamento "Mabhusan", que elaborou uma nova Constituição (El Dastour) no segundo semestre de 1908.

A queima dos livros de Gibran fizeram a gráfica imprimir de imediato a segunda edição, e hoje, em Beirute, Damasco e Cairo, e nos países árabes, o livro se tornou leitura clássica e obrigatória aos estudantes. Apesar disso, *Espíritos Rebeldes* e outros livros dele escritos em árabe ainda são proibidos em alguns conventos, pois são considerados uma influência negativa para a juventude.[4]

❋❋❋❋

No dia três de setembro de 1913, Mary Haskell escreveu em seu diário:
(...) O livro Espíritos Rebeldes, *publicado enquanto Khalil estava em Paris, foi censurado pelo governo sírio. Apenas 200 exemplares entraram clandestinamente na Síria. Isto, no entanto, já foi há muito tempo, e desde então, naturalmente, a edição se esgotou, mas a Igreja estudou a possibilidade de excomungar Khalil. Ele foi praticamente excomungado, mas a sentença nunca chegou realmente a ser proferida por causa de sua família. Ele descende, principalmente do lado materno, de uma geração de padres, eruditos e chefes eclesiásticos. No entanto, quando os dois representantes do Santo Patriarca foram a Paris, convidaram Khalil para jantar. Ele não queria, mas aceitou devido à insistência de ambos. Um dos bispos tinha um certo censo de humor, o outro, nenhum. Acho que o espirituoso era parente de Khalil. O outro lhe disse: 'Você está cometendo um grave erro, usa o seu talento contra o seu povo, o seu país, a sua Igreja. O Santo Patriarca, não me recordo do tratamento especial que ele empregou, percebe isto, mas não o condena. Ele lhe envia uma mensagem especial e faz uma proposta de amizade. Tenho certeza de que reconhece a honra de uma mensagem como esta. Abandone isto, volte, e os braços do próprio Patriarca e da Igreja se abrirão para recebê-lo! Seu futuro está garantido! Destrua todas as cópias do livro e dê-me a sua palavra à Igreja e ao santo Patriarca.'*

Khalil respondeu que, muito pelo contrário, ao invés de "voltar", ele estava trabalhando em um livro que se chamaria Asas Partidas. Disse que esperava que os bispos o lessem, bem como o Santo Patriarca, assim veriam nesta obra o quanto discordava deles. Dito isto, deu-lhes boa noite e não ficou para o jantar.

Quando estava saindo, passou pelo salão onde estava sendo oferecida uma recepção, que ainda não tinha acabado (para a conversa, ele tinha sido conduzido a uma sala particular). Parou para se despedir do bispo espirituoso. Este lhe disse muito cordialmente:
- Bom, Effendi, teve uma boa palestra?
- Sim, Reverendíssimo! Muito agradável...
O Bispo sorriu. Compreendeu que se tratava de um caso perdido.

---

[4] No início da década de 60, uma jovem estudante libanesa chegou em Belém do Pará, Brasil e, ao visitar-me, viu na biblioteca a coleção de livros de Gibran, e pediu que lhe emprestasse os livros, pois no colégio de freiras aqueles livros eram proibidos e quem descumprisse essa determinação seria punida severamente com expulsão. (Nota do Autor)

※※※

Alguns autores contam esse episódio de maneira diferente:

- *"O livro* Espíritos Rebeldes *foi queimado, Gibran excomungado pela Igreja e seu exílio decretado pelo sultão otomano. Depois de certo tempo, chegaram em Paris um mensageiro da Igreja libanesa e um colega religioso, e convidaram Gibran para uma conversa. No encontro, ofereceram cinco mil dólares para que Gibran vendesse os direitos autorais da obra, retirasse o livro de circulação e parasse com os ataques à Igreja e aos religiosos; e disseram-lhe ainda que a amizade do Patriarca e do clero daria mais resultados para Gibran do que as ofensas. Lembraram também que ele era descendente de um homem religioso, o mais respeitado do Monte Líbano, e que sua família era tratada com carinho pelo clero.*

Gibran respondeu: 'Não venderei minhas críticas religiosas por dinheiro algum. Jamais venderei meu livro! Se agora estão oferecendo cinco mil dólares, imagina no próximo ano, quanto vão me oferecer para não publicar o romance Asas Mutiladas[5]*, onde revelarei as falsidades e intrigas religiosas! Eu lhes digo que minha consciência humana, patriota e religiosa não está à venda. E digo ainda: a verdade precisa de dois homens, um para dizê-la e outro para entendê-la, e eu sou um destes homens.'*

O livro

A amarga denúncia de Gibran contra as injustiças sociais que prevaleciam naquela época, cometidas pelas autoridades religiosas ou políticas, resultaram no decreto que o expulsava de sua nação e da Igreja, embora sua família fosse cristã. Todo esse abalo nas oligarquias vigentes do sultão e seus emires foi provocado principalmente pelo livro *Espíritos Rebeldes*. A crônica "Khalil, o Herege" convocava toda a juventude do Oriente Médio e Próximo a refletir sobre a forma de governo, sair do conformismo e libertar-se das tradições que impediam a sociedade de enxergar a verdade.

Esse livro, de 114 páginas escritas em árabe, contém quatro crônicas polêmicas: "Madame Rosa Hanie", "Gritos das Sepulturas", "Leito da Noiva" e "Khalil, o Herege", que são um verdadeiro convite à reflexão sobre as hipocrisias e crueldades dos costumes da época no Oriente. As três primeiras crônicas tratam dos direitos da mulher e se opõem às tradicionais leis opressoras e sacrificadoras

---

[5] Os três livros escritos em língua árabe foram traduzidos para o português com diferentes títulos: *Almas Rebeldes*, também *Espíritos Rebeldes*; *Asas Mutiladas*, também *Asas Quebradas* e *Asas Partidas*, e *Temporais*, também *A Tempestade*

da mulher, sujeitada às decisões do pai, irmão mais velho e futuro marido, e tratada como uma mercadoria entre o pai e o marido, como também impedida de viver seu verdadeiro amor.

No primeiro conto, "Madame Rose Hanie", Gibran critica as leis dos homens, os costumes e as tradições do Oriente, apela pelo direito da mulher à liberdade e realização de suas ambições e desejos do coração. Convoca os homens a se libertar das doutrinas autoritárias da força masculina mediante a fragilidade da mulher, evitando tragédias de casamentos forçados pelas famílias que concretizam o sofrimento da mulher.

Gibran escreveu em "Rosa El Hanie": *"O amor desce sobre nossas almas pela vontade de Deus e não por um desejo ao clamor do indivíduo". "(...)Então balbuciei perguntando a mim mesmo: pode uma mulher comprar a sua felicidade com a infelicidade de seu marido?" E minha alma retrucou: pode um homem escravizar sua esposa quando perceber que jamais terá seu amor?"*

"(...) Comecei então a meditar: "Ante o trono da liberdade, as árvores se alegram com a brisa que bate e aproveitam os raios de Sol e a luz da Lua. Esses pássaros sussurram pelos ouvidos da liberdade, e livres, voam buscando a música dos riachos. Essas flores exalam sua fragrância no céu da liberdade, livres, elas sorriem quando chega a madrugada."

"Tudo na terra vive de acordo com a lei da natureza, e dessa lei emergem a glória e a alegria da liberdade, mas o homem é privado desse benefício, porque ele impôs a sua alma dada por Deus uma lei mesquinha e profana, feita por ele mesmo. O homem criou regras opressoras para si próprio, construiu uma prisão estreita e dolorosa onde guarda seus desejos e cavou uma tumba profunda, onde enterrou seu coração e seus propósitos."[6]

O conto "Grito das Sepulturas" faz referência ao julgamento de três acusados pelo grande "Emir"[7]: um rapaz acusado de matar um soldado cobrador de impostos, uma mulher acusada de adultério pelo marido, pois foi vista conversando com seu ex-namorado, e um homem franzino, cujo corpo tremia de fome e medo, mal conseguia ficar em pé, caía e era levantado pelos soldados, acusado de roubar os vasos sagrados de ouro e prata do mosteiro. Os três receberam pena de morte, por métodos e táticas diferentes.

Em seguida temos alguns trechos sobre esse julgamento:

"Três seres, que ontem estavam de bem com a vida, hoje tombam como vítimas

---
6 GIBRAN, Gibran Khalil. *Espíritos Rebeldes*, p. 30-31. Tradução: Emil Farhat.
7 Quer dizer príncipe, governante nomeado pelo sultão.

da morte porque violaram as leis da sociedade. Quando um homem mata outro, o povo diz que é um assassino, mas quando o Emir o mata, o Emir é justo. Quando um homem rouba o monastério, dizem que é um ladrão, mas quando o Emir lhe rouba a vida, o Emir é honrado. Quando uma mulher trai o marido, dizem que é adúltera, mas quando o Emir a faz andar nua pelas ruas e ordena que a apedrejem, o Emir é nobre. O derramamento de sangue é proibido, mas por que não é para o Emir? Roubar o dinheiro de alguém é um crime, mas tirar a vida de alguém é um ato nobre. A infidelidade ao marido pode ser uma ação horrorosa, mas apedrejar almas vivas é um maravilhoso espetáculo. Devemos combater o mal com o mal e dizer que isto é a lei? Devemos combater a corrupção com corrupção ainda maior e dizer que isto é a norma? Devemos subjugar os crimes com mais crimes e dizer que isto é justiça?"

"(...) Em que século os anjos andaram entre o povo, pregando: 'Proíbam o fraco de aproveitar a vida, matem os marginais com a lâmina afiada da espada e pisem sobre os pecadores com o pé de ferro?'[8]

O terceiro conto, "Leito da Noiva", não foi traduzido para o português. No entanto, como possui valor relevante por tratar da situação da mulher no Oriente, segue um resumo:

Uma moça é obrigada a se casar com um velho grosseiro e beberrão, mas de invejável situação financeira. Após a saída dos convidados, o noivo se joga na cama bêbado e a noiva foge para se encontrar no jardim, às escondidas, com seu verdadeiro amor. Os os dois eram namorados há muito tempo. Ela se jogou nos braços do rapaz, pedindo para fugir na escuridão da noite. Porém, o namorado preferiu a morte ao vê-la como alvo da ira da família e do marido, pois seria imperdoável uma moça fugir na noite de núpcias com o rapaz que seu coração elegeu para amar. Seria uma desonra, uma mancha no nome da família, cuja tradição ordenava compensar com sangue. Assim, o conto se encerra de maneira trágica com o suicídio dos dois, pois quando a noiva viu seu amado cometer suicídio para salvá-la do castigo mortal, deitou-se em cima da espada, preferindo o túmulo de seu amado ao leito de seu noivo, com quem foi obrigada a se casar, vendida por preços onerosos.

O namorado se despedia da noiva dizendo: "A vida é mais fraca do que a morte e a morte é mais fraca do que o amor."

Por sua vez, o magnífico religioso, pároco do vilarejo que tinha celebrado o casamento, parou ao lado dos dois corpos e falou em voz alta: "Malditas as mãos que enterrarem esses dois corpos manchados com sangue da desonra, malditos os olhos

---

8 GIBRAN, Gibran Khalil. *Espíritos Rebeldes*, p. 37 - 39. Tradução: Emil Farhat.

que derramam uma lágrima de tristeza pelas almas desses dois, que foram carregados pelos demônios do inferno. Deixem esses dois corpos para que raposas e abutres festejem os cadáveres esmagados pelo pecado. Quem ajudar a enterrar os dois corpos não entrará no templo onde os fiéis rezam."

O quarto e último conto do livro chama-se "Khalil, o Herege", em que Gibran faz críticas severas contra os religiosos e o poder temporal, relata e questiona os procedimentos de monges, superiores e subordinados do mosteiro, a arrogância e barbarismo do Xeique Abbas, considerado o príncipe do norte do Líbano. Criticou governantes, latifundiários e religiosos, com seus tratamentos humilhantes às mulheres do Oriente. Gibran foi muito recriminado, tanto pelos povos do Oriente quantos os do Ocidente[9], alegando que ele tinha exagerado nas críticas ao latifúndio e clero.

No entanto, essas crônicas, escritas há um século, com toda magia literária característica de Gibran, são espelhos do passado e do presente, refletem a realidade do Oriente e os barbarismos cometidos pelas autoridades religiosas e temporais. Isso se deve à decadência iniciada no século XIII, na era dos turcos mamelucos e que continuou durante o domínio otomano, quando começou um processo de distanciamento entre a civilização do Oriente e a do Ocidente, como se existisse um abismo cultural afastando as duas sociedades, e que aumentava a cada década. Vale ressaltar que os barbarismos ocorridos no Ocidente durante a Santa Inquisição, do século XVI ao XVIII, deixaram igualmente marcas no Oriente, principalmente algumas práticas, em especial as peculiaridades dos cardeais europeus.

Gibran não exagerou ao relatar os costumes dos falsos religiosos, apenas escreveu crônicas que faziam o leitor perceber a verdade de seus contos, isso por se tratar de situações vivenciadas por ele naquela época e em sua região. Mais tarde, no livro *Temporal*, Gibran escreveu: *"Quem escreve com tinta é diferente de quem escreve com o sangue do coração."* Nem nas crônicas "Rosa El Hani", "Marta Albanesa", Salma Karame", etc., quando saiu em defesa da mulher do Oriente, narrando situações que acontecem até os dias atuais, ele faltou com a verdade, pois ainda hoje, o terror e a opressão dominam essas mulheres, simbolizados pela burca, véu ou manto[10]. Da mesma forma, Gibran mostrou o latifúndio político e religioso, que ainda hoje, por meios tradicionais, legais ou hereditários, persiste sustentado pela população.

---

9 O grande literato egípcio, Mustafá El Manfaluti, estava entre os que não concordavam com Gibran, além de muitos outros bajuladores dos religiosos e do sultão.
10 No Líbano, nação considerada farol da cultura, país da civilização progressista, terra de Gibran e de dezenas de outros literatos iluministas, no fim do século passado, o presidente Elias Heraui, declarou que decretaria a lei do casamento civil, mas bastou o anúncio para os chefes das religiões contestarem e impediram o decreto.

"Khalil, o Herege" foi escrito no início do século passado, mas ainda hoje sua história faz sentido, porque no Oriente os homens mantêm muitas regras intactas, mesmo após tantas décadas. Gibran escreve sobre a população de uma região ao norte do Líbano e a relação entre os lavradores e seu chefe latifundiário, Xeique Abbas, e os chefes religiosos do convento Dair Kishaia[11], revelando os laços de interesse entre as duas alas, clero e latifúndio, que afetam os lavradores.

Khalil, o Herege

"*O Xeique Abbas era considerado um príncipe pelos habitantes de um vilarejo solitário ao norte do Líbano. Sua mansão estava localizada em meio às choupanas de camponeses pobres, como um gigante transbordando de vida em meio a anões doentios. O xeique vivia com luxúria, enquanto seus vizinhos estavam na miséria. Eles o obedeciam e se curvavam diante dele. Era como se o poder da mente o tivesse apontado como seu representante e porta-voz. Sua fúria poderia fazê-los tremer e se dispersar como folhas do outono diante de um vento forte. Se tivesse que esbofetear o rosto de alguém, seria uma heresia se essa pessoa tentasse descobrir o por que de tanta ira. Se sorrisse para um homem, este logo seria considerado pelos aldeões como uma pessoa honrada e de muita sorte. Não era devido à fraqueza que o povo temia e se submetia ao Xeique Abbas, a pobreza e a dependência geraram esse estado de contínua humilhação. Até as choupanas que eles habitavam e os campos que cultivavam pertenciam ao xeique, herdados de seus ancestrais.*

O cultivo da terra e a colheita do trigo eram feitos sob a supervisão do xeique que, em retribuição ao trabalho dos camponeses, dava-lhes uma parte da colheita, tão pequena, que mal evitava a fome do povo.

Com freqüência, eles precisavam de pão antes da colheita e se dirigiam ao Xeique Abbas pedindo-lhe com os olhos cheios de lágrimas que lhes adiantasse algumas moedas ou um pouco de trigo. O xeique alegremente atendia aos pedidos, pois sabia que pagariam seus débitos em dobro quando a época da colheita chegasse. Por isso, o povo permanecia endividado durante toda a vida, deixando um legado de débitos aos filhos, e ficava assim submisso ao patrão, temendo a sua fúria."[12]

Na segunda parte, Gibran escreve sobre um rapaz, Khalil, órfão, criado pelos monges do mosteiro, infeliz, tratado como um escravo, até se rebelar contra os procedimentos e criticar os monges e superiores do mosteiro. Foi expulso do

---
11 Kishaia, em aramaico, significa "tesouro da vida".
12 GIBRAN, Gibran Khalil. *Espíritos Rebeldes*, p. 47. Tradução: Emil Farhat.

monastério em uma noite de tempestade de inverno, quando ninguém se atreve a sair de casa. Khalil segue seu caminho, resistindo à fúria do tempo, até cair na neve.

Na terceira parte, o jovem é salvo pela viúva Rachel e sua filha Mirian, que o levam ao casebre na periferia da aldeia. Mãe e filha reforçam o fogo da lareira e dão vinho ao jovem para estimular-lhe o coração. Após beber o vinho, Khalil abre os olhos pela primeira vez e lança um olhar de gratidão às duas, de um homem que sentiu o toque macio da vida depois de ter sido envolvido pelas garras afiadas da morte, um olhar de esperança, depois de achar que ela tinha morrido. Khalil, com seus lábios ainda trêmulos, proferiu as seguintes palavras: *"Que Deus a abençoe'.* Rachel, colocando a mão sobre seu ombro, disse: *"Fique calmo"." Não se canse falando enquanto não tiver forças".* E Mirian acrescentou: *"Ponha a cabeça nesse travesseiro, e nós o colocaremos mais perto do fogo".*

Rachel, com olhar piedoso, sentou-se ao lado dele e começou a alimentá-lo com duas fatias de pão, algumas conservas e frutas secas, assim como uma mãe alimenta seu filho.

Naquele instante, ele já se sentia mais forte e sentou-se perto da lareira, com o reflexo das labaredas vermelhas do fogo em seu rosto triste. Seus olhos brilharam e ele balançou a cabeça lentamente dizendo: "A piedade e a crueldade lutaram no coração humano, como os elementos furiosos no céu desta noite terrível, mas a piedade deverá vencer a crueldade porque ela é divina, e o terror solitário dessa noite deverá passar quando vier a luz do dia. Uma mão me levou ao desespero e uma outra mão me salvou. Como o homem é cruel e como o homem é piedoso!"

(...) E Rachel perguntou: "Como se atreveu a deixar o convento em uma noite tão terrível, quando nem mesmo os animais se aventuram a isto?"[13]

O jovem cerrou as pálpebras como se esforçasse para conter as lágrimas nas profundezas de seu coração e disse: "Os animais possuem suas tocas e os pássaros do céu possuem seus ninhos, mas o filho do homem não possui um lugar para descansar sua cabeça." Raquel retrucou: "Isto é o que Jesus disse sobre si próprio." E o jovem prosseguiu: "Essa é a resposta para todo homem que quer seguir o espírito e a verdade nessa época de falsidade, hipocrisia e corrupção."[14]

"(...) Mirian e Rachel o encararam como se tivessem descoberto um segredo escondido em seu rosto. Depois de um momento de reflexão, a mãe disse: 'Como pode um homem que vê e ouve sair em uma noite dessas que cega os olhos e ensurdece os ouvidos?' O jovem respondeu calmamente: 'Eu fui expulso do convento.' Rachel e Mirian exclamaram juntas: 'Expulso?'."[15]

---

13 GIBRAN, Gibran Khalil. *Espíritos Rebeldes*, p. 54. Tradução: Emil Farhat.
14 Ibid., p. 55.
15 GIBRAN, Gibran Khalil. *Espíritos Rebeldes*, p. 56. Tradução: Emil Farhat.

"(...) Com a voz embargada, ele continuou: 'Sim, fui expulso do convento porque não pude cavar minha sepultura com minhas próprias mãos e meu coração se cansou da mentira. Fui expulso do convento porque minha alma se recusou a gozar da generosidade de uma gente que se rendeu à ignorância. Fui enxotado porque não conseguia ter tranqüilidade naqueles quartos confortáveis, construídos com o dinheiro dos miseráveis camponeses. Meu estômago não podia aceitar um pão amassado com as lágrimas dos órfãos. Meus lábios não podiam proferir orações que são vendidas pelos superiores a peso de ouro ou de alimentos ao povo simples e carente. Fui expulso do convento como um leproso imundo porque procurei relembrar aos monges os juramentos que os qualificaram a ocupar aquela posição'.[16]

"(...) Meu nome era Khalil, e a partir desse dia os monges passaram a chamar-me de irmão Mobaarak, mas eles nunca me trataram como um irmão. Os monges comiam as comidas mais saborosas e bebiam o vinho mais delicioso, enquanto eu vivia de vegetais secos e água, misturados com lágrimas. Eles se deitavam em camas macias, enquanto eu dormia sobre uma laje de pedra de um quarto frio e escuro no telheiro. Eu me perguntava com freqüência: 'Quando me tornarei um monge e compartilharei com esses padres afortunados a sua propriedade? Quando meu coração cessará de ansiar pela comida que comem e pelo vinho que bebem? Quando não tremerei mais de pavor diante do irmão superior?' Mas todas as minhas esperanças foram em vão, porque continuei na mesma situação. Além de cuidar do gado, passei também a transportar pedras pesadas em meus ombros e cavar fossas e valas. Eu me mantinha em pé com migalhas de pão dadas pelo meu trabalho. Eu não conhecia nenhum outro lugar para onde pudesse ir, e os padres no convento me levaram a detestar tudo o que faziam. Eles haviam envenenado minha mente de tal forma que comecei a pensar que o mundo inteiro era um oceano de sofrimento e misérias, e que o convento era o único porto da salvação. Mas quando descobri a origem da comida e do seu ouro, fiquei contente por não ter compartilhado disso."[17]

"(...) Khalil replicou: 'Fúteis são as crenças e ensinamentos que tornam o homem miserável, e falsa é a bondade que o leva ao sofrimento e desespero. Porque o destino do homem é ser feliz na terra, é mostrar o caminho para a felicidade e pregar a sua verdade aonde quer que vá. Aquele que não vê o reino do céu nessa vida nunca o verá na vida futura. Não viemos para essa vida como exilados, viemos como criaturas inocentes de Deus para aprender como adorar o espírito eterno e celestial de Deus e procurar os segredos da beleza da vida, que se acham escondidos dentro de nós mesmos. Essa é a verdade que aprendi dos ensinamentos do Nazareno. Essa é a luz que veio do meu íntimo e que iluminou os

---
16 Ibid., p. 56-57.
17 GIBRAN, Gibran Khalil. *Espíritos Rebeldes*, p. 58-59. Tradução: Emil Farhat.

cantos escuros do convento que amedrontavam minha vida. Esse é o segredo oculto que a beleza dos vales e dos campos me revelou, quando eu estava faminto, sentado sozinho e chorando sob a sombra das árvores. Essa é a religião que o convento deveria transmitir, como Deus quis e como Jesus ensinou. Um dia, quando minha alma estava segura da beleza celestial da verdade, decidi enfrentar bravamente os monges que estavam reunidos no jardim'. Critiquei então suas ações erradas, dizendo: 'Por que vocês passam seus dias aqui, desfrutando da generosidade do pobre, cujo pão vocês comem, pão feito com o suor de seus corpos e com as lágrimas de seus corações? Por que vocês estão vivendo como parasitas, afastando-se do povo que precisa de ensinamentos? Por que privar a nação da sua ajuda? Jesus os enviou para que sejam ovelhas entre os lobos e vocês agem como lobos entre as ovelhas? Por que se esquivam da raça humana e de Deus, que os criou? Se vocês se consideram melhores do que as pessoas que caminham na procissão da vida, deveriam ir até elas e melhorar suas vidas, mas se pensam que são melhores que vocês, então deveriam desejar aprender com eles. Como podem proferir um juramento e um voto de viver na pobreza, e depois se esquecer do que tinham falado e viver na luxúria? Como podem jurar obediência a Deus e depois se revoltarem contra todos os significados da religião? Como podem adotar como regra para a virtude se seus corações estão cheios de pecados? Vocês fingem que estão sacrificando seus corpos, mas na verdade estão matando suas almas. Vocês simulam permanente renúncia às coisas terrenas, mas seus corações estão cheios de ambição. O povo crê que vocês são os mestres da religião, mas francamente, vocês fazem como o gado que se afasta da racionalidade para pastar em um campo verde, maravilhoso. Vamos devolver aos necessitados as vastas propriedades do convento e dar a eles a prata e o ouro que lhe tomamos. Vamos sair da nossa indiferença, servir ao fraco que até agora que nos fez fortes e limpar a casa onde ele vive. Vamos ensinar a essa nação miserável como sorrir e se alegrar com a generosidade do céu e a glória da vida e da liberdade. As lágrimas do povo são mais belas e abençoadas por Deus do que a calma e a tranqüilidade a que vocês se habituaram vivendo nesse lugar. A solidariedade que toca o coração do vizinho é muito mais sagrada que a virtude escondida nos recantos obscuros do convento. Uma palavra de piedade pela fraqueza do criminoso ou da prostituta é muito mais nobre do que a longa oração que vocês repetem automaticamente todos os dias no templo'.[18]

Khalil continuou falando as verdades que insultavam os monges, e que serviram de motivo para sua expulsão do convento.

"(...) O silêncio dominou por um instante e então Mirian olhou para a mãe, como se pedisse permissão para falar: "Você deve ter falado com os monges depois disso, já que eles escolheram essa noite terrível para expulsá-lo do convento. Eles deveriam aprender a ser bondosos, mesmo com os inimigos."

---
18 GIBRAN, Gibran Khalil. *Espíritos Rebeldes*, p. 60-62. Tradução: Emil Farhat.

Khalil respondeu: "Essa noite, enquanto os relâmpagos da tempestade se desencadeavam pelo céu, afastei-me dos monges que estavam agachados em torno do fogo, contando lendas e histórias de humor. Quando me viram sozinho, procuraram zombar de mim. Eu estava lendo o Evangelho e meditando sobre as palavras de Jesus, o que me fazia esquecer, naquela hora, a natureza enfurecida da tempestade, quando se aproximaram de mim com um novo intuito de me ridicularizar". (...) Um deles perguntou: "O que está lendo, Grande Reformador?" Abri o livro e li em voz alta a seguinte passagem como resposta: "Vendo ele, porém, que muitos fariseus e saduceus vinham ao batismo, disse-lhes: 'raça de víboras, quem os induziu a fugir da ira vindoura? Produzi, pois, fruto digno de arrependimento e não comeceis a dizer entre vós mesmos (...) porque eu vos afirmo que destas pedras Deus pode suscitar filhos a Abraão. Já está posto o machado à raiz das árvores: toda árvore, pois, que não produz bom fruto, é cortada e lançada ao fogo'. Quando li para eles essas palavras de João Batista, os monges ficaram em silêncio, como se uma mão invisível estrangulasse seus espíritos, mas começaram a rir hipocritamente. Um deles falou: "Já lemos essas palavras muitas vezes e não precisamos que um pastor venha repeti-las para nós." Protestei: "Se vocês tivessem lido essas palavras e compreendido o seu significado, esses pobres aldeões não morreriam de fome e frio." Quando falei isso, um dos monges me esbofeteou o rosto como se eu tivesse falado uma coisa terrível contra os padres, um outro me deu um pontapé, outro tomou-me o livro e outro ainda gritou pelo superior, que correu ao local, tremendo de raiva. Ele ordenou: "Prendam esse rebelde e arrastem-no para fora deste lugar sagrado! Deixem que a fúria da tempestade lhe ensine a obediência. Levem-no daqui e deixem que a natureza seja um instrumento da vontade divina sobre ele, depois lavem as mãos, para tirar os germes venenosos que infestam as suas vestes. Se ele voltar implorando perdão, não lhe abram a porta, pois a víbora não se transformará em pomba, ao ser posta na gaiola, e nem o mato dará figos se for plantado em vinhedos."[19]

(...) Rachel e Mirian sentiam-se como se seus espíritos entendessem o mistério de sua alma. Quase sem perceber, Rachel estendeu a mão e maternalmente tocou a dele, dizendo-lhe enquanto as lágrimas lhe corriam o rosto: "Aquele que foi escolhido pelo céu para ser defensor da verdade não poderia perecer sob a neve e as tempestades enviadas pelo próprio céu." Mirian acrescentou: "As tempestades e a neve podem matar as flores, mas não as sementes, pois a neve as mantém aquecidas, protegidas do congelamento mortal."[20]

(...) Desde o início da vida até nossa época, certos clãs, ricos graças a heranças recebidas, e sempre entrosados com o clero, se nomearam governantes do povo. Esta é uma

---
19   GIBRAN, Gibran Khalil. *Espíritos Rebeldes*, p. 63-65. Tradução: Emil Farhat.
20   GIBRAN, Gibran Khalil. *Espíritos Rebeldes*, p. 66. Tradução: Emil Farhat.

ferida antiga aberta no coração da sociedade, que poderá ser eliminada somente quando a ignorância for intensamente combatida.

O homem cujos bens vieram de herança constrói sua mansão com o dinheiro minguado do pobre. O clero ergue seu templo sobre os túmulos de devotos. O príncipe amarra os braços do camponês para que o padre possa esvazia seus bolsos. O soberano olha para os camponeses com um rosto ameaçador, enquanto o bispo os consola com seu sorriso, e entre a censura do tigre e sorriso do lobo, o rebanho perece. O soberano se proclama o dono da lei e o padre diz ser o representante de Deus, e entre os dois, os corpos são destruídos e as almas definham no nada.

No Líbano, esta montanha com muita luz do Sol, mas pobre de conhecimentos, o nobre e o padre se dão as mãos para explorar o camponês que, lavrando a terra e fazendo a colheita, procurava se proteger da espada do soberano e da maldição do padre. O libanês rico se acomoda orgulhosamente em seu palácio e grita para as multidões: "O sultão me apontou como vosso superior". E o padre diante do altar diz: "Deus me escolheu para guiar vossas almas." Mas os libaneses se refugiam no silêncio, pois os mortos não podem falar.

O Xeique Abbas era amigo do clero, porque os sacerdotes eram seus aliados na formação da opinião pública e porque pregavam o espírito de rígida obediência entre seus trabalhadores.

Naquela tarde, quando Khalil e Mirian mais se aproximavam da soberania do amor, e Rachel os olhava com afeição, Padre Elias informou ao Xeique Abbas que o padre superior havia expulsado do convento um jovem rebelde e que este tinha se refugiado na casa de Rachel, a viúva de Samaan Ramy. O padre, não satisfeito com a notícia que deu ao Xeique Abbas, comentou: "O demônio que expulsaram do convento não se transformará em anjo nesta aldeia, pois a figueira que foi derrubada e lançada ao fogo não dará fruto enquanto queima. Se quisermos preservar a aldeia contra a imundice desse animal, devemos também expulsá-lo da região, como fizeram os monges." O xeique perguntou: "Você está certo de que o jovem exercerá uma influência maléfica sobre nossa gente? Não será melhor para nós mantê-lo aqui e o aceitar como trabalhador nos nossos vinhedos? Estamos precisando de homens fortes."

O rosto do padre logo expressou seu descontentamento. Alisando a barba com os dedos, o sacerdote disse com astúcia: "Se ele pudesse ser aproveitado no trabalho, não teria sido expulso do convento. Um estudante que trabalha no convento e que, por acaso, dormiu a noite passada em minha casa, informou-me que este jovem violou as regras do padre superior ao pregar idéias perigosas entre os monges. Ele me repetiu essas idéias, dizendo: "Devolvam as terras, as vinhas e a prata do convento para os pobres, e repitam isso por toda parte! Ajudem o povo, pois ele precisa ser orientado, assim vocês alegrarão o Pai que está no Céu."

Ao ouvir essas palavras, o Xeique Abbas se levantou subitamente, como um tigre se preparando para atacar a vítima, foi até a porta e gritou para que os criados comparecessem imediatamente. Três homens entraram e o Xeique Abbas ordenou: "Na casa de Rachel, a viúva de Samaan Ramy, há um jovem com roupas de monge. Amarrem-no e tragam-no para cá. Se aquela mulher fizer alguma objeção à prisão, arrastem-na pelas tranças na neve e tragam-na com ele, pois quem ajuda o mal também é nocivo." Os homens curvaram-se em sinal de obediência e correram até a casa de Rachel, enquanto o padre e o xeique discutiam sobre o tipo de castigo que deveriam dar a Khalil e Rachel.

A noite chegou, espalhando sua sombra sobre aquelas choupanas desgraçadas, mergulhadas na neve. As estrelas finalmente apareceram no céu, como esperanças na eternidade vindoura depois de um sofrimento como a agonia da morte. As portas e as janelas estavam fechadas, mas as lamparinas permaneciam acesas dentro das casas. Àquela hora, os camponeses aconchegavam-se junto ao fogo, aquecendo-se. Rachel, Mirian e Khalil estavam sentados a uma mesa rústica de madeira, jantando, quando três homens baterem na porta e foram logo entrando. Rachel e Mirian ficaram com medo, mas Khalil permaneceu calmo, como se estivesse esperando a chegada deles. Um dos servos do xeique dirigiu-se a Khalil, colocou a mão em seu ombro e perguntou: "Você é o tal que foi expulso do convento?" Khalil respondeu: "Sim, sou eu, o que você quer?" O homem respondeu: "Temos ordem de prendê-lo e levá-lo até o Xeique Abbas. Se você resistir, nós o arrastaremos pela neve como uma ovelha abatida."

Rachel ficou pálida e exclamou: "Que crime ele cometeu? Por que querem amarrá-lo e arrastá-lo?" As duas mulheres suplicaram com voz chorosa: "Ele é um só na mão de vocês três, e será uma covardia de sua parte se o torturarem." Um dos homens se enfurece e gritou: "Há alguma mulher nesta aldeia que se oponha à ordem do xeique?" Puxou uma corda e amarrou as mãos de Khalil, que ergueu a cabeça com orgulho. Com um sorriso de compaixão nos lábios, ele disse: "Tenho pena de vocês porque são um instrumento poderoso e cego nas mãos de um homem que oprime o fraco com a força de seus braços. Vocês são escravos da ignorância. Ontem eu era como vocês, mas amanhã vocês terão o pensamento livre, como tenho o meu agora. Entre nós ainda há um abismo profundo que sufoca a minha voz de protesto e esconde de vocês a minha verdade, por isso não podem me ouvir nem me ver. Aqui estou, amarrem minhas mãos e façam o que quiserem." Os três homens ficaram impressionados com essas palavras. Parecia que a voz de Khalil tinha despertado neles um novo espírito, mas as ordens de Xeique Abbas ainda ecoavam em suas mentes, impedindo-os de completar a missão. Eles amarraram suas mãos e o conduziram silenciosamente, com a consciência pesada. Rachel e Mirian os seguiram até a casa do xeique, como as filhas de Jerusalém, que seguiram Jesus até o Monte Calvário.

Importantes ou não, as novidades correm rapidamente entre os camponeses, porque, como não pertencem às camadas mais altas da sociedade, discutem impacientemente os acontecimentos de seu meio restrito. No inverno, quando os campos estão sob o manto da neve e todos se refugiam e se aquecem ao lado do fogo, os aldeões se mostram ainda mais interessados pelos boatos, assim têm com o que se entreter.

Não foi preciso muito tempo após a prisão de Khalil para que o caso se espalhasse como uma epidemia entre os aldeões. Eles deixaram suas choupanas e correram como um exército vindo de todas as direções até a casa do Xeique Abbas. Quando Khalil pisou na casa do xeique, a residência estava repleta de pessoas que tentavam ver o infiel que tinha sido expulso do convento. Eles também estavam ansiosos para ver Rachel e a filha, que tinham ajudado Khalil a espalhar a peste diabólica no céu límpido da aldeia.

O xeique se sentou para o julgamento com o Padre Elias ao seu lado, enquanto a multidão encarava o jovem prisioneiro que se postava corajosamente diante de todos. Rachel e Mirian estavam atrás de Khalil e tremiam de medo. Mas o que pode o medo fazer ao coração de uma mulher que encontrou a verdade e a seguiu? O que o desprezo da multidão pode fazer à alma de uma donzela que foi despertada pelo amor? O Xeique Abbas olhou para o jovem e com uma voz estrondosa o interrogou: "Qual é seu nome?" "Meu nome é Khalil", respondeu o jovem. O xeique continuou: "Quem são os seus pais e seus parentes, onde você nasceu?" Khalil virou-se para os camponeses que o olhavam cheios de ódio e disse: **"Os pobres oprimidos são o meu clã e meus parentes, e esse vasto país é a minha terra natal."**

O Xeique Abbas, com um ar de deboche, disse: "Esse povo que você invoca como sendo sua família pede que você seja punido e o país que você afirma ser sua terra natal não o quer aceitar como membro de seu povo." Khalil replicou: "As nações ignorantes prendem seus homens de bem e os entregam aos seus déspotas e um país governado por um tirano persegue aqueles que tentam libertar o povo da escravidão. Mas um bom filho abandonaria sua mãe, se ela estivesse doente? Um homem piedoso ignoraria seu irmão por ser pobre? Esses pobres homens que me prenderam e me trouxeram hoje aqui são os mesmos que ontem lhe entregaram suas vidas. E essa terra extensa que não quer minha existência é a mesma que não se escancara para engolir os déspotas gananciosos."

O xeique soltou uma gargalhada, tentando ridicularizar o jovem e impedi-lo de influenciar a audiência. Depois, virou-se para Khalil e disse com voz marcante: "Você, reles pastor de gado, pensa que teremos mais compaixão do que os monges, que o expulsaram do convento? Você pensa que temos pena de um agitador perigoso?" Khalil respondeu: "É verdade que fui pastor de gado, mas sinto-me feliz por não ser um açougueiro. Conduzia meu rebanho a pastagens ricas e nunca a terras áridas, levava os animais a nascentes *puras e os mantive afastados dos lugares contaminados. Ao anoitecer, eu os conduzia com segurança para o abrigo e nunca os abandonei nos vales como alimento para os lobos. Se o senhor tivesse seguido meu exemplo e tratado o seu povo como tratei meu rebanho, essa gente pobre não moraria em choupanas miseráveis nem sofreria com a pobreza, enquanto que o senhor vive como Nero, nessa mansão exuberante."*

A testa do xeique brilhava com as gotas de suor e seu sorriso afetado se transformou em raiva. Mas ele tentava parecer calmo, fingindo não prestar atenção ao que Khalil dizia. O xeique voltou a falar, apontando Khalil com o dedo: "Você é um descrente, e não devemos escutar sua conversa ridícula! Nós o intimamos para ser julgado como um criminoso, e lembre-se de que está diante do senhor desta aldeia, nomeado como representante de sua Excelência o Emir Amin Shehab, e do Padre Elias, representante da Santa Igreja, a cujos ensinamentos você se opôs. Agora, defenda-se ou caia de joelhos perante esse povo, e então nós o perdoaremos e faremos de você um pastor de gado como era no convento." Khalil calmamente retrucou: "Um criminoso não deve ser julgado por outro criminoso, assim como um ateu não tem que se defender diante de pecadores." Khalil olhou para o povo e lhes falou: "Meus irmãos, o homem que vocês dizem ser o Senhor de seus campos e a quem vocês se submeteram durante tanto tempo trouxe-me para ser julgado diante de vocês, nesse edifício que ele construiu sobre o túmulo de seus antepassados. O homem que se tornou o pastor de sua igreja utilizando-se de sua fé veio me julgar e instigá-los a me humilhar e aumentar meus sofrimentos. Vocês correram para este lugar, vindos de todas as direções, para me ver sofrer e implorar-lhes clemência, abandonaram suas choupanas para testemunhar contra este seu filho e irmão amarrado, vieram ver a presa tremendo entre as patas de seu feroz capturador e ver um infiel diante dos juízes. Sou o criminoso e o descrente que foi expulso do convento. A tempestade me trouxe até sua aldeia. Ouçam meu protesto e não sejam misericordiosos, mas justos, pois a misericórdia é aplicada para o criminoso culpado, enquanto que a justiça é tudo o que um inocente pode pedir."

"Escolhi-os como meu júri, porque a vontade do povo é a vontade de Deus. Despertem seus corações, escutem cuidadosamente e depois digam sua decisão final de acordo com a sua consciência. Vocês ouviram falar que sou infiel e me viram amarrado como um ladrão, mas não foram informados sobre o crime ou pecado que cometi, pois as injustiças não são reveladas nesta corte, ao passo que a punição explode como um trovão. Meu crime é a minha compreensão do sofrimento de vocês, pois senti na carne o peso dos ferros que são colocados em seus pescoços, é o meu sincero pesar pelas suas esposas, a minha compaixão pelos seus filhos que sugam sua vida misturada com a sombra da morte. Sou um de vocês, e meus antepassados viveram nestes vales e morreram sob a mesma opressão que subjuga suas cabeças agora. Acredito em Deus que ouve o apelo de

suas almas sofredoras, no livro que nos faz irmãos diante do céu e nos ensinamentos que nos consideram iguais e nos tornam livres sobre a terra, essa mesma terra por onde pisa o suave pé de Deus.

    Quando eu ainda cuidava de minhas vacas no convento e testemunhava a situação infeliz que vocês suportam, ouvi o choro desesperado que vinha de seus míseros lares, um lamento de almas oprimidas, um choro de corações partidos acorrentados aos seus corpos, como escravos ao senhor de suas terras. Quando reparei, vi-me no convento e vocês nos campos, e olhei-os como um rebanho de carneiros seguindo o lobo até o covil. Parei no meio da estrada para ajudar os carneiros e gritei por socorro, mas lobo me abocanhou com seus dentes afiados.

    Por amor à verdade, já fui preso, tive sede e fome, mas isso aflige somente o corpo. Tenho suportado sofrimentos superiores à resistência por ter transformado os suspiros tristes de vocês em voz enérgica que ecoa por todos os cantos do convento. Nunca senti medo e meu coração nunca se cansou, pois o castigo imposto a vocês me traz uma nova força todos os dias para lutar. Vocês podem se perguntar: "Quando foi que gritamos por socorro?" "Quem é esse que ousa abrir a boca por nós?" Respondo-lhes que suas almas estão chamando todos os dias e implorando por ajuda todas as noites, mas vocês não conseguem ouvi-las, pois aquele que está aflito não consegue ouvir seu próprio coração agonizando, mas os que estão ao lado do seu leito certamente ouvem.

    Em que hora do dia vocês suspiram dolorosamente? Será na parte da manhã, quando o instinto de sobrevivência grita dentro de vocês e lhes arranca dos olhos o véu da sonolência, empurrando-os como escravos nos campos? Ou será à tarde, quando se senta sob uma árvore para se proteger do Sol ardente? Ou será ao anoitecer, quando voltam para casa famintos, desejando uma comida substanciosa, ao invés de uma porção magra e de água impura? Ou será ainda à noite, quando a fadiga os joga em cima da cama dura, e mal o sono lhes fecha os olhos, vocês acordam espantados, com medo da voz do xeique que ainda ecoa nos ouvidos? Em que estação do ano vocês não lamentam a vida que levam? Será na primavera, quando a natureza põe seu maravilhoso vestido e vocês saem para encontrá-la com suas roupas esfarrapadas? Ou no verão, quando vocês colhem o trigo, recolhem as espigas de milho e enchem os paióis de seu patrão com a colheita, e quando chega a hora do ajuste de contas vocês não recebem nada, além de forragem e resíduos? Ou será no outono, quando recolhem as frutas e levam as uvas para o lagar e em recompensa pelo seu trabalho recebem uma jarra de vinagre? Ou é no inverno, como agora, quando encerrados em suas choupanas cobertas de neve vocês se sentam ao lado do fogo e tremem quando a tempestade os força a sair dos limites dos seus pensamentos?

    Essa é a vida do pobre, esse é o grito perpétuo que escuto. Isso é o que faz meu espírito se revoltar contra os opressores e condenar sua conduta. Quando pedi que os monges tivessem compaixão de vocês, eles pensaram que eu fosse um ateu e a expulsão foi a minha sentença. Hoje, aqui estou para participar dessa vida miserável com vocês e misturar minhas lágrimas às suas. Aqui estou, agora, nas garras do seu pior inimigo. Vocês sabiam que esta terra, onde trabalham como escravos, foi tomada de seus pais, quando a lei era escrita pelo fio da espada? Os monges enganaram seus ancestrais e tomaram todas as suas terras e vinhas quando as leis religiosas eram escritas pelos lábios dos padres. Qual é o homem ou a mulher que não se deixou dominar pelo senhor das terras, sob influência da doutrina dos padres? Deus disse: "Comerás o pão amassado com o suor do teu rosto." Mas o Xeique Abbas está comendo pão feito dos anos de suas vidas e bebendo vinho misturado com as lágrimas de vocês. Teria Deus escolhido esse homem dentre vocês enquanto ele estava no ventre da mãe? Ou é a ambição dele que faz de vocês sua propriedade? Jesus disse: "Gratuitamente você recebeu, e gratuitamente deve dar... não acumule ouro, nem prata, nem cobre." Então, que mandamento autoriza o clero vender orações por moedas de ouro e preta? No silêncio da noite vocês rezam, dizendo: "O pão nosso de cada dia nos daí hoje." Deus lhes deu esta terra para dela retirarem o seu pão diário, mas quando e que autoridade Ele deu aos monges para que lhes tirem a terra e o pão?

  Vocês amaldiçoam Judas porque vendeu o Mestre por algumas poucas moedas de prata, mas abençoam aqueles que O vendem todos os dias. Judas se arrependeu e se enforcou por causa de seu crime, mas esses padres caminham cheios de orgulho, vestem-se com roupas maravilhosas e exibem crucifixos brilhantes pendurados em seus peitos. Vocês ensinam a seus filhos que devem amar Cristo e, ao mesmo tempo, os instruem a obedecer àqueles que negam Seus ensinamentos e violam Sua lei.

  Os apóstolos de Cristo foram apedrejados até a morte para que revivessem em vocês o Espírito Santo, mas os monges e padres estão matando esse espírito dentro de vocês, para que assim possam viver de sua generosidade e piedade. O que os faz levar tal vida neste universo, cheio de miséria e opressão? O que os incita a se ajoelharem diante de um ídolo horrível, erguido sobre os ossos de seus pais? Que herança vocês deixarão para seus filhos?

  As almas de vocês estão nas garras dos padres e seus corpos estão presos nas jaulas dos governantes. O que na vida vocês podem apontar e dizer: "Isto é meu!"? Meus camaradas, vocês conhecem o padre a quem vocês temem? Ele é um traidor que se utiliza do Evangelho como uma ameaça para coletar dinheiro de vocês, um hipócrita que empunha a cruz e a usa como espada para cortar-lhes as veias, um lobo disfarçado em pele de carneiro, um glutão que aprecia mais a mesa do que o altar, um caçador de ouro que *persegue o dinheiro até o fim do mundo, um impostor que furta das viúvas e dos órfãos. É um ser fantasmagórico que tem bico de águia, garras de tigre, dentes de hiena e pele de víbora. Tomem-lhe a Bíblia, rasguem-lhe a batina, raspem-lhe a barba, façam dele o que quiserem, depois dêem-lhe uma moeda e ele perdoará sorrindo o que vocês fizeram.*

Dêem-lhe bofetadas, cuspam-lhe e pisem-lhe no nariz, depois convidem-no para se sentar à sua mesa. Ele esquecerá tudo imediatamente, desabotoará o cinto e encherá a pança alegremente.

Xinguem-no e ridicularizem-no, depois mandem-lhe uma jarra de vinho e uma cesta de frutas. Ele lhes perdoará os pecados. Quando vê uma mulher, ele vira o rosto e diz: "Saia de perto de mim, filha da Babilônia!" Depois sussurra para si: "O casamento é melhor que o desejo?" Ele vê os jovens caminhado enamorados, ergue os olhos para o céu e diz: "Vaidade das vaidades, tudo é vaidade." Mas na sua solidão, diz para si mesmo: "Que um dia possam ser abolidas as leis e as tradições que me negam os prazeres da vida."

O sacerdote prega ao povo dizendo: "Não julguem, para não serem julgados." Mas ele julga todos aqueles que discordam de suas ações e os manda para o inferno antes mesmo que a morte os leve daqui. Quando fala, ele ergue a cabeça para o céu, mas ao mesmo tempo seu pensamento rasteja como serpente em seus bolsos. Ele se dirige a vocês como filhos amados, mas seu coração é vazio de amor paternal, seus lábios nunca sorriem para uma criança, ele jamais carrega uma criança nos braços.

O padre lhe diz, enquanto balança a cabeça: "Vamos nos afastar das coisas terrenas, pois a vida passa como uma nuvem." Mas se você o observar cuidadosamente verá que ele se agarra à vida, lamentando que ontem já tenha passado, condenando a rapidez com que passa o presente, esperando com angústia pelo amanhã.

Ele lhe pede caridade, enquanto tem tanto para dar. Se você atender ao seu pedido, ele o abençoará publicamente, mas se recusar, ele o amaldiçoará secretamente. Ele pede no templo que você ajude os necessitados, mas a ele os miseráveis imploram por pão, e ele faz de conta que não os ouve. Ele vende indulgências e aqueles que não as compram são infiéis, excomungados do Paraíso.

Essa é a criatura de quem vocês têm medo. Esse é o monge que suga o seu sangue. Esse é o padre que faz o sinal da cruz com a mão direita e lhes aperta a garganta com a esquerda, o pastor que vocês supõem ser seu servo, mas que se considera seu patrão, a sombra que algema suas almas desde o nascimento até a morte, é o homem que veio me julgar esta noite porque meu espírito se revoltou contra os inimigos de Jesus de Nazaré, que amou a todos nós e nos chamou de irmãos, e que morreu na cruz por nós."

Khalil sentiu que os corações dos aldeões o entendiam, sua voz tornou-se clara e ele finalizou seu discurso, dizendo: "Irmãos, vocês sabem que o Xeique Abbas foi apontado como o senhor desta aldeia pelo Emir Shehab, o representante do sultão que governa a Província, mas pergunto-lhes se algum de vocês conhece o poder que nomeou o sultão como deus deste país. Esse poder, meus irmãos, não pode ser visto, mas vocês podem sentir sua existência no fundo de seus corações. É nesse poder que vocês crêem e para o qual rezam todos os dias, dizendo: "Pai Nosso que estais no céu." Sim, o seu Pai, que está no céu, é Aquele que escolhe reis e príncipes, pois Ele é poderoso e está acima de todas as coisas. Mas vocês acham que seu Pai, que os ama e que lhes mostrou o caminho certo por intermédio de seus profetas, deseja que vocês sejam oprimidos? Vocês acreditam que Deus, que manda a chuva do céu e o trigo das sementes escondidas no coração da terra, deseja que vocês passem fome para que um único homem goze de Sua generosidade? Vocês acreditam que o espírito eterno, que lhes proporciona o amor da esposa, a ternura das crianças e o reconhecimento dos vizinhos, lhes daria um tirano para escravizá-los durante toda a vida? Vocês acreditam que a lei eterna, que tornou a vida maravilhosa, enviaria um homem que lhes negasse a felicidade e os conduzisse para dentro da masmorra escura da morte dolorosa? Vocês acreditam que a força física que lhes foi dada pela natureza pertence ao rico e não ao seu próprio corpo?

Vocês não podem acreditar em todas essas coisas, porque se o fizessem, estariam negando a justiça de Deus que nos fez igual e a luz da verdade que brilha para todos os povos da terra. O que faz com que vocês lutem contra si próprios, coração contra corpo, e ajudem aqueles que os escravizam, enquanto Deus os criou para serem livres?

Vocês estão fazendo justiça a si próprios quando levantam os olhos em direção a Deus Onipotente e O chamam de Pai, e depois abaixam as cabeças e diante de um homem o chamam de Senhor?

Vocês estão contentes, como filhos de Deus, de serem escravos de um homem? Cristo não os chamou de irmãos? Apesar de o Xeique Abbas chamá-los de servos, Jesus não os fez livres pela verdade e pelo espírito? Apesar de o Emir fazê-los escravos da vergonha e da corrupção, Cristo não os chama para o céu? Então, por que vocês descem até o inferno? Ele não iluminou seus corações? Por que escondem suas almas na escuridão? Deus colocou-lhes no coração uma tocha incandescente que arde com sabedoria e beleza e busca os segredos dos dias e das noites; é um pecado apagá-la e enterrá-la nas cinzas. Deus deu asas aos seus espíritos para que voem no infinito fundamento do amor e da liberdade; é doloroso que vocês cortem essas asas com as próprias mãos e façam seus espíritos sofrerem, rastejando-se como insetos na face da terra."

O Xeique Abbas observava com terror a atenção dos aldeões. Ele tentou interromper, mas Khalil continuou inspirado: "Deus plantou em seus corações as sementes da felicidade; é um crime desenterrá-las e arremessá-las nas rochas para que o vento as espalhe e os pássaros as devorem. Deus lhes deu filhos para ensinar-lhes a verdade e encher seus corações com as coisas mais preciosas da vida. Ele quer que vocês transmitam a eles a alegria e a generosidade da vida; por que então eles se mostram indiferentes à sua terra natal? Um pai que faz do filho um escravo é como um pai que dá ao filho uma pedra, quando ele pede pão. Vocês nunca viram os pássaros do céu ensinando os filhotes a voar? Então, por que ensinam seus filhos a arrastarem as correntes da escravidão? Vocês já viram as flores dos vales depositarem suas sementes na terra aquecida pelo Sol? Então por que submetem seus filhos à fria escuridão?"

O silêncio dominou por algum tempo. Parecia que a cabeça de Khalil lhe doía desesperadamente. Porém, ele continuou com voz alta e angustiada: "As palavras que eu disse esta noite são as mesmas que causaram minha expulsão do convento. Se o senhor de suas terras e o pastor de sua igreja me torturarem essa noite e me matarem, morrerei feliz e em paz, porque cumpri minha missão e revelei-lhes a verdade, que os demônios consideram um crime. Agora fiz a vontade de Deus Onipotente."

Havia uma mensagem mágica na voz de Khalil, provocando o interesse dos aldeões. As mulheres se deixaram levar pela suavidade de suas palavras. Elas o encaravam como um mensageiro da paz e tinham os olhos cheios de lágrimas.

O Xeique Abbas e o Padre Elias tremiam de raiva. Quando Khalil terminou, deu alguns passos e parou junto a Rachel e Mirian. O silêncio voltou, era como se o espírito de Khalil pairasse naquele recinto enorme e libertasse as almas da multidão do seu temor pelo Xeique Abbas e Padre Elias, que estavam sentados tremendo de constrangimento e culpa.

O xeique se levantou de repente, seu rosto estava pálido. Ele olhou para aqueles que estavam mais próximos e disse: "Que aconteceu com vocês? Estão com o coração envenenado? Seu sangue parou de correr em suas veias e os enfraqueceu de tal maneira que não podem pular em cima desse criminoso e cortá-lo em pedaços? Qual a tolice que ele fez por vocês?" Depois de recriminar os presentes, ele levantou a espada e se encaminhou para o jovem algemado, quando então um aldeão robusto se aproximou, agarrou-lhe a mão e disse: "Abaixe a arma, senhor, pois aquele que puxa sua espada para matar, deve, pela espada, ser morto!"

O xeique visivelmente tremeu e a espada caiu-lhe da mão. Ele disse ao homem: "Como um simples trabalhador se opõe ao seu senhor e benfeitor?" O homem respondeu: "O trabalhador fiel não compartilha com seu senhor a autoria de crimes, esse jovem não falou nada mais do que a verdade!" Um outro homem se aproximou e afirmou: "Este homem é inocente e merece respeito e honra!" Uma mulher levantou a voz e disse: "Ele não maldisse a Deus nem blasfemou contra os santos, por que o chamas de descrente?" E Rachel perguntou:

"Qual é o seu crime?" O xeique gritou: "Você é uma rebelde, você, viúva miserável! Você se esqueceu do destino de seu marido, que se rebelou há seis anos?" Depois de ouvir essas palavras inesperadas Rachel tremeu de dor e raiva, pois finalmente tinha encontrado o assassino de seu marido. Ela segurou as lágrimas, olhou para a multidão e gritou: "Aqui está o criminoso que vocês tentaram achar durante seis anos, vocês o ouvem agora confessar sua culpa! Ele é o assassino que estava escondendo seu crime! Olhem para ele e vejam seu rosto, observem seu medo! Ele treme como a última folha de uma árvore no inverno. Deus nos mostrou que o senhor a quem sempre tememos é um criminoso assassino. Ele me fez viúva e fez de minha filha uma órfã!" O pronunciamento de Rachel caiu como um raio sobre a cabeça do xeique e a exaltação do povo ardia sobre ele.

O padre ajudou o xeique a se sentar. Depois, chamou os empregados e ordenou: "Prendam essa mulher que acusou falsamente seu senhor de assassino do seu marido! Levem essa mulher e esse jovem para uma prisão escura e qualquer um que tentar impedir será considerado criminoso." Os empregados não deram atenção à ordem e permaneceram imóveis, encarando Khalil ainda amarrado. Rachel estava à sua direita e Mirian à esquerda, como um par de asas prontas para alçarem vôo no infinito céu de liberdade.

Com a barba tremendo de raiva, Padre Elias disse: "Vocês estão trocando seu senhor por um criminoso infiel e uma adúltera desavergonhada?" O mais velho dos trabalhadores retrucou: "Nós servimos ao Xeique Abbas durante muito tempo em troca de pão e abrigo, mas nunca fomos seus escravos." Depois disso, o trabalhador tirou o manto e o turbante, jogou-os aos pés do xeique e acrescentou: "Não preciso mais dessas vestes, nem quero que minha alma sofra dentro da casa mesquinha de um criminoso." E todos os trabalhadores fizeram a mesma coisa, juntando-se à multidão, cujos rostos irradiavam alegria, símbolo da liberdade e da verdade. Padre Elias finalmente percebeu que sua autoridade havia desaparecido e deixou o local, amaldiçoando a hora em que Khalil chegou à aldeia. Um homem forte caminhou a passos largos em direção de Khalil, desamarrou-lhes as mãos, olhou para o Xeique Abbas, que estava prostrado na cadeira como um cadáver, e dirigiu-se a ele corajosamente: "Esse jovem acorrentado, que vocês trouxeram aqui essa noite para ser julgado como criminoso, elevou nossos espíritos subjugados e iluminou nossos corações com a verdade e o conhecimento. E essa pobre viúva, a quem Padre Elias se referiu com uma acusação falsa, nos revelou o crime que você cometeu há seis anos. Viemos aqui essa noite para testemunhar o julgamento de um jovem inocente e de uma alma nobre. Agora, o céu abriu os nossos olhos e nos mostrou a atrocidade exercida por vocês. Nós devemos abandoná-los, ignorá-los e deixar que o céu cumpra a sua vontade.

Diversas vozes se elevaram na sala, um dos homens disse: "Vamos sair desta residência de má fama e ir para nossas casas." Um outro acrescentou: "Vamos seguir este *jovem até a casa de Rachel e escutar suas palavras sensatas e sua sabedoria reconfortante."* Outro sugeriu: *"Vamos seguir seus conselhos, pois ele conhece nossas necessidades."* E outro gritou: *"Se estamos querendo justiça, vamos reclamar com o Emir e apontar-lhe o crime de Abbas."* E muitos diziam: *"Vamos pedir ao Emir que aponte Khalil como nosso chefe e governante, vamos contar ao bispo que o Padre Elias era cúmplice desses crimes."* Enquanto as vozes se elevavam e caíam sobre os ouvidos do xeique como flechas pontiagudas, Khalil levantou os braços e acalmou os aldeões, dizendo: *"Meus irmãos, não alimentem o ódio, mas sim, escutem e meditem. Eu lhes peço, em nome do amor e da amizade que tenho por vocês, que não procurem o Emir, pois com ele não encontrarão a justiça. Lembrem-se de que um animal feroz não morde um outro igual a ele. Também não devem recorrer ao Bispo, pois ele sabe muito bem que uma casa rachada ao meio acaba ruindo. Não peçam ao Emir que me nomeie xeique desta aldeia, pois o servo fiel não gosta de auxiliar o mau senhor. Se mereço a sua bondade e o seu amor, deixe-me viver entre vocês e compartilhar das alegrias e tristezas da vida. Deixem-me apertar suas mãos e trabalhar com vocês, em casa e no campo, pois se não conseguir ser um de vocês, serei um hipócrita que não pratica o que prega. E agora, como o machado alcançou até a raiz da árvore, vamos deixar o Xeique Abbas sozinho com sua consciência e diante da Suprema Corte de Deus, onde o Sol brilha sobre o inocente e o criminoso."*

Depois isso, Khalil deixou o local e a multidão o seguiu, como se nele houvesse um poder divino que atraísse seus corações. O xeique ficou sozinho, em silêncio terrível, como uma torre destruída ou como um comandante que se rende. Quando a multidão chegou ao pátio da igreja, com a Lua que tinha acabado de surgir por trás de uma nuvem, Khalil olhou o povo com amor, como um bom pastor que observa seu rebanho. Ele amava esses aldeões que simbolizavam uma nação oprimida, como um profeta que via todas as nações do Oriente caminhando nesses vales e arrastando consigo almas vazias e corações pesados.

Ele levantou os braços em direção ao céu e disse: *"Do fundo dessas profundezas, nós te invocamos, ó liberdade! Olhe para nós! Por trás da escuridão, nós te estendemos a mão, ó liberdade! Estamos aqui na neve e cremos em Ti, ó Liberdade! Tem piedade de nós! Estamos diante de teu trono imponente e pesam sobre nós as roupas manchadas de sangue de nossos antepassados. Nossas cabeças estão cobertas com a poeira das tumbas misturadas aos seus restos mortais. Nós agora empunhamos as espadas que traspassaram seus corações, retiramos as lanças que penetraram seus corpos, ajuda-nos a arrastar as correntes que impediam sua caminhada, a soltar o grito que feriu suas gargantas, a entoar a canção da nossa fraqueza que ecoava na prisão e a repetir as orações que vieram do fundo dos corações de nossos pais. Escuta-nos, ó liberdade, e ouve-nos! Desde o Nilo até o Eufrates pode-se ouvir o lamento das almas sofredoras em sintonia com o grito dos abismos, e desde os confins do Oriente até as montanhas do Líbano, as mãos estão estendidas a ti, tremendo diante da presença da morte. Desde a costa até o fim do deserto, olhos cheios de lágrimas olham humildemente para ti. Vem, ó liberdade, e salva-nos.*

Nas choupanas miseráveis, em meio às trevas da pobreza e da opressão, eles batem no peito, implorando tua piedade! Observa-nos, ó liberdade, e tem compaixão de nós. A juventude te invoca, errando pelos caminhos, ou recolhida às casas miseráveis, nas igrejas e nos mosteiros, o livro esquecido também a ti se dirige, nas cortes e nos palácios, a Lei negligenciada apela igualmente a Ti. Tem compaixão de nós, ó liberdade, e salva-nos. Nas nossas ruas estreitas, negociantes passam os dias vendendo para pagar seus impostos aos ladrões exploradores do Ocidente, e ninguém os aconselha como chegar à liberdade. Nas terras estéreis, o camponês ara o solo e planta as sementes que lhe caem do coração, alimenta-as com suas lágrimas, mas colhe somente espinhos, sem que ninguém o oriente quanto à verdade. Nas nossas planícies áridas, o beduíno perambula descalço e faminto, mas ninguém lhe tem compaixão, fala, ó Liberdade, e ensina-nos! Nossos carneiros doentes pastam nas pradarias nuas, nossos bezerros estão roendo as raízes das árvores e nossos cavalos se alimentam de plantas mortas, ressequidas. Vem, ó liberdade, e ajude-nos. Desde o início temos vivido na escuridão; eles nos levam de uma prisão para outra como se fôssemos prisioneiros e ridicularizam nossa situação ao longo dos tempos. Quando virá a alvorada? Até quando devemos suportar o desprezo dos séculos? Já arrastamos muitas pedras e muita opressão foi a nós imposta. Até quando teremos que agüentar esse ultraje ao ser humano? A escravidão no Egito, a injustiça na Babilônia, a tirania na Pérsia, o despotismo dos Romanos e a ganância da Europa... passamos por todas essas coisas. Para onde iremos agora? Quando devemos alcançar a sublimação final desse caminho de sofrimentos? Passamos das garras do Faraó à dominação de Nabucodonosor, às mãos de Ferro de Alexandre, à espada de Herodes, às algemas de Nero e aos dentes afiados do Demônio... agora, nas mãos de quem cairemos? Quando a morte irá nos levar, para que finalmente possamos descansar?

Com a força de nossos braços, erguemos as colunas de todos os templos, carregamos nas costas a argamassa para a construção das grandes muralhas e das pirâmides invencíveis, tudo isso em nome da glória. Até quando deveremos continuar construindo palácios magníficos e morando em choupanas miseráveis? Até quando deveremos continuar enchendo as despensas dos ricos, enquanto nos sustentamos com pedaços de pão seco? Até quando deveremos continuar a tecer a seda e a lã para os nossos senhores e patrões, enquanto vestimos farrapos e remendos?

Graças ao interesse deles, nós nos dividimos. Para que permanecessem em seus tronos e neles ficassem tranqüilos, eles armaram os drusos contra os árabes, instigaram o ataque dos xiitas aos sunitas, encorajaram o massacre dos curdos aos beduínos e estimularam a luta dos maometanos contra os cristãos. Até quando irmão continuará matando irmão na pátria-mãe? Até quando a Cruz de Cristo terá que ficar separada do Crescente de Maomé diante dos olhos de Deus? Ó liberdade, fala pela voz de alguém, um só que seja, pois um grande incêndio começa com uma pequena faísca. Ó liberdade, basta que despertes um coração com o ruído de tuas asas, pois de uma nuvem solitária vem a luz que ilumina as profundezas dos vales e os topos das montanhas. Com teu poder, dispersa as nuvens negras e desce como um raio para destruir os tronos que foram erguidos sobre os ossos dos nossos ancestrais."

"Ouve-nos, ó Liberdade;
Dá-nos compaixão, ó Filha de Atenas;
Salva-nos, ó Irmã de Roma;
Aconselha-nos, ó Companheira de Moisés;
Ajuda-nos, ó Amada de Maomé;
Ensina-nos, ó Noiva de Jesus;
Fortifica os nossos corações para que possamos viver,
Ou fortalece nossos inimigos para que tombemos de uma vez
E possamos viver em paz eternamente."

À medida em que Khalil procurava expressar seus sentimentos diante do céu, os aldeões o fitavam reverentemente e a amizade deles crescia conforme ouviam a canção de sua voz, até ao ponto de sentirem que Khalil havia se tornado parte de seus corações. Depois de um momento de silêncio, Khalil pousou o olhar sobre a multidão e disse calmamente: "A noite nos levou até a casa do Xeique Abbas para que pudéssemos compreender que é a luz do dia. A opressão nos aprisionou diante do espaço frio para que pudéssemos nos entender e nos reunir como aves sob as asas do Espírito Eterno. Agora, vamos voltar para nossas casas, descansar, até nos encontramos novamente amanhã."

Depois disso, ele foi seguindo Rachel e Mirian até sua choupana. A multidão se dispersou e cada um foi para sua casa, meditando sobre o que viu e ouviu naquela noite memorável. Eles tiveram a sensação de que a tocha ardente de um espírito novo havia purificado o íntimo de suas almas e os conduzia para o caminho certo. Em uma hora, todas as lamparinas se apagaram e o silêncio reinou em toda a aldeia, enquanto o sono levava as almas dos camponeses para um mundo de sonhos intensos, mas o Xeique Abbas não conseguiu dormir a noite inteira, pois assistia à procissão de fantasmas da escuridão e das sombras horríveis de seus crimes.

Dois meses já haviam se passado, e Khalil continuava pregando e transmitindo seus sentimentos aos corações dos aldeões, lembrando-lhes seus direitos usurpados e *mostrando-lhes a ganância e a opressão dos governantes e dos monges. Eles o escutavam com atenção, pois o jovem era uma fonte de alegria, suas palavras caíam nos corações como a chuva sobre a terra sedenta. Quando estavam sozinhos, repetiam as palavras de Khalil assim como faziam com as suas orações diárias. Padre Elias começou a se aproximar para obter de novo sua amizade, tornou-se dócil depois que os aldeões descobriram que ele era cúmplice dos crimes do xeique e depois que começaram a ignorá-lo.*

O Xeique Abbas sofrera uma crise nervosa e andava por sua mansão como um tigre enjaulado. Ditava ordens aos seus criados, mas ninguém respondia, exceto o eco de sua voz nas paredes de mármore. O xeique gritava, chamando seus homens, mas nenhum vinha socorrê-lo, exceto sua pobre esposa que suportava a angústia de sua crueldade, tanto quanto os aldeões. Quando a quaresma chegou e o céu anunciou a vinda da primavera, os dias do xeique expiraram com a passagem do inverno. Ele morreu depois de uma longa agonia e sua alma foi arrastada pela avalanche de seus atos, para apresentar-se nua e trêmula diante do trono majestoso, cuja existência percebemos, mas não podemos ver. Os camponeses ouviram muitos boatos sobre a morte do xeique. Alguns diziam que ele tinha morrido louco, enquanto outros insistiam que a decepção e o desespero o levaram a se matar. Mas as mulheres que foram consolar a viúva disseram que o xeique morreu de medo, porque o fantasma de Samaan Ramy o perseguia e o levava todos os dias, à meia-noite, ao local onde o marido de Rachel tinha sido encontrado assassinado, seis anos antes.

O mês de Nisan revelou aos aldeões o segredo amoroso de Khalil e Mirian. Eles se alegraram com a boa nova, que lhes assegurava, dessa forma, a permanência de Khalil na aldeia. Quando a notícia se espalhou, eles se congratularam ao saber que teriam Khalil como vizinho.

Quando chegou a época da colheita, os aldeões foram para os campos e colheram as espigas de milho e os feixes de trigo. O Xeique Abbas não estava lá para tomar-lhes a colheita e fazer com que fosse levada para seus celeiros. Cada aldeão colheu o que lhe pertencia. As choupanas ficaram cheias de trigo e milho, seus barris estavam repletos de bom vinho e de azeite. Khalil compartilhava com eles do trabalho e das alegrias, ajudava na colheita e prensa das uvas. O jovem nunca procurou se sobressair entre eles, exceto pelo excesso de amor e de ambição que sentia pelo trabalho. Desde então, cada camponês desta aldeia colhe com alegria aquilo que plantou com esforço e dedicação. A terra que os camponeses cultivavam se tornaram sua propriedade.

Agora, meio século se passou desde que este incidente ocorreu, e os Libaneses despertaram.

No caminho para os cedros sagrados do Líbano, a atenção dos viajantes é surpreendida pela beleza daquela aldeia, de pé como uma noiva ao lado do vale. As choupanas miseráveis agora são casas confortáveis e alegres rodeadas por campos férteis e pomares floridos. Se você perguntar a qualquer um dos habitantes sobre a história do Xeique Abbas, ele responderá apontando para um monte de pedras e de paredes demolidas: "Aquele é o palácio do xeique e essa é a história de sua vida." E se você indagar sobre Khalil, ele erguerá a mão pro céu, dizendo: "Lá reside o nosso amado Khalil, a história de sua vida foi escrita por Deus, com letras resplandecentes nas páginas de nossos corações, que jamais serão apagadas pelos tempos."[21]

---

21 GIBRAN, Gibran Khalil. *Espíritos Rebeldes*. Tradução: Emil Farhat.

FRASES DE GIBRAN (21)

- *"Mas os séculos que aniquilam as realizações do homem
nada podem contra seus sonhos e sentimentos. Estes
sobrevivem com o espírito poderoso e eterno, embora
desapareçam aparentemente, como o Sol desaparece
durante a noite e a Lua durante o dia."*[22]

- *"Prefiro ser uma árvore sem flores e sem frutos,
porque a dor da abundância é mais amarga do
que a da esterilidade,e a tristeza do rico de quem
ninguém nada aceita é maior do que a mágoa
do mendigo a quem ninguém dá nada.
Prefiro ser um poço, seco e crestado,
com os homens jogando pedras dentro de mim;
porque isto seria melhor e mais fácil de suportar
do que ser uma fonte de água com homens que
passam perto e dela não bebem.
Prefiro ser uma bengala,porque isto
seria melhor do que seruma lira de cordas
de prataem uma casa cujo senhor não tem
dedos e onde os filhos são surdos."*[23]

- *"Quantas ervas há na terra, sem fragrância,
quantas nuvens no horizonte, sem chuva."*[24]

- *"Amamos a vida, mas vivemos tão distante!"*[25]

- *"A alma do filósofo está na sua cabeça, a alma
do poeta está no seu coração, a alma do canto
está na sua garganta, ao passo que a alma da
dançarina vive em todo seu corpo."*[26]

---

22 GIBRAN, Gibran Khalil. *As Ninfas do Vale*, p. 35. Tradução: Mansour Challita.
23 GIBRAN, Gibran Khalil. *O Jardim do Profeta*, p. 71-72. Tradução: Mansour Challita.
24 GIBRAN, Gibran Khalil. *As Procissões A Música*, p. 75. Tradução: Mansour Challita.
25 GIBRAN, Gibran Khalil. *Uma Lágrima E Um Sorriso*, p. 69. Tradução: Mansour Challita.
26 GIBRAN, Gibran Khalil. *O Errante*, p. 43. Tradução: Assaad Zaidan.

PARTE IV

Gibrah Khalil Gibran - IV
Gibran em Paris

Gibran instalou-se em Paris, no quarto que Michelline havia alugado na Avenida Carmour. o aposento era simples, mas seu mobiliário atendia bem às necessidades de um estudante solteiro; ele registrou-se incógnito na Academia Julian de Arte e escreveu a Mary Haskell: *"Já vi as duas caras de Paris, a bela e a feia, e eu estou aqui para conhecer as duas, entender o significado da vida e da morte. O espírito da decadência anda normalmente nos becos desta bela cidade. Mas não podemos esquecer que o bicho imundo vive no meio da suculenta maçã. Meu coração esta cheio de esperança."* Michelline, que fora antes para alugar o quarto, escreveu a Mary, dizendo: *"Gibran é muito sensível, gosta de aparecer na sociedade, bastante atencioso com os outros, especialmente as jovens bonitas. Com tudo, ele é sério e seu espírito reside em uma ilha desconhecida."*

Gibran passou um mês no local e, no final de julho mudou-se para a Avenida De Man nº. 14, no primeiro andar de um prédio grande. Mary Haskell foi a primeira visitante em sua nova residência, pois em sua volta da Irlanda, passou quatro dias em Paris. Durante a estada, fez passeios românticos à beira do Sena com seu protegido.

❈❈❈❈

Na França, durante esse período de início do século XX, o movimento artístico "expressionista" abria caminho e dividia os artistas da época, os clássicos, vestidos de jaquetas curtas e bonés de veludo, e os modernistas, de ternos azuis. Gibran vivia entre os dois grupos, se detinha em adquirir os novos métodos de seu professor Marcel de Béronneau, e buscava absorver toda arte que a "Cidade Luz" oferecia; admirava principalmente Puvis de Chavanne e Auguste Rodin, que posteriormente exerceram forte influência em sua obra, enquanto na literatura, era Nietzsche quem conquistava espaço na Europa. Gibran, como não poderia ser diferente, dada sua paixão por arte e literatura, aprofundava-se na literatura francesa e universal.

Toda essa turbulência de arte e literatura não o impediu de pensar no seu anjo protetor, *"anjo que suavizou meu caminho para o sucesso"*, como se referiu a Mary Haskell, em uma carta a Amin Gorayeb. Enquanto, em uma carta a ela Gibran disse: *"Quando a solidão me ataca e domina, eu corro para suas cartas, e quando a neblina envolve meu 'Eu', pego a pequena caixa e tiro duas ou três cartas e ponho-me a reler. Suas cartas me lembram do meu verdadeiro objetivo, e faz-me atravessar sem dar importância as coisas vazias da beleza da vida. Eu nesses dias estou lutando contra as cores – uma luta feroz – me deixam mergulhar minha alma nas cores, engolir o poente e beber o arco-íris – meus professoras na academia me recomendam não pintar a modelo mais bonita do que ela é na realidade, mas minha alma me diz: 'Quem dera se eles pintassem o retrato com seu décimo. O que eu faço, agradar os professores ou meu espírito?'"*

Mary, com sua benevolência, sempre enviava cartas a Gibran, para suavizar e encorajar seu caminho, longo e cheio de artimanhas. Jamil Jabr em seu livro *Gibran em sua Vida Tempestuosa* enfatiza que ele nunca deixou de escrever a Mary Haskell, relatando suas tristezas e alegrias, também contava-lhe de seus professores de arte, que havia visto as obras dos grandes gênios da pintura; de como estava aprimorando sua arte com os métodos românticos e, reconheceu como era primário: *"ignorava a arte, pintava como via ou pensava, não sei como enxergava nas trevas. Agora sinto como se estivesse andando da escuridão à claridade."*

Em seis de dezembro, com a proximidade do Natal, Gibran escreveu *No Dia Em Que Nasci* (vide pg. 45 deste livro). Publicado em diversos jornais do Oriente Médio, rendeu-lhe muitos elogios. Ele enviou uma cópia a Mary Haskell e ainda escreveu belas frases de amor e gratidão dizendo: *"chegará o dia em que poderei dizer, eu sou um artista e pintor."* Recomendou a Mary para visitar sua irmã Mariana, pois ela vivia na solidão. Relatou o carinho e amizade pela irmã, a vivência dos dois e, os momentos de sofrimento que aproximaram seus sentimentos. Também contou da visita ao estúdio de Auguste Rodin e de como fora muito gentil com ele e seu companheiro, e também que a visita ficara marcada em suas memórias para o resto de sua vida[1]: *"No alto de uma colina inclinada, há um vilarejo (Val Flory), vizinho à Paris, tem um prédio que chama atenção por sua arquitetura e anuncia que é residência de um artista plástico, nele há um lado feito de pedras lisas, coberto por tijolos vermelhos, parecido com um eremitério, em forma de triângulo, que lembra a arquitetura das torres da época de Luiz XIII. Naquele lugar residia o adorador da natureza Auguste Rodin."* (Riad Hunain afirmou no livro *Conversação com Gibran* que Gibran não conhecera Auguste Rodin. No entanto, outros autores afirmam que este, quando viu as telas de Gibran, disse: *" O universo espera muitas realizações deste jovem"*.

Escultor francês Auguste Rodin
(1840 - 1917)

Não é segredo algum, nem uma descoberta que Gibran era aficionado por Auguste Rodin. Sonhava em conhecer o gênio da arte. Apesar de muitos artistas parisienses se dizerem amigos de Rodin, ele só veio a conhecê-lo por intermédio de um artista americano[1]. Gibran foi ao estúdio de Rodin acompanhado de seu amigo americano e entrou como um adorador entra em um templo sagrado. O prédio redondo, usado como oficina de trabalho pelo famoso pintor era cheio de memórias e história antiga, como os templos dos deuses do amor, da morte, da eternidade, e assim sucessivamente. Nele havia finas colunas corintianas e as quatro paredes ficavam cobertas por cortinas. Logo ao chegar, Rodin apareceu com sua barba espessa, olhos de águia e testa proeminente, cumprimentou e levou os visitantes para uma apresentação ao estúdio; explicando a tela, falando das tintas, intensidade das cores, das pedras, madeira, gesso, etc. Disse ainda, tudo que é belo ao olhar do artista. Isso porque o artista descobriu com seu olhar penetrante e esotérico a verdadeira beleza. Além disso, aconselhou-os para tomarem a natureza de uma única deusa.

---

1 Segundo Jamil Jabr em seu livro "Gibran em sua vida Tempestuosa".

Gibran e Youssef

Youssef Huwayyik fora um dos companheiros e amigo de Gibran em Paris. Conheceram-se no colégio El Hikmat, em Beirute (1898 - 1902). Ambos tinham a mesma idade e eram da mesma seita religiosa. De certa forma se assemelhavam, pois Youssef era um jovem esguio, saudável, alegre, camarada, mão aberta, idealista, gostava da vida e acreditava na causa da liberdade de seu povo; porém possuíam formação bem diferente. Ele vinha de uma família com uma situação financeira confortável em relação a de Gibran, que era filho do coletor de impostos rurais, condenado por corrupção. Youssef era filho do líder regional Sadallah Huwayyik e sobrinho do Patriarca maronita Elias Huwayyik[2], maior autoridade religiosa cristã do Líbano.

Apesar das diferenças de classe social, entre eles não havia o sentimento de superioridade, já que eram grandes amigos, ligados pelos ideais progressistas e humanitários. Gibran e Youssef eram dois talentosos artistas, sonhadores e revoltosos. Indignavam-se com as leis e tradições obsoletas. Criticavam os falsos patriotas e religiosos. Almejavam um Mundo Árabe unido como um grande país, um Oriente livre, caminhando rumo ao progresso, com uma sociedade justa, com um Líbano "farol cultural", iluminando a civilização universal e com um mundo pacífico, sem guerras e conquistas sangüinárias.

Mesmo sendo sobrinho do Patriarca, Youssef era contrário aos procedimentos do clero maronita, ao domínio Otomano e ao latifúndio local. Fazia muitas criticas aos religiosos e políticos. Devido a essas criticas e, a fim de se livrar da perseguição das forças Otomanas, Youssef[3] tivera de fugir do Líbano para Roma, ajudado pelo seu tio o Patriarca.

Youssef Huwayyik, pioneiro na arte de esculpir esculturas no Líbano[4],

---

2 Elias Huwayyik (1843 - 1931) assumiu o cargo vitalício de Patriarca maronita em 1899. Durante a II Guerra Mundial ficou conhecido por sua generosidade ao amparar milhares de vítimas da Guerra na residência Patriarcal. Representou o Líbano na Conferência Mundial de Paz, onde pediu a independência do Líbano e a devolução de seus territórios que haviam sido desligados.
3 Youssef Huwayyik (1883 - 1962) nasceu no vilarejo Halta, região de Batroun. Quando começou a 1º Guerra Mundial, Youssef se alistou no exército árabe, acompanhou o rei Faisal, do Iraque, em todas as reuniões políticas, passeios aos museus de arte na Europa, sem com isso, deixar de escrever suas críticas contra o domínio francês, que tomara lugar dos turcos na Síria e Líbano. Faisal convidara Youssef a ir a Bagdá organizar a festa em memória de Sherazad, de *As Mil e Uma Noites*. No entanto, o rei veio a falecer naquele mesmo ano.
4 Dicionário El Munjid. 22ª Edição.

estava aperfeiçoando seu talento em Roma; quando soube da estada de Gibran em Paris, arrumou as malas e mudou-se para a "Cidade Luz". Os dois, escultor e pintor, como já fora dito antes, possuíam muitas afinidades nos ideais e quanto a isso, Gibran acreditava ser o destino conspirando e influenciando em seus encontros. Mas Youssef, dizia: *"Não foi o destino 'Maktub', mas sim meu tio quem facilitou minha fuga da forca turca".*

Youssef Huwayyik

Youssef e Gibran residiam no bairro latino, onde encontravam-se os grupos de artistas plásticos, literatos e poetas, lugar onde as idéias se misturavam umas as outras, como um redemoinho imaginário capaz de promover mudanças. Segundo Adevic Chaibub*, *"No bairro latino, as Deusas se compraziam em brincar com os corações dos que lhe agradam, tanto os bons como os ruins, colocando sementes para germinarem nas penas e pinceis dos talentosos, criativos da arte, para que algumas delas nasçam na mente destes talentosos".*

Os dois estudavam na Academia de Arte e viviam com o dinheiro contado. Economizavam contratando somente uma bela jovem que servisse de modelo posando nua para os dois. A convivência em ambiente artístico, além de beneficiar na arte, também proporcionava constantes colóquios sobre existencialismo, espiritualidade, consciência, vida, morte, religião, Deus, Cristo, Maomé, Moisés, filosofia, natureza, riqueza, pobreza, dignidade, etc. As reuniões se davam no café "Le Dome". Logo se transformavam em debates filosóficos entre jovens de invejável nível intelectual.

---

* Nota do autor: a escritora libanesa Adevic Giraidini Chaibub passou muitos dias durante a década de 1950 com Youssef Huwayyik. Com ele conversou sobre sua convivência com Gibran em Paris. Adevic juntou material e, em 1957, publicou o livro *Minhas Memórias com Gibran em Paris*. A obra teve versões em inglês e, posteriormente, em português, e também serviu de grande fonte de referência para este capítulo.

※※※※

Abaixo há um relato de Youssef Huwayyik, sobre suas experiências em Paris, publicado no livro *Gibran em Paris*, de autoria de Adevic Chaibub.

"As Idéias do Dr. Casper"

"Um dia, às doze horas, o Dr. Casper entrou no restaurante de madame Baudet. Quando nos avistou, a mim e a Gibran, acenou, e fizemos sinal para que viesse se juntar a nós. Quando ele terminou sua refeição, nós três começamos uma discussão sobre Ciência.

Lembro-me como o Doutor falou de modo convincente e com autoridade e respeito das mais recentes descobertas científicas na Medicina e na Astronomia. Ele fez um apanhado da História da Ciência, dos tempos antigos até o final do século dezoito – um século que testemunhara uma formidável revolução espiritual e material. Ele mencionou as respostas que Laplace dera a Napoleão, ao apresentar seu livro contendo sua teoria astronômica ao então Primeiro–Cônsul. Napoleão indagara: Newton mencionou Deus em seu livro muitas vezes, ao passo que o senhor não se refere a Ele nem uma única vez... por quê?"

Laplace retorquiu: "Porque não tenho necessidade de uma ilusão como essa."

- Ilusão? - Gibran contestou veementemente; e começou a apresentar argumentos filosóficos a partir de: - Nada vem do nada.

Nesse ponto o Doutor interrompeu:

- Você está se favorecendo de justificações sem a menor utilidade, meu amigo. Nada significam. Não baixarei a cabeça a não se à Ciência.

Gibran ficou furioso e disse:

- O intelecto do homem é limitado.

Mas o doutor elevou ainda mais a sua voz, gritando:

- Vocês, orientais, legaram ao mundo crenças que desorientam mentes sadias.
- Nesse ponto ele se voltou para mim e disse de forma acusadora: - E você desorientou Mademoiselle Martine dizendo que Deus existe.

Defendi-me dizendo de forma jocosa:

- Foi você quem desorientou a moça contando-lhe que Deus não existe. Martine quer se casar segundo as leis humanas e divinas, ao passo que você é um patife sem princípios e sem crença que não respeita as leis.

O Doutor ergueu o punho para mim em um gesto ameaçador e disse rindo, como se tivesse perdido o embate:

- Vocês orientais!

Eu fiz o mesmo, erguendo o punho mais alto que o dele, e retorquindo:
- Ou melhor, vocês, ocidentais!
Nós todos rimos e Gibran disse com sua maneira solene de costume:
- Juízo, rapazes, chega de criancice!
Quando estávamos entretidos com isso, Georgette voltou com um prato de frutas. Ela sorriu quando nos viu rindo e comentou:
- Aquece meu coração vê-los assim. O sangue da juventude e quente em suas veias. Enquanto vocês vivem, outros dormem, caem em melancolia ou existem como se estivessem condenados a trabalhos forçados.

Depois do almoço, nosso amigo, o Doutor, nos convidou a visitar o Instituto Pasteur, onde ele fazia pesquisas relativas a micróbios. Aceitamos o convite com prazer e fomos contentes com ele, pois há muito desejávamos fazer essa visita.

À primeira vista, o instituto Pasteur parece ao visitante uma cidade dentro de uma cidade. Era o domínio do Dr. Casper, em que ele se movia com segurança e falava com autoridade. Nem Gibran nem eu dissemos uma só palavra em oposição a ele.

O Doutor explicou:
- Todos esses animais, cavalos, gado, coelhos, galinhas e ratos são usados para experiências.

Gibran ponderou:
- Cada ser neste mundo tem sua função. Qual a preocupação desses animais além de comer e beber? Ocorre-lhes o pensamento, indago-me eu, de que estão prestando um serviço de valor inestimável a Humanidade?

O Doutor prossegui:
- E aqui se encontra a biblioteca. Aqui se encontra publicações médicas e relatórios científicos vindos de todas as partes do mundo, exceto do Oriente. O Oriente nem sequer sabe que existimos. - Ele então acrescentou sarcasticamente: - Vocês têm médicos em sua terra?

- Nossos ancestrais inventaram a medicina nos tempos antigos - retorqui furioso.

Nossos ancestrais, nossos ancestrais... e vocês? Queremos saber o que vocês têm e o que inventaram - respondeu ele.

Voltou então a explicar coisas.

Essas garrafas são usadas para armazenar micróbios. Nelas estudamos e observamos a natureza, desenvolvimento e vida. Procuramos remédios para combatê-los. Eis os micróbios da praga, da sífilis, tuberculose e outros, e aqui estão suas fotografias ampliadas. Têm formas e formatos diversos, como vocês podem ver. Cada um penetra no corpo e na corrente sanguínea humana de um modo peculiar. Por intermédio de nossos estudos, pesquisas e experiências procuramos os meios de combatê-los. Pasteur e Kosh abriram o caminho para fazermos isso.

Continuamos nossa visita guiada durante uma hora mais ou menos, tempo em que aprendemos muitas coisas interessantes. Antes de ir embora, perguntei ao Doutor à porta em tom sério:

- E o que me diz sobre o guarda-chuva com que você protege a cabeça das mocinhas quando está chovendo?

Ele ergueu o punho até o meu rosto e disse rindo:

- Vou lhe dar um parecido de presente.

- Muito obrigado - disse eu.

Na rua, logo que ficamos fora da visão do Doutor, Gibran indagou:

Que história é essa de guarda-chuva a que você aludiu e a respeito do que você e o doutor riram?

- É uma armadilha para mocinhas - comentei.

O quê? Uma armadilha para mocinhas? Como é que você pode ser tão irreverente? Foi só isso que você aprendeu na palestra do Doutor? Você não observou que o mundo da ciência vai além e suplanta o mundo da arte?

Respondi, reassumindo minha seriedade:

- Os mundos da ciência e da arte são os fundamentos da civilização humana. Eles se apóiam e complementam um ao outro, mas a verdadeira chave da realização é fazer um bom trabalho.

- Sim - concordou Gibran - o homem europeu faz um bom trabalho. A palavra "impossível" não existe para ele. Nosso amigo Doutor, por exemplo, dedica-se intensamente a seu trabalho e preocupa-se com conhecer tudo que pode sobre ciência. Quanto as suas idéias e princípios revolucionários, são assuntos exclusivamente seus. Apesar de tudo, gosto de ouvi-lo falar. Suas palavras são tão vivas quanto fogo.

- Sim! Todas as suas dissertações são cheias de vida - assenti. - Nunca ouvi um melhor orador em toda minha vida!

Acrescentei:

- Já lhe disse inúmeras vezes, Gibran que o Café Lê Dome é como uma "academia popular" no entendimento da vida e do universo. Pena que você não goste do ambiente.

- As desvantagens ultrapassam as vantagens - replicou Gibran com ironia. - Seria insuportável se não fosse por Lia e Susana.

Aproximávamos de minha casa e ouvimos música vindo do interior. Gibran me olhou:

- Está ouvindo a música? É Olga tocando piano. Quase esqueci que ela vinha tocar para nós.

- Eu não esqueci - respondi -, e para provar isso trouxe alguns docinhos da loja de Bochnet.

Depois de cumprimentar Olga, ela sugeriu:

- Antes de nos deliciarmos com seu chá e docinhos, quero que escutem uma sonata de Beethoven. Enquanto ensaiava, lembrei-me de meus queridos amigos, e eis que eles estão aqui pessoalmente.

- Estão aqui também em mente, corpo e alma - acrescentei.

Sentamo-nos no divã, à luz difusa do aposento, escutando as doces melodias surgindo no piano, Gibran descansando a cabeça na mão e nós ambos sonhando.

Em minha imaginação eu via, ora as pinturas de Michelangelo moverem-se dançando no teto, ora as almas atormentadas do inferno de Dante retorcerem-se e caírem no fogo, e ora as ninfas de Botticelli dançando em um gramado verde.

- Com que está sonhando Gibran? - indaguei.

- Estou embriagado, Youssef - murmurou Gibran. - As montanhas de cedros surgem e meus olhos, o vale santo, as tempestades de inverno e as flores primaveris. Ah, quem me transportará em um tapete mágico até Bicharry?

Assim expressávamos nossos sentimentos enquanto ouvíamos a sonata de Beethoven.

Enquanto estávamos mais uma vez imersos em contemplação, ouvimos Olga dizer:

- E agora escutem este concerto, a última peça que vou tocar.

- Tem certeza que será a última peça? - Gibran perguntou com tom jocoso. Fiquei surpreso, pois tal pergunta era contrária à natureza de Gibran.

Começamos a tomar chá e a conversar. O seguinte diálogo aconteceu entre Olga e Gibran:

- Quem não gosta de boa música não tem bom gosto.

- A fim de entender uma peça de música erudita, temos de escutá-la muitas vezes, do mesmo modo que fazemos com um poema ou uma peça literária, para poder absorvê-la completamente e compreendê-la.

- Os gregos antigos começavam a educação das crianças ensinando-lhes música antes de ciência. Acreditavam que a música disciplinava o caráter e ensinava ordem.

- Certo dia o Rei Felipe da Macedônia, entrou no aposento em que seu filho Alexandre tocava harpa. Ficou surpreso com a maestria do filho e o repreendeu: "Você não fica envergonhado de tocar tão bem assim?" Talvez o rei temesse que a música afastasse o filho das responsabilidades reais e da filosofia de Aristóteles, cujos segredos exigem um enorme esforço.

Eu finalmente me interpus:

- Na minha opinião a arte, como a filosofia, contribui para emancipar o intelecto e a alma humanos.

Olga pediu-me que desenvolvesse meu pensamento sobre o tema. Concordei dizendo:

- As obras-primas da escultura, da pintura e da música são como as obras-primas da literatura, no sentido de que nutrem nosso ser e nos ajudam a criar uma visão própria da vida e do universo. Estimulam-nos a pensar e a trabalhar e elevam-nos acima dos animais e nos aproximam dos deuses. Os que são insensíveis à graça da arte e da filosofia são deficientes. São como aleijados que tentam em vão erguer-se e caminhar com o fluxo da civilização.

Falava espontaneamente e com entusiasmo, mudando meus olhos de Gibran para Olga. Fiquei ainda mais entusiasmado quando percebi que eles gostavam do que eu estava dizendo.

E continuei:

- Se pudesse confinar a civilização humana em uma casca de noz, diria que é uma estátua, uma pintura, uma melodia ou um poema. Por intermédio destes, podemos apreender os poderes que movem o universo e compreender a essência das coisas e dos ventos. Refletem e revelam a vida dos reis pastores na Idade da Pedra, o poder dos magos, a crueldade dos reis assírios, a profundidade religiosa dos antigos egípcios, o brilho dos gregos antigos e dos italianos da Renascença.

- E também da época atual - interrompeu Gibran.

- O tempo atual - respondi - perdeu-se em anarquia e em loucas buscas infrutíferas.

Olga virou-se para Gibran e passou a falar em inglês, como se quisesse, por alguma razão particular, impedir que eu participasse da conversa deles. Então levantou-se apanhou seus pertences e aprontou-se para sair. Gibran me disse em voz baixa, em árabe:

- Onde descobriu tanta eloqüência, seu demônio? Pode ter se inspirado nela?

- Ela não merece até mais do que isso? - perguntei.

- Ela não me disse que admira você - brincou Gibran.

Deste modo nossa palestra continuou, nossas emoções correndo por nossas veias espirituais como micróbios demoníacos labutando em segredo na esperança de não serem detectados."[5]

❀❀❀❀

"Excursão noturna"

"(...) Depois de uma caminhada de dez minutos, chegamos à estátua de Voltaire. Ao passarmos por ela, Gibran exclamou:

- Eis o seu tio, o Patriarca de Ferney.

- Era melhor você chegar perto dele e tocar na bainha de sua roupa para obter

---

5 CHAIBUB, Adevic. *Gibran em Paris*, p. 108-114. Tradução: Ismênia Dantas.

a graça do bom humor recaia sobre você, mudando seu comportamento mal humorado e desvirando seu rosto que está do avesso - repliquei.

(...) *Alcançamos a Catedral de Notre Dame e paramos por instantes na praça, admirando a entrada e a fachada. Era simplesmente estupendo.*

- *Este magnífico templo foi construído em honra à santa padroeira de nossa pátria, Nossa Senhora* - comentei.

Um casal de jovens passeava de mãos dadas, cochichando e rindo. Esquecendo Nossa Senhora, Gibran comentou:

- *De que falarão eles? Assuntos triviais, sem dúvida, uma sílaba da eterna canção da vida, um simples prelúdio à mais profunda embriaguez do amor. Mas quando o entusiasmo arrefecer, começam as discussões, seguidas de uma separação. Talvez o resultado de seu amor seja mais uma criança que crescerá e repetirá o drama eterno, uma onda pequenina na superfície do oceano da existência.*

Chegáramos às velhas ruas de Paris situadas atrás da igreja de Saint-Julien-le-Pauvre. Gibran disse:

- *Pergunto-me quais terão sido realizações desse santo?*

Respondi:

- *Você está se referindo a São Julião, o Pobre? Não sei o que fez exatamente; só sei que foi mártir. Mas sei alguma coisa sobre Juliano, o Apóstata, imperador romano.*

- *Você tem mais simpatia pelos hereges do que pelos santos* - Gibran comentou.
- *Pelo menos tenho essa impressão. Vá lá, conte o que fez seu amigo herege.*

Eu disse:

- *Em primeiro lugar, ele gostava de morar em Paris. Como nós, era um homem de bom gosto. Além disso, tentou corrigir os erros de seu tio, o Imperador Constantino, e restaurar os templos e a glória dos deuses antigos do Olimpo. Acontece que preferiu fazer de Paris sua capital, em vez de Constantinopla, com o intuito de se colocar longe do Oriente, onde as lutas doutrinárias cresciam e se espalhavam com rapidez.*

Aqui, Gibran mudou de assunto, como se contente com o que eu tinha dito. Começou a contar histórias curiosas a respeito de Balzac e como percorrera essas ruas nas noites escuras recolhendo impressões para incorporá-las a suas histórias. Na realidade, cada uma dessas ruas, cada porta e janela e cada sombra furtiva pode inspirar reflexões sobre a tragédia da vida, sua ironia, beleza e feiúra.

Depois Gibran se transferiu para seu próprio mundo interior e misterioso, indagando:

- *E nós, que somos nós? Donde viemos e para onde estamos indo? Somos como sombras vagueando nessas ruelas estreitas ao mesmo tempo em que a curta distância,* nas ruas espaçosas, verte-se o fluxo humanitário, cujos membros, um por um, mais cedo ou mais tarde, desaparecerão. Essa vida é estranha; quem pode conhecer seus segredos e prever seus objetivos finais?

Não consigo me lembrar de todas as palavras que Gibran proferiu durante aquela excursão noturna. Mas me lembro de seu estado de espírito. Seu corpo, que ele deslocava sem pressa por sobre a terra úmida, era um peso para sua alma sublime e fonte metafísica de seus pensamentos.

Alcançáramos a Sorbonne. Parei em frente à estátua colocada em meio a um pequeno jardim. Ergui meu chapéu à estátua e disse a Gibran:

- Este é o grande poeta Dante, que visitou Paris no início do século quatorze. Seus muitos admiradores construíram esta estátua.

- Até que ponto você chegou na tradução da Divina Comédia? Você prometeu muitas vezes ler alguns trechos para mim e não vejo melhor ocasião do que hoje. Que diz você?

Gostei da sugestão de Gibran e fomos para minha casa. Para chegarmos logo, tomamos o bonde para a Praça Denver e, no caminho, expliquei por que Dante é um poeta tão grande.

Eu disse:

- Dante está em terceiro lugar, depois de Homero e Virgílio, talvez até o supere. É o primeiro escritor moderno. Não deixou nenhuma emoção sem ser esquadrinhada nem nenhum tema sem ser examinado. E isso com a maior eloqüência e profundidade. Amara Beatriz desde que ele tinha dez anos e ela pouco menos. Mas a morte levou-a quando ela mal fizera vinte anos. Mais tarde, Dante foi exilado por razões políticas e viveu o restante de sua vida longe de sua amada cidade, Florença. Um dia, gemeu em agonia e das profundezas de sua alma gritou: 'Oh, como é difícil entrar e sair de lares alheios sem nunca chegar à minha própria casa!' Apesar disso, Dante compôs canções imortais que lhe garantiram um lugar entre os maiores poetas. Ele nunca esqueceu seu amor por Beatriz, que se tornou, na Divina Comédia, seu guia na viagem pelo céu. Algumas pessoas afirmam que ela inspirou sua poesia, e sua memória foi a fonte constante de sua inspiração.

Parecendo estar gostando de minha conversa sobre Dante, Gibran me interrompeu dizendo:

- Como eu gostaria de visitar Florença e caminhar pelas ruas de Dante, Giotto, Fra Angélico, Botticelli, Leonardo da Vinci, Michelangelo, Maquiavel e tantos outros que viveram e amaram aquela cidade. Lamentarei eternamente se me for negada a oportunidade de subir ao cume de Fiesole.

Nesse momento chegávamos a casa, Gibran me perguntou:

- Há alguma coisa para comer? Falar de poesia não vai encher o estômago.

Quando entramos, dei-lhe um copo de iogurte, geléia e uma lata de biscoitos.

Fiz também duas xícaras de café. Depois de comer, sentamos no divã e enquanto Gibran ouvia, descansando a cabeça no ombro, eu lia a tradução do Quinto Canto, em que Dante discute o amor.

Eu repetia algumas frases em italiano, por uma questão de clareza. Erguia a voz quando chegava a um trecho mais dramático até que cheguei à parte final, em que Dante diz: 'E caí como um corpo morto.' Voltei-me para Gibran, para verificar o efeito que minha leitura estava causando, e lá estava ele, com a cabeça pendente e os olhos marejados. Não pude deixar de rir alto, o que o tirou de seu devaneio. Perguntou-me por que rira.

Eu respondi:

- Porque tive vontade de rir.

Gibran respondeu imediatamente:

- E eu estou com vontade de ir para a cama. Como é muito tarde para ir para casa, vou dormir no seu divã. - Tirou os sapatos e o casaco, esticou-se e caiu no sono.

Era verdadeiramente uma vida simples a que levávamos em Paris. Mais tarde, em uma de suas cartas de Boston, Gibran rememorou:

'Toda noite minha alma volta a Paris e voa por aqueles lugares. E toda manhã, acordo pensando naqueles dias que passamos naqueles templos de arte e nos vale dos sonhos.(...)'[6]

※※※※

No mesmo livro, no capítulo quatorze, segue-se um relato de Youssef sobre um diálogo que teve com Gibran, sobre o amor:

"Que é o amor?"

"Existe uma conhecida tradição entre os poetas afirmando que os deuses às vezes ficam com inveja da felicidade do homem e que essa inveja os impele agir malevolamente, molestando-os. Se esses deuses agissem de modo sábio e justo, poderiam tornar mais fácil a senda da felicidade humana sem perder nada, aumentando a gratidão do homem para com ele, decuplicando-a. E a felicidade deles também aumentaria.

A verdadeira felicidade é fazer felizes aqueles que amamos. Como isto é feito? É um dos grandes segredos dos deuses.

Em italiano não se diz a uma mulher 'eu te amo', mas 'te quero bem'. Era assim que eu me sentia em relação à Mademoiselle Olga. Eu lhe queria bem e expressava meu sentimento comprando flores e arranjando-as em volta do seu piano, e cuidando delas de

---

6 CHAIBUB, Op. Cit., p. 91.

modo que não murchassem.

(...) Gibran ouviu contar as notícias de Olga (...)
- Você ama Mademoiselle Olga?
- Isto é uma intromissão em meus assuntos particulares - respondi.
Depois confrontei-o:
- Eu já lhe fiz alguma pergunta dessas? Honestamente, não sei se o que sinto em relação a ela é o amor ao qual você se refere.
- Amor é amor. É uma doçura que corre pelo sangue. Contudo, é uma doçura de tantas inumeráveis variedades que quase cada ser humano experimenta uma espécie diferente de amor. O amor é determinado pelas circunstâncias e pela sorte! Talvez até pela altura de uma pessoa ou pela cor dos seus olhos. O homem não habita mais em cavernas e selvas. Sua vida e seu pensar evoluíram com o tempo. O fator religioso tem tido sua influência sobre nós. Os padres estabeleceram leis sobre o amor, as quais eu abomino, porque são motivadas pela ignorância e pela injustiça. A pobre mulher é forçada a se submeter, e eles promulgaram essas leis e regulamentos sobre questões de grande interesse para ela e para eles. Depois, atribuíram as leis deles ao Criador, quando o criador não teve nada a ver com elas. Se analisadas, será descoberto que essas leis estão muito afastadas do espírito da justiça divina.

Gibran falava com muito entusiasmo e emoção, como se o assunto houvesse estado ocupando sua mente há muito tempo. Depois, retornou à pergunta do início:
- Diga-me, Youssef, como é que você se sente em relação a Mademoiselle Olga?
- Desejo para ela todo o bem e a felicidade - respondi, para fazer-lhe a vontade. - Construí para ela um altar nas profundezas do meu coração e não tenho a intenção de derrubá-lo ou de destruí-lo, mesmo que ela tivesse vontade de que eu o fizesse.

Impetuosamente, ele disse, tornando-se impaciente comigo:
- E quando começou você a falar em linguagem poética? Se os sentimentos de um para com o outro são recíprocos e os amantes estão livres, qual é a objeção contra a concretização de sua felicidade?
- Devo entender - eu interrompi -, a partir do que você está dizendo, que você concorda com Mademoiselle Susana em que o amor é como um gole d´água ? Não, Gibran! Não posso defender um amor sensual, egoísta e vil. Há algo em meu coração que se opõe a isso veementemente; é mais forte que a razão e a lógica. Diga-me, amigo, para onde levaria o amor se o despojássemos de sua beleza espiritual?
- Beleza espiritual? Você fala como uma das irmãs de Caridade. Parece-me que ainda existem dentro de vocês vestígios da influência sacerdotal - disse Gibran, sorridente.

Ao ouvir a observação de Gibran, o sangue subiu-me à cabeça e eu me senti quase insultado. Aquela era a primeira vez em que tínhamos uma discussão exaltada. Mas, em lugar de ficar furioso, o que não era de minha natureza, repeti a pergunta:

- Aonde levaria o amor a que você se refere? Diga-me, não terminaria em alguma coisa leviana e mesquinha?

Sarcasticamente, ele me perguntou:

- E aonde quer você que o amor conduza?

A uma posição altaneira - repliquei -, que eleva o homem à dignidade dos deuses, e à capacidade a sondar os mais profundos e maravilhosos mistérios, e o incita a empreender os feitos maiores e mais nobres.

- Belo discurso. Estudarei esse assunto. É digno de estudo. - Gibran disse em tom ligeiramente menos sarcástico.

- Você escreve e eu colocarei em prática o que for escrito - eu ponderei.

Desse modo terminou a conversa entre nós, sem se haver transformado em uma exaltada discussão sobre Cupido, o deus do amor. Não havíamos chegado a um entendimento mútuo porque, em assuntos dessa natureza, cada pessoa tem uma opinião própria."[7]

❀ ❀ ❀ ❀

Outra passagem interessante na vida de Gibran e Youssef em Paris está transcrita *abaixo*, trata-se de um trecho que foi retirado do livro *Gibran em Paris* do capítulo 18, cujo título original era "O Padre Lomtre" e, mostra o rico ambiente cultural e intelectual em que viviam na "Cidade Luz".

"A maçã da Eva e o ovo dos Fenícios."

"Depois do jantar, certa noite, deixamos o restaurante Baudet sem saber o que fazer. Estávamos indecisos quanto a ir ou não à Academia de Arte, ou não, já que estava uma noite clara e amena, fazer uma excursão noturna, durante a qual daríamos asas à nossa imaginação. Mas Gibran estava cansado. Assim ficamos na encruzilhada, indecisos quanto a ficarmos ou não juntos, ou seguir nossos caminhos diferentes - eu para o Dome e Gibran, dormir, quando, por acaso, eu olhei na direção do café. Eu não podia acreditar nos meus olhos. Lá, na esquina da calçada, nosso amigo Dr. Casper e um padre estavam sentados a uma mesa. Sim, era um padre. Seu hábito negro não deixava dúvida de que era um padre.

Gibran disse: - O doutor Casper... com um padre... e no Café Le Dome? Será que Mademoiselle Martine virou padre? Eu me pergunto o que estão eles conversando.

---
[7] Cf. CHAIBUB, p. 129.

Imediatamente nos encaminhamos em direção a eles, espicaçados por um impulso instantâneo. Quando Casper nos viu, sem hesitação acenou com as mãos para que nos juntássemos a eles. O jovem padre se levantou para nos cumprimentar, com um sorriso despretensioso. Casper nos apresentou dizendo:

- Este é Monsieur Gibran com seu amigo do Líbano, e este é meu parente, Padre Lomtre.

O Padre estendeu a mão para nos cumprimentar, dizendo:

- Muito prazer em conhecer dois autênticos fenícios.

Nós não dissemos nada. O padre, surpreso com nosso silêncio, continuou: - Como? Estou enganado? Os senhores não são fenícios libaneses?

Eu disse: - Uma pequena porcentagem; talvez, não mais que uma gota de sangue nas veias, como resultado de milhares de anos de mistura, a última das quais foi toda de maronitas.

Sentamo-nos. A garçonete voltou com o café e creme. O Dr. Casper, explicou mais adiante:

Meu primo se interessa por astronomia. Esta estudando uma nova teoria sobre a origem do universo. Quando chegou a Paris, não quis visitar ninguém até ver o primo, porque, como estão vendo, estava ansioso para falar com ele. Vai entrar em contato com alguns arqueólogos do Louvre, para pesquisar os antigos fenícios, que têm relação com o seu interesse. Ele e eu somos opostos, relativamente a nossos interesses científicos. Ele está interessado em objetos maiores, como nebulosas, e eu com os menores, os micróbios. Mas essa grande diferença não causa desacordos.

Com essa observação, Gibran olhou para mim como se estivéssemos segurando o touro pelos chifres. Ele não havia ainda esquecido sua veemente discussão com o doutor sobre a existência de Deus, especialmente as palavras do doutor sobre "vocês orientais". Em conseqüência, perguntou ao doutor:

- A crença na existência ou na não-existência de Deus não cria desacordo entre vocês dois?

O padre não tardou a compreender a essência da pergunta de Gibran. Sorriu e respondeu:

Casper tem uma fé muito frágil, talvez não tenha fé nenhuma. Quanto a mim, a minha fé é profunda e não sujeita a dúvida. Contudo, somos parentes, nosso relacionamento é agradável, a despeito do hiato profundo entre nossos princípios e crenças. Meu primo tem coração bondoso e uma mente sadia.

Gibran concordou com ele e disse: - Não há dúvida de que a bondade do coração e a sanidade da mente são básicas para o entendimento. - Voltou-se para mim levantando os dedos, em movimento inconsciente e disse: - Nós somos amigos, se bem que nem sempre compartilhamos o mesmo ponto de vista.

Enquanto a conversa prosseguia dessa maneira, eu me perguntava sobre a origem do universo e a origem de todas as coisas criadas. Ansiosamente perguntei ao padre:

- Padre, o senhor já foi capaz de compreender claramente alguma coisa sobre o começo do universo, com exceção é claro, de que foi criado em seis dias, ou qualquer coisa mais do que sabemos sobre Adão e Eva e a maçã?

- Há uma possibilidade de que o universo tenha sido, no começo, uma conglomeração de substâncias. Os seus ancestrais fenícios afirmavam que existia um ovo, e que um dia foi quebrado, como resultado de alguma causa: a vontade do Criador... Deus.

- Deus não tinha mais nada com que se divertir, exceto chocar ovos? - eu lhe perguntei brincando.

Ao ouvir isso, o padre sorriu calmamente para si mesmo. Naquele momento chegou Calmie. Assim que nos cumprimentou e se sentou, ingressou na conversa. Quando ouviu do Padre Lomtre a teoria dos nossos ancestrais a respeito do ovo, disse:

- Essas pessoas me deixam desiludido; inventavam muitas coisas, mas não sabem como explorar seus inventos ou como proteger os seus direitos. Por exemplo, eles foram os que ensinaram ao mundo o alfabeto, mas não preservaram seus direitos autorais. Se tivessem processado aqueles que adotaram e usaram seu alfabeto, no começo do século vinte teriam ganho bilhões.

- Em nome dos meus compatriotas, eu lhe incumbo de defender o nosso caso e, como de hábito, nós lhe adiantamos dez por cento - eu lhe disse, zombeteiramente.

A partir dessa observação, o Padre Lomtre entendeu que Calmie era judeu, portanto proferiu frases corteses sobre nossos pais Abraão, Isaac, Jacó, Moisés e sobre o Velho e o Novo Testamento, a cristandade e o Islã. Fez também referência ao Budismo, para demonstrar seu profundo conhecimento de religiões. Uniu-se a Gibran, para explicar e analisar as exterioridades da prática religiosa e as razões pelas quais as pessoas se afastaram das questões centrais da religião, resultando em se comentarem em superficialidades, ao invés do que interessa, submergindo às vezes nas vascas de um fanatismo repreensível e odioso.

Dessa conversação, lembro-me de uma pergunta que Gibran fez ao Padre Lomtre:

- Não é melhor para a Humanidade, em seu estado atual de incerteza, viver como irmãos sobre a Terra?

O piedoso padre respondeu afirmativamente e acrescentou que tudo o que as pessoas precisam é de um pouco de magnanimidade e tolerância. Este afirmava, era o verdadeiro sentido da religião. Com relação a isso, contou-nos a história de um acontecimento de que havia sido testemunha. Começou:

- Eu estava com o Cardeal Marcet, Arcebispo de Malines, quando chegou para vê-lo uma senhora acompanhada de uma filha moça. Ela se queixou energicamente ao Cardeal contra a severidade da lei religiosa. Aludiu ao fato de ser viúva e de seu marido ter servido ao seu país como ministro e embaixador. Disse que, no momento, a filha estava noiva, mas que a lei belga não admitia o casamento sem um certificado de batismo, e que sua filha não era batizada porque ela e o marido não haviam dado importância a tais "questões pueris". Sim foi desse modo que a senhora falou e, no julgar dos que estavam presentes, ela estava blasfemando. Mas, o homem de Deus se adiantou com o sorriso paternal e cristão e, delicadamente, perguntou a jovem: Minha filha, você quer ser batizada para poder casar em acordo com as leis? Ela disse: Quero, Padre e baixou os olhos corando.

O cardeal me disse: "Tragam-me um copo dágua. Quando eu lhe trouxe, ele mergulhou a ponta do dedo na água e fez o sinal da cruz na fronte da jovem, dizendo: Eu te batizo em nome do Padre, do Filho e do Espírito Santo. Depois, voltou-se para mim e disse: Agora, dê-lhe um certificado de batismo, para que ela possa casar. Voltou-se para a moça e disse: Parabéns antecipados, mademoiselle, desejo-lhe felicidades. Depois perguntou à senhora: Há mais alguma coisa que eu possa fazer pela senhora, madame? A mulher agradeceu com profunda emoção e os olhos cheios de lágrimas. Ela se curvou para beijar sua mão, que ele ocultou por humildade.

O Doutor interrompeu-o:

- Chega de pregação; se você quer converter nossos amigos, eles não estão necessitados de conversão. Eles são bons e seus corações estão cheios de amor.

Eu me voltei para Gibran, comentando em árabe:

- A história do batismo é mais bonita que a história do ovo.

- Está mais próxima do entendimento e do coração - disse Gibran.

Gibran levantou-se, desejando uma boa noite aos presentes. Estava indo para a cama, de vez que não suportava ficar acordado até tarde. Eu caminhei com ele alguns passos para não perder sua última observação sobre o assunto. Ele disse:

- Que bom seria se houvesse um pouco de bondade nos corações de todos os dignitários religiosos, como o Arcebispo de Malines. A ação dos clérigos subordinados ao seu tio ainda ecoa em minha memória e ocupa minha mente.

- Eu lhe prometo que não tornarei a falar desses acontecimentos - disse-lhe, ao me despedir."[8]

8 CHAIBUB, Op. Cit., p. 153-158.

"O restaurante de Madame Baudet"

"(...) Às vezes, quando estávamos sem vontade de trabalhar na Academia de Arte e quando Gibran não tinha compromissos, perambulávamos pelo Boulevard Montparnasse até a esquina do Café Du Lilás. Tomávamos uma xícara de café, admirando a estátua do marechal Ney com sua espada apontada para frente. A estátua era trabalho do escultor Rudé. Aventurávamo-nos então pelo Jardim do Observatório, passeando em torno do lago, e embevecidos como crianças deslumbradas diante das estátuas dos Quatro Continentes, do escultor Carpeaux. Cada estátua era uma mulher representando um continente. Todas elas, nuas e belas, sustentando na cabeça, o globo terrestre.

Uma verdadeira obra de arte. À volta dessas estátuas jorrava água em todas as direções. O verde das árvores sombreava ambos os lados do largo caminho. Ninguém supera o bom gosto dos franceses. 'Estamos em Paris!' Gibran costumava exclamar em um transbordamento de alegria.

Agora, quando cerro os olhos, a lembrança de Gibran toma de imediato a minha mente - seu sorriso afetuoso, sua voz quente, suas mãos expressivas. Posso nos ver indo para o Jardim do Luxemburgo, dobrando à esquerda e nos sentando no patamar de onde se avista o Palácio e parte dos jardins. Posso ouvir o eco da voz de Gibran em meus ouvidos: Estamos em Paris, Youssef! Neste belo jardim e pelo caminho à nossa frente caminharam muitos homens eruditos e artistas. Sinto a presença de Puvis de Chavannes, Carrière, Balzac, Alfred de Musset, Vitor Hugo, Pasteur, Curie, Taine e Renan. Posso ver suas pegadas no caminho.

Fiz então um comentário:

- E as jovens que são a fonte de inspiração, você não vê os vestígios de seus pés mimosos no caminho? Os pés de Mademoiselle Olga, por exemplo?

Gibran esboçou um sorriso, com os olhos semicerrados, e eu o deixei entregue a seus pensamentos sobre os grandes homens, dedicando-me a pensar nas jovens que são fonte de toda inspiração.

Depois de um longo silêncio, Gibran me perguntou:

- Que tal visitarmos Lady Geneviève, já que estamos perto? Não a vejo há muito tempo e gostaria de vê-la.

Não tardamos a sair do jardim, caminhando em direção à Rua Soufflot até o encontro do Panteon - que Soufflot construiu antes da revolução francesa - surgir diante de nossos olhos. Meu Deus! Como podia um templo ficar por cima do outro com uma cúpula elevando-se sobre ambos?

Sobre as ruínas da antiga igreja de Santa Geneviève o templo fora construído em honra da padroeira do povo de Paris. Durante a grande Revolução, foi transformado em mausoléu para homens ilustres e rebatizado como Panteon. Em sua fachada havia a seguinte inscrição: "A Nação Agradece e Seus Grandes Homens". Depois da Revolução fora de novo transformado em igreja. A República o havia recentemente feito mausoléu outra vez. Entramos.

A primeira coisa que vimos foi a pintura de Santa Geneviève por Puvis de Chavannes, que Gibran admirava muito. Nesse afresco, a Santa está de pé, em uma varanda na frente de seu quarto. Tem a cabeça envolta em véu branco, cujas pontas segura com uma das mãos, repousando a outra mão sobre a balaustrada. Como uma sentinela ao luar, a Santa zela pela cidade adormecida e por seu povo. É, fora de dúvida, uma imorredoura obra de arte.

Foi essa mulher que, em meados do quinto século, tranqüilizou o povo aterrorizado de Paris, quando as hordas bárbaras de Átila se aproximavam da cidade, depois de terem devastado a maior parte da Europa, deixando em seu rastro morte e desolação. Átila chegou até os portões de Paris e parou diante das muralhas. Geneviève saiu para se defrontar com o bárbaro. Que terá ela lhe dito? Em que língua falou? Qual seria a tonalidade de sua voz? O que, em seu aspecto, persuadiu o formidável Átila a voltar e deixar Paris incólume?

Gibran indagou emocionado:

- Pode haver tranqüilidade mais profunda e mais solene que a de seu rosto?

Concordei com as palavras de Gibran aprovando com a cabeça e, com os olhos fixos na pintura, eu disse:

- Uma pintura tinha de ser assim ou simplesmente não ser.

Passamos então a olhar uma segunda pintura representando a morte da Santa que abençoa as pessoas presentes. É trabalho de Jean Paul Laurens. Uma pintura clássica no mais estrito sentido da palavra. É fria, até monótona e sem alma.

Gibran comentou:

- Como já lhe disse inúmeras vezes, Yussef, não gosto da arte de Laurens. Às vezes a abomino. Gostaria de ser livre para criar minha própria forma de arte.

Ouvimos a voz do guia dizendo bem alto:

- A porta da cripta está aberta. Quem deseja visitar a cripta?

Descemos à cripta com outras pessoas. O guia ficou sobre um pequeno podium e apontou para um túmulo, repetindo como um papagaio:

- Aqui repousa Voltaire, grande filósofo, grande escritor e grande poeta. - Em seguida apontou um outro túmulo e disse: - Aqui repousa Jean Jacques Rousseau, grande escritor e pensador. - Apontou ainda outro túmulo e disse: - Aqui repousa Victor Hugo, grande poeta.

Gibran apertou meu braço, cochichando:

- Para mim chega de grandeza. Prefiro dar um passeio à beira do rio.

Você tem toda razão. Vamos embora - concordei eu.

Esgueiramo-nos para fora do grupo, e subimos os degraus que levam ao Boulevard Saint Michel ao lado do rio. A princípio olhamos livros e quadros nas vitrinas e então, caminhando abaixo, Gibran começou a falar sobre escritores eminentes e o papel por eles desempenhado no despertar da consciência de suas pátrias. Gibran disse:

- Voltaire e Rousseau foram o pensamento da França por volta do final do século dezoito. Não há de que se admirar estarem descansando em paz sob a cúpula do Panteon.

Indaguei:

- Mas você sabe o que disse a respeito deles Luís XVI?

- Você está se referindo àquele Bourbon mandado para a guilhotina pelos homens da Revolução? - retorquiu ele.

- Ele mesmo - respondi. - Quando estava sendo julgado no Palácio da Justiça, vendo por perto alguns livros de Voltaire e Rousseau, disse com desprezo: "Esses dois homens destruíram a França!"

Na realidade é evidente que ele estava se referindo à monarquia dos Bourbon. Napoleão disse certa vez: "Se os Bourbon tivessem observado mais atentamente a atividade literária de seu tempo, sua estrela não teria se apagado tão cedo, Voltaire e Rousseau não eram tão grandes; seus contemporâneos é que eram medíocres."

- É verdade - concordou Gibran, - não se pode duvidar de que os livros influenciem e formem a vida das nações. Escritores e intelectuais induzem as pessoas a pensar. Foi com Voltaire e Rousseau que o povo da França começou a pensar, nem mesmo Napoleão pôde fazê-lo parar de pensar. Indago a mim próprio quando esse milagre de pensar vai ocorrer no Oriente? E quando e com quem o Oriente começará a pensar?

- Com Gibran! - exclamei vibrando de entusiasmo. Mas Gibran me olhou espantado e supôs que eu estivesse caçoando dele.

- Sim! Com Gibran o Oriente começará a pensar - repetiu.

- E seus compatriotas vão lhe erguer um Panteon - acrescentei.

Chegáramos à margem do Sena, no local onde, na beira do cais, estão as barracas em que se vendem livros."[9]

---

9 Cf. CHAIBUB, p. 97-98.

O pintor e o jornalista

Nas primeiras décadas do século passado, Paris era uma cidade de refúgio dos libaneses que amavam a liberdade e lutavam pela independência da Grande Síria[10] dominada pelo Império Otomano. Na segunda metade do século XIX, os intelectuais libaneses fugiram para o Egito e fundaram a grande imprensa, que teve importante papel na disseminação do conjunto de idéias de desenvolvimento sócio-cultural, mostrando as mazelas das tradições. Essas que se perpetuaram sucessivamente, de geração a geração, e que durante quatro séculos de domínio Otomano, mantiveram os mesmos padrões de comportamento, das crenças, das instituições latifundiárias e dos valores morais e materiais que escravizavam o oriental árabe, especialmente a mulher.

No começo do século XX, esse processo de fuga, oficialmente chamada de imigração, dos libaneses para o novo mundo se acelerou e, levou muitos políticos e jornalistas a escolherem Paris como novo domicílio. Isso permitiu a tradução e apresentação de muitas obras e diversas peças teatrais no cenário parisiense.

De 1907 a 1908, estava em visita a Paris, o conhecido jornalista libanês Gibran Tuaini, fundador do jornal e editora "El Nahar"[11]. Tuaini caminhava nos corredores do Louvre, acompanhado de seu amigo, o médico Jean Farah[12], apreciando as telas dos famosos artistas plásticos, quando deparou-se com um jovem, de cabelos negros e soltos nos ombros, sentado em um lugar reservado, copiando com perfeição o quadro que Tuaini não tem certeza se tratava-se de Gioconda.

Tuaini diz em árabe ao amigo: - *"Olha, este filho de um cachorro[13] conseguiu imitar o quadro com perfeição."*

O jovem pintor virou-se rapidamente e retrucou em árabe: - *"Porque está me chamando de filho de um cachorro, se sou filho de gente, meu pai é gente, lhe juro por tua honra."*

---

10 Naquela época, o Líbano, Síria e Palestina compreendiam o território da Grande Síria.
11 O "El Nahar" existe até hoje e continua sendo um dos jornais de maior credibilidade do Oriente Árabe. Da década de 50 a 90, "El Nahar" foi dirigido pelo filho e herdeiro Ghassan Tuaini, que também foi deputado, ministro e representante do Líbano nas Nações Unidas. De 1990 a 2005, o jornal foi comandado pelo neto Gibran Tuaini, também deputado libanês e morto em um atentado em 12/12/2005.
12 O médico Jean Farah, oriundo da histórica cidade Tyro no Líbano, residia em Paris, tinha dois irmãos, Felipe e Fuad (de nome alterado para Raimundo), imigrados para o Brasil e se fixaram em Belém, capital do estado do Pará. Felipe foi cônsul honorário do Líbano de 1955 a 1961; e Raimundo foi superintendente da ilha do Mosqueiro e único vereador Libanês na câmara municipal de Belém. Atualmente a família Farah possui dezenas de membros, dentre filhos e netos, que desconhecem a amizade do tio Jean Farah com Gibran. Vide Raízes Libanesas no Pará, página 160.
13 Expressão de ofensa grave em língua árabe, exceto no Egito que é considerado um insulto comum.

Tuaini: - *"Eu e meu amigo médico nos surpreendemos e pedimos desculpas, o pintor era Gibran Khalil Gibran."*[14]

Certamente Tuaini arrependeu-se da ofensa que proferiu ao artista desconhecido, pois em 21 de agosto de 1931, quando chegaram os restos mortais de Gibran no Líbano, foi celebrada uma grande homenagem no Grão Teatro de Beirute. Durante a cerimônia, discursaram o presidente da república libanesa, Dr. Charles Dabbas; os famosos poetas e pensadores Amin Al-Rihani, Khalil Mutran, Bechara El Khoury, Jamil Baiham, Michel Zacour, Elias Abu Chabki, Gurgi N. Baz, Marouf El Rassafi (Iraque) e, Ahmad Abu Chady (Egito). Mas a oratória mais comovente foi de Tuaini, que na ocasião era ministro da educação. Citou como conheceu Gibran há 24 anos em Paris e enalteceu-o dizendo que a nação libanesa considera Gibran Khalil Gibran um filho ilustre de honra e glória. Gibran era como uma medalha de honra ao Líbano, tanto em vida depois de sua morte[15].

---

14 No discurso em homenagem à memória de Gibran, Tuaini citou esse encontro, exceto a ofensa, mas, no livro *Conversação com Gibran*, Riad Huanin relata detalhadamente.
15 MASSOUD, Habib. *Gibran Vivo e Morto*, p. 668. (publicado em São Paulo - árabe).

Gibran órfão

Durante a primavera de 1909, Gibran recebeu a triste notícia do falecimento de seu pai e escreveu uma carta a Mary Haskell, datada de 23/06/1909:

Querida Mary:
Perdi meu pai, adorada Mary. Ele morreu na velha casa onde nasceu há 65 anos. As duas últimas cartas que me escreveu fazem-me chorar a cada leitura. Seus amigos me escreveram, contando que ele me abençoou antes de o fim chegar.
Agora eu sei, querida Mary, que ele descansa nos braços de Deus, e, no entanto, não posso evitar um sentimento de pranto e saudade. Não posso deixar de sentir a pesada mão da Morte sobre minha testa. Não consigo deixar de ver as sombras difusas e tristes dos dias passados, quando ele, minha mãe, meu irmão e minha irmã pequena viviam e sorriam diante do Sol. Onde estarão eles agora? Em alguma região desconhecida? Estarão juntos? Será que se recordam do passado como nós? Estarão próximos deste nosso mundo, ou muito, muito distantes? Sei, querida Mary, que eles vivem. Vivem uma vida mais real, mais bela do que a nossa. Estão mais próximos de Deus do que nós.
O véu das sete dobras não mais se ergue entre os olhos deles e a Verdade. Já não brincam de esconder com o Espírito. Sinto tudo isto, querida Mary, e, no entanto, não consigo evitar a dor do pranto e da saudade.
E você - meu querido e doce consolo - está no Havaí, ilhas tão amadas pelo Sol. Está do outro lado deste planeta. Seus dias são noites em Paris. Você pertence a outra ordem de tempo. E, apesar disso, está tão perto de mim. Caminha a meu lado quando estou só; à noite sentamo-nos juntos à mesa, e, quando trabalho, conversa comigo. Há ocasiões em que sinto como se você não estivesse aqui na Terra.
Estou fazendo anotações sobre as diferentes obras de artistas modernos, como Rodin e Carrière, Henri Martin, Simon e Mènard. Todos têm algo a dizer, e fazendo-no de modo diferente. Os trabalhos de Carrière são os que mais me tocam o coração. Suas figuras de pé ou sentadas, por trás da neblina, são mais significativas para mim do que qualquer coisa, exceto a obra de Leonardo da Vinci. Carrière compreendia os rostos e as mãos mais do que qualquer outro pintor. Ele conhecia a profundidade, a altura e largura do corpo humano. E sua vida é tão bela quanto sua

obra. Carrière sofreu muito, mas entendia o mistério da dor: sabia que as lágrimas fazem brilhar todas as coisas.

Dê lembranças minhas aos vales e às montanhas do Havaí.

Beijo-lhe as mãos, minha querida Mary; fecho os olhos agora, e é você que vejo, querida amiga."[16]

---

16   *O Grande Amor do Profeta*, p. 18. Tradução: Valerie Rumjanek.

Amin Al- Rihani em Paris

Amin Al-Rihani[17] filósofo e escritor do nacionalismo árabe clamou pela união do povo árabe para se tornar uma nação progressista avançada cientificamente. Ele foi influenciado pelo pensamento de Rousseau e seguia o sofismo, que entende que para o homem ficar mais próximo de Deus precisa libertar-se das superstições. Amin era um precursor e orientador da geração árabe e um missionário divulgador, rogando pela libertação do povo árabe da dominação estrangeira, das tradições, lendas, crenças e costumes atrasadas. Amin Rihani era uma águia, um talento da literária libanesa, pairou nos espaços árabes, distribuindo literatura científica orientadora, apelando aos reis, príncipes árabes e governantes a se reunirem rumo ao avanço e progresso, a libertar a mente do fanatismo religioso, das crenças e das lendas.

Amin Al-Rihani tinha grande admiração por Gibran. Embora ambos tivessem um estilo literário parecido, a redação de Gibran era mais suave e melodiosa. Amin era idealista e progressista, esperava que Gibran comandasse a marcha do povo árabe rumo ao progresso. Amin aplaudia Gibran cada vez que publicava um artigo ou livro. Por diversas vezes, serviu como orientador de Gibran; em outros momentos, censurava-o por contar estórias sobre sua descendência de nobres e príncipes e, ainda, criticava seus contos americanizados e espiritualistas. Queria que Gibran não se iludisse nem se perdesse com a cultura ocidental e, se mantivesse na mesma linha impetuosa, empunhando o estandarte do despertar dos árabes. Amin preferia os livros de Gibran escritos em árabe como *Espíritos Rebeldes*, *Temporais* e *Asas Quebradas*, ao invés, dos livros escritos em inglês, inclusive o *O Profeta*.

---

17 Amin Al Rihani, também conhecido como "filósofo da Froyka", por ter origem no vilarejo El Froyka, localizado a vinte quilômetros de Beirute e, próximo a Beit Chabeb. Assim como Gibran, Amin fazia parte da tríade renovadora da literatura árabe e escrevia em árabe e inglês. Era uma bandeira da literatura dos imigrantes e da imigração libanesa, produziu muitas obras de grande criatividade, e, conforme avançava suas reflexões filosóficas suas idéias se fortaleciam. Deixou-nos um patrimônio cultural riquíssimo, sendo os mais famosos: *Riahaniat*, 4 volumes; *Reis dos árabes*, 2 volumes; *História contemporânea do Najd* (atual Arábia Saudita); *Faissal I*; *Coração do Iraque*; *Coração do Líbano*; *As Tragédias* (resumo da história do Líbano e da Síria); "Vocês os poetas"; "Alfazema da Gruta" (romance); *Jihan o Fora do Haren* (romance); *O Burriqueiro e Vigário* (conto); *Lealdade da Época* (peça teatral); *Lizumiat Abi Alá* (poesia do filósofo cego Abu Alalá Al Muary, traduzida para o inglês em prosas poéticas); *Ibn Saud, seu povo e sua pátria* (em inglês); *Poemas sofistas* (poesias em inglês); *Aclamação dos Vales* (poesias livres).

Amin Al-Rihani

Gibran também admirava e respeitava Amin, isso por toda a bagagem cultural e moral. O patriotismo e o idealismo de Amin, fizeram Gibran admirá-lo e buscar conhecê-lo melhor nos Estados Unidos, além de festejar sua chegada a Paris, juntamente com o amigo Youssef Huwaik, que falou a Adevic Chaibub sobre a visita de Amin Al-Rihani a Paris.

"Pai, Filho e Espírito Santo"

No verão de 1910, Amin Al-Rihani chegou a Paris, vindo do Líbano. Ficou no bairro comercial, perto da Gare du Nord, e muitas vezes vinha me ver no Quartier Latin. Encontrou-nos atarefados pintando o "Transportada por Braços de Anjos". Começou a falar com Gibran, às vezes em árabe, às vezes em inglês, enquanto dava olhadas furtivas ao corpo nu de Rosina deitado no tablado. Rosina percebeu que ele estava olhando para ela, pulou para pegar suas roupas e se vestiu apressadamente, resmungando em italiano:

- Esse homem não é um artista. Eu fico com vergonha em sua presença.

Em vão, Gibran e eu tentamos convencê-la de que o visitante era nosso amigo, um homem de letras e um florescente filósofo. Ela não se deixou convencer e partiu depois de acertarmos outra sessão em outra data.

Gibran alugou uma carruagem e nós três saímos passeando pela cidade. Passamos pelo palácio de Bourbon e pelo edifício do Parlamento. Nós mal olhamos para eles, de vez que não estávamos interessados em política interna, olhando o universo do alto, como fazíamos. Cruzamos a ponte na direção da Concorde e a carruagem começou a subir a Avenida dos Campos Elíseos, sem exagero, a mais bela avenida do mundo.

Al-Rihani estava sentado à direita, Gibran a esquerda e eu no meio, o que fez com que Amin comentasse:

- O Pai, o Filho e o Espírito Santo - Reservando para ele mesmo o título de "Pai", porque era sete anos mais velho que nós. Gibran foi nomeado como "Espírito Santo" porque era como um espírito tentando voar. Eu para completar a trindade, fiquei como "Filho". Imediatamente o "Pai" e o "Espírito Santo" começaram a discutir, tanto em árabe quanto em inglês, maneiras de reformar o mundo. Eu os interrompi dizendo:

- Olhem lá, irmãos, como é bonita a rua à vossa direita, e os palácios. Este é o Arco do Triunfo. Viva o Imperador!

Mais alto do que o ruído da carruagem e por trás do meu ombro, Gibran disse:

- Nosso irmão Youssef está satisfeito com o mundo como é.

Amin tocou-me afetuosamente com o cotovelo e disse:

- Este é meu filho bem-amado. Quando os padres do Líbano me excomungaram e meus amigos me abandonaram, ele veio a Froyka me visitar e se informar sobre os meus negócios; isso, eu estimei.

Chegamos ao Bois de Boulogne. A carruagem foi atravessando-o até que os cavalos ficaram cansados e o cocheiro resmungou. Gibran pagou a tarifa e dispensou-o.

Sentamos para o almoço, em um restaurante sossegado à beira do lago, como convidados de Al-Rihani. Não nos esquecemos de que "um pouco de vinho alegra o coração do homem". À distância de ouvidos dos patos que estavam nadando graciosamente, Al-Rihani e Gibran despejaram a taça de fel contra os exploradores da religião, realmente, de todas as religiões em geral, como Voltaire, Diderot e outros haviam despejado, cento e cinqüenta anos antes, talvez no mesmo lugar de Paris.

Depois de quarenta e sete anos, eu me pergunto a mim mesmo com tristeza: onde está Gibran, e onde está Amin? Como disse Voltaire: "Este universo é e será para sempre".

À tarde preferimos voltar a pé pela mais bela de todas as avenidas. Amin cochichou ao meu ouvido:

- Que acha você de passar uma tarde no Moulin Rouge?

- Eu irei, se você quiser - eu disse. - Mas Gibran parecia exausto, por isso nós o acompanhamos primeiro até sua casa e depois fomos a Montmartre, ver as mais belas das casas noturnas de Paris.

A caminho, Amin me perguntou se freqüentava esses cabarés. Eu lhe disse que os havia visitado apenas uma vez por curiosidade e, algumas outras vezes por insistência de amigos, que eram estrangeiros em Paris.

- E nosso amigo Gibran, não lhe pediu para acompanhá-lo a esses lugares?

- Não - disse eu. - Vamos ao teatro, quando podemos pagar as entradas.

Amin e eu sentamos em meio às outras pessoas em poltronas confortáveis, na frente do grande salão. Diante de nós, no palco, havia um dilúvio de mulheres seminuas. Tinham tranças enfeitadas de jóias, lábios pintados, seios que se moviam... braços que se movimentavam como cobras, sons de cantos e risos. A música era muito alta, e o tabaco denso e aromático subia e enchia o salão e caía para encher nossos narizes, gargantas e pulmões, o que tornava a respiração muito difícil.

Eu voltei para Amin e disse:

- Isto é um cabaré; estais satisfeito, "Oh, Pai Eterno"?

Neste momento, acabou o primeiro ato. O salão se encheu de uma total confusão. Os cavalheiros levavam as damas até o bar, onde o dinheiro estava sendo gasto *impensadamente, enquanto Al-Rihani e eu ficávamos sentados, sem dizer nada e sem pensar nada. Éramos estranhos naquela atmosfera estranha. Subitamente, senti uma mão dando pancadinhas em meu ombro e vi a outra dando pancadinhas no ombro de Amin. Ouvi uma voz doce dizendo:*

- Os senhores são de chumbo, cavalheiros, ou estão pregados nas poltronas?

Al-Rihani sacudiu nervosamente o ombro dolorido e eu examinei o rosto da jovem que fazia a pergunta. Ela disse:

Sou Margarida, amiga de Rosina, não me reconhece?

- Quem poderia reconhecê-la, por debaixo de toda aquela maquilagem e desse vestido que não é realmente um vestido? O que é que você está fazendo aqui? - eu disse.

- E o senhor, o que está o senhor fazendo aqui com este cavalheiro? - Ela encarou Amin e ele encarou-a também.

Eu perguntei-lhe:

- Rosina também vem aqui?

- Não - ela respondeu -, os irmãos dela não deixam. Ela tem uma família ciumenta, mas eu não tenho ninguém que cuide de mim. - Começou a rir e chorar simultaneamente e a enxugar as lágrimas delicadamente, para que não removessem o rímel e outros cosméticos. Por fim, disse:

- Eu não os convido para o bar porque isso lhes custaria muito dinheiro. Este lugar, senhores, é um antro de assaltantes.

Contudo, Amin voltou-se para o lado e tirou do bolso uma meia lira de ouro, que era uma fortuna naquele tempo, e colocou-a na mão de Margarida. Eu fiquei surpreso, porque não sabia o que o tinha tornado tão generoso. A beldade nada pôde fazer senão abraçá-lo, beijá-lo na testa e depois desaparecer na multidão, deixando entre as sobrancelhas dele o carimbo dos seus lábios vermelhos.

- Maravilhoso, maravilhoso, Amin - repetia eu, limpando ao mesmo tempo o batom com meu lenço.

Amin pilheriou delicadamente, dizendo:

- Não limpe, Youssef. Custou-me meia lira de ouro.

Foi dado o sinal para o segundo ato, mas nós já estávamos cheios de olhar o dilúvio de corpos seminus e de inalar fumaça. Amin estava inquieto e a dor no braço havia aumentado. Então saímos e eu acompanhei Amin até sua casa. Fiz fricção no seu braço, como sua mãe costumava fazer na Froyka. Combinamos de nos encontrar no Louvre no dia seguinte.

Com Al-Rihani no Louvre

Em 1910, diversos orientais importantes passaram por Paris. Mas, se acontecia de alguma pessoa assim fazer e nós virmos a conhecê-la, Gibran me perguntava:

- Você descobriu alguma coisa que valha a pena saber sobre essa pessoa importante? Você lhe perguntou se visitou o Louvre? - A resposta a esta pergunta, inevitavelmente, lançaria luz sobre o que desejávamos saber acerca da pessoa e, consequentemente, nós classificávamos cada uma de acordo com sua resposta.

Aqui estão alguns exemplos das respostas que eu, pessoalmente, ouvi de pessoas que ocupavam postos importantes em seus países e no mundo.

"O Louvre...? Acho que visitei, mas não tenho muita certeza." (Mentiroso.)

"Sim, visitei só para dizer que o fiz, mas não vi nada demais lá, só antigüidades inúteis." (Um burro.)

"Lou...vre? Sim, é claro... Passei lá uma noite maravilhosa, vendo a dança." (Um lunático.)

"Claro, visitei o Louvre e comprei gravatas e lenços." (Ingênuo – acha que se trata de uma loja de departamentos.)

Aqui terminam as respostas que suscitam riso e pesar simultâneos.

- *O Louvre - expliquei eu a Amin enquanto o visitávamos certo dia - foi outrora um palácio dos reis de França. Testemunhou a grandeza de Luís XIV. Depois da Revolução, foi transformado em museu. Observe suas amplas janelas com vista para o Sena e seus ricos jardins perfumados de flores. Veja como a luz penetra pelas janelas para dançar em torno das obras-primas e das inigualáveis obras de arte. Como diz Gibran: "Estamos em Paris." Nestas numerosas galerias estão as provas da civilização dos povos e suas obras-primas são expostas com gosto e cuidado.*

"Dê-me sua atenção - continuei. - Aqui estão alguns dos utensílios do Egito, Sumária, da Babilônia, da Assíria, da Pérsia, da Grécia e de Roma. E aqui estão as obras-primas da Renascença... Aqui está a estátua de Zeus, o deus dos deuses, e esta é a estátua da deusa Vitória, e esta é a Mona Lisa, La Gioconda.

Assim continuamos nos movimentando de uma galeria para outra e de uma ala para outra, três horas inteiras. Eu não me sentia cansado, nem Amin se sentia entediado ao me ouvir.

É costume dos que não experimentam a arte, ou não tem conhecimento profundo a seu respeito, não serem capazes de fazer distinção entre assuntos e a eloqüência ou a pobreza da expressão do assunto. Falham inteiramente em compreender isso. Se o retrato, ou a estátua, por exemplo, for de uma bela mulher, eles a julgam da máxima excelência artística, quer ela revele perfeita habilidade ou não. Quero dizer que a base de sua crítica e/ou apreço não está baseada em regras e princípios adequados.

Essa era a atitude de Amin Al-Rihani quando visitamos o Louvre juntos no verão de 1910. Contudo, fazia perguntas e se empenhava em compreender o verdadeiro mérito das obras-primas que observava. Ele as comentava, às vezes, prendendo-se a um ponto de vista filosófico que não era sem mérito.

Por exemplo, ele me disse, enquanto estávamos olhando as estátuas assírias:

- A pessoa que escrutina inteiramente estas estátuas, não pode deixar de ver a sua crueldade.

- E que tal as estátuas egípcias? - perguntei-lhe eu certa vez, para ver o que responderia.

- Elas têm um toque de santidade e de humildade - ele respondeu. - Este faraó, que está com um pé para a frente e outro para trás, e aqueles que estão sentados com as mãos sobre os joelhos, me parecem boas pessoas, próximos a deuses ou dignitários.

- E estas estátuas gregas. O que lhe revelam elas, Amin? - perguntei.

- Beleza, poesia e amor - respondeu.

- Muito bem - disse eu. - Você compreendeu a história delas com felicidade. Eu vou-lhe entregar um diploma... E a dama que está ali?

- Ela parece ser nossa terra - ele disse. - Aproximou-se da estátua e leu no pedestal: "A Imperatriz Julia Domna, c. ano 200."

- Você está enganado, Amin - eu disse. - Esta Julia é natural do nosso país. Viu pela primeira vez a luz pelo Sol da Síria, na cidade Hims, no Rio Orontes. Ela casou com um chefe romano dos exércitos orientais, Septimus Servus. Com sua beleza, inteligência e dinheiro levou-o ao trono imperial. Com ele, ela ocupou o Palatino, o Palácio dos Césares em Roma. Lá, ela reuniu à sua volta homens de letras, cientistas e filósofos e assombrou os homens e mulheres de Roma.

Amin ficou tocado pelo que eu disse e, sacudindo a dor do braço, falou:

- Fico com pena de vê-la agora exposta em um pedestal neste salão frio à beira do Sena, e de que esteja em solo estrangeiro, ao invés de estar em uma praça de Hims.

Existem praças em Hims, e quem já ouviu o nome da Julia em Hims? - perguntei eu. - Nestas pedras negras estão inscritas as leis Hammurabi, a origem de todas as leis, mesmo as de Moisés; e aqui, na tumba de estilo egípcio do Rei Ashmunadhar, de Sidon, está inscrito o mais longo exemplo de escrita fenícia. A inscrição próxima a esta pedra aqui, no canto, atesta que esta é lápide do túmulo de Imru' al-Qays, o rei dos Árabes pré-islâmicos.

Em vão tentamos ler a inscrição gravada na pedra. Ao desistirmos, Amin começou a recitar com emoção e pesar: "Oh, vizinho, somos ambos estrangeiros aqui."

Quando acabou a visita de Al-Rihani a Paris, Gibran acompanhou-o até Londres, onde permaneceram um mês inteiro. Escreveram-me uma carta que demonstrava um alegre estado mental. Estavam ainda no início da jornada e ainda não haviam sido completamente vergados pelo peso do conhecimento filosófico e pela perturbadora rapidez da vida.

　　　A carta não tinha mais de dez linhas. Gibran começava a primeira linha e Amin a segunda e assim por diante, até o fim da carta. Seu conteúdo era alegre e fiquei deliciado com ela. Em breve, contudo, Al-Rihani teve de continuar sua viagem a Nova Iorque, e Gibran voltou a Paris.

　　　Trinta anos depois, na primavera de 1940, meu amigo Amin e eu estávamos sentados à entrada de sua casa em Froyka, no Líbano. À nossa frente se estendia um imenso vale, enquanto à nossa direita se levantavam as montanhas circunvizinhas, coroadas pelo branco pico nevado do monte Sannin. Amin estava fumando seu cachimbo e rememorando seu passado, coisa que raramente fazia. Citou suas viagens aos países árabes. Falou sobre o rei Hussain, o Imã Yahya, Ibn Saúd e Faisal, bem como o futuro dos árabes. Amin Amava os povos árabes e queria vê-los prosperar, mas naquela conversação estava pessimista. Finalmente, acabou por mencionar certos indivíduos do Líbano. Em relação a estes, sua opinião era áspera e crítica - mais áspera do que eu jamais tivera conhecido.

　　　- Esteja certo - repliquei eu -, de que este universo vai permanecer como está, e de que a sua crítica não vai nunca reformá-lo grande coisa. Nós devemos nos preocupar apenas com nossos próprios problemas.

　　　Ele me respondeu, ainda não convencido:

　　　- Ainda é cedo, Youssef.

　　　Falamos de Gibran e de como ele obteve uma certa medida de sucesso financeiro, com seus escritos e sua arte. Eu disse:

　　　- Gibran sabia calcular perfeitamente.

　　　- Não - ele respondeu, objetando -, ele conseguiu porque teve sucesso na escolha de assuntos que têm mercado, e travando conhecimento com editores.

　　　Eu pedi a ele para me explicar quais os assuntos que interessaram ao leitor anglo-saxão. Ele disse:

　　　A opinião pública esta em estado caótico, especialmente depois do advento do cinema e do prestígio dado pela massa às obras detetivescas, semi-históricas e filosóficas de segunda categoria, e das histórias de aventuras. Há uma procura para todos esses assuntos. Mas, o que conta, em primeiro lugar, é a publicidade despendida pelos editores... e a sorte, também, entra com sua parte.

Depois, recomeçamos a falar do passado, inclusive da sua visita a Paris, a execução ao Bois de Boulongne, a noite no Moulin Rouge, e a visita ao Louvre. Por fim, Amin disse: "Aquela visita Youssef, foi o ponto de partida da minha compreensão da arte. Depois dela, o horizonte do meu conhecimento se ampliou e, depois de estudar muito, eu passei a escrever sobre as artes. Até casei com uma artista. Sempre que tinha uma crise emocional, lembrava-me daquela bela parisiense do Moulin Rouge a quem eu dei uma moeda de ouro, assim como daquela moça no estúdio de Gibran que ficou ressentida com o fato de eu ficar olhando para ela quando estava nua... Eu me lembro disso, Youssef.

- Eu respondi imediatamente.

- Eu também me lembro disso e não esquecerei.

Naquele verão, meu amigo Amin Al-Rihani morreu em Froyka. Hoje repousa no mausoléu da sua família, sob a sombra de dois carvalhos entrelaçados. Eu o visito uma vez por ano, para meditar sobre o destino do homem e verter uma lágrima.

Gibran despede-se de Paris

Al-Rihani partiu para Nova Iorque e Gibran continuou em Paris com seu estilo de vida pitoresco. Como de costume pintava e debatia sobre a arte e a vida, no decurso dos longos passeios à margem do Sena com o amigo Youssef e suas amigas, Olga, Margarete, Rosinha, dentre outras. Youssef relatou a Adevic que apesar de Gibran dominar o amor ao escrever e, ainda, viver cercado de lindas mulheres, amigas e modelos, ele era tímido e não mantinha relacionamento amoroso com as beldades, assim, durante sua estada à Paris, Gibran não foi o Don Juan que muitos proclamaram[18].

Em outubro de 1910, Gibran estava ocupado preparando alguns quadros para o salão de arte de outubro, esticando sua permanência até o fim da exposição. Aguardava ansioso pela visita de seu ídolo Auguste Rodin, que poderia ver suas telas na exposição. Gibran comentou com Youssef:

- *"Youssef! Rodin deve visitar a exposição. Como eu gostaria de mostrar-lhe alguma coisa de meu trabalho e ouvir uma palavra de apreço, que seria um eco na sociedade americana! Como você sabe, ele só comparece a exposição se for cercado de algumas senhoras americanas, não está direito que meu quadro seja exibido no corredor! Como podem fazer isso comigo?"*

Youssef, calmamente disse: *"Calma Gibran, a solução é mais simples do que você imagina, Vamos subornar o guarda e eu garanto que ele mudará o quadro para a galeria. E realmente foi o que fizemos".*

Youssef continuou falando sobre a exposição: *"No primeiro dia da exposição, eu estava de pé do outro lado da galeria no momento em que Rodin entrou, parecendo um semi-deus. Estava cercado de senhoras perfumadas, usando vestidos longos, largos e salpicados de flores coloridas e, com saltos altos e grandes chapéus. Vi Rodin parar por um momento diante dos quadros de Gibran, que se adiantou um passo em direção a ele, estendeu a mão para cumprimentá-lo. Trocaram algumas palavras que eu não consegui ouvir e, que também nunca perguntei a Gibran sobre o que se havia dito. Rodin fez um aceno com a cabeça ao artista que despontava e, continuou sua volta acompanhado de seu rebanho perfumado."*

No começo do século XX em Paris, o movimento de arte moderna havia

---
18 CHAIBUB, Adevic. *Gibran em Paris*, p. 128. Tradução: Ismênia Dantas.

atingido a maturidade, contudo, Gibran não foi influenciado por ele. E, na época em que conheceu Rodin, ele tinha 27 anos, e o artista francês estava no apogeu da fama com mais de setenta anos, já havia produzido muitas obras célebres consideradas de estilo impressionista. Rodin desfrutava da riqueza e da glória que a fama lhe proporcionara, mas elas igualmente lhe tornaram soberbo. Em contrapartida, Gibran esforçava-se por abrir o seu caminho no rol da arte plástica e literária, no entanto, seu trabalho ainda não lhe garantia renda e nem chamava atenção, tudo o que ele conquistara até então, fora o diploma de honra da academia de arte francesa e sua filiação honorária à sociedade dos pintores ingleses.

Dessa forma, após concluir seus estudos com mérito e, por não ter conseguido se projetar no cenário artístico francês, Gibran se viu forçado a deixar a França amada no final do outono. Já em Boston, não perdeu contato e continuou se correspondendo com Youssef Huwayyk, amigo e companheiro.

Passagens de Gibran em Paris

1º - Frente a uma colméia de abelhas, Gibran comparou os ferrões das abelhas às picantes críticas da língua ferina de Voltaire.

Seu companheiro, Youssef, comentou: *"Eu aprecio em Voltaire sua personalidade encantadora, o senso de humor do que escreve, e aquela língua ferina de que ninguém escapa. O que é mais importante: ele abalou seus contemporâneos, alertou-os para a sua miséria e mostrou-lhes a origem de sua doença. Como são sem graça e vazios os escritores orientais contemporâneos de Voltaire, e mesmo os que vieram depois dele. Dedicaram-se só a conversações fúteis, elogios sem conteúdo, versificação e "poesia" de amor erótico".*

Gibran Acrescentou: - *"O Oriente é um deserto vazio e o ambiente é monótono, sem vida e decadente. Estou decidido, Youssef, a sacudir os americanos e tocar minha trombeta nos cérebros deles. Têm um país próspero e dólares a não mais acabar, são um povo próspero e, como todo povo rico, cego e egoísta! Que Deus amaldiçoe o dinheiro! Como interfere entre o homem e suas inspirações!"*[19]

2º - *Quantas vezes já disse a você Youssef: que a arte não é nenhuma brincadeira nem nenhum negócio? É um meio de expressar sentimentos. Um sopro divino. E, não posso encontrar palavras para exprimir o que quero dizer..."*

3º - *"Com idade de 25 anos, Benjamim Franklin decidiu conquistar o pináculo da sabedoria e do conhecimento. E realizou aquilo a que se propôs. Eis-nos aqui aos vinte e sete anos, com grandes ambições, mas já as realizamos? Diga, Youssef, você percebeu em mim limitações que devam ser corrigidas?*

- Eu queria perguntar a mesma coisa, Gibran – respondi."[20]

4º - Era 14 de julho, data que os franceses comemoram a Queda da Bastilha. Gibran, convencido por Youssef, participou da festa, dançou valsa, de máscara e de barba. Mas, no período que aguardavam a chegada dos demais amigos, Youssef, preocupado que Gibran desistisse da festa, pôs-se a entretê-lo até a chegada dos demais, contando um acontecimento histórico:

- *"Em 1717, um jovem de vinte e três anos de idade, chamado Arouet, chegou a Paris. Foi pouco depois da morte de Luís XIV. Visto que seu sucessor, Luís XV, era ainda criança, as tarefas da monarquia estavam confiadas ao seu Regente. O rei não tinha nada*

---

19 CHAIBUB, Adevic. *Gibran em Paris*, p. 58. Tradução: Ismênia Dantas.
20 CHAIBUB, Adevic. *Gibran em Paris*, p. 74. Tradução: Ismênia Dantas.

para fazer senão se entregar aos divertimentos juvenis, o dia inteiro. Por essa razão, a anarquia começou a campear, as coisas proibidas eram permitidas, e a corrupção se espalhava por todos os setores da sociedade. Essa situação anormal e excessivamente imoderada chamou a atenção do ufano e confiante jovem Arouet. Ele aconselhou o Regente dissoluto a economizar, vendendo metade dos cavalos que abarrotavam os estábulos reais. Arouet aconselhou ainda o Regente a se desfazer de todos os jumentos que enchiam a corte real. Este bravo conselho logo circulou pelo povo de Paris. Não demorou para que estivessem atribuindo a Arouet todos os apartes cáusticos e todos os gracejos cortantes. Além disso, o povo começou a cantar canções ridicularizando o Regente. Furioso, o Regente acreditou que Arouet era quem compunha essas canções. Jogou-o na Bastilha, onde ficou onze meses. Foi durante esses onze meses que ele adotou o nome Voltaire e compôs um poema épico louvando o Rei Henrique IV, que o Regente leu com admiração. Soltou-o e lhe concedeu, como compensação, um salário. Por isso, Voltaire lhe escreveu uma carta dizendo: "obrigado por sua preocupação quanto a me alimentar e me vestir. Contudo, peço-lhe que, daqui em diante, deixe o problema da moradia por minha conta."

5º - Em Boston Gibran escreveu a Youssef:

- *"Tudo nesta minha alma volta à Paris e voa naqueles lugares. E toda manhã acordo pensando naqueles dias que passamos naqueles tempos de arte e nos vales dos sonhos."*

6º - Segundo a modelo Rosinha que posou para Gibran e respondendo à pergunta de Huwayyk, sobre o que ela achava de Gibran: - *"Gibran é um príncipe bondoso e fino. Ele nunca fez nada de inconveniente. Eu nem sempre compreendia o que ele dizia, já que sua maneira de falar estava acima do nível das conversas comuns, mas era agradável e interessante."*

7º - Gibran comentou: - *"Ernest Renan era grande pensador. Ele amou Jesus com Clareza, porque viu Cristo na Claridade e não na escravidão."*

8º - Gibran desejava ser três homens, um para retribuir os favores às pessoas que o ajudaram, dispensaram afeição e amparo. O segundo deveria trabalhar sem parar. E o terceiro deveria descansar quando se sentisse cansado.

9º - *"Estava sentado com meu amigo Youssef, distante do mundo das compras, da teologia e da política corrupta. Os deuses nos deram tesouros valiosos que devemos guardar dos ladrões das trevas."*

FRASES DE GIBRAN (22)

- "O que posso dizer de quem pede emprestado meu dinheiro para comprar uma espada para me ferir?"
- "A pessoa mais próxima do seu coração é, um rei sem coroa e um miserável que não sabe pedir esmola."

- "Quando você chega ao cerne da vida, descobre-se que não se é superior ao assassino e nem inferior ao profeta."

- "A necessidade motiva a troca; a troca gera conhecimento; o conhecimento promove a miscigenação; a miscigenação é o princípio da colaboração; a colaboração incentiva a cultura, a civilização e a concorrência; com a concorrência vem a perturbação, com a perturbação se inicia a revolução, a revolução inspira a igualdade, da igualdade provêm os alicerces da justiça; da justiça surge a clemência e, da clemência alcançamos um sorriso de Deus".

- "Uma das virtudes que a vida oferece é de as pessoas não conseguirem esconder suas maldades por muito tempo."

- "Quem pensa e luta por grandes realizações se sente mal, quando elogiado pelas pequenas realizações."

- "Acho incrível ouvir um poeta reclamar de pobreza, pois nunca ouvi um arroio reclamar de sede."

- "Abra bem seus olhos, assim encontrará sua imagem em todas as fotos; abra bem seus ouvidos, assim escutará seu clamor em todas as vozes."

- Gibran disse a Miguel Naime: "Enquanto a amargura estiver em minha saliva e em minha existência, continuarei amargo."

- "Não desejo viver com o coração incapaz de amar

e o espírito que não se apaixona. Prefiro enterrar-me a viver sem amor e paixão."

- *"Prefiro ser um detrito queimado pelo fogo sagrado, a ser um corpo gelado e confinado."*

- *"O maior prazer da vida é sentir a fome do espírito e a sede do coração pois, o espírito que não passa fome, não voa no espaço dos sonhos e, o coração que não sente sede, não nada na fonte da beleza."*

- *"O ladrão nas grades da cadeia esta seguro dos ladrões."*

- *"O Cão Sábio*
Um dia, um cão sábio passou por um grupo de gatos. E como se aproximasse e visse que eles estavam muito absortos e não o notaram, parou.

Então, levantou-se no meio do grupo um gato grande e sisudo, olhou para os outros e falou: "Irmãos, orai; pois quando tiverdes orado e orado sem duvidar, decerto choverão ratos."

Ao ouvir essas palavras, o cão riu-se no seu íntimo e afastou-se dizendo: "ó gatos cegos e tolos! Como se não estivesse escrito e eu não tenha saído, e meus pais antes de mim, que o que chove, com rezas e fé e súplica, não são ratos, mas ossos!"[21]

- *"A Raposa*
Uma raposa olhou para a sua sombra, ao nascer do dia, e disse: "Preciso de um camelo para o almoço de hoje."

E passou a manhã toda procurando camelos. Mas, ao meio-dia olhou novamente para sua sombra e disse:

---
21 GIBRAN, Gibran Khalil. *O Louco*, p. 25. Tradução: Mansour Challita.

"Um rato bastará."[22]

- *"Os Dois Sábios
Na antiga cidade de Afkar, viviam dois sábios.
Cada um rejeitava e desprezava o ensino do outro.
Um era ateu; o outro, crente.*

Aconteceu-lhes, certa vez, encontrarem-se na praça pública e começarem a discutir e argumentar perante seus adeptos sobre a existência dos deuses. Depois de discutirem durante várias horas, cada qual voltou para sua casa. Na noite daquele mesmo dia, o ateu foi ao templo ajoelhar-se ante o altar e pedir perdão aos deuses por seus erros passados, enquanto o crente queimava seus livros e se entregava ao ateísmo."[23]

- *"Deus tem de ser procurado na beleza da natureza, no canto dos pássaros, no marulhar dos córregos, no soprar dos ventos que ondula os campos do trigo maduro, tudo isso é mais apropriado à exaltação do espírito que igrejas e templos."*

- *"A religião fragmentou-se porque os homens procuraram, em várias épocas e lugares, adaptá-la para ser útil aos seus interesses e pontos de vista".*

- *"O amor é um esclarecimento divino, que clareia nossa vista para vermos as coisas que só são vistas pelos deuses."*

- *"A arte é um Deus e somente conseguem tocá-la, os dedos cujas mentes foram purificadas com fogo e cujos olhos estejam cheios de lágrimas."*

---

22 Ibid., p. 41.
23 GIBRAN, Gibran Khalil. *O Louco*, p. 97. Tradução: Mansour Challita.

PARTE V

Gibran Khalil Gibran - V

- Gibran foi e continua sendo uma figura paradoxal, tanto para seus admiradores quanto para seus difamadores.[1]

- Foi um artista e poeta com uma visão profunda dos mistérios da existência; tirava os homens da sua miserável maneira de ser.[2]

- O que não falou nos seus contos e versos Gibran disse nas cores e formas de sua pintura.

- Gibran não era ruim, vingativo ou rancoroso, era bom em todo amplo sentido que essa palavra significa, mas sua ambição era chegar ao cume da fama rapidamente.

- Era teimoso, pretensioso, não recuava em sua decisão, por mais que fosse contraditória.

- Seu olhar compreendia o sofrimento das lágrimas.

- Gibran aproveitou toda a magia do Oriente para encantar o Ocidente com sua literatura.

- Os tesouros da afeição e os sentimentos que Gibran criou são da profundeza das emoções dos corações humanos.[3]

- Gibran era como uma fonte nova, torrente na consciência e nos pensamentos dos nossos poetas, despertando novas idéias e um novo estilo poético mágico e sem fim."[4]

- Para Gibran, o amor ramificava em todos os aspectos da vida.

- Gibran era um dos literários de maior destaque. Nas entrelinhas de suas crônicas, podia-se sentir a rebeldia de seu espírito contra os ritos e as tradições religiosas que o clero impunha para dominar a população.[5]

- O barulho das indústrias americanas não afetou o espírito lírico do poeta e escritor. Viveu entre arranha-céus, sonhando com o Monte Thaher Al Casib em Bicharry, no Líbano.

- Gibran era um autentico libanês. A sua magia literária se inspirava nas cores da natureza: paisagens primaveris, céu, montanhas, vales e planície de sua terra.

- Suas poesias eram melodias da flauta 'gibrânica', cantando a beleza do amor e espalhando alegria a todos os corações.

---

1 CHAIBUB, Adevic. *Gibran em Paris*, p. 13. Tradução: Ismênia Dantas.
2 Ibid.
3 Prefácio de Nicolau Arida de "As procissões, *A Música*, publicado no jornal *Al Anwar* – Beirute (nº 13855 de 29/11/1999).
4 O poeta libanês Salah Labaki escreveu para o jornal "Al Anuwar" n º13855.
5 Escritor sírio Anuwar El Jundy.

- *Gibran era uma poesia versificando prosas de tristezas e alegrias.*

- *Gibran era energia em suas asas e um vendaval de inspiração.*

- *Era uma lágrima de consolo e um sorriso na tristeza.*

- *Era um poeta inspirado, um pintor criativo e um sábio coroado pela magia da literatura.*

- *Era um espírito agnóstico, ambicionava voar no espaço cultural e ter seu grande coração mergulhado no amor.*

- *Foi um precursor, quebrou as travas dos estilos antiquados, balançou com um forte vendaval os elementos conservadores e com suas poesias suaves incitou os espíritos dos escritores árabes para a melodia e a afeição amorosa.*[6]

- *Gibran venceu a língua árabe com a razão e a inglesa com o coração.*[7]

---

6   Literato Sami Al Kaiali em homenagem a Gibran.
7   Amin Rihani.

Gibran frente à realidade

Gibran retornou a Boston após dois anos em Paris, onde teve a oportunidade de conhecer o "outro mundo", com sua cultura, idéias e ambientes diferentes, além de viver rodeado de escultores, pintores e belas jovens. Apesar de tudo, continuava angustiado e inquieto com a sua situação financeira, pois permanecia dependendo da ajuda da irmã e da amiga Mary Haskell. Trouxe algumas telas da França que o ajudaram com as despesas de aluguel da casa localizada na Rua do Cedro, nº 18, vizinha a Fred Day, e cuja mobília, simples e elegante, também tinha sido uma ajuda de Mary.

A fama de Gibran como escritor se espalhou no mundo árabe e entre os imigrantes sírios e libaneses no continente americano, além da admiração da sociedade artística e cultural americana. Por outro lado, no Oriente, suas pinturas não obtiveram o mesmo êxito que as crônicas, porque os árabes não valorizam este tipo de arte, visto que a religião islâmica proíbe pinturas, fotografias e retratos humanos, por serem imagem e semelhança de Deus. Já no Ocidente, era considerado como gênio aprendiz. Assim, as duas artes que proporcionavam fama e admiração ainda não davam o conforto financeiro almejado por Gibran; que vivia desgostoso com a situação financeira difícil. Ao mesmo tempo, sua fama se espalhava e sua casa estava sempre repleta de visitantes, principalmente compatriotas.

Gibran e Marina eram sempre cordiais, e como bons anfitriões, recebiam seus convidados com alegria, demonstrando gratidão pela visita e pelas palavras de apoio e admiração. Porém, essas visitas interrompiam o trabalho e causavam sufoco nas despesas do lar, pois o costume sagrado libanês manda oferecer aos visitantes: café ou chá com biscoitos, doces ou frutas, etc. Gibran e Mariana, como criados conforme as tradições e costumes da terra natal, mesmo passando por dificuldades financeiras, se esforçavam para honrar a tradição e receber bem as visitas e no momento da despedida diziam felizes: *"Voltem sempre!"*

Em Boston, não havia muitos libaneses e sírios que se dedicassem à literatura. Mas os que existiam, sempre estavam rodeando Gibran. Certa vez, o patrício Rachid Chacour organizou um evento memorável com personalidades artísticas e literárias no restaurante "O Cedro", em homenagem ao jovem gênio da literatura árabe, que tinha acabado de voltar de Paris. Gibran ficava satisfeito com o reconhecimento de seu talento por parte dos compatriotas. No entanto, isso lhe rendia apenas elogios; eram os imigrantes árabes, que levavam vantagem ao se vangloriar junto aos americanos por ter o literato e pintor Gibran como patrício.

O historiador Jorge Saidah[8] conta que o jornalista e literato Abdul Massih Hadade[9], ao se referir a Gibran, comenta: *"Eu não tenho palavras para descrevê-lo, ele é como o despertar da primavera ou como a aurora depois de uma noite de escuridão."* Todos os companheiros da liga literária e outros literatos que conviveram com Gibran descreveram-no como alegre, calmo e benevolente, sempre demonstrando sua simpatia e atenção aos amigos e admiradores nas reuniões e visitas.

Gibran, ao retornar a Boston, vivia mais no imaginário do que na realidade. Escreveu a Amin Al-Rihani, dizendo: *"Neste momento, sou como um barco a velas arrebatado pela tempestade e com sua proa quebrada, seguindo para todos os lados em meio à fúria das ondas. Até agora não tenho sequer um travesseiro para encostar a cabeça."* Escreveu para o colega Youssef Huwayyik: *"Vivo entre duas cidades diferentes, distantes e divergentes: Boston e Paris."*

※※※※

Após seu retorno a Boston, Gibran levou ao colégio "Miss Haskell" uma caixa contendo suas telas feitas em Paris. Mary ficava extasiada com cada tela que ele mostrava e com suas explicações de como suas técnicas tinham sido aperfeiçoadas. Também ouviu com atenção as frases que ele traduziu para o inglês exclusivamente para ela, que apreciou muito, ajudou-o com a revisão e o incentivou a escrever também no idioma inglês, dizendo: *"Se deseja ser poeta e escritor na língua inglesa, deve ler muito e treinar muito e estou à disposição para ajudá-lo a revisar seus textos."*

Gibran visitava Mary duas ou três vezes por semana e se apegava cada vez mais a ela. Sua admiração aumentava e ele começou a vê-la com um olhar mais profundo que a lealdade. Ele passou a ver nela uma companheira intelectual permanente. Da mesma forma, a cada dia que passava, aumentava a admiração, dedicação e amizade de Mary Haskell por Gibran. No entanto, ela negou mais de

---
8 Jorge Saidah, jornalista, poeta e historiador, imigrante sírio que se radicou em Buenos Aires, na Argentina. Em 1940, viajou por todos os países do continente americano, pesquisando os literatos árabes imigrados. Em 1956, publicou *Nossas Literaturas e Nossos Literatos no Continente Americano* no Cairo, a primeira edição de seu trabalho com apoio do Ministério da Cultura da República Árabe do Egito, e a 2ª e a 3ª edições em Beirute, em 1957 e 1964, respectivamente, pela Editora Lar da Ciência para os Milhões. Esta obra é até hoje uma das maiores fontes de referência da literatura dos imigrantes, pois traz a vida e obra de todos os literatos árabes imigrados de 1880 a 1950. É uma obra obrigatória nas diversas universidades árabes.
9 Abdul Massih Hadad (1890 - 1963), poeta e jornalista sírio, radicado em Nova Iorque, era um dos pilares da Liga Literária árabe, que era presidida por Gibran.

uma vez o pedido de casamento feito por ele, dizendo-lhe: *"Tem certeza que você está limpo por dentro?"* Gibran ficou triste, pois entendeu que não se tratava de estar isento de pecados, e sim do seu corpo estar livre de doenças. Mary respondeu desta forma também devido à diferença de idade entre os dois e por acreditar que o casamento atrapalharia o futuro artístico dele.

Apesar de ter negado o pedido de casamento de Gibran, Mary continuou sua amiga, entusiasmando-o, orientando seu caminho e enchendo-o de carinho e proteção. Assim, Gibran manteve suas visitas a ela. Em uma dessas ocasiões, ele contava estórias fantasiosas a respeito de sua descendência de família nobre, rica e poderosa. Mary o compreendia e entendia os motivos dessas estórias, pois eram para lhe impressionar e conquistar, para que aceitasse seu pedido de casamento. Entretanto, ela via o casamento como um obstáculo na realização do sonho de fama universal de Gibran. Desta forma, ela lhe respondeu usando a sua poesia:

*"Com suas paixões,
O homem que nasce livre,
Constrói, pra si
Uma prisão, sem saber.
O amor, se arrastado pelo corpo
Para um leito de interesses,
Se suicida."*

Mary Haskell preferiu ser amante e amiga de Gibran a ser esposa e carregar a chave da prisão das tradições e ainda atrapalhar seus planos de fama na literatura e pintura. Gibran compreendeu o altruísmo e fidelidade de Mary, que o amava e queria tê-lo para sempre, porém achava melhor sacrificar seu sentimento amoroso e magoá-lo do que arruinar seu futuro. Ela dizia: *"Se casarmos, ficará em Boston e não passará de um pintor local e de um articulador correspondente dos jornais árabes dos imigrantes, ao passo que, se continuar livre da aliança tradicional do casamento, sua fama poderá alcançar cidades e continentes."*

Gibran, após acalmar seu anseio por casamento, voltou à realidade e escreveu ao amigo Youssef Huwayyik, que vivia em Paris:

"Boston, 19 de janeiro de 1911.

Irmão Youssef

Feliz é aquele que tem um lugar para dormir em Paris e aquele que caminha ao longo das margens do Sena olhando as bancas de livros antigos e apreciando os quadros.

Estou nesta cidade cheia de amigos como alguém banido para o fim do mundo, onde a vida é fria como a neve, cinzenta como pó e silenciosa como a Esfinge. Minha irmã está perto de mim e pessoas queridas estão à minha volta. As pessoas me visitam o dia todo, mas não estou contente com minha vida. Minhas obras estão se aproximando do cume da montanha. Meu estado de espírito é calmo e meu corpo goza de boa saúde. Porém, não estou feliz, Youssef. Minha alma está faminta e sedenta e não sei onde estão o alimento e a água. A alma é uma flor celestial que não pode viver na sombra, mas seus espinhos crescem em toda parte. Al-Rihani está morando perto de Nova Iorque. Sua vida é triste. Nós nos queixamos ao outro sobre o pesar no coração e sentimos saudades do Líbano e sua beleza. Assim é o destino dos filhos do Oriente que são acometidos por essa doença chamada arte. Assim é a vida dos filhos de Apolo que estão exilados com seus estranhos feitos, seu andar lento e suas lágrimas sorridentes. Como vai você, Youssef? Está feliz entre as sombras humanas que vê em ambos os lados da estrada? Como vai indo seu trabalho? Está satisfeito com ele? E o que tem pintado em minha ausência? A sra. Hamilton escreveu-me coisas boas a seu respeito. Continue seu amigo porque ela é gentil. Além disso, é uma das mártires do Deus da Arte, tirânica, mas compassiva, sóbria, mas brilhante. Até onde você progrediu na tradução de Dante? Está em sua companhia naquele abismo sem fundo, em meio àquelas encruzilhadas perigosas? E até que ponto você foi levado por "aquela de cabelo dourados, a companheira da alma de Botticelli?" Você está a seu lado mediante a eternidade, entre aquelas classes que estão muito distantes do mundo, da medida e da quantidade? Eu tenho muitas idéias que estão entre as profundezas do inferno e as culminâncias do céu. Mas não quero colocá-las no papel. Lembre-se de meu nome no Louvre e diante da Deusa Vitória. Saudações à Mona Lisa. Saudações aos espíritos que planam sobre sua cabeça. Saudações a você,

*De seu afetuoso irmão,
Gibran."*[10]

---

10 CHAIBUB, Adevic. *Gibran em Paris*, p. 190. Tradução: Ismênia Dantas.

Assim prosseguia a vida de Gibran em Boston: dedicava-se às pinturas, período em que desenhou diversas personalidades árabes - algumas apresentadas a seguir - e começou suas pinturas a óleo; produzia crônicas em árabe, preocupado com o povo do Oriente Médio e sua libertação, motivo de grande tristeza e ansiedade; e tentava ainda namorar Mary Haskell, até quando decidiu se mudar para Nova Iorque.

Gibran em Nova Iorque

No dia 22 de abril de 1911, Gibran chegou a Nova Iorque pensando em passar três anos naquela que chamava de "Selva de Pedras", mas como diz o provérbio árabe, *"os ventos não sopram conforme a rota dos barcos."* Ele que nunca imaginava passar muito tempo nessa cidade, lá viveu até o fim de seus dias.

Ao chegar, Gibran foi recebido pelos amigos Amin Al-Rihani e Charlote Teiler[11] e logo encontrou uma rica esfera cultural e intelectual, repleta de jornalistas, literatos e patrícios que festejaram sua chegada e permanência entre eles. Instalou-se em Greenwich Village, local de ambiente que lhe agradava, pois lá moravam diversos pintores e intelectuais de várias nacionalidades, classes e raças. No dia seguinte, Amin Al-Rihani acompanhou Gibran durante o encontro com os jornalistas, que estavam ansiosos para conhecê-lo. Com o passar do tempo, Amin percebeu que a moradia de Gibran era pequena para seu trabalho de artista plástico e convidou-o para morar consigo, pois sua residência possuía uma sala ampla que comportaria o trabalho do dedicado pintor.

※※※※

Em seus primeiros meses em Nova Iorque, Gibran viveu perdido e confuso, assim como estava em Boston. Seus pensamentos se dividiam entre a literatura, amores e o desejo de ver suas telas expostas nos salões de arte daquela cidade gigantesca e ver seu nome divulgado na mídia como grande pintor do Oriente especializado em Paris. Da mesma forma, o que mais lhe perturbava e tirava sua concentração eram seus amores do passado, como Hala El Daher, Sultana Tabet e Josefine, e as namoradas do presente, como Charlote Teiler, Michelline, Mary

---

11 Charlote Teiler (1876), filha de Jones Teiler, advogado geral do Estado do Colorado, e sobrinha do então Senador Henry Mour Teiler. Charlote se formou em 1899 pela Universidade de Chicago, onde foi aluna do filósofo João Diou, tornou-se militante socialista, defensora dos direitos humanos, trabalhou como jornalista na "Tribuna de Chicago" e posteriormente no "Every Day's Magazine". Escreveu diversas obras, entre elas: "The Cage" (A Gaiola), de 1907, e a histórica peça teatral "Mirabeau", apresentada em Paris. Era uma literata livre das tradições, acreditava na encarnação e no teosofismo. Gibran conheceu Charlote em um jantar na casa de Mary Haskell e encantou-se com sua beleza e carisma, a ponto de convidá-la para posar. Tornaram-se amigos e encontraram-se no período em que morou em Paris. Ela foi uma grande influência no pensamento e na arte de Gibran. Quando chegou a Nova Iorque, Charlote era namorada de Amin Al-Rihani, com quem tinha muitos planos revolucionários. Desse relacionamento, Gibran disse: *"Vivem uma semana discutindo e outra amando".* No final de 1912, Charlote deixou Amin e se casou com um jovem jornalista da Universidade de Harvard. Em 1922, após o falecimento do marido, mudou-se para Paris, onde faleceu em 1954.

El Koury[12], Mary Kahwage[13], Helena Gostin[14], Madelline Mason Manheim[15] e, principalmente, Mary Haskell[16].

No passado, Gibran tinha tido um grande relacionamento amoroso com Josefine, que agora se encontrava casada. Muitos escritores negam o relacionamento de Gibran com Michelline, outros dizem que se tratava de um relacionamento à moda francesa, sem envolvimento contínuo. Charlote estava envolvida com seu amigo Amin Al-Rihani, pois estavam ligados pelas idéias e cultura em comum. Quanto às compatriotas Mary Koury, Mary Kahwage e Helena Gostin, nesta pesquisa não foram encontrados indícios de qualquer relacionamento amoroso entre eles, como muitos autores afirmam.

Aos poucos, Gibran foi resolvendo seus sentimentos por Hala e Sultana, do Líbano, e Josefine e Michelline, de Boston. Porém, depois de meses em Nova Iorque, as batidas de seu coração e as provas de fidelidade fizeram Gibran se definir por Mary Haskell e reconhecer que ela era a única que tinha seu verdadeiro amor. Ela que, além de ser uma pessoa altruísta, apesar do ciúme e receio de perdê-lo com o afastamento, ainda assim, ajudou-o a ir morar em Nova Iorque. Dessa fo rma, Gibran poderia ampliar suas perspectivas de realizar seu sonho de progresso e fama no mundo literário e artístico e mostrar as suas obras aos cinco continentes.

Gibran deu grande atenção ao amor, assunto que filosofava com satisfação. Suas reflexões se tornaram evidentes em suas poesias e crônicas. Em uma de suas poesias, disse:

---

12 Mary Issa El Koury era uma jovem libanesa bonita, imigrada para a América e viúva do comerciante de jóias Issa El Koury. Sua loja prosperava no centro de Nova Iorque. Mary Koury era entusiasta de poesias e literatura. Transformou sua residência, um confortável apartamento em frente ao Central Park, em um espaço semanal para reunir os literatos. Em um desses saraus, Amin Al-Rihani apresentou-lhe a Gibran. Em entrevista ao jornalista Nadin Makdassi, Mary Koury disse: *"sou libanesa e fui a única mulher com quem Gibran teve verdadeira relação amorosa; nenhuma mulher o entendia tão bem como eu. Comigo ele se abria mais do que com qualquer outra mulher, pois nós tínhamos a mesma raiz, língua e herança cultural. Ele escreveu* A Fada Feiticeira *em minha homenagem".* Esta crônica foi publicada no livro *Temporais* e transcrita neste livro (*vide pág. 240*). Após a morte de Gibran, Mary Koury relatou muitas histórias sobre seu romance com ele, e que possuía muitas cartas do profeta declarando seu amor por ela. Nadin Makdassi disse que Mary Koury nunca lhe mostrou as cartas. A jornalista Mariana Dabul Faghuri, da revista "Etapas" (SP, Brasil, de 1955 a 1990), foi a Nova Iorque no final de 1955 e visitou Mary Koury, que alegou ter cinqüenta cartas escritas por Gibran. Mariana pediu para copiar ao menos uma carta, mas Mary Koury negou e disse que estavam para serem publicadas e que o editor tinha pedido sigilo para valorizar a publicação. Mariana relatou-me essa conversa que teve com Mary Koury, quando publicava meu jornal de notícias árabes, de 1965 a 1667, na gráfica da revista "Etapas", de Mariana. (Nota do Autor).
13 Mary Kahwage era uma bela jovem de aparência parecida com Mary El Koury, conheceram-se em Boston em 1905 e sua amizade acompanhou Gibran até seus últimos dias em Nova Iorque.
14 A libanesa Helena Gostin, nascida no vilarejo Bizbdim - El Maten, no Líbano, estudou a língua inglesa e tornou-se professora. Lecionava na Benjamim School, em Nova Iorque. As cartas de Gibran para Helena foram publicadas em francês no livro de Alexandre Najar "Folhas Gibrânicas" (2002).
15 Madelline escreveu o livro de poesias *Hill Fragments* e foi a primeira a traduzir o livro *O Profeta* para o francês. Teve um forte envolvimento com Gibran, posando nua para ele. Em uma entrevista à revista libanesa "El Hawadis", de 12/01/1979, o primo de Gibran, o escultor Khalil, disse que *"Madelline era uma jovem bonita e Gibran ofereceu-lhe cinco fotos para o livro".*
16 Mansour Challita traduziu as obras de Gibran para o português e escreveu o livro *O Amor na Vida e na Obra de Gibran*, em que divide os amores de Gibran em quatro: 1) amor romântico, que Gibran sentia por Hala El Daher, 2) o amor dos sonhos, que tinha por May Ziadah, 3) o amor sensual, por Michelline, e 4) o amor amizade e gratidão, que tinha por Mary Haskell.

> *"O amor, nos homens, é apenas
> um mal na carne e nos ossos.
> Quando a juventude passa,
> Esse mal desaparece."*[17]

> *"Ontem eu tinha um coração que fatidicamente desapareceu
> dele libero os homens e nele repousa aquela época de minha vida.
> Passou entre aparentar, queixar e chorar
> o amor como uma estrela no espaço;
> sua luz é ofuscada pela luz da aurora.
> As estações do amor são como um sonho
> que desaparecem quando a mente saudável acorda."*

Mas o verdadeiro amor não dorme nem cochila. Assim, Mary estava sempre alerta, escrevia para Gibran toda semana, visitava-o uma vez por mês, continuava enviando a ajuda financeira e cuidando de sua irmã Mariana, que preferiu ficar em Boston, por conhecer bem o lugar e ficar próxima dos amigos e conterrâneos libaneses de Bicharry que lá moravam.

O amor, admiração e a gratidão de Gibran por Mary cresciam a cada dia que se passava, ele sempre lhe escrevia relatando seu trabalho, seus problemas e seu amor por ela. Assim que se instalou em Nova Iorque, Gibran escreveu-lhe em primeiro de maio de 1911, dizendo: *"Mary, por que mandou mais dinheiro? Tenho o suficiente, você me deu mais do que o necessário antes de eu vir. Que os céus abençoem suas mãos abertas. Boa noite, adorada Mary, gostaria que estivesse aqui agora."*[18]

O relacionamento de Gibran com Mary foi todo documentado em centenas de correspondências que trocaram, e assim ficou fácil compreender o amor que os unia, a simpatia, os interesses em comum, quer seja físico ou financeiro. A forte ligação que existia parecia ser entre dois corações que compreendiam reciprocamente os problemas, necessidades, anseios, tristezas e alegrias. Gibran e Mary eram duas almas que se completavam. Selecionamos algumas das centenas de cartas trocadas entre eles que geraram o livro *O Grande Amor do Profeta*, traduzido para o árabe em três volumes. A primeira, de cinco de abril de 1914, Gibran fala a Mary Haskell sobre o seu ponto de vista filosófico a respeito da existência humana:

"(...) A vida é uma visão cheia de possibilidades e realizações doces e infinitas. Mas as pessoas são tão insignificantes e sua fala é insignificante. A vida é poderosa. O homem é pequeno. E há um abismo entre a vida e o homem. Não se pode erguer uma ponte sobre este

---
[17] GIBRAN, Gibran Khalil. *As Procissões, a Música*, p. 56. Tradução: Mansour Challita.
[18] Mary Haskell lhe deu cinco mil dólares para ajudá-lo com as despesas em Nova Iorque.

abismo sem contorcer sua alma. Vale a pena para um artista ser acrobata? Pessoalmente, só consigo conviver com os dois elos extremos da corrente humana: o homem primitivo e o altamente civilizado. O primeiro é sempre puro e o segundo é sempre sensível.

(...) Vi você em sonho anteontem à noite, dançava com um homem alto e ria muito. Não vai me enviar uma fotografia sua?"[19]

Correspondência de Gibran de 26/04/1914:

"(...) Estou tão contente, adorada Mary, porque vamos passar juntos o próximo Domingo. Faz tanto tempo que não vem aqui e eu preciso vê-la para me certificar de certas coisas da vida. Os dias que se seguem às suas visitas são sempre dias límpidos e sinceros. Depois que você se vai, sempre sei o que fiz e o que não fiz, o que sou e o que não sou, o que é e o que não é.

Estou tão contente porque você virá."[20]

A seguir, o último parágrafo da carta de 22 de julho de 1914, de Gibran a Mary Haskell:

"(...) É uma grande coisa partir com amor para essas regiões, além destes dias e destas noites. Mas muito mais maravilhoso, adorada Mary, é conhecê-la como eu conheço. Você libertou minha vida.

Boa noite, Mary adorada. Deus a abençoe.

Amor, amor e muito amor."[21]

Correspondência de trinta de maio de 1914:

"Ainda conservo comigo as bênçãos do Domingo passado, tenho revivido aquelas poucas horas muitas vezes. Repito para mim mesmo incessantemente todas as coisas que me disse, e a cada vez sinto a felicidade absoluta da compreensão absoluta. Você sempre me faz entender a realidade da vida e todas as coisas preciosas que nela existem. Toda vez que abro a boca para falar com você, torno-me extremamente claro para mim mesmo. Você sempre me faz tocar no ponto mais brilhante da minha alma.

Vou sair agora para colocar esta carta no correio e para almoçar. Depois, voltarei ao trabalho. Você e eu trabalharemos juntos."[22]

No último parágrafo da carta de cinco de fevereiro de 1918, Gibran dizia a Mary:

---

[19] *O Grande Amor do Profeta*, p. 169.
[20] *O Grande Amor do Profeta*, p. 170.
[21] Ibid., p. 185.
[22] *O Grande Amor do Profeta*, p. 174.

"(...) Conversar com as pessoas sobre poesia e ler para eles me dá um prazer imenso e real. Os seres humanos mudaram incrivelmente nos últimos três anos. Estão sedentos de beleza, verdade e daquela outra coisa que está além da beleza e da verdade. Com amor."[23]

Em 21/11/1915, Gibran expressa seu amor por Mary:

"Adorada Mary:
Guardei no coração todas as coisas que você disse durante sua última visita. O que existe entre nós é como o absoluto na vida: sempre mudando, sempre crescendo. Você e eu, Mary, compreendemos o eu superior um do outro: e para mim esta é a coisa mais maravilhosa da vida."[24]

No trecho a seguir da carta de 14 de junho de 1916, Gibran expressa seu desejo:
"(...) Gostaria de poder escrever mais, adorada Mary. Mas, como sabe, minha vida agora não me pertence."

Gibran escreveu a Mary em 15 de novembro de 1917:

"Muito obrigado pelo açúcar e pelos livros. Vou digerir ambos com muito cuidado!
De certo modo, jamais consegui desfrutar plenamente da leitura de um livro sobre sexo. Talvez não tenha sido bastante curioso, ou ainda tenha tido timidez mental. Mas, agora, quero conhecer todas as coisas que existem na face da terra. Pois todas as coisas são belas em si e tornam-se mais belas quando o homem as conhece.
A sabedoria são as asas da vida."[25]

Em outra carta escrita em oito de janeiro de 1921, Gibran relata:
"As pessoas dizem freqüentemente que o conflito está no coração da vida e da realidade. Isso não é verdade. No coração das coisas está o movimento. A confiança e o amor são importantes. A coisa mais importante é amar, amar tudo!"[26]

A carta que se segue, de 16/3/1931, foi a última correspondência de Gibran a Mary Haskell, antes do falecimento dele:

---

23 Ibid., p. 272.
24 *O Grande Amor do Profeta*, p. 238.
25 Ibid., p. 266.
26 *O Grande Amor do Profeta*, p. 234.

Estou aqui em Nova Iorque e ficarei mais algumas semanas.

Os Deuses da Terra foi publicado há dois dias, envio-lhe um exemplar junto com esta. Espero que goste dos desenhos.

Estou preparando um novo livro, O Errante, e os desenhos que serão incluídos. É um livro de parábolas. Meus editores querem lançá-lo em outubro. Achei que estaria muito em cima da publicação de Os Deuses da Terra, mas eles aceitaram, e está quase pronto. Devo entregar os originais e os desenhos em um mês. Será que você gostaria de ver os manuscritos com seus olhos que tudo enxergam e passar suas mãos sábias nele antes que eu o entregue?"[27]

Como mencionado anteriormente, Gibran tinha tido outros amores além de Mary Haskell, que serviram de inspiração ao profeta, como o amor pela conterrânea Mary Isa El Koury, que o levou a escrever a crônica "A Fada Feiticeira", publicada no livro *Temporais*, traduzida e transcrita a seguir:

"A fada e a feiticeira"

"Para onde me levas, ó feiticeira?

Até quando te seguirei neste caminho escarpado, coberto de espinhos, que passa pelas pedras e leva nossos pés aos cumes e nossa alma ao abismo?

Segurei a barra de teu vestido e segui-te como uma criança segue a mãe, esquecido de meus sonhos, absorvido na tua beleza, distraído das sombras que esvoaçavam em volta de minha cabeça, atraído pela força misteriosa que se esconde em teu corpo.

Pára um momento e deixa-me ver teu rosto. Olha um momento para mim: talvez eu descubra nos teus olhos os segredos de teu coração e nos teus traços os enigmas de tua alma.

Pára um momento, ó fada! Estou cansado de andar e minha alma teme os perigos do caminho. Pára. Já atingimos a encruzilhada onde a morte e a vida se encontram. E não darei sequer um passo até que minha alma veja as intenções de tua alma e meu coração descubra os segredos de teu coração.

Ouve, ó fada feiticeira!

Ontem eu era um pássaro livre que se voava pelos riachos e pairava no espaço e ao entardecer pousava na ponta dos ramos e contemplava os palácios e os templos na cidade de nuvens coloridas antes do poente.

E era como o pensamento que percorre sozinho as terras do Oriente e do Ocidente, alegre com as belezas e delícias da vida, sondando os segredos e mistérios da existência.

---
27 Ibid., p. 399.

E era como um sonho: caminhava nas trevas da noite pelas janelas dos quartos das virgens adormecidas e brincava com seus sentimentos. Depois passava pelos leitos dos jovens e incitava seus desejos. E sentava-me perto dos velhos e analisava seus pensamentos.

Hoje, depois de ter te encontrado, ó feiticeira, e ter absorvido o veneno nos teus beijos, tornei-me um prisioneiro que carrega suas cadeias para onde ele mesmo não sabe, tornei-me um embriagado que pede mais do vinho que lhe roubou a vontade e que beija a mão que o esbofeteou.

Pára um momento, ó feiticeira. Já recuperei minhas forças e quebrei as cadeias que me algemavam os pés, rejeitei a taça onde bebia um veneno que me deliciava. O que queres fazer e em qual caminho queres andar?

Reconquistei minha liberdade.

Aceitas-me, um companheiro livre que "olha o Sol com pálpebras firmes e agarra o fogo com dedos que não tremem"?

Abri novamente as asas. Aceitas-me, um amigo que passa os dias movendo-se como uma águia entre as montanhas e as noites dormindo no deserto como um leão?

Ficarás satisfeita com o amor de um homem para quem o amor é um associado e não um dono?

Aceitarás a paixão de um coração que deseja, mas não se entrega, e queima, mas não se derrete?

Aceitarás um amigo que não escraviza nem se deixa escravizar?

Eis, então, a minha mão: pegue-a com tua bonita mão. Eis meu corpo: aperta-o com teus braços macios. Eis a minha boca: beija-a longamente, profundamente, silenciosamente."

May Ziadah

May Ziadah nasceu em 1886, filha única do professor libanês Elias Ziadah e da palestina Nazha, da cidade de Nazaré da Galiléia, onde viveu e estudou até os doze anos. Depois disso, foi enviada ao Líbano para estudar no colégio Aintura. Em 1907, mudou-se para o Egito, pois seu pai começou a trabalhar no jornal Al Mahroussat, do qual foi dono posteriormente. May dominava os idiomas árabe, francês, inglês, espanhol, alemão, italiano, latim e grego. Começou a escrever para as revistas e jornais egípcios, que na época eram dirigidos por intelectuais libaneses. Brilhou no Egito como literata e poetisa, foi um dos destaques da renovação da literatura árabe. Às terças-feiras, fazia de sua residência um salão de literatura freqüentado pelos gênios das letras. A escritora Síria Salma

Hajar El Kuzbari escreveu no livro *Obras Completas de May Ziadah* que ela era a única mulher no meio de vários literatos e presidia as reuniões com habilidade, às vezes acalmando os ânimos exaltados com inteligência e persuasão notável. May agradava a gregos e troianos.

Ela lia as crônicas de Gibran nos jornais e revistas egípcias, impressionou-se e passou a admirar o filósofo profeta da arte e literatura árabe. May e Gibran trocaram dezenas de cartas de 1912 a 1931, que podem ser vistas no livro *Flâmulas Azuis*, de Salma Kuzbari. May foi uma escritora importante, deixou obras valiosas em árabe e traduções que fez de trabalhos de escritores franceses renomados.

Segundo Jamil Jabr, no livro *May e Gibran*: "É difícil imaginar um homem e uma mulher apaixonados somente por correspondência, sem que tenham se conhecido ou encontrado pessoalmente. Mas os artistas possuem um modo diferente de vida, que somente eles conseguem entender, esse foi o caso da grande escritora libanesa May Ziadeh e Khalil Gibran."

Gibran, ao publicar *Asas Partidas*, presenteou May Ziadah com um exemplar e pediu-lhe que criticasse a obra. Transcrevemos a seguir alguns trechos do romance que, com seu estilo literário suave, critica os religiosos e latifundiários em uma história de amor e mostra a situação humilhante e de escravidão da mulher do Oriente.

"A mão do destino"

(...) Após sua partida, solicitei a meu amigo que me contasse mais a respeito dele. "Não conheço outro homem em Beirute", disse ele, "cuja riqueza o tivesse tornado bondoso e cuja bondade o tivesse tornado rico. Ele é um dos poucos que vieram a este mundo e o deixarão sem ter prejudicado ninguém, mas pessoas desse tipo acabam geralmente pobres e humilhadas, porque não são espertas o suficiente para se salvar da maldade dos outros. Farris Effandi tem uma filha cujo caráter é parecido com o dele e cuja beleza e graça superam qualquer descrição. Ela também será infeliz, porque a riqueza de seu pai já a está colocando à beira de um abismo terrível."

Assim que meu amigo disse essas palavras, percebi que seu semblante se entristeceu. Ele continuou: "Farris Effandi é um bom homem e tem um coração nobre, mas carece de força de vontade. As pessoas o conduzem como querem, como se ele fosse um cego. Sua filha o obedece, apesar de seu orgulho e inteligência, e este é o segredo que se oculta na vida de pai e filha. Esse segredo foi descoberto por um homem mau, um bispo que esconde sua perversão à sombra do Evangelho. Ele aparece para o povo como bom e nobre. É o chefe da religião nesta terra. O povo o obedece e adora. Ele o guia como se fosse um rebanho de ovelhas para o matadouro. Esse bispo tem um sobrinho, uma monstruosidade de ódio e corrupção. Mais cedo ou mais tarde, chegará o dia em que colocará seu sobrinho à direita e a filha de Farris Effandi à esquerda e, segurando com sua maldosa mão a grinalda de casamento sobre suas cabeças, unirá uma virgem pura a um degenerado imundo, como se colocasse o coração do dia na escuridão da noite.

Isso é tudo que lhe posso contar a respeito de Farris Effandi e sua filha e, assim sendo, não me pergunte mais nada."

Dito isso, meu amigo voltou-se para a janela, como se estivesse tentando resolver os problemas da existência humana, concentrando-se na beleza do universo.[28]

"Frente ao trono da morte"

Em nossos dias, o casamento é uma deturpação, e os culpados são os jovens e seus pais. Em grande parte das nações, os jovens parecem vencer, e os pais perdem. A mulher é vista como uma utilidade adquirida e entregue de uma casa à outra. Com o passar do tempo, sua beleza se consome e ela se torna uma velha peça do mobiliário, encostada em um canto sombrio.

A civilização moderna possibilitou à mulher mais sabedoria, mas fez crescer seus sofrimentos por causa da ambição dos homens. A mulher de antes era uma esposa contente, ao passo que a de hoje é uma amante infeliz. No passado, ela andava às cegas em plena claridade, mas agora caminha de olhos abertos em meio às trevas. Era bela em sua falta de saber, virtuosa em sua simplicidade e vigorosa em sua fragilidade. Em nossos dias, ela se tornou feia em sua ingenuidade, superficial e insensível na sua sabedoria. Chegará o tempo em que a beleza e a sabedoria, a ingenuidade e a virtude, a fragilidade no corpo e a firmeza no espírito estarão juntas em uma mesma mulher?

Estou entre as pessoas que acreditam que o progresso espiritual é uma norma da vida humana, apesar de o caminho para a perfeição ser penoso e difícil. Se uma mulher se destaca em uma característica e se retarda em outra, é porque a trilha árdua que conduz ao pico da montanha não está livre da emboscada de ladrões e de esconderijo de lobos.

Em Beirute, Salma Karame era o símbolo da futura mulher, mas, como muitos que vivem adiante de seu tempo, tornou-se uma vítima do presente. Como uma flor arrancada de seu galho e levada pela corrente do rio, ela participou do infeliz cortejo dos derrotados.

Depois que se casaram, Mansour Bey Galib e Selma foram morar em uma bela

---

28 GIBRAN, Gibran Khalil. *Asas Partidas*, p. 20. Tradução: Ângelo Andrade.

casa em Rãs Beirute, bairro em que viviam os ricos. Farris Effandi Karame ficou em seu solitário lar, no meio de seu jardim e pomar, como que pastoreando sozinho o seu rebanho.

Os dias e noites agradáveis de noivado passaram, mas a lua-de-mel deixou recordações de tempos de tristeza amarga, assim como as guerras deixam mortos espalhados no campo de batalha. A dignidade de um noivo oriental inspira os corações dos jovens, mas seu fim pode jogá-los como blocos de pedra no fundo do mar. Sua alegria é como as pegadas na areia, que duram apenas até serem desfeitas pelas ondas.

A primavera foi embora, assim como o verão e o outono, mas não meu amor por Salma, que crescia dia a dia, a ponto de se transformar em uma espécie de adoração, tal como o sentimento de um órfão pela alma de sua mãe no céu. Meu desejo se tornou uma cega tristeza que nada permitia ver a não ser a si mesma, e a paixão que arrancou lágrimas de meus olhos foi substituída por um confuso sentimento que sugou o sangue de meu coração, e meus suspiros de afeto tornaram-se uma prece freqüente pela felicidade de Salma e seu marido e pela tranqüilidade de seu pai.

Contudo, minhas preces e esperanças foram em vão, porque a desgraça de Salma era um mal que só a morte poderia sanar.

Mansour Bey era um homem que obteve todos os prazeres da vida com facilidade e ainda assim se mostrava insatisfeito e voraz. Depois de se casar com Salma, deixou o sogro na mais completa solidão e desejava que ele morresse, pois assim herdaria o que havia sobrado da riqueza do velho.

A personalidade de Mansour Bey era parecida com a de seu tio, a única diferença entre os dois era que o bispo havia conseguido secretamente tudo que desejara, utilizando-se das vantagens de sua condição eclesiástica e da cruz de ouro que usava no peito, ao passo que o sobrinho tinha conseguido tudo publicamente. O bispo comparecia à Igreja pela manhã e passava o resto do dia furtando o povo ingênuo. Já Mansour Bey consumia seus dias à procura de satisfação sexual. Aos domingos, o bispo Bulo Galib pregava o Evangelho. Durante a semana não praticava o que pregava, gastando seu tempo somente com intrigas políticas da cidade. E Mansour Bey, com o prestígio e influência do tio, fez disso sua profissão: defender as posições políticas dos que podiam pagar-lhe boas propinas.

O Bispo Bulo[29] era um larápio que se ocultava sob o manto da noite, ao passo que seu sobrinho, Mansour Bey, era um explorador que agia à luz do dia. Apesar disso, os povos do Oriente confiam em tipos como eles, lobos e sanguinários, que destroem seus países pela ambição doentia e aniquilam seus vizinhos sem compaixão.

---

29 Ângelo Andrade manteve os nomes originais em árabe nessa tradução da crônica de Gibran ("Bulo" significa Paulo, e "Farris" corresponde a" Alfares").

❋❋❋❋

May Ziadah, após ler o romance, respondeu ao pedido de Gibran de examinar *Asas Partidas*. Escreveu-lhe uma carta em 12/05/1912, dando sua opinião sobre o casamento e os direitos da mulher:

"Não concordo com você sobre o assunto de casamento, Gibran. Respeito seus pensamentos e reverencio suas idéias, pois sei que você é honesto e sincero na defesa de seus princípios, que almejam um nobre propósito. Estou de pleno acordo com você sobre o princípio fundamental de advogar a liberdade da mulher. A mulher deve ser livre, como o homem, para escolher seu próprio cônjuge, guiada, não pelo conselho e socorro dos vizinhos e conhecidos, mas pelas suas inclinações pessoais. Depois de ter escolhido o companheiro de sua vida, ela deve se dedicar completamente aos deveres da sociedade pela qual se decidiu. Você se refere a isso como algemas pesadas criadas pelos tempos. Sim, concordo com você e digo que são realmente pesadas, mas lembre-se que foram feitas pela natureza, que fez a mulher como ela é hoje. Ainda que a mente do homem tenha alcançado o ponto de quebrar as correntes de costumes e tradições, não foi alcançado ainda o ponto de rupturas das amarras naturais, pois a lei da natureza está acima de todas as leis. Por que uma mulher casada não pode encontrar-se secretamente com o homem que ela ama? Porque assim fazendo, ela estará desgraçando o seu marido e desgraçando o nome que voluntariamente aceitou e estará se diminuindo aos olhos da sociedade da qual ela é membro.

Na hora do casamento, a mulher promete ser fiel e a fidelidade espiritual é tão importante quanto a fidelidade física. Nesse momento, ela também afirma e garante a felicidade e o bem-estar de seu marido. Assim, quando se encontra secretamente com outro homem, ela se torna culpada, traindo a sociedade, a família e o dever. Você pode contrapor dizendo que o dever é uma palavra vaga, que é difícil de se definir em várias circunstâncias. Nessa situação, nós precisamos saber "o que é uma família", para ter certeza dos deveres de seus membros. O papel que a mulher representa na família é o mais difícil, o mais humilde e o mais amargo.

Eu mesma sinto o tormento dos laços que amarram a mulher, esses finos e sedosos laços são como teias de aranha, mas fortes como fios de ouro. Suponha que deixemos Salma Karame, a heroína de sua história, e cada mulher que com ela se assemelhe em afeição e inteligência, encontrar-se secretamente com um homem honesto e de caráter nobre; elas seriam perdoadas por escolherem um amigo, que não fosse o seu próprio marido, para com ele encontrar-se secretamente? Isso não seria razoável, mesmo se o propósito do encontro secreto fosse para rezar juntos ante a relíquia do Crucifixo."

Daí por diante, toda vez que Gibran escrevia um livro, enviava-o a May, para que ela analisasse e fizesse seus comentários. Assim ocorreu com *Uma Lágrima* e um *Sorriso, As Procissões* e *O Louco*. May publicou as críticas sobre "O Louco" em uma revista egípcia, enviou uma carta com seus comentários a Gibran, que agradeceu e respondeu:

"*Querida May:*

(...) De maneira alguma "O Louco" não sou eu. A paixão que ambicionei trazer por intermédio dos lábios de um personagem que criei não representa meus próprios sentimentos. A linguagem que achei condizente com os desejos desse homem louco é diferente da linguagem que uso quando converso com um amigo. Se você deseja realmente desvendar minha realidade interior por meio dos meus escritos, por que não se refere à juventude no campo e à verdadeira melodia de suas flautas, ao invés do homem louco e suas horríveis maldições? Verá que o homem louco não é mais do que um elo de uma longa corrente de metal. Não nego que o homem louco seja um elo de áspero ferro bruto não polido, mas isso não quer dizer que toda a corrente seja bruta assim. Porque para cada alma há uma estação, May. O inverno da alma não é como a sua primavera, e seu verão não é como o seu outono.

...Agora vamos discutir "Lágrimas e Sorrisos" por um momento. Não tenho medo de contar-lhe que isso surgiu antes da 1ª Guerra Mundial. Naquela época, mandei-lhe um exemplar e você nunca me disse se o tinha recebido ou não. Os artigos do "Lágrimas e Sorrisos" foram os primeiros de uma série que escrevi, e que publiquei há dezesseis anos no Almuhager. Nacib Arida (que Alá o tenha) foi quem escolheu esses artigos, acrescentando posteriormente mais dois que escrevi em Paris, e publicou-os em um livro. Durante a minha infância e juventude, antes dos escritos de "Lágrimas e Sorrisos", escrevi prosa e poesia suficientes para encher muitos volumes, mas não quis cometer o crime de publicá-los.

❋❋❋

Chegará o dia em que fugirei para o Oriente, sinto saudades pela minha pátria, e se não fosse essa gaiola em que vivo, eu pegaria o primeiro navio para o Oriente. Mas quem consegue largar um prédio construído no decorrer de sua vida, tendo passado seus dias esculpindo suas pedras? Não acredito que conseguirei me livrar dele em um dia somente.

❋❋❋

May, como suas cartas são doces, parecem um riacho de almíscar e Ambrósia que despeja do alto e cai melodiosamente no vale dos meus sonhos. Ou como uma flauta, que, com sua música, aproxima o próximo. Suas cartas transformam meus dias em festa, e hoje minha alegria foi triplicada, pois recebi três cartas suas.

Os jornais árabes começaram a me chamar de coveiro. Dizem no Oriente que sou violento e destruidor. Será que alguém consegue construir sem destruir?

Somos como nozes, é preciso quebrar para ver a amêndoa, pois as mensagens carinhosas não acordam o povo que envolvido pelas magias lendárias.

May Ziade, ao retornar ao Cairo de suas férias de verão no Líbano, pediu a Gibran para escrever crônicas entusiasmando o nacionalismo árabe e chamando o povo a se rebelar contra o domínio otomano. Em sua carta, May dizia: "*Cada obra sua é uma querida amiga minha. Eu me considero uma aluna das suas idéias em muitos assuntos. No Líbano, neste verão, chegou um armênio nomeado pelo sultão para governar o Monte Líbano. Já em sua chegada, o armênio começou a demitir e deslocar as pessoas, dando continuidade aos seus antecessores, infelizmente está rodeado de bajuladores. Gibran, a população do Líbano gosta de suas crônicas revolucionárias, está na hora de você sacudir a poeira da opressão e humilhação das vestes do nosso povo. Precisamos de um homem de aço para liderar e despertar nossa gente, escreva-lhes frases que os façam lembrar que são homens, e que os verdadeiros homens não suportam humilhação e injúria...*

Gibran, com seu estilo literário, atendeu ao pedido de May, aos apelos de seus amigos e patrícios em Nova Iorque e aos gritos de sua consciência, e escreveu "Ai da Nação"[30]:

Al-Mustafa ficou silencioso e olhou ao longe para os montes e para o vasto espaço celeste. Havia uma luta em seu silêncio.

Depois, disse: "Meus amigos e meus companheiros de caminho, ai da nação que é cheia de crenças e vazia de religião.

Ai da nação que veste uma roupa que não teceu, come um pão cujo grão não plantou e bebe um vinho que não foi feito em sua própria região.

Ai da nação que aclama o tirano como herói e considera o conquistador insultador como generoso e misericordioso.

Ai da nação que despreza uma paixão em seu sonho, e a ela se submete em seu despertar.

Ai da nação que só levanta a voz nos funerais, só se vangloria de seus monumentos em ruínas e só se rebela quando seu pescoço está entre a cruz e a espada.

---

30   GIBRAN, Gibran Khalil. *O Jardim do Profeta*, p. 22. Tradução: Mansour Challita.

Correspondências, namoro e críticas

Centenas de livros, teses e conferências foram feitas a respeito de Gibran. Países como a França e o Brasil, entre outros, tiveram editoras com departamentos especializados na tradução e publicação de seus livros, que eram realizadas com liberdade e seus prolegômenos divulgavam os pontos de vista que o tradutor ou o editor tinham a respeito de Gibran e sua arte. Mesmo assim, muitos escritores se detiveram em analisar determinado aspecto da vida dele, especialmente sobre a vida amorosa, com ênfase em seus relacionamentos com fãs, amigas e namoradas, inclusive mencionando algumas mulheres. Contudo, não houve comprovação sobre a amizade dele com Fred Holand Day[31] de forma maledicente.

Muitas vezes, os autores de livros sobre Gibran deixaram de lado os pontos mais relevantes que de fato fizeram dele um ícone da literatura universal, como sua filosofia que ficou gravada nas poesias, os ideais e a revolta que o levaram a escrever suas crônicas, criticando os religiosos e o domínio otomano, que promovia o antagonismo entre as seitas e condições sociais, que Gibran tanto censurou, assim como seu lado profético, que apontava caminhos para uma vida espiritualizada e elevada, enaltecendo o amor. Desta forma, deixaram de lado sua obra para falar sobre sua vida pessoal, desviando muitas vezes do verdadeiro mérito de Gibran para seus devaneios amorosos.

Essa preocupação excessiva com a vida afetiva de Gibran resultou em uma vasta publicação sobre seus romances e amizades, como *O Grande Amor do Profeta*, que possui três volumes traduzidos do inglês para o árabe, contendo cartas e trechos do diário de Mary Haskell. Há outros que tratam de diversas cartas endereçadas a admiradoras apaixonadas por sua inteligência e arte. Esse estilo de produção literária é importante, pois revelam as correspondências de Gibran, e historicamente demonstram as facetas de sua personalidade, confirmando a pessoa benevolente, humilde, atenciosa e paciente que ele era, seus sentimentos nobres, sua filosofia e ideais, além dos amigos que possuía.

Esta obra não nega a relevância que as correspondências de Gibran têm, nem seus amores, inclusive neste livro podemos encontrar diversas cartas, mas

---

31 Fred Day era fã de Oscar Wilde, que tinha um estranho comportamento sexual. Gibran, ao ler o livro *Confissões de Oscar Wilde*, comentou: *"Nunca pensei que existisse um poço de imundice como esse Oscar Wilde."*

que representam um resumo das mil e trezentas cartas de Gibran a namoradas e amigos. Mesmo as mensagens amorosas de Gibran eram diferentes das de outros homens, por causa da grandeza e genialidade nelas contidas, bem como em suas poesias e filosofias.

Aqui não se pretende diminuir o valor das cartas, visto que atualmente algumas são consideradas leitura obrigatória nas universidades de Letras e Artes de muitos países de língua árabe - seu estilo e conteúdo confirmam seu valor, principalmente, as cartas trocadas com a escritora May Ziadah, pela natureza de sua narrativa e pelo conteúdo filosófico, político, humanista, progressista e em defesa dos direitos da mulher. Mansour Challita, tradutor dos livros de Gibran para a língua portuguesa, escreveu em seu livro *O Amor na Vida e na Obra de Gibran* a seguinte frase de Gibran: *"Eu devo à mulher tudo o que sou desde a minha infância até hoje. A mulher abriu as janelas de minha visão e as portas de minha alma. Que seria de mim sem a mulher? A mulher mãe, a mulher irmã, a mulher amiga e a mulher amada."* Esse trecho demonstra o amor, a gratidão e admiração de Gibran pelas mulheres que ele tanto defendeu em suas crônicas. Ainda no mesmo livro, Challita diz: *"Ao falarmos de amor na vida e obra de Gibran estamos falando do amor na vida de cada um de nós, pois o amor é o único sentimento verdadeiramente universal."*

Entretanto, não devemos desprezar o importante legado que Gibran deixou, considerando apenas as correspondências e ignorando sua mensagem revolucionária que continua válida para os dias de hoje, apesar de décadas após sua morte. Gibran se tornou célebre por seus ideais revolucionários e pela suavidade literária com que escrevia, em árabe, temas polêmicos, pois era contra costumes, crenças, tradições e a escravidão branca da mulher, que fizeram o Oriente se atrasar na marcha da civilização humana rumo ao progresso.

Gibran era um idealista sonhador e foi fiel aos seus ideais, defendendo-os com firmeza e entusiasmo. Escrevia com convicção e paixão. Era verdadeiro em sua indignação e eloquente em sua emoção. Ora era um vulcão[32] revolucionário e renovador da literatura, escrevendo em árabe e clamando ao Oriente, especialmente aos libaneses e sírios, a se libertarem das algemas que os prendiam, rogando para que recobrassem o glorioso passado perdido após a dominação dos turcos e do colonialismo europeu que ele tanto criticava; ora era poético, declamando sua sensibilidade, humanismo e amor

---

32 Em uma carta a May Ziadah, Gibran diz: *"eu sou um pequeno vulcão".* Assim, Barbara Young coloca o título do primeiro capítulo do livro *Gibran, este homem do Líbano* como: "Eu era um pequeno vulcão".

em poesias e versos. Quando passou a escrever em inglês, essa sensibilidade aflorou de tal modo que Gibran passou a profetizar. Assim, Gibran ficou conhecido mundialmente por seu talento artístico e literário, ao invés de seus romances, como muitos autores procuram mostrar.

Imigrantes e intelectuais

Ao chegar em Nova Iorque, Gibran foi recebido com festa pelos imigrantes árabes intelectuais e donos de pequenos jornais que publicavam suas crônicas. Nesse período, havia na cidade diversos jornais árabes[33], pois o trabalho de Gibran já se difundia entre os imigrantes na América e leitores do mundo árabe. Muitos compatriotas elogiavam as crônicas de Gibran e o incentivavam a continuar escrevendo com seu estilo encantador e divulgando seus ideais de libertação do povo árabe do domínio turco-otomano, criticando o latifúndio religioso e temporal. Obviamente, não era preciso encorajá-lo a continuar escrevendo suas crônicas, pois ele o faria de qualquer forma.

Nova Iorque estava repleta de intelectuais libaneses, pois uma concorrência das potências européias tinha ocorrido em meados do século XIX, com intuito de intervir no Oriente Médio, herdar o território dominado pelo Sultão Otomano, chamado de "corpo doentio" pelo Czar Russo, que estava bem atrasado na corrida ao progresso industrial em relação aos países europeus.

As potências européias, principalmente França e Inglaterra, tinham interesses colonialistas de domínio dos territórios sírio, libanês e egípcio por estarem localizados em pontos estratégicos geográficos do globo terrestre, ou seja, estavam no meio do caminho das potências e de suas colônias no Extremo Oriente, Índia e Vietnã. Assim, mensageiros religiosos, católicos jesuítas da França e Itália e protestantes anglo-americanos iniciaram suas investidas alegando preocupação com a situação cultural da população. Contudo, almejavam conquistar inicialmente por meio da educação para facilitar a conquista militar.

Em 1866, os anglicanos fundaram a Universidade Americana em Beirute. Logo depois, os Jesuítas fundaram a Universidade Jesuíta de São José. O czar russo, "protetor" dos cristãos ortodoxos orientais, construiu diversos colégios na região. Com isso, criou-se um ambiente favorável ao surgimento de intelectuais. Desta forma, o Líbano se tornou o jardim cultural do Oriente Médio nas décadas

---

33 A imprensa dos imigrantes árabes nas Américas teve seus dias de glória na Argentina, no Brasil e nos Estados Unidos. Segundo pesquisa realizada pelo autor desta obra e publicada no jornal Al Anwar, de Beirute (14/10/1988 nº 13400), no Brasil havia, de 1890 a 1990, 150 jornais e revistas em árabe e atualmente não há publicação alguma. Nos Estados Unidos, de 1880 a 1980, havia 75 jornais, que se destacaram principalmente pelas crônicas de Gibran e seus companheiros, com seu estilo poético renovador da literatura árabe e pela divulgação do nacionalismo árabe contra o domínio turco-otomano.

de 70 a 90. Beirute se transformou na capital literária do Mundo Árabe, iniciando o despertar do nacionalismo árabe contra o domínio otomano turco.

Nessa época, diversos poetas, jornalistas, cientistas e historiadores foram revelados, pois pregavam a liberdade como missionários, apontando reformas progressistas. O sultão otomano, com o propósito de impedir uma possível revolução, perseguiu o grupo de literatos, na sua maioria cristãos, alegando proteger o Islã. Com esta situação, muitos intelectuais fugiram para o Egito, França e América, onde fundaram sociedades literárias, editoras e jornais que publicavam os ideais nacionalistas e clamavam pela independência do povo árabe do bárbaro domínio otomano.

Os intelectuais imigrados para Nova Iorque também almejavam a libertação do Oriente. Quando encontravam Gibran, demonstravam sua admiração pelo seu estilo literário, que colocava sua ideologia a favor da liberdade de seu povo em suas fábulas. Gibran era um homem revolucionário. Tinha ideal nobre, uma revolta que corria nas veias, pensamentos que vinham do espírito eram reproduzidos em suas obras.

Ocorre-me uma passagem de Gibran quando se encontrou com Al-Rihani em Paris. Conversaram com outros libaneses revolucionários e progressistas, dentre eles Chucri Ghanem, Khairalla Khairalla e Abbas Bajani, com intuito de formar uma organização que trabalharia de maneira prática para libertar o Líbano e a Síria do domínio turco, do latifúndio tradicional e explorador, dos religiosos e suas intrigas, que recorrem à rivalidade entre as seitas para se beneficiarem. Quanto a isso, escreveram: *"Se os muçulmanos dizem que Alá é o único Deus e se para os cristãos, Deus é uno, amém! Se há um só Deus para ambos, porque essas intrigas e divergências entre as seitas de mesmo Deus?"*

Gibran, em meio a este ambiente, dividindo a mesma moradia com Al-Rihani em Nova Iorque, teve o vulcão de sua revolta explodida em crônicas brilhantes de literatura mágica, e por isso foi chamado de "a voz do povo árabe". Gibran circulava entre os grupos literários de Nova Iorque, onde organizou uma sociedade chamada *Golden Link* (Argola de Ouro), cujo objetivo era libertar o Líbano e a Síria do domínio otomano. Na primeira sessão, Gibran pronunciou um discurso ardente, publicado na mesma semana no jornal Miraát El Gharb (Espelho do Ocidente), que dizia:

Sou libanês e tenho honra de ser.
Não sou turco otomano e também tenho honra de não ser.

Tenho uma pátria de beleza que glorifico e pela qual me orgulho, enquanto não tenho país com qual me identifico e para me amparar.

Sou cristão e tenho honra de ser, mas estimo o profeta árabe; enalteço seu nome, gosto da glória do Islã[34] e temo sua decadência.

Sou do Oriente e tenho honra de ser. Perante qualquer acontecimento que me distancie de minha terra natal, permaneço de caráter oriental, de afeição síria e paixão libanesa.

Sou do Oriente, pois o Oriente tem uma civilização histórica arcaica, de veneração mágica e de aroma do nardo e, apesar da minha admiração pelo avanço do Ocidente, o Oriente permanece a pátria e espaço dos meus sonhos e desejos... Daquela terra que distancia do coração da Índia, e vem em planície do Golfo Pérsico até as montanhas caucasianas, onde nasceram muitos reis, profetas, heróis e poetas.

Naquela terra sagrada, minha alma corre do Ocidente para o Oriente e se apressa para o Sudeste e Nordeste, repetindo melodias de glória do passado, olhando o horizonte e esperando o precursor da nova glória.

Alguns entre nossa gente pronunciam meu nome com ética, dizendo: 'é um jovem renegado, tem ódio da nação otomana e deseja seu desaparecimento.'

Por Alá! É verdade o que eles disseram. Eu odeio o império otomano porque gosto da população otomana e vivo com pena da situação dos povos das nações que vivem sob a bandeira do império otomano.

Odeio o império otomano porque gosto do Islã, aplaudo sua glória e tenho esperança de que um dia essa glória do Islã voltará.

Venero o Alcorão, porém, desprezo àqueles que o usam como meio para frustrar o avanço cultural e científico dos muçulmanos, assim como desdenho aquele que ousa usar o Novo Testamento como instrumento para se apoderar dos pescoços dos cristãos.

Quem de vocês minha gente não odeia as mãos que destroem e não ama os braços que constroem?

Será que há alguém que vê a resistência adormecida e não a acorda? Qual é o jovem que vê a grandeza regredindo e não teima seu poente?

Ai dos que enganam os muçulmanos para serem fieis ao império otomano, uma vez foi dele a mão que destruiu as construções de vossa glória e que continua esbofeteando suas faces.

Se a civilização islâmica não tivesse terminado nas mãos desses conquistadores otomanos, os príncipes árabes não teriam retrocedido diante do sultão mongol. E não teria a bandeira verde dos árabes desaparecido por trás da bandeira vermelha dos bárbaros, que foi erguida em cima de um monte de ossos.

---

34 Os turcos alegavam que a permanência do domínio otomano ocorria para defender o Islã e os muçulmanos. Desta forma, com justificativas religiosas, exploravam e cometiam injustiças aos que fossem contra o sultanato, pois eram considerados inimigos do Islã, de Alá, do profeta, e do califa dos mulçumanos, sendo o sultão a sombra de Deus na Terra.

Meus irmãos muçulmanos, recebam a palavra de um cristão, que mantém em seu coração Jesus de um lado e o profeta Mohamed no outro.
Se o Islã não vencer o império otomano, as nações dos cruzados vencerão os muçulmanos. E se não houver uma reação contra seu inimigo interno, brevemente veremos o Oriente sob o domínio dos homens loiros e de olhos azuis."[35]

---

[35] MASSOUD, Habib. *Gibran Vivo e Morto*, p.38. Tradução: Assaad Zaidan.

O profeta revolucionário

Ao longo da história, podemos constatar que os verdadeiros gênios são aqueles cuja mensagem perdura ao longo dos tempos e gerações, e com Gibran não foi diferente. Suas palavras de afeição, esperança ou indignação vinham do fundo do coração, dando ânimo e coragem ao desejo de liberdade e avanço cívico dos seus leitores e admiradores, permanecendo vivas nas novas gerações, resistindo ao tempo e às mudanças. Ele era como uma voz revolucionária denunciando as injustiças sociais, o cárcere do cidadão e da pátria, mostrando o amor genuíno. Ainda que sua batalha por liberdade não tenha alcançado o resultado almejado, sua luta não foi em vão, pois continua viva em seus livros, já que suas palavras motivam os jovens a se empenhar na luta pelo progresso e desenvolvimento social árabe.

Contudo, alguns literatos orientais escreveram críticas a Gibran, dizendo que ele havia dado mais importância aos seus amores do que à causa de seu povo e que se preocupava mais com sua namorada do que com seus ideais revolucionários. Dentre eles estavam os renomados escritores e poetas árabes Amin Nakhle, do Líbano, Mustafá Lutfi El Manfaluti, do Egito e Elias Farhat, no Brasil[36]. A imprensa do mundo árabe também se dividiu, alguns a favor, outros contra. Em 1912, um jornal árabe publicou uma caricatura de Gibran montado do avesso em um jumento; em outra caricatura, gracejava ao dirigir um carro de corrida, chamado de novo Picasso[37]. Gibran não respondia às críticas com réplicas. Preferia contestá-las cobrindo as páginas de jornais e revistas do Mundo Árabe em Nova Iorque, São Paulo, Buenos Aires, com suas crônicas e poesias.

Muitos pesquisadores escreveram sobre a vida de Gibran e deixaram de lado a amizade entre Gibran e Amin Al-Rihani. Porém, tal fato merece grande consideração, porque Al-Rihani exerceu grande influência sobre ele, pois foi um idealista progressista[38] que dedicou sua vida e literatura à reforma, democratização e unificação

---
36 No Brasil, o poeta, Elias Farhat fez um poema em quadras com críticas picantes contra o estilo de Gibran. Na década de setenta, quando Farhat escrevia seu livro *Minhas Memórias*, encontrei-o em São Paulo, perguntei sobre sua crítica a Gibran e ele respondeu: *"Eu era jovem, guiado por outros intelectuais que tinham inveja de Gibran. Cometi um erro e me arrependo por isso."* Depois pediu que eu não mencionasse a crítica no livro que escrevia na época e assim o fiz (Nota do Autor).
37 HUNAIN, Riad. *A Outra Face de Gibran*, p. 62.
38 No século XX, Amin Rihani viajou pela península arábica, conferiu a situação da região e aproveitou para contatar os sultões, príncipes, xeiques e reis. Amin escreveu diversos livros sobre a condição da população e dos príncipes árabes. Escreveu sobre a ignorância do Imam do Iêmen, dizendo: *"Majestade, hoje as nações industrializadas estão equipadas com armas*

das nações árabes; ele queria um Mundo Árabe que acompanhasse os avanços e o progresso universal. Amin deixou muitas crônicas e dezenas de livros em árabe e em inglês. Realizou conferências e, em seu trabalho apregoava o avanço e a renovação do estilo de vida dos orientais. Sua crônica poética mais famosa, "Eu Sou o Oriente", deu origem ao seu apelido, e assim passou a ser chamado.

Amin viu em Gibran um raio que afastava as nuvens negras do céu do Oriente. Ele acreditava que o estilo suave e mágico de sua narrativa iluminaria o caminho à reforma dos países árabes. Portanto, ele sempre se preocupou em estar perto de Gibran, incentivá-lo e orientá-lo na subida dos degraus da fama. Amin era como um irmão mais velho, encaminhando o mais novo pelo caminho dos ideais renovadores que contestavam as tradições atrasadas e a obediência humilhante de seu povo ao clero latifundiário. Gibran escutava seu mestre e seguia fielmente os ideais cívicos, sentia-se responsável por sua gente e sua pátria, manifestava sua indignação em sua arte literária, produzindo crônicas que censuravam os modelos atrasados existentes nos países árabes. Enquanto isso, Al-Rihani encorajava, aplaudia e elogiava Gibran a cada crônica e artigo publicado. Dessa forma, nutria seus sonhos de expandir suas asas e explorar o horizonte. Também alimentava o desejo que Gibran tinha tido em Paris, de organizar um grupo literário designado a iluminar o Oriente e libertá-lo.

Em Nova Iorque, Al-Rihani, amigo sincero, estava sempre ao lado de Gibran evitando que ele mergulhasse de vez na espiritualidade e na crença da encarnação, chamando sua atenção a respeito das estórias mentirosas que contava a Mary Haskell da nobreza de sua família. Amin queria ver Gibran fazendo uso da razão cultural e científica, repelindo crenças e lendas do Velho Testamento[39].

❀❀❀❀

Em Nova Iorque, Gibran estava cercado por intelectuais libaneses e sírios e pelo amigo e orientador científico, Amin Al-Rihani, que tinha em comum com ele o potencial literário e a oposição ao domínio turco em sua pátria. Incentivado

---

modernas e têm aviões que jogam bombas destruidoras. Como vocês podem enfrentar essas máquinas voadoras apenas com peixeira e espada curva?" O Sultão do Iêmen respondeu: "Com a ajuda de Alá, lemos a primeira surata do Alcorão 'Al Fatiha' e o avião cai." Quanto ao rei Abdul Aziz Bem Saud, fundador do reino da Arábia Saudita, Rihani admira sua inteligência e seu cavalheirismo, ao tomarem café em sua tenda. O Ibn Saud tinha uma tela com o seguinte verso: Construímos com nosso trabalho, assim como nossos antepassados construíram e faremos tudo o que eles fizeram. Rihani contestou dizendo: "Construímos como nossos antepassados construíram e faremos melhor do que eles fizeram". Ibn Saud gostou e mandou retificar.
39   Rihani escreveu: "O Velho Testamento é idêntico às histórias de mil e uma noites, da primeira publicação egípcia, de pornografia e devassidão...". Quando questionado por um jornalista de quem seria o melhor romancista, Gibran respondeu: "Aquele que escreveu O Livro de Jó do Velho Testamento".

por esse ambiente em Nova Iorque, Gibran aceitou o desafio de escrever contos e crônicas, criticando os opressores de seu povo e de sua pátria, e de tudo o que condenava, já que era também revoltado contra as injustiças sociais vividas quando menino. Ele nunca esqueceu as humilhações[40] que passou com sua família, naquele vilarejo ao norte do Líbano, região dos latifundiários arrogantes e perversos, xeiques que facilitavam o domínio turco e religiosos obedientes às ordens dos superiores, cujas práticas atendiam aos seus interesses pessoais.

Posteriormente em Paris, à vivência na "Cidade Luz", estava sempre cercado de intelectuais e artistas, e em Nova Iorque, em meio aos compatriotas intelectualizados, revoltados com a situação da pátria sob o domínio turco. Assim crescia a revolta de Gibran contra a opressão, exploração, escravidão e injustiças sociais vividas por seu povo. A partir dessa inconformação, Gibran, de 1904 a 1920, escreveu sobre a indignação que vinha do fundo de seu coração, dizendo: *"Tudo que é escrito com sangue é diferente dos escritos com tinta. O silêncio produzido pelo tédio é diferente do silêncio produzido pela dor."*[41] Aclamou o povo árabe para a libertação do domínio turco. Incentivou seu povo a quebrar as tradições atrasadas, unificar seus esforços para erguer uma nação rumo à justiça e ao progresso. Gibran foi fiel a sua origem, seu povo, sua pátria e seu ideal[42].

De 1920 a 1931, Gibran passou a escrever em inglês e revelou o espírito humano e filantrópico, mostrando os verdadeiros ensinamentos religiosos. Ele foi um cristão autêntico, não dava valor aos ritos religiosos, horários marcados das missas, batizado e confissões. Carregava a cruz no pescoço e guardava Cristo no seu coração. Via Jesus não como um rebelde ou revolucionário, mas como um sábio e filósofo, como o filho de Deus preocupado em libertar o homem das injustiças do homem. Gibran não era hipócrita ao criticar a religião em árabe e depois enaltecê-la nos livros escritos em inglês. De fato, ele era contrário aos falsos religiosos, que usavam as palavras de Cristo para seu benefício. No entanto, ele era convicto em sua fé, como podemos verificar em seu livro *Jesus, O Filho do Homem*.

---

40 Quando foi com seu pai, Khalil, pedir uma bolsa de estudo ao latifundiário Ragi Beik El Daher, que lhe foi negada, e quando foi proibido de namorar Hala El Daher, filha do xeique, disseram: *"O filho do contador de cabras não pode olhar para a filha do xeique."*
41 GIBRAN, Gibran Khalil. *Temporais*, p. 42. Tradução: Mansour Challita.
42 Amin Gorayeb lançou uma campanha (1904 - 1905), em seu jornal Al Mohager de Nova Iorque, convocando os imigrantes sírio-libaneses a se naturalizarem, pois com a cidadania americana teriam os mesmos direitos legais dos americanos, podendo votar e serem votados. Poderiam ter cargos no governo e seus filhos nasceriam americanos. Gorayeb foi combatido por Naum Labki em seu jornal, em São Paulo, Brasil. Essa discussão durou alguns meses e só acabou quando os renomados jornalistas, poetas e historiadores Chibly Chmail, Farah Anton, Dawoud Amoun e Jorge Zaidan intervieram a favor de Amin Gorayeb. Apesar de Gibran ser amigo de Amin, o profeta nunca mudou de cidadania e a esse respeito disse: *"Sou árabe sírio-libanês!"*. Na revista "Jovem de Boston" publicou um artigo chamando os libaneses a zelarem por sua cultura milenar e se orgulharem disso. Escreveu: *"digam aos americanos que em nossas veias corre o sangue dos sábios, poetas e filósofos".* Gibran nasceu, viveu e morreu libanês oriental.

Gibran encantou os leitores americanos e ocidentais com a sabedoria espiritualista de *O Profeta*, pois, vivendo em Nova Iorque, uma das maiores cidades do Mundo, sentiu as diferenças sociais entre a sociedade consumista americana e a sociedade do Xeique Abbas[43] de *Espíritos Rebeldes*, em Bicharry. Contemplou o antagonismo de ambas e viu como eram divergentes: uma era evoluída e poderosa, seu povo não precisava de libertação do corpo, mas sim da alma, pois almejavam o amor e a compreensão, a outra precisava se libertar das algemas de seus cruéis dominadores. Gibran comparou as duas condições e parece ter se convencido de que a condição de aldeão analfabeto é melhor para o espírito do que a de materialista, pois tinha percebido o vazio espiritual no materialismo ocidental, fazendo o humanismo desaparecer da vida das pessoas. Ele os via viver em vão, sem amor ao próximo e buscando inescrupulosamente apenas o lucro, a ganância parecia estar acima de seus sentimentos.

Dessa forma, Gibran entendia as necessidades de afeto e humanismo dos ocidentais e escreveu *O Profeta*, um livro relevante, porta-voz do humanismo. Do mesmo modo, ele sabia das aflições dos orientais e as mencionou em suas crônicas em árabe. Gibran buscava explicar ao povo sua condição de subjugados e despertá-los da ignorância. São muitas as crônicas com essa finalidade. Apresentamos a seguir cinco contos de grande repercussão no Mundo Árabe: "A Escravidão" (em que Gibran mostra as diversas formas de submissão), "Os Dentes Cariados", "Meus Parentes Morreram", "Filhos de Minha Nação" e "Satanás".

"A escravidão"

Os homens são escravos da vida e a escravidão marca seus dias de degradação e suas noites de sangue e lágrimas.

Passaram-se sete mil anos desde o meu primeiro nascimento e até hoje não vi senão escravos e prisioneiros algemados...

Percorri a Terra, do Ocidente ao Oriente, vi a luz e as trevas da vida, contemplei a procissão dos povos e nações em sua marcha aos palácios, mas vi somente pescoços curvados, braços acorrentados e joelhos dobrados sob a opressão dos ídolos de estátua.

Acompanhei o homem de Babilônia a Paris, de Nínive a Nova Iorque, e vi os vestígios de suas algemas impressas na areia ao lado das marcas de seus passos e ouvi nos vales e florestas o eco das lamentações de gerações de vários séculos.

---

43 Personagem do livro *Espíritos Rebeldes*, que criticava com veemência o sistema religioso, a opressão do sultanato otomano e a situação da mulher oriental. Foi proibido e provocou a expulsão de Gibran do território otomano e sua excomunhão da Igreja Maronita Católica.

Visitei palácios, institutos e templos, parei frente a tronos, altares e tribunais, e vi somente escravos, operários escravizados pelo comerciante, o comerciante escravo do militar, o militar escravo do governante, o governante escravo do rei, o rei escravo do sacerdote, o sacerdote escravo da estátua sagrada e a estátua um punhado de barro modelado pelos demônios, erguida sob um montículo de ossos.

Entrei nas residências de ricos e fortes e em casebres de pobres e fracos, aproximei-me dos aposentos enfeitados cobertos com pedaços de marfim e ouro, e também fui a refúgios e abrigos cheios de fantasmas e suspiros de morte. Vi crianças mamando o leite maternal da escravidão, vi jovens aprendendo a ser humilhados e oprimidos, ao invés de ter a primeira lição das Letras. Vi moças vestidas com o casaco da obediência e esposas deitando nos leitos da submissão.

Acompanhei gerações nos gongos às margens do Rio Eufrates até o Delta do Nilo, do Monte Sinai às praças de Atenas, às igrejas de Roma, dos becos de Constantinopla aos prédios de Londres. E vi a escravidão caminhando solta em toda parte, em cortejos de grandeza e esplendor oferecem-lhe sacrifícios no altar, chamam-lhe de Deus, vertem-lhe vinho e perfumes aos seus pés e chamam-lhe de Rei, queimam incensos diante de sua estátua e chamam-lhe de profeta, prostram-se perante ela e lhe chamam de Lei, lutam e se massacram por ela e chamam-lhe de patriotismo, submetem-se passivamente a ele e chamam-lhe de religião, incendeiam e demolem suas próprias moradas e chamam-lhe de fraternidade e igualdade ou trabalham e lutam para conquistá-la e chamam-lhe de dinheiro e comércio, pois ela tem muitos nomes.

❋❋❋❋

As mais estranhas variedades de escravidão são:
- A escravidão cega, que une o presente dos homens ao passado de seus pais e submetem suas almas às tradições de seus avós, fazendo deles corpos novos para espíritos velhos e túmulos pintados para esqueletos decompostos;
- A escravidão muda, que prende o homem ao rabo de saia da mulher que detesta e faz o corpo da mulher grudar no leito do esposo que odeia, e faz deles tão baixo quanto a sola dos calçados da vida;
- A escravidão surda, que obriga os indivíduos a seguir os costumes do meio em que vivem, pintar sem cores e vestir as mesmas roupas e adotar os seus modelos, tornando-se como os ecos das vozes e como a sombra dos seus corpos;
- A escravidão manca, que coloca os pescoços dos fortes em poder dos charlatões e entrega a resistência dos corajosos aos planos de megalomaníacos, transforma-nos em instrumento e com suas mãos brinca com eles, como se fossem fantoches, balançando-os até que se quebrem;

- A escravidão maliciosa, que carrega as almas das crianças pelo espaço infinito e as deixa em casebre miseráveis, onde mora a necessidade, a ignorância e a humilhação, vizinha do desespero. Assim crescem infelizes, vivem marginalizadas e morrem condenadas;
- A escravidão sombria, que macula a vida dos filhos de criminosos;
- A escravidão mascarada, que compra os objetos a preços oportunos e designa-lhes nomes falsos, chamam a barganha de inteligência, tagarelar de conhecimento, benevolência de fraqueza e covardia de orgulho;
- A escravidão desleal, que estimula a língua dos fracos por intermédio do medo, fazendo-os falar o que não sentem e manifestar o que não está em sua consciência. Assim, volta a espremê-los e humilhá-los;
- A escravidão hereditária, que passa a coroa os filhos dos reis; e
- A escravidão corcunda, que conduz o povo pela doutrina de outra nação.

※※※※

Quando me cansei de contemplar as procissões, sentei-me no vale das sombras, vi uma sombra magricela caminhar sozinha rumo ao Sol e perguntei-lhe:
- Quem és tu?
- Eu sou a Liberdade.
- E onde estão teus filhos?
- O primeiro morreu crucificado, o segundo morreu louco e o terceiro ainda não nasceu."

"Os dentes cariados"

Havia na minha boca um dente cariado. Era um dente ardiloso e malvado: permanecia quieto o dia todo e só começava a doer durante a noite, quando os dentistas estavam dormindo e as farmácias estavam fechadas.

Certo dia, perdi a paciência e procurei um dentista e disse-lhe: "Livre-me, por favor, deste dente hipócrita."

O dentista objetou: "Seria tolice arrancar um dente que podemos tratar."

E começou a cavar e limpar e desinfetar. Quando o dente não tinha mais cárie, o dentista o obturou e declarou com orgulho: "Este dente está mais sólido do que os outros."

Acreditei nas palavras, enchi suas mãos de dinheiro e fui embora, satisfeito.

Mas, uma semana depois, o maldito dente voltou a me atormentar.

Procurei outro dentista, e disse-lhe: "Arranque este dente sem discutir, pois sofrer é diferente de ver sofrer."

O dentista arrancou o dente. Foi uma hora terrível, mas benéfica. E, examinando o dente, ele disse: "Fez bem em arrancá-lo. A cárie já tinha atingido as raízes. Não havia como recuperá-lo."

Dormi em paz depois disso.

Na boca deste ser que chamamos de Humanidade, há também dentes cariados. E a cárie já atingiu a raiz, mas a Humanidade não os arranca. Prefere tratá-los e obturá-los com ouro brilhante.

Quantos dentistas estão ocupados em tratar os dentes da Humanidade! E quantos doentes se entregam a esses médicos, sofrem e agüentam para depois morrer.

A nação que enfraquece e morre não ressuscita para revelar suas doenças ao mundo e a ineficácia dos remédios sociais que a levaram ao túmulo.

Na boca da nação síria também há dentes cariados. Nossos dentistas tentam obturá-los, mas esses dentes não vão se curar. É preciso arrancá-los, pois a nação que tem dentes cariados tem o estômago debilitado.

Quem quiser ver os dentes cariados da nação síria, visite suas escolas, onde os homens decoram o que Al-Akfash disse, mencionando Sibauaih[44], e o que Sibauaih disse, mencionando aqueles que conduzem camelos. Visite seus tribunais e palácios de reis, onde o esnobismo convive com a hipocrisia. Visite os casebres dos pobres, onde a ignorância gera medo e covardia.

Depois, visite os dentes de dedos macios e aparelhos complicados. São eles que criam as associações e os congressos e discursam em reuniões e praças públicas.

Suas palavras são melodiosas e suaves. E se lhes dissermos: "Esta nação mastiga seus alimentos com dentes cariados e saliva envenenada, e disto resultarão doenças no seu estômago", eles respondem: "Sim, sim, estamos justamente estudando as drogas mais modernas e os medicamentos mais eficazes."

E se lhes perguntarmos: "E que tal extrair os dentes cariados?", eles vão começar a rir do pobre indagador, que nunca estudou a nobre ciência da Odontologia.

E se insistirmos, ficam entediados e dizem: "Quantos ignorantes neste mundo! E como sua ignorância incomoda!"

Meus parentes morreram

A 1ª Guerra Mundial ocorreu de 1914 a 1918. Nesse período, o Líbano enfrentou a maior tragédia de sua história, o império turco aliou-se à Alemanha contra França, Inglaterra e Rússia. Os soldados turcos invadiram aldeias, aniquilaram

---
44 Organizador da gramática do idioma árabe.

a população e saquearam tudo que encontravam nas casas: comida, relíquias, objetos de valor, roupas de frios, arte, etc. Os oficiais alemães treinavam e comandavam as tropas turcas, que se deslocaram da Anatólia para a península de Sinai, com o objetivo de atacar os ingleses no Egito e tomar o Canal de Suez, a maior via marítima no caminho da Índia e outras colônias britânicas, e impedir qualquer movimento de revolta árabe contra o domínio turco.

Milhares de soldados turcos chegaram ao Líbano, à Síria e Palestina pelo comando do General Jamal Baxá, que ficou conhecido como "O Assassino", por ordenar o enforcamento de muitas vítimas em Beirute e Damasco, criando assim a Praça dos Mártires nas duas capitais e o Dia dos Mártires (6 de maio) nos dois países. Dentre as vítimas, muitas personalidades políticas, intelectuais e das tradicionais famílias libanesas e sírias acusadas de agirem como agentes, espiões das potências européias, condenados por grande traição ao califa dos mulçumanos, que era o sultão otomano.

Logo depois de sua chegada ao Líbano, Jamal Baxá demitiu o mutussaref Ohans Baxás e aboliu o acordo feito com as potências européias em 1961, onde o Líbano teria um mutussaref independente. Assim, decretou-se governante militar do Líbano, bloqueou todas as vias marítimas e terrestres, fazendo um cerco e impedindo a entrada de alimentos para o povo libanês. Em meio ao desespero, os gafanhotos cobriram os céus do Líbano e em poucos dias destruíram tudo que era verde nas terras do Monte Líbano, conhecido como o Monte da Primavera. A terra toda ficou cinza, não sobrou uma folha verde. A fome e as doenças se alastraram e o Líbano viveu um inferno nunca visto antes. Dezenas de patriotas foram acusadas de traição ao sultão e enforcados, outros milhares foram condenados ao alistamento forçado no Exército[45]. Cerca de um terço da população morreu de fome e doença, sem poder sair de sua região para receber ajuda. A respeito dessa tragédia Gibran escreveu:

Meus parentes estão mortos, e eu vivo a chorá-los na minha solidão e isolamento.

Meus amados estão mortos, e o seu desaparecimento mergulhou minha vida na desgraça.

Meus parentes estão mortos, suas lágrimas e seu sangue mancham os campos da minha terra. E eu estou aqui, vivendo como quando meus parentes e amados eram vivos e a minha terra era iluminada pelo Sol.

Meus parentes morreram de fome, e quem não morreu de fome morreu pelo fio da espada. E eu vivo neste país longínquo, no meio de um povo alegre e satisfeito, que tem alimentos fartos e camas macias.

---

45 Em árabe, esse alistamento obrigatório se chamava "Safar Barlek", em que os alistados eram forçados ao trabalho gratuito, cavando trincheiras, carregando água, alimento e munição para os soldados na fronte de batalha, e muitas vezes andavam descalços e mal-alimentados.

(...) E que pode o exilado distante fazer por seus parentes flagelados?

Sim, de que servem as tristezas e o pranto do poeta?

Se eu fosse uma espiga de milho no solo da minha pátria, o menino faminto me arrancaria e afastaria a sombra da morte com meus grãos.

Se eu fosse um fruto maduro nos jardins do meu país, a mulher prostrada me apanharia e me comeria para recuperar suas forças.

Se eu fosse um passarinho no céu da minha terra, o homem faminto me caçaria e com minha carne neutralizaria a invasão da morte em seu corpo.

Mas não sou nem espiga de trigo nem fruto maduro na minha terra. E eis a minha infelicidade. Uma tristeza muda que me faz sentir pequeno diante de mim mesmo e diante das sombras da noite.

Eis o drama doloroso que reprime minha língua e minhas mãos e me deixa debilitado, vazio, sem vontade, sem iniciativa.

Dizem-me: "A desgraça de tua terra nada mais é do que um aspecto da desgraça universal, e as lágrimas e o sangue que foram vertidos no teu país são apenas algumas gotas do rio de sangue e lágrimas que corre dia e noite nos vales e planícies da Terra."

Sim, mas a desgraça de meu povo é uma desgraça muda, preparada e executada por serpentes nas trevas do sigilo.

Se meu povo tivesse se rebelado contra governantes tirânicos e tivesse perecido inteiramente na rebelião, eu diria que a morte pela liberdade é mais honrosa que a vida na submissão. E quem penetra na eternidade de espada na mão, torna-se imortal, assim como a justiça é imortal.

(...) Meus parentes morreram crucificados.

Morreram de mãos estendidas para o Oriente e o Ocidente e de olhos cravados na escuridão do espaço.

Morreram no silêncio, pois os ouvidos da Humanidade se fecharam para seus apelos e gritos.

Morreram porque não aceitaram se aliar a seus inimigos como covardes, nem renegar seus amigos como traidores.

Morreram porque não eram criminosos.

Morreram porque eram pacíficos.

Morreram de fome na terra onde jorram mel e leite.

"Filhos de Minha Nação"[46]

"Filhos da Minha Nação" foi escrito após o fim da 1ª Guerra Mundial pois Gibran esperava que o povo árabe, principalmente o sírio e o libanês, partisse para o combate em busca de mudança e conquistasse a independência, porém esse sonho de revolução não aconteceu, pois os árabes continuaram com suas glórias tribais e suas tradições rivais. E ainda iludidos pela diplomacia dos europeus, terminaram dominados pelos franceses e ingleses, trocando os turcos pelos novos conquistadores europeus. Gibran, magoado, escreveu essa crônica despejando sua tristeza em uma literatura comovente:

O que quereis de mim, ó filhos da minha nação?

Quereis que construa para vós, com promessas vazias, palácios decorados com palavras e cobertos com sonhos? Ou quereis que destrua o que os mentirosos edificaram e renegue o que os impostores estabeleceram?

Que quereis que faça, filhos de minha nação? Que arrulhe como os pombos para vos agradar ou que ruja como leões para agradar a mim mesmo?

Cantei para vós, e não dançastes, gemi diante de vós, e não chorastes. Quereis que cante e gema ao mesmo tempo?

Vossas almas definham de fome, embora o pão do saber seja mais abundante que as pedras no vale. Por que não comeis? Vossos corações ardem de sede, embora as fontes da vida corram como rios em volta de vossas casas, por que não bebeis?

O oceano tem maré cheia e maré baixa, e a Lua tem quartos minguantes e quartos crescentes, e o tempo tem verão e inverno. Mas a verdade nunca se oculta e nunca muda. Por que procurais desfigurar a verdade?

Chamei-vos na quietude da noite para mostrar-vos a beleza da Lua e a majestade das estrelas, acordastes aterrorizados de vosso sonho e apanhastes vossas espadas e vossas lanças, gritando: "Onde está o inimigo? Queremos esmagá-lo." E quando, na madrugada, o inimigo chegou realmente, chamei-vos, mas não acordastes e continuastes a caminhar nas procissões dos sonhos.

Eu vos disse: "Vamos subir ao cume da montanha, quero mostrar-vos os reinos da terra." Respondestes, dizendo: "Nas profundezas deste vale viveram nossos pais e avós, aqui morreram e aqui foram enterrados. Como abandonaremos este lugar para ir aonde não foram?"

Eu vos disse: "Vamos às planícies, quero mostrar-vos as minas de ouro e os tesouros da Terra." Respondestes: "O abismo amedronta nossas almas e o terror das profundezas destrói nossos corpos."

---

46 Mansour Challita traduziu o título como "Os Filhos de Minha Mãe", conforme a tradução literal do árabe "Ya Bani Umi" para o português. No entanto, faz-se necessário uma retificação, pois a conotação dada por Gibran seria de mãe como pátria e nação.

Eu vos amava, ó filhos da minha nação! Mas meu amor me prejudicava e não vos beneficiava. Agora, eu vos detesto, e o ódio é uma torrente que só arrasta os troncos secos e só derruba as casas abaladas.

Tinha pena de vossa fraqueza, ó filhos de minha nação! Mas a piedade só serve para aumentar o número dos fracos e indolentes e não beneficia a vida em nada. Hoje, quando vejo vossa fraqueza, minha alma treme de desgosto e se retrai de desdém.

Chorava por vossa humildade e esmagamento, e minhas lágrimas corriam claras como o cristal. Mas não lavaram vossas chagas, tiraram apenas o véu dos meus olhos. Nem conseguiram sensibilizar vossos corações petrificados, apenas libertaram minha alma da ansiedade. Hoje, dou risada de vossas dores. O riso é um trovão arrasador que precede a tempestade e não a segue.

O que quereis de mim, filhos de minha nação? Quereis que vos mostre as sombras de vossos rostos nas águas tranqüilas? Vinde, pois, e vede como vossos rostos são feios.

Pensai e meditai. O medo transformou vossos cabelos em cinzas, a insônia transformou vossos olhos em cavidades escuras e a covardia tocou vossos semblantes e os transformou em farrapos enrugados, a morte beijou vossos lábios e eles se tornaram amarelos como folhas de outono.

O que quereis de mim, filhos de minha nação? E o que quereis da vida? A vida não mais vos considera seus filhos.

Vossas almas se agitam nas mãos de sacerdotes e bruxos, e vossos corpos tremem entre as garras de tiranos e sanguinários, e vosso país agoniza sob os pés de inimigos e conquistadores. O que esperais da luz do Sol?

Vossas espadas estão enferrujadas, vossas lanças cegas e vossos escudos estão cobertos de lama. Por que permaneceis no campo de batalha?

A vida é energia na juventude, criação na idade madura e sabedoria na velhice. Mas vós nascestes velhos e depois virastes crianças pela futilidade de vossos pensamentos.

A Humanidade é um rio cristalino que, cantando e levando os segredos das montanhas, se precipita nas profundezas do mar. Quanto a vós, filhos de minha nação, sois pântanos traiçoeiros, habitados por insetos e serpentes.

A alma é uma chama azul que consome as ervas secas, cresce com as marés e ilumina o rosto dos Deuses. Mas vossas almas são cinzas que o vento espalha sobre a neve e que as tempestades dissipam nos vales.

Eu vos odeio, filhos da minha nação, porque odiais a glória e a grandeza.

Eu vos menosprezo porque menosprezais vossas próprias almas.

Sou vosso inimigo porque sois inimigos dos Deuses e não o sabeis!

"Satanás"[47]

Esse conto teve grande repercussão no meio cultural e estudantil árabe de todo o Oriente Médio, inclusive entre estudantes de diversas seitas religiosas. Apesar de a narrativa ser um diálogo entre um padre cristão e o Satanás, ocorre uma afinidade entre as religiões, pois católicos e muçulmanos alegam ser inimigos de Satanás.

O Padre Simão era conhecedor profundo dos assuntos espirituais e teológicos, versado nos segredos dos pecados e nos mistérios do Inferno, Purgatório e Paraíso.

Percorria as aldeias no norte do Líbano, pregando penitências aos fiéis, curando suas almas do mal e prevenindo-os contra as armadilhas do demônio, a quem Padre Simão combatia dia e noite sem desanimar e sem descansar.

Os camponeses veneravam Padre Simão e gostavam de comprar suas escritas e preces com prata e ouro, e disputavam o privilégio de presenteá-lo com o melhor de suas colheitas.

Certa tarde de outono, Padre Simão caminhava por um lugar isolado em direção a uma aldeia perdida entre aqueles montes e vales, quando ouviu gemidos dolorosos vindos da beira da estrada. Olhou e viu um homem desnudo, estendido sobre o pedregulho. O sangue jorrava de feridas profundas na cabeça e no peito, e ele implorava socorro: "Salva-me! Ajuda-me! Tem pena de mim! Estou morrendo!"

O padre parou, perplexo, considerou o homem e concluiu: "Deve ser um ladrão de estrada, que atacou um viajante e foi rechaçado. Está agonizando. Se morrer em minhas mãos, vão me responsabilizar pela sua morte."

E reiniciou sua marcha, mas o moribundo o deteve de novo: "Não me abandones, não me abandones! Tu me conheces e eu te conheço! Vou morrer se não me socorreres!"

O padre empalideceu e pensou: "Deve ser um dos loucos que vagueiam por estas campinas. O aspecto dos seus ferimentos me arrepia. Em que posso ajudá-lo? O médico das almas não cura os corpos."

E andou mais alguns passos. Mas o ferido lançou um grito que moveria até as pedras: "Aproxima-te de mim! Somos amigos há muito tempo, és o Padre Simão, o bom pastor. Eu não sou salteador e nem louco! Aproxima-te de mim para que te diga quem sou!"

O padre aproximou-se, inclinou-se sobre o moribundo e viu uma face estranha, na qual se misturavam a inteligência e a astúcia, a feiúra e a beleza, a perseverança e a doçura. Recuou e gritou: "Quem és tu? Nunca te vi em minha vida!"

O moribundo se mexeu ligeiramente, fitou os olhos do padre com um sorriso

---

47 GIBRAN, Gibran Khalil. *Temporais*, p. 3-8. Tradução: Mansour Challita.

sugestivo e disse em voz profunda e suave: "Você sabe quem eu sou, já nos encontramos muitas vezes e viu o meu rosto em toda parte, eu sou o parente mais próximo e sou muito querido por ti". O padre interpelou: "Mentiroso, salafrário! Eu nunca vi o seu rosto antes. Vou te deixar morrer sangrando se não me disseres que és tu." O moribundo respondeu: "Eu sou Satanás." O padre soltou um grito terrível, que ecoou pelos recantos daquele vale, examinou novamente seu interlocutor, verificou sua semelhança com a figura dos demônios pintados na tela do Juízo Final que decorava a parede da igreja da aldeia, e bradou, trêmulo: "Deus me revelou sua face infernal para alimentar meu ódio por ti. Serás amaldiçoado até o fim dos tempos!"

    O demônio respondeu com certa impaciência: "Não sabes o que dizes e não calculas o crime que cometes contra ti mesmo. Eu fui e continuo a ser a causa de teu bem-estar e de tua felicidade. Menosprezas meus benefícios e negas meu mérito, enquanto vives a minha sombra? Não foi minha existência a justificação da profissão que escolheste, e meu nome, o lema de tua vida? Que outra profissão abraçarias, se o destino decretasse a minha morte e os ventos apagassem o meu nome? Há vinte e cinco anos percorres estas aldeias para prevenir os homens contra minhas armadilhas e eles compram tuas escritas com seu dinheiro e os frutos dos seus campos. Que outra coisa comprariam de ti amanhã, se soubessem que seu inimigo, o demônio, morreu e que estão livres dos seus malefícios? Não sabes, em tua ciência, que quando a causa desaparece, as conseqüências desaparecem também? Como aceitas, pois, que eu morra e que tu percas a tua posição e o sustento de tua família?"

    O demônio se calou. Os traços do seu rosto não exprimiam mais a súplica, mas sim a confiança. Depois, falou de novo:

    "Ouve-me, impertinente ingênuo, e te mostrarei a verdade que liga meu destino ao teu. Na primeira hora de vida, o homem ficou em pé diante do Sol, estendeu os braços e clamou: "Atrás das estrelas há um Deus poderoso, que ama o bem." Depois, virou as costas ao Sol, viu sua sombra alongada no chão e gritou: "E nas profundezas da terra há um demônio maldito, que gosta do mal." E o homem voltou à sua gruta, murmurando: "Estou entre dois Deuses terríveis: um é meu protetor, o outro é meu inimigo." E durante séculos, o homem se sentiu vagamente dominado por duas forças: uma boa, que ele abençoava, e outra má, que ele amaldiçoava. Depois apareceram os sacerdotes e eis a história de sua aparição: Na primeira tribo que se formou sobre a terra, havia um homem chamado Laús, que era inteligente, mas preguiçoso. Detestava os trabalhos braçais de que se vivia naquela época, e muitas vezes tinha que dormir de estômago vazio. Em uma noite de verão, quando os membros da tribo, estavam reunidos em volta do chefe, conversando descontração, um deles se levantou de repente, apontando para a Lua e disse com medo:

"Olhem para o Deus da Noite: sua cor empalideceu, ele está se transformando em uma pedra preta." Todos olharam a Lua e tremeram. Então, Laús, que tinha visto outros eclipses, levantou-se no meio da assembléia, ergueu os braços ao céu e, pondo em sua voz todo fingimento de que era capaz, disse piedosamente: *"Prostrai-vos, meus irmãos, e orai, pois o Deus das Trevas está agredindo o Deus da Noite. Se o primeiro vencer, morreremos; se for derrotado, viveremos. Orai para que vença o Deus da Lua."* E Laús continuou a falar, até que a Lua voltou ao seu esplendor natural. Os presentes ficaram maravilhados e manifestaram sua alegria com canções e danças. E o chefe da tribo disse a Laús: *"Conseguiste, esta noite, o que nenhum mortal conseguiu antes de ti. E descobriste segredos do Universo que nenhum de nós conhecia. Alegra-te, pois a partir de hoje serás o segundo homem da tribo, depois de mim. Eu sou o mais valente e o mais forte, e tu é o mais culto e o mais sábio. Serás, portanto, o intermediário entre os Deuses e mim, revelando-me seus segredos e ensinando-me o que devo fazer para merecer sua aprovação e benevolência."* Respondeu Laús: Tudo o que os Deuses me revelarem no meu sonho eu te revelarei ao despertar. Serei o intercessor entre os Deuses e ti."

O cacique se alegrou e presenteou Laús com dois cavalos, sete bois, setenta cordeiros e setenta ovelhas. E disse-lhe: *"Os homens da tribo construirão para ti uma casa igual à minha e te oferecerão parte dos frutos da terra em cada colheita. Mas, dize-me, quem é esse Deus do Mal, que se atreveria a agredir o Deus resplandecente?"*

Laús respondeu: *"É o demônio, o maior inimigo do homem, a força que desvia a marcha do furacão para as nossas casas, que manda a seca às nossas plantações e as doenças aos nossos rebanhos, que se alegra com nossa infelicidade e se entristece com nossos júbilos. Precisamos estudar seus humores e táticas para prevenir seus malefícios e frustrar suas estratégias."*

O cacique apoiou a cabeça em seu cajado e sussurrou: *"Sei agora o que ignorava: a Humanidade saberá também o que sei e te honrará, Laús, porque nos revelaste os mistérios do nosso terrível inimigo e nos ensinaste a combatê-lo vigorosamente."* E Laús voltou à sua tenda, eufórico com sua habilidade e imaginação. E o cacique e seus homens passaram uma noite de pesadelos."

Assim apareceram os sacerdotes no mundo. E minha existência foi a causa de sua aparição. Láus foi o primeiro a fazer da luta contra mim a sua profissão. Mais tarde, a profissão prosperou e evoluiu até se tornar uma arte fina e sagrada, que abraça somente os espíritos maduros, as almas nobres e os corações puros e as vastas imaginações.

Em cada cidade que se erguia à face do Sol, meu nome era o centro das organizações religiosas, culturais, artísticas e filosóficas. Eu construía os mosteiros e os eremitérios sobre o medo e fundava os cabarés e bordéis sobre luxúria e prazer. Sou o pai e mãe do pecado. Queres que o pecado morra, com minha morte? Curioso é que me cansei para te mostrar a verdade que conheces melhor que eu e que serve a teus interesses ainda mais do que aos meus. Agora, faze o que quiseres. Carrega-me em tuas costas para tua casa e medica meus sofrimentos ou deixa-me agonizar e morrer aqui!"

Enquanto o demônio discursava, o Padre Simão se agitava e esfregava as mãos. Depois, disse em uma voz encabulada e hesitante: "Sei agora o que ignorava há uma hora. Perdoa, pois, minha ingenuidade: Sei que estás no mundo para tentar, e a tentação é a medida com que Deus determina o valor das almas. Sei agora que se morreres, a tentação morrerá contigo e assim desaparecerão as forças que obrigam o homem à prudência e o levam a rezar, jejuar e adorar. Deves viver, porque sem ti os homens deixarão de temer o inferno e mergulharão nos vícios. Portanto, tua vida é necessária à salvação da Humanidade e eu sacrificarei meu ódio por ti no altar do meu amor pela Humanidade."

O demônio soltou uma gargalhada similar à explosão dos vulcões e disse: "Que inteligência e que habilidade, ó reverendo padre! E que conhecimento sutil da teologia! Com tua perspicácia, criaste uma justificativa para minha existência, que eu próprio ignorava."

Então, o Padre Simão aproximou-se do demônio, carregou-o às costas e prosseguiu no seu caminho.

❋ ❋ ❋

Gibran, o oriental

Gibran era um homem de grande potencial intelectual e de talento criativo. Era estudioso e ambicioso, e almejava o sucesso. Ele foi fortemente influenciado pelo meio em que vivia, principalmente pela infância pobre da classe de lavradores, pela mãe religiosa e submissa aos abusos do pai e pela prisão deste, coletor de impostos, por desvio de verba, uma insignificante quantia que usou para festejar sua alegria com os amigos. Caso Gibran não tivesse tido a infância pobre, não tivesse conhecido a escravidão da mulher e os falsos religiosos, talvez não tivesse escrito *Espíritos Rebeldes* e delatado as práticas maléficas à sociedade árabe em *Asas Quebradas*. Além disso, sem a criação cristã fervorosa, nunca teria escrito *Jesus, o Filho do Homem*. Se não tivesse tido a oportunidade de estudar e conhecer a opinião dos filósofos espiritualistas como Blake e se continuasse no Oriente e não houvesse a liberdade que a América propicia, talvez nunca tivesse escrito *O Profeta*.

Gibran foi muito criticado. Alguns questionavam seu estilo literário. Outros diziam que ele era injusto com os clérigos. Outros ainda diziam que suas obras se tratavam de plágio de William Blake, Nietzsche, do Alcorão e da Bíblia. Mas Gibran era um gênio de uma aptidão especial para a literatura, escrevia suas críticas e poesias com sentimento oriental. Não era americanizado nem materialista. Carregava o espírito religioso oriental. Ele viveu e morreu oriental.
"Procurei e pesquisei a vida dos gênios literários materialistas do Ocidente que disseram ter influenciado Gibran e não encontrei Gibran algum neles."[48]

---

48 Felex Fares, no artigo escrito à revista "Al Osbat Al Andalussiat". São Paulo, Brasil. Ano 2. Janeiro de 1935.

Revolucionário na trincheira

As notícias da guerra corriam pelos quatro cantos do mundo. As manchetes dos jornais americanos diziam: *"A guerra está próxima"*, anunciando o conflito que estava por vir. Os imigrantes libaneses se alvoroçavam, pois sabiam que a guerra seria fatídica e atingiria seus familiares no Líbano. A destruição causaria a morte de muitos. Os que escapassem morreriam de fome e doenças, ou fugiriam abandonando os vilarejos e as aldeias montanhosas. De fato, a guerra não tardou. Tudo que se temia ocorreu de fato e os jornais noticiavam as tragédias, mostrando fotos dos mortos e os povos libaneses e sírios pedindo ajuda. Os imigrantes comovidos se reuniam para debater como poderiam auxiliar as vítimas da guerra, pois sentiam a necessidade de ajudar seus parentes e amigos, mas essas reuniões tinham muitas idéias e opiniões, mas pouca ação.

Gibran queria muito libertar seu povo e não podia ficar de braços cruzados vendo tudo acontecer. Assim, quando soube que o neto do herói italiano Garibaldi estava em Nova Iorque, correu ao seu encontro, pois queria treinar uma milícia revolucionária síria e libanesa para livrar o povo do domínio otomano. Entretanto, os registros sobre o encontro indicam que o neto de Garibaldi não possuía a mesma destreza do avô. Não conseguiram soldados suficientes para formar um exército revolucionário, talvez porque os orientais atendem mais aos chamados religiosos do que aos patrióticos.

Nessa época de guerra, mas precisamente em 1916[49], chegou à Nova Iorque o amigo de Gibran, o Dr. Ayub Tabet[50], que percebeu o interesse dele e entendeu que poderia ser um grande colaborador na realização de seus planos. Assim, reuniram-se com a elite econômica e intelectual da comunidade sírio-libanesa e fundaram a terceira filial da "Sociedade de Libertação do Monte Líbano e Síria" sediada em Paris, cujo lema é a frase do presidente Wilson: *"Não é permitido obrigar um povo a aceitar o domínio de forças estrangeiras."* A sociedade era presidida pelo Dr.

---
49 Neste ano também chegou a Nova Iorque Miguel Naime, e em visita à revista "Artes", de seu amigo Nassib Arida, conheceu Gibran, dando início a uma amizade duradoura.
50 Ayub estudou com Gibran no colégio El Hikmat, em Beirute, e formou-se em Medicina. Lutava pela independência do Líbano, declarou seu apoio aos aliados (França e Inglaterra) contra a Alemanha e Turquia. Escapou da forca do Jamal Baxá, fugindo para a ilha de Chipre em um navio carregado de madeira e, de lá, conseguiu ir para Nova Iorque.

Ayub, o vice-presidente era Amin Al-Rihani, e tinha Gibran e Miguel Naime como secretários, e ainda, os conselheiros: Nassib Arida, Abdul Massih Hadad, Elias Abu Madi e Nagib Diab. Seu objetivo era arrecadar alimentos, roupas, etc. para ajudar as vítimas da guerra.

Gibran e Amin doaram todo o seu tempo e atenção trabalhando ativamente na segunda trincheira[51] pela causa, que era a busca pela sobrevivência de seu povo e independência de sua pátria. O jornalista Naum Mokarzal[52] queria enviar ajuda apenas para o Monte Líbano, mas Rihani e Gibran não aceitaram a idéia e fizeram com que fosse distribuída para toda população sofredora. Disseram: *"A tragédia não escolhe suas vítimas pela cor, religião ou espaço geográfico."*

Gibran abriu a lista de doações com o nome de Mary Haskell, com sua contribuição no valor de US$ 150,00[53]. Mary enviou uma carta à comissão em reconhecimento ao seu empenho, pois com a Cruz Vermelha, conseguiram convencer o governo americano a contribuir com um navio para transportar a ajuda ao porto de Beirute, no Líbano, e de lá aos sírios. A responsabilidade da comissão para obter o navio era conseguir um valor de setecentos e cinqüenta mil dólares, visto que a moeda americana estava supervalorizada naquela época. Gibran e seus amigos corriam contra o tempo para conseguir encher o navio. Ele dizia: *"Se perdermos um minuto sequer, isso significa que perderemos a oportunidade de tirar os arranhões que os gritos dos milhares de sofredores farão em nossas consciências."* Conseguiram completar a quantia necessária para encher o navio, que embarcou em 17/12/1916 cheio de alimentos, roupas, remédios, etc.

Gibran ficou muito aliviado e satisfeito quando o navio partiu com a ajuda, pois sabia o quanto era importante para as vítimas da tragédia. Ficou ainda mais feliz quando soube que essa atitude repercutiu em outras capitais e fez com que muitos imigrantes se mobilizassem assim como eles. Isso ocorreu em São Paulo, Rio de Janeiro, Buenos Aires, México, etc. Os imigrantes que viviam na floresta amazônica, no interior da Colômbia e no Peru não tiveram contato com essas associações beneficentes, mas enviaram suas ajudas aos seus parentes por intermédio de bancos ou da Cruz Vermelha.

---

51   Em 1961, iniciei uma campanha com amigos para arrecadar ajuda aos irmãos árabes argelinos que lutavam pela independência da Argélia, que já tinha um milhão de mártires. Com a chegada da remessa de donativos, o Ministro do Exterior argelino, Abdul Karim Bel Kassim, exilado no Egito, enviou-me uma carta que dizia: *"Nosso irmão Zaidan, nós lhe consideramos um argelino, lutando pela independência da Argélia, embora seja na segunda trincheira, que é tão importante quanto a primeira"*. Por isso, considero o revolucionário Gibran como um combatente na segunda trincheira (Nota do Autor).
52   Naum Mokarzel fundou Al Huda, um dos principais jornais árabes dos Estados Unidos. Na primeira página de sua primeira edição estava a foto do sultão otomano Abdul Hamid II, sentado ao trono, com a seguinte legenda: *"Olhem o sultão sentado e a tirania rodeia seu trono."* Mokarzel foi condenado à força pelos turcos, mas, como passou sua vida nos Estados Unidos e só voltou ao Líbano após a queda do império turco, nunca sofreu a sentença.
53   *Em Washington, o Departamento de Estado me garantiu que o governo está realmente usando seus bons ofícios para atenuar o sofrimento da Síria. Em seu nome, dei cento e cinqüenta dólares para a comissão de assistência. Até o momento, foi a maior contribuição americana.* (Carta de Gibran a Mary Haskell, de 29/06/1916).

※ ※ ※ ※

Gibran estava sempre atento às notícias de guerra e ao jogo que as potências faziam para dominar o território antes dominado pelo sultão otomano. Viu se transformarem em mentiras as promessas inglesas de ajuda aos árabes, de reconstrução de uma nação e com a capital em Damasco, tudo por causa dos interesses das potências. Em uma carta a May Ziadah, Gibran escreveu: *"A Síria tem que lutar para solucionar seus problemas e não esperar que a Turquia ou outra potência os solucione. A Síria deve usar todos os seus pontos fortes e retomar seu lugar entre as nações do mundo."*

Com o fim da guerra e a derrota da Turquia, os exércitos turcos se retiraram dos territórios sírio e libanês; Gibran teve esperança de que surgiria uma pátria independente, já que sonhava com seu povo marchando para a evolução junto ao resto da humanidade. Porém, aconteceu justamente o contrário. As potências vencedoras apenas cuidavam de seus interesses de expansão do seu domínio no Oriente. Dividiram o território chamado de Oriente Próximo em pequenos países - Líbano e Síria -, dominados pela França, os territórios da Palestina, Jordânia e Iraque - sob o domínio Inglês. Gibran, assim como outros patriotas, juntou suas mágoas e decepções e escreveu a crônica "Filhos de Minha Nação"[54].

Gibran recolheu seus sonhos ao "eremitério" e pôs-se a pintar novas telas com um sentido estético melhorado, que abriu as portas para exposições de arte em Nova Iorque, que lhe renderam um bom resultado financeiro, tirando-o da cova da pobreza e fazendo seu complexo desaparecer, produzindo-lhe um largo sorriso, que andava desaparecido de sua face. Na literatura, também apresentou uma mudança significativa, Gibran esfriou seu nacionalismo e abandonou o ímpeto revolucionário. A partir de 1920, passou a escrever em inglês e dedicou-se à literatura espiritualizada. Com a suavidade de suas palavras que faziam das frases bálsamos para o espírito humano, Gibran transformou a arte em profecia, que eleva os homens e os aconselha na doutrina espiritual religiosa.

Gibran escrevia crônicas e livros revolucionários em árabe, porque pretendia despertar seu povo, tirá-los da condição de escravidão imposta pelo regime dos baxás e dos governantes tiranos, pois era contra a ignorância, as tradições e os milagres religiosos. Quando começou a escrever em inglês, sabia que seus novos leitores tinham uma cultura completamente diferente da cultura dos árabes. O Ocidente já havia despertado pelo clarim dos protestantes e construído

---

[54] Transcrita na página 266 deste livro.

uma sociedade industrializada, ao passo que os orientais sonhavam. Em sua chegada a Nova Iorque, Gibran ficou impressionado com a cidade gigantesca e seus arranha-céus e a comparou com as cidades históricas e em ruínas de Tiro, Sidon, Tripoli e Beirute. Ele disse: *"Esta é uma realização da vontade dos homens heróicos e gigantes."*

❊❊❊❊

Gibran, ao versificar em inglês O Louco, O Precursor, O Profeta, Areia e Espuma, Jesus, o filho do Homem, O Errante e O Jardim do Profeta, toma uma posição completamente diferente daquela assumida em árabe. Ratificou a tese da arte para a vida, ao invés da arte para a arte, pois tinha como verdadeira a arte responsável que escrevia e pintava os sonhos de um futuro humano. Escrevia melodiosamente, tanto em inglês como em árabe; suas palavras eram doces e simples, e marcaram a consciência humana. Ele escolhia as palavras, buscava-as uma a uma, usava o dicionário até encontrar a palavra certa, que se encaixasse perfeitamente no contexto. Gibran foi muito criticado por usar palavras comuns em suas crônicas, mas ele não se deixava abater e respondeu com a seguinte frase: *"Dante escreveu a Divina Comédia em linguagem popular, a mesma falada pelo público."* Escreveu ainda uma crônica que dizia: *"Vocês têm as suas línguas e eu tenho a minha."*

Nos livros em inglês, Gibran mencionou muitos provérbios que despertaram a atenção dos leitores sobre ética humana, política, moral, relacionamentos sociais, amor, religião e segredos da vida, além das descrições das imperfeições humanas e das indicações de como o homem pode ser perfeito, seguindo os conselhos proféticos e bíblicos.

O Ocidente discutia o marxismo socialista, o capitalismo de acúmulo e lucro e outras doutrinas que se espalhavam após a Revolução Francesa e época do Iluminismo na Europa. Entretanto, duas correntes se consolidavam: o capitalismo, que esvazia o homem de seu espírito humanitário, e o socialismo, que transforma o homem em máquina, divide a sociedade em grupos mafiosos buscando o lucro, que destrói as novas gerações. Nesse cenário, político internacional surgiu a mensagem de Gibran no Ocidente, especialmente nos livros "O Profeta" e "Jesus, o Filho do Homem", pois serviram como alívio aos homens de espíritos inconformados com as duas doutrinas que dividiam o cenário mundial.

PARTE VI

Gibran Khalil Gibran - VI

- Sua mensagem de amor desperta o homem da inocência primitiva, purifica sua mesquinharia e prepara seu gênio à elevação.
- Suas obras motivavam o indivíduo e a sociedade à libertação.
- Gibran foi o alicerce da literatura árabe surrealista.
- Era uma voz pronunciando palavras suaves e revolucionárias ao mundo árabe, conquistando leigos e intelectuais.
- Valorizava os livros que oferecessem esplêndido conhecimento, pois tinha sede de sabedoria e gostava de ler, principalmente Voltaire e Rousseau.
- Gibran desprezou o chamado da grande nação ao lucro, preferiu atender aos apelos do coração, criando um estilo literário suave, que proferia seus pensamentos iluministas e humanitários. Gibran não se deixou levar pelos encantos de Nova Iorque, uma das metrópoles mais importantes do mundo, cidade de coração de ferro, de barulhos estrondosos, de grande alvoroço, sombreada pelos arranha-céus e onde o valor está no lucro.
- Gibran fascinou o Ocidente com críticas aos costumes e às tradições do Oriente, pois, ainda que o Ocidente se vangloriasse do progresso alcançado, suas tradições continuavam atreladas às lendas do Oriente por laços religiosos.
- Gibran defendia os pobres. Sofreu com a infância simples nos casebres de Bicharry, e depois em Boston com a humilhação, quando seu namoro, seu primeiro amor, foi proibido pelo rico latifundiário. Tudo isso fez com que ele defendesse os pobres e criticasse a arrogância dos chefões.
- Desejava ardentemente servir à sociedade, acreditava que a arte está a serviço da vida e assim fez com a literatura e as pinturas.
- Gibran foi um gesto da poderosa potência inominável.
- Ele era o profeta da amizade e do amor, versificava poemas da arte da vida. Em seu semblante havia o sorriso oriental e em seu peito um coração cheio de amor que presenteou ao Ocidente.
- Era um espírito que penetrava na consciência do homem, acordava-o do passado, despertando para o futuro, para a aurora da vida.
- Gibran era como um pensamento que traça o futuro e um espírito que inspira fraternidade, amor e amizade. A criatividade de sua pena era mágica orientadora.
- Gibran era um relâmpago, seu brilho iluminou o Monte do Cedro Milenar.

- *Gibran, o árabe que escreveu no idioma de Shakespeare e enlevou os leitores desta língua.*

- *Gibran fez o mundo pronunciar o nome do Líbano com apreço e a literatura árabe com admiração.*

- *Ele pintava suas idéias em telas coloridas.*

- *Muniu-se com duas armas, uma oriental e outra ocidental, e entrou em uma guerra invisível; venceu pela criatividade.*

- *Venceu versificando a filosofia e profetizando a arte.*

- *Era um príncipe da literatura, um gênio da arte e uma energia iluminadora da mente humana.*

- *Ao contrário do que as pessoas diziam: "Deus está em meu coração", Gibran dizia: "Eu estou no coração de Deus."*

Missão

Os homens têm objetivos diferentes que variam conforme sua compreensão da vida e do mundo. Existem os mais variados tipos de objetivos. Dentre eles, podemos dizer que alguns passam a vida trabalhando, economizando, acumulando dinheiro para usufruir no futuro, outros aproveitam a vida com o que ganham, buscam conforto e um futuro melhor para a família; alguns vivem para construir palacetes, outros vivem para destruir, outros vivem para servir à pátria e aos seus ideais políticos, e com menos freqüência vemos os que vêm à vida para servir à humanidade.

Gibran não tinha os mesmos objetivos da maioria das pessoas. Quem lê seus livros diz que ele viveu para sua arte, pintura e literatura, árabe e inglesa. No entanto, diversas vezes, Gibran escreveu motivado a alcançar seu objetivo: *"Deus é meu alvo e quero compreender-Lhe."*[1] Ao atravessar uma ponte em Boston na companhia de Mary Haskell, disse: *"Meu desejo é construir uma ponte forte para a Humanidade chegar à eternidade e enxergar a realidade completa, que une o passado ao presente e futuro; uma ponte que ligue o Oriente ao Ocidente para libertar o corpo e o logos"* - ele também era entusiasta de Sócrates e sua doutrina.

O propósito de Gibran ficou claro em uma entrevista ao jornalista Nassib Arida, amigo de Gibran, que fazia parte do grupo de literatos progressistas de imigrantes sírios e libaneses de Nova Iorque, dono do jornal "As Artes".

Nassib: - Qual das belezas da natureza você mais gosta?

---
[1] Trecho traduzido de um artigo escrito por Felex Fares e publicado no livro *Gibran Vivo e Morto*, de Habib Massoud.

Gibran: - Montanha[2].
Nassib: - Qual a estação do ano você mais gosta?
Gibran: - Outono.
Nassib: - Um perfume?
Gibran: - Cheiro de pau seco queimando.
Nassib: - Um nome muito querido?
Gibran: - Salma.
Nassib: - Qual escultura é a mais perfeita, na sua opinião?
Gibran: - As estátuas feitas por Michelangelo.
Nassib: - Qual dos poetas você mais gosta?
Gibran: - Shakespeare[3], Mutanabi[4], Majnoun Laila[5] e Abu Nawas.[6]
Nassib: - Seu escritor preferido?
Gibran: - Ibn Khaldun como pensador, Friedrich Nietzsche como imaginário e Ivan Turgueniev[7] como pintor e fotógrafo.

Nassib: - Na literatura, qual seu herói preferido?
Gibran: - Hamlet, Brutos e Francisca de Rimini.
Nassib: - Em que época ou século você gostaria de ter nascido?
Gibran: - Nesta época e neste século, porque tem tudo o que as gerações anteriores deixaram.
Nassib: - Onde você prefere viver?
Gibran: - No Líbano.
Nassib: - O que você admira no homem?
Gibran: - A verdade.
Nassib: - E na mulher?
Gibran: - A pureza.
Nassib: - Se você não fosse Gibran Khalil Gibran, quem gostaria de ser?
Gibran: - Gibran Khalil Gibran.
Nassib: - Qual palavra expressa a bondade?
Gibran: - Amor, natureza e Deus.
Nassib: - Qual o seu objetivo na vida?

---

2 Em nossa pesquisa, observamos que os profetas gostavam de montanhas. Por exemplo, Moisés no Monte Sinai, Jesus no Monte das Oliveiras e Mohamed do Monte Harrá.
3 Gibran leu quatorze vezes Hamlet.
4 Famoso poeta árabe.
5 Apaixonado pela musa Laila, escreveu-lhe belas poesias de amor.
6 Poeta e boêmio, vivia no palácio de Haroun El Rachid, califa das mil e uma noites.
7 Escritor e pintor Russo.

Gibran: - Trabalhar, trabalhar e trabalhar.
Nassib: - Na história quem é seu herói preferido?
Gibran: - Mohamed.
Nassib: - E sua heroína preferida?
Gibran: - Zenóbia[8] e Joana d'Arc.
Nassib: - Qual o seu livro de cabeceira?
Gibran: - O Livro de Jó, do Velho Testamento.
Nassib: - Como você se definiria?
Gibran: - Sinceridade."

Nesta entrevista, podemos perceber seu verdadeiro objetivo de vida. Quando declara seu intuito de trabalhar muito, fica evidente que ele se refere à pressa de produzir os livros e pintar telas e assim deixar sua contribuição à cultura.

Em uma carta da mesma época para o seu primo Nakhle, Gibran revelava: *"As pessoas na Síria dizem que sou ateu e os intelectuais no Egito dizem que sou inimigo das leis e tradições antigas. Eles têm razão, pois eu odeio os códigos que os homens criaram para si. Não aceito as tradições que foram deixadas dos avós para os netos. Entretanto, isso é o fruto da minha afeição ao espírito sagrado que deve ser isento de todas as leis da Terra"*. Gibran era mais que um pintor ou poeta, ele era filósofo e profeta.

---

[8] Rainha do reino de Palmira-Síria (ano 266), conquistou a Ásia Menor e o Egito. Com o marido Odaenath (Othaina), construíram Palmira, uma das capitais mais importantes da Antigüidade. Após a morte do marido, Zenóbia assumiu o trono, declarou independência do domínio romano, mas o poderoso império não admitia. Assim, Aureliano, o imperador, comandou um exército numeroso até Palmira e, em 272, conseguiu dominar e destruir a cidade, e levou Zenóbia presa, com algemas de ouro, para Roma.

FRASES DE GIBRAN (23)

- *"Sou como Colombo, a cada dia descubro um novo continente."*
- *"No homem há dois, um acordado nas trevas e outro dormindo na clareza."*

- *"O amor que não se renova a cada dia e a cada noite em uma continuidade forte se transforma em escravidão."*

- *"A coisa mais triste nas pessoas é quando se está triste e não se sabe o motivo da angústia."*
- *"A realidade das pessoas está no que elas escondem sobre você. Se você quiser conhecê-las, não considere o que elas falam, mas sim o que não falam."*

- *"Injusto aquele que lhe dá do bolso para tomar do coração."*

- *"Algumas faces sedosas têm lona em seu forro."*

- *"No passado, o líder religioso se vangloriava de servir aos reis, mas hoje se alegra em cuidar dos miseráveis."*

- *"O carro chamado 'vida' anda com pressa para o preguiçoso e devagar para o dinâmico, e por isso ambos se afastam dele."*

- *"Anseio pela eternidade, porque nela reunirei as poesias que ainda não versifiquei e as telas que ainda não pintei."*

- *"Por ignorar o que vocês conhecem, consegui apreciar o que vocês não sabem!"*

- *"Como pode o dono de uma cabeça quadrada criar pensamentos redondos?"*

- *"Tão ruim é a vida de quem prefere o esforço da formiga e o hino do gafanhoto!"*

- *"Ninguém acreditaria se eu contasse o que o inverno falou para a primavera: 'Esconda-se em meu coração!'"*

- *"Caminho com todos aqueles que caminham. Não permaneceria imóvel, assistindo a procissão passar."*[9]

- *"Toda semente é um anseio."*[10]

- *"Se quereis conhecer a Deus, não vos canseis com charadas e enigmas. Basta olhardes ao redor e O encontrareis a brincar com os vossos filhos. Levantai os vossos olhos para o espaço imenso e O verás caminhando nas nuvens, com os braços estendidos ao relâmpago e caindo com o orvalho sobre a terra. Observe atentamente e vereis Deus sorrindo por meio das flores e após passar as mãos nas árvores."*[11]

---

9 GIBRAN, Gibran Khalil. *Areia e Espuma*. P. 23. Tradução: Mansour Challita.
10 Ibid., p. 20.
11 GIBRAN, Gibran Khalil. *O Profeta*. P. 195. Tradução: José Mereb.

A evolução de Gibran

Na juventude, Gibran escrevia poesias que extasiavam e crônicas instigantes. Criticava as injustiças e tradições antiquadas do Oriente Médio, principalmente as de seu país, o Líbano. Quando morava em Paris, entrou em contato com diversos líderes que comandavam a luta política de libertação do Líbano e Síria do domínio otomano. Após se estabelecer em Nova Iorque, ao estourar a Primeira Guerra Mundial e incentivado pelo amigo Dr. Ayoub Tabet, Gibran participou ativamente de um grupo de imigrantes compatriotas para salvar o povo do Líbano e da Síria da fome e miséria. Ele tinha esperança de que a França, país que tanto admirava pela genialidade cultural, ajudasse na reconstrução como nações independentes e progressistas.

No entanto, ele viu que a França da Revolução de 14 de julho e dos grandes pensadores Voltaire, Vitor Hugo e Rousseau, não era a mesma França colonialista de Climansour. Seus sonhos foram então se acabando com o resultado das manobras políticas das potências vitoriosas. Decepcionado, Gibran voltou a repetir que a Síria só seria livre quando unificasse a força de seus jovens nessa luta, pois entendia que um povo só poderia ser livre por seu próprio empenho, ou então sempre haveria dominação.

Nessa circunstância de desilusão, e ainda com a viagem do amigo Amin Rihani para a Europa como correspondente de guerra de uma revista americana, Gibran foi se interessando mais pelo sofismo, especialmente quando conheceu o famoso poeta indiano Tagore e o Reverendo Abdul Baha, fundador da seita Bahai. A partir daí, as doutrinas espiritualistas e humanistas tomaram o lugar dos ensinamentos de *Assim Falou Zaratustra*, de Nietzsche.

Gibran recusou o convite do amigo Dr. Ayoub Tabet para assumir um cargo político no Líbano, porque seu país estava dominado pelas potências estrangeiras. Tal trabalho certamente seria desenvolvido para atender aos interesses dos colonizadores, contrários aos desejos do povo, por isso preferiu ficar longe da política de um país dominado por potências colonialistas.

A Síria, que Gibran sonhava ver livre, não resistiu ao exército francês fortemente armado e bem treinado, que derrotou os revolucionários sírios em Maysaloun e ocupou Damasco em menos de dois dias. Sobre esse fato, o poeta Elias

Farhat, de Belo Horizonte, no Brasil, escreveu: *"A gestante, de tanta fraqueza, aborta o embrião"*. Gibran foi mais realista sobre esse acontecimento e interpretou a derrota como falta de união de seu povo, o que inspirou a crônica "Ai da Nação"[12].

A chegada do vitorioso exército anglo-francês e a expulsão dos turcos do território sírio dividiu a opinião do povo. Alguns queriam independência e outros aceitavam o colonialismo francês. Esse fato influenciou inclusive os que viviam em outros países, dividindo comunidades de imigrantes e suas imprensas e gerando certas intrigas.

❊❊❊❊

Gibran, ao recuar da luta nacionalista, mas sem deixar de amar seu país, avança nas artes, dedicando-se à escrita em inglês e a pintura de mensagens espirituais. A partir disso, parece que os ocidentais haviam sido tocados no íntimo por suas obras e passaram a compreender o seu significado. Muitos artigos foram escritos sobre Gibran como pintor, como estes reproduzidos a seguir:

O primeiro contato mais extenso do público norte-americano com a arte de Gibran tinha sido em 1919, com a publicação de **Vinte Desenhos** *(Twenty Drawings), seguidos de* O Louco *(The Madman) e depois* O Precursor *(The Forerunner). O primeiro livro, entretanto, foi realmente apenas um relance para o mundo de criação que Gibran estava traçando.*

Outras exposições de desenhos tinham ocorrido, primeiro em Boston e depois em Nova Iorque. Em Boston, o sempre conservador "Transcript" deu ao jovem artista um reconhecimento significativo, dizendo:

O sr. Gibran é um jovem libanês que manifesta em seus desenhos o temperamento poético e imaginativo de seu povo e uma notável veia de invenção individual. A... beleza e a nobreza... de suas fantasias pitorescas são maravilhosas e o significado trágico de outras concepções é extraordinário. Seus desenhos produzem uma profunda impressão, e, considerando sua idade, as qualidades neles mostradas são extraordinárias pela originalidade e profundeza do sentido simbólico... O desejo ardente de dar expressão a idéias metafísicas prevaleceu triunfantemente sobre as limitações técnicas, a tal ponto que a imaginação é fortemente estimulada pela beleza abstrata ou moral do pensamento."[13]

"Seus desenhos incluem muitos retratos de cabeças de pessoas notáveis... Suas

---

12 Transcrita na página 247 deste nosso livro.
13 YOUNG, Barbara. *Gibran, esse homem do Líbano*, p. 66. Tradução: Aurélio de Lacerda.

qualidades técnicas, obtidas unicamente pelo trabalho linear do lápis, são extraordinariamente primorosas, sendo que um dos métodos aplicados é a superposição de linhas escuras sobre um fundo de linhas a meio-tom. O resultado é uma luminosidade e uma vibração de cor que comunicam um senso de vida e combinam os ricos efeitos do carvão com a delicadeza do método "silver-print".

Novamente, há muitos desenhos de Ruth St. Denis no ato da dança, feitos rapidamente à maneira de Rodin e com a mesma intenção de apanhar a essência de algum movimento em sua vívida fluência. Além disso, há estudos de nus cujo motivo é a expressividade da carne, da forma e do gesto. Estes levam às pinturas a óleo, umas duas dúzias, quantidade suficiente para nos transportar inteiramente ao mundo da imaginação do artista.

Porque é um mundo de criação original que se desdobra, um mundo visivelmente com montanhas, vegetação pouco espessa e o céu; com sensação de solidão, às vezes de desolação, e sempre, mesmo em espaço restrito, com sugestões de uma margem de imensidade. Mas basta apenas uma pequena familiaridade com as coisas vistas para perceber que um mundo do espírito está aí simbolizado.

A impressão deste mundo é elementar, ainda se agitando no útero do infinito em preparação para a batalha do nascimento. É o símbolo do mundo do espírito, como poderia parecer a uma alma humana individual despertando da solidão da autoconsciência em presença da unicidade rítmica da vida e da morte.

É um mundo em parte sem ilusões nem desilusões, sem sofisticações, evasões nem subterfúgios, um mundo nu, de instintos rudimentares, como no início, quando "ambos estavam nus, o homem e a mulher, e não se envergonhavam."[14]

"As qualidades do Oriente e do Ocidente estão nele mescladas com uma felicidade de expressão singular, de modo que ele, sendo simbolista, no verdadeiro sentido da palavra, não está preso à expressão tradicional, como estaria se estivesse criando à maneira do Oriente. Embora narre uma história tão definitivamente como qualquer pré-Rafaelita, ele o faz sem quaisquer bravuras históricas ou acessórios simbólicos. Na sua arte, não há conflito sobre se a idéia prevalecerá sobre a emoção, ou se a emoção dominará o pensamento, porque ambos estão tão igualmente estabelecidos, que não percebemos a dominação de um ou outro... Nesta fusão das duas tendências opostas, a arte de Gibran transcende os conflitos das escolas e se coloca além das concepções fixadas das tradições clássicas ou românticas."[15]

Hareet Monrono, chefe da redação do jornal "Poemas", escreveu: *"Se Rodin comparou Gibran com William Blake do século XX, ele não conhece o Gibran poeta, mas somente o Gibran pintor."*

---

14 YOUNG, Barbara. *Gibran, esse homem do Líbano*, p. 68. Tradução: Aurélio de Lacerda.
15 Ibid., p. 70-71.

Nem todos conseguem compreender a natureza de Gibran, a rápida mudança de um escritor revolucionário do Oriente para um escritor espiritualista, que encanta os ocidentais, principalmente os norte-americanos. Isso desagradou muitos literatos do Oriente, que o criticaram. Outros, porém, o admiraram ainda mais. Contudo, nenhum deles compreendeu a influência que duas décadas (1900 - 1920) de constante aprendizado proporcionou ao literato Gibran. Nesse período, ele nadou em um "mar" de cultura, literatura, poesia, pintura, idéias, pensamentos, livros, enciclopédias, além do convívio no ambiente das artes e os companheiros literatos e mestres espirituais ocidentais que colaboraram com a evolução de Gibran. A miscigenação de duas culturas antagônicas permitiu ao gênio oriental acrescentar uma gama magnífica de conhecimentos à sua bagagem cultural, fazendo com que os ocidentais o admirassem e o vissem como mensageiro espiritual sagrado.

Para entendê-lo, é necessário interpretar o contexto histórico daquele período e conhecer sua vida, desde a infância pobre no Líbano até sua morte nos Estados Unidos, além da produção cultural da época, a arte plástica e literária e as influências que sofreu. Na pintura, foi influenciado por Rodin; fazia uma pintura muito complexa, com características imaginativas e subjetivas, provenientes do Romantismo; enquanto que na literatura, foi fortemente influenciado pelo Pré-Romantismo de William Blake e Rousseau. Mesmo vivendo naquele período, muitos não entenderam Gibran, por causa de seu pensamento avançado para a época, tanto que foi o precursor da literatura moderna árabe ao romper com a tradicional ênfase na forma e se preocupar com o conteúdo. Mesmo hoje, com o avanço socioeconômico e com a vasta publicação a respeito de Gibran, ainda assim não é fácil captar a essência da arte dele, seja literária ou plástica, porque além de tudo isso, é necessário entrar no complexo universo "gibrânico" das emoções e do humanismo espiritualizado.

FRASES DE GIBRAN (24)

- *"Uma obra de arte é uma neblina esculpida em uma imagem."*
- *"A arte é um passo da natureza para o infinito."*

- *"O verdadeiro artista é aquele que fita o Sol com pálpebras firmes e agarra o fogo com dedos que não tremem."*

- *"O artista que não se preocupa com a beleza nem com a perfeição e que só gosta de formas distorcidas e impuras, que evita a graciosidade natural da linha, este artista não merece admiração."[16]*

- *"Gosto de ser livre para criar a minha forma de arte. A beleza completa não pertence a uma escola específica. O sentimento fiel de um artista é reproduzido na sua simplicidade."*

- *"Tanto a arte como a filosofia ajudam a libertar o pensamento, juíza sensatez e o espírito."*

---

16 Opinião do amigo de Gibran, Youssef Houayk, no Louvre, em Paris (1909).

A Liga Literária

Com o fim da Primeira Guerra Mundial, um grupo de literários formado por imigrantes árabes de Nova Iorque lamentou o fim da revista "Al Finon" (Artes), de Nassib Arida, pela falta de espaço para divulgar suas idéias e literatura renovadora. Nessa tribuna, expressavam livremente suas mensagens à sua pátria, sem a censura das leis do sultanato e das tradições atrasadas e longe do terror que era aplicado como pena pelos chefes governantes.

No dia vinte de abril de 1920, o grupo de intelectuais se reuniu pela primeira vez na casa do jornalista Abdul Massih Hadad[17], pois eles sentiam a necessidade de formar uma associação ou um clube literário com o objetivo de despertar a nação árabe e abrir caminho para o avanço e a renovação da literatura, que estava há doze séculos sem renovação. Esse grupo procurava se reunir semanalmente para analisar o trabalho de cada um, mas principalmente discutir sobre os rumos que a literatura árabe deveria tomar para sair da inércia do tradicionalismo e da imitação, e tornar-se uma força ativa na vida da nação. Decidiram pela formação de uma academia literária, a "Ar Rabita Al Kalamia" (A Liga Literária), cujo presidente foi Gibran Khalil, eleito por unanimidade, e que contava com Miguel Naime como secretário, Nassib Arida[18] como conselheiro, William Kastsfiles[19] como tesoureiro e Rachid Ayoub[20], Nadra Hadad[21], Abdul

---

17 Abdul Massih Hadad (1980- 1963), irmão do poeta Nadra Hadad, da histórica cidade de Homs na Síria, foi um dos pioneiros no jornalismo árabe de imigrantes. Abdul Massih chegou a Nova Iorque em 1907, estudou inglês, era sofista, e mensageiro dos ideais de dignidade e humanismo. Fundou o jornal "El Saih" (O Turista), que ficou no lugar da revista "Arte" e deixou uma coleção de 45 anos de trabalho jornalístico, grande fonte de referência da literatura dos imigrantes árabes nos Estados Unidos. Em 1960, viajou para o Oriente e escreveu a obra *Impressão de um Imigrante*. As reuniões da Liga aconteciam em seu escritório.
18 Nassib Arida (1887 – 1946) nasceu em Homs-Síria, estudou no colégio de Nazaré-Palestina, foi colega de Miguel Naime e casado com a irmã de Nadra e Abdul Massih Hadad. Nassib chegou em 1905 a Nova Iorque, trabalhou em diversos jornais, publicou a revista "Al Finon" (As Artes) publicando crônicas de Gibran e Naime por oito anos. Nassib era um poeta humanitário e um pilar da Liga Literária.
19 William Katsfiles (1879 - 1950) nasceu em Trípoli-Líbano. Chegou em 1902 a Nova Iorque, levou consigo uma rica bagagem cultural, além de conhecimento e habilidade na área do comércio. Foi atuante nas frentes nacionalistas, escreveu *A Civilização Árabe* em inglês e muitas outras obras em árabe, mas que não foram publicadas. William obteve sucesso nas finanças e posteriormente assumiu a presidência do Banco Nacional Libanês.
20 Rachid Ayoub (1871 - 1941) nasceu em Besquinta, alto do Monte Sanin, o mesmo vilarejo de Miguel Naime. Chegou a Nova Iorque em 1905, foi apelidado de "Poeta Reclamante", pois se queixava em suas poesias de saudades da pátria, assinava sob o pseudônimo de Darwich. Rachid e, apesar das poesias tristes, era alegre e uma companhia agradável nas reuniões dos compatriotas.
21 Nadra Hadad (1881 - 1950), irmão de Abdul Massih, chegou a Nova Iorque em 1897. Deixou muitos traços poéticos na literatura dos imigrantes. Suas poesias são estudadas pelos alunos de Letras.

Massih Hadad, Wadih Bahut[22], Elias Atalla[23] e Elias Abu Mady[24] como membros. A Liga possuía três classes: os ativistas, os colaboradores e os correspondentes. Mesmo os literatos que não participavam da Liga aplaudiam sua atuação. Amin Rihani não participou, devido à sua personalidade independente, muitas vezes de difícil temperamento, e às suas viagens constantes.

A Liga foi fundada em 1921. O prefácio do código foi escrito por Miguel Naime:

Nem tudo que for escrito com tinta em um papel pode ser considerado literatura. Nem tudo que for escrito em forma de verso pode ser considerado poesia. Literatura é o que foi escrito com sensibilidade, profundidade de pensamento, que revele a essência do espírito. O verdadeiro literato alimenta suas idéias da terra, da luz, da brisa e da vida, tem de ter a visão de futuro e de mudança das ondas da história e o avanço científico da humanidade, associado à sua criatividade literária, brinda às gerações com sua mensagem e participa das mudanças progressistas."

O literato libanês, Maroun Aboud, escreveu sobre a Liga: "*em pouco tempo a Liga se tornou uma tribuna, um símbolo da renascença da literatura árabe; era como se o sofismo, preferido de todos, rejuvenescesse."*

Gibran desenhou o símbolo da Liga Literária e colocou o seguinte dizer: "*Alá possui tesouros de baixo de seu trono celestial que são revelados pelas rimas dos poetas."*

No primeiro ano da Liga Literária ocorreu um aumento da produção literária dos membros, que passaram a publicar mais crônicas e poesias na revista *O Turista*, de Abdul Massih, e que, em 1921, publicou uma coleção dessas crônicas[25]. Essa coleção não teve continuidade nos anos seguintes por causa de problemas financeiros. A Liga foi considerada de vital importância na revolução literária árabe, suas páginas sacudiram o Oriente daquela época. Todas as revistas surgiram depois da criação da Liga Literária e produziram exemplares repletos de

---

22 Wadih Bahut escrevia na revista da Liga Literária.
23 Elias Atalla, destacado ativista da Liga Literária. Possuía uma revista publicada em quatro idiomas. Voltou ao Líbano em 1927 e abriu um escritório, que formou centenas de tradutores.
24 Elias Abu Mady (1890 - 1957), ainda garoto, deixou seu vilarejo Al Muhaidesse, no Líbano. Aos doze anos de idade, foi para a Alexandria, no Egito, vender tabaco como ambulante. Juntava seu lucro e comprava livros para saciar sua curiosidade sobre literatura. Era autodidata, aprendeu a gramática e fez muitas poesias. Sua influência veio do estilo literário do "Alcorão", do filósofo árabe Abul Alaá, o poeta cego, e do poeta boêmio Abu Nawas. Em 1911, publicou no Egito sua primeira obra poética e no mesmo ano viajou para Nova Iorque. Trabalhou quatro anos no comércio com o irmão, Murad Abu Mady, e depois surgiu no cenário literário dos imigrantes, como um dos principais poetas. Seus versos ficaram eternizados, suas poesias são cantadas pelos músicos e declamadas pelos estudantes. Quando conheceu Gibran, Elias Mady mudou seu estilo. Seu escritório da revista "Al Samir" também se tornou o ambiente dos literatos imigrados. Gibran escreveu no prefácio da segunda obra de Elias Abu Mady: *"Na obra de Abu Mady há caminhos vistos e outros encobertos, cordas que ligam a aparência da vida à clandestinidade."*
25 Essa coleção é muito rara. Tive a sorte de tê-la em minha biblioteca e que serviu de fonte de referência nesta obra (Nota do Autor).

criatividade, estilo e suavidade que pareciam imitar Gibran. Todos concorriam para escrever os melhores artigos. A Liga influenciou a comunidade árabe no mundo inteiro, principalmente a de imigrantes árabes no Brasil, que formaram a Sociedade Literária "Al osBat Al Andalusiat", que existiu da década de trinta até a década de cinqüenta e da mesma forma teve uma produção literária criativa, chegando inclusive a concorrer com a Liga Literária de Nova Iorque.

Gibran era a principal voz da Liga Literária por causa de seu estilo renovador e poético comprometido com os ideais revolucionários contra o terror, a exploração e a injustiça, visto que encontramos em sua obra o humanismo espiritualista de seu raciocínio profético. Depois dele, vinha Miguel Naime, que seguiu o mesmo caminho de Gibran, assim como os demais que unificaram suas ideologias e concentraram suas literaturas em benefício da sociedade, travando uma luta ideológica que balançou as autoridades civis e religiosas do Oriente. A formação da Liga Literária foi de suma importância para que seus membros alcançassem alto grau literário, revolucionando a tradicional literatura árabe e passando a figurar na literatura universal.

Gibran, após a formação da Liga, passou a escrever em língua inglesa, com o mesmo estilo renovador de suas obras em árabe. Em 1921, publicou seu último livro, *Temporais*, escrito em árabe, que foi bem recebido pelos leitores. Gibran iniciou sua vida literária como nacionalista árabe revolucionário, depois iniciou um novo ciclo, escrevendo em inglês, quando então passou a filosofar sobre questões espirituais. Em 1920, Gibran reconhecendo a sua mudança, disse: "*Acabou uma fase de minha vida e agora se inicia outra.*"[26]

---

26 NAJAR, Alexandre. *Gibran Khalil Gibran*, p. 131. Tradução: Assaad Zaidan.

Gibran, o profeta

Gibran foi justamente chamado de profeta, que no sentido poético, serviu de título a este nosso livro: "Gibran Khalil Gibran, Filósofo dos Profetas, Profeta dos Filósofos", que levanta questões de como afinal isso seria possível, visto que os profetas são personagens bíblicos do Velho Testamento, que abriam o Mar Vermelho, paravam o Sol por quatro horas[27], falavam com Deus ou recebiam visitas de anjos. De fato, ele nunca fez milagres lendários como estes, mas aqui mencionamos Gibran como profeta das artes, plásticas e literárias, pois inovou e deu início a uma nova era na literatura árabe. Como em *O Profeta*, glorificava o espírito humanitário, a paz, amizade, justiça, ética, beleza, gratidão e filosofia de vida, assim ficou conhecido pelo título deste seu livro, e não pelo significado lendário.

O profeta Mohamed, que Gibran muito admirava, disse que depois dele não haveria profetas. Charles Darwin, por intermédio da Ciência, provou que não houve profetas nem antes nem depois dele. Algumas seitas científicas árabes, como Mutazilat e Drusa, afirmam que os únicos milagres confirmados são os da mente humana, enquanto que os Brahmas dizem não haver profecias, pois se um profeta fizer uma revelação racional, a mente também pode fazê-la e se ele fizer milagres irracionais, as mentes não confirmam, então não são necessários.

Para Barbara Young e outros escritores, não se pode chamar Gibran de profeta, pois profeta se refere unicamente ao sentido religioso, dos milagres lendários. Entretanto, em nossa época com o avanço da Ciência e as teses de Darwin, não se pode negar a alcunha dada a Gibran Khalil de "Profeta da Literatura e Arte Plástica".

O Profeta Mohamed disse que os sábios eram herdeiros dos profetas. Com isso, relatamos a seguir alguns aspectos de Gibran, considerados por alguns escritores como presságio:

Primeira profecia

Na carta de dez de maio de 1911, Gibran escreveu a Mary contando um fato que chamou sua atenção:

---

[27] Perguntaram a Galileu como ele poderia afirmar que o Sol era fixo, se o profeta Josué tinha segurado o Sol por quatro horas para matar seus inimigos. Galileu respondeu: "Pois é, ninguém disse que ele soltou o Sol depois."

Quase todas as pessoas que se vê nas ruas de Nova Iorque são judeus. Ao meio-dia, quando todos saem para almoçar, você só vê judeus. Hoje, eu vi dois mil judeus andando pela Quinta Avenida. É uma visão que desperta a imaginação e inspira pensamentos profundos, chega a lembrar a história da escravização dos judeus pelos babilônios e os seus dias dolorosos na Espanha. Leva um poeta a pensamentos profundos sobre seu passado no Egito e seu futuro na Terra. Talvez, um dia, os moradores da zona leste da cidade marchem em direção à Quinta Avenida, como o povo de Paris marchou em Versalhes! O judeu é como um rei em Nova Iorque e a Quinta Avenida é o seu palácio.

Atualmente, quase um século depois, vemos o judeu como imperador financeiro de Nova Iorque e seus castelos na Quinta Avenida.

Segunda profecia

No natal de 1893, Gibran e o pai, seguindo as tradições, foram desejar feliz Natal ao Xeique Ragi Beik El Daher e levaram-lhe frutas secas, pois era costume dos lavradores do vilarejo do Monte Líbano presentear o xeique latifundiário com o que havia de melhor na safra.

Reunidos aos demais cidadãos de Bicharry no grão salão, o xeique, ao ver Gibran cochichar algo nos ouvidos do pai, com a voz no tom de ordem do senhor falando com seu subordinado, o xeique indagou: "Khalil o que seu garoto quer?" Khalil, gaguejando, respondeu:" Eeele queeer..."

O xeique insistiu: "O que ele quer?"

Nesse momento, todos os presentes ficaram em silêncio e observaram Khalil e seu filho. Khalil respondeu com a voz trêmula: "Deus lhe dê saúde e vida longa! Meu filho Gibran há dois meses me persegue para estudar e queria que Vossa Alteza desse uma recomendação para que ele pudesse estudar no colégio Santo Jacobino."

O Xeique Beike riu e disse: "Gibran quer estudar..." Logo os presentes uniram-se às gargalhadas do xeique, que continuou: " Vai garoto, vai pegar umas duas cabras e levá-las para pastar na floresta Mar Sarquis. Com isto, talvez recobre a memória e lembre-se qual é o trabalho de seu pai, nosso empregado que nada produz; mas gostamos dele."

Todos os presentes olharam com humildade para Khalil e seu filho, enquanto o Xeique Ragi El Daher tragava sua bebida e ao mesmo tempo em que encolhia sua barriga debaixo de sua suntuosa capa de veludo, passava o rosário de opalas entre os dedos, demonstrando sua esplêndida magnificência.

De repente no meio do salão o garoto franzino, de dez anos, levantou e gritou com voz sufocante: "Você vai ver, Ragi Beik, que eu vou estudar e um dia chegar à floresta Mar Sarquis. E você vai se ajoelhar na minha frente e dizer: 'Este era mais do que um garoto, era um profeta![28]

---

28 HUNAIN, Riad. *A Outra Face de Gibran*, p. 19-20. 1981, Editora Al Nahar Beirute - Líbano.

No dia 10 de janeiro de 1932, 39 anos depois deste acontecido, chegou o corpo de Gibran ao mosteiro de Mar Sarquis, em uma cerimônia majestosa. Ao término da cerimônia, um ancião de mais de noventa anos de idade se aproximou lentamente do sepulcro, apoiado nos ombros de dois rapazes. O velho se ajoelhou lacrimejando e disse: "Gibran era mais do que um garoto, era um profeta!"

O ancião era Xeique Ragi Beik El Daher, reconhecido pelo público numeroso que velava o corpo de Gibran e que testemunhou suas palavras.

Assim a profecia do pequeno garoto foi cumprida.

Terceira profecia

No capítulo "Gibran em Boston" vimos a família de Gibran chegar em Boston, instalar-se no bairro chinês e matriculá-lo em uma escola pública. Dois anos depois, sua mãe, Kemilah, se depara com o filho lendo um livro volumoso. Espantada, pergunta-lhe o que estava lendo e qual era o idioma. Gibran explica que é o romance *A Cabana do Pai Tomas* e que o livro era em inglês. Ela fica espantada, pois em pouco na América, Gibran estava lendo um livro tão volumoso, ao que ele respondeu: *"Quando eu crescer, vou escrever um livro do tamanho deste."*

Gibran escreveu 18 livros.

Quarta profecia

Na Sociedade Literária Golden Link (Argola de Ouro), Gibran encerrou seu discurso com o seguinte pronunciamento:

"Meus irmãos muçulmanos, recebam a palavra de um cristão, que mantém em seu coração Jesus de um lado e o profeta Mohamed no outro. Se o Islã não vencer o Império Otomano, as nações dos cruzados vencerão os muçulmanos. E se não houver uma reação contra seu inimigo interno, brevemente veremos o Oriente sob o domínio dos homens loiros e de olhos azuis."

Acredito que não há necessidade de contestar esse prognóstico.

Quinta profecia

O escritor libanês que assinava pelo pseudônimo de Adonis disse o seguinte referindo-se a Gibran como profeta:

"A diferença entre a profecia teológica e a profecia gibrânica é que a primeira revela a vontade de Deus e a segunda se dá quando Gibran escreve buscando ditar seus ensinamentos complexos sobre os acontecimentos da vida, digo, sua meditação. Assim, quando despimos a profecia de sua roupa teológica milagrosa, encontramos a realização

literária de Gibran, pois ele apresentou um novo estilo artístico no patrimônio literário árabe, inglês e humano.

Gibran enalteceu o homem para dizer que ele era o centro do cosmo e do espírito da existência, e ainda elevou o homem à classe dos Deuses ao dizer em algumas de suas frases: *"o homem é o espírito de Deus na Terra"*, *"eu estava aqui desde o começo e ficarei até a eternidade; minha existência não tem fim"*, *"Estou entre o Divinismo do homem que graceja dos fenômenos da natureza. Deixem que a terra leve o que quiser, pois não tem fim para mim."*, e no livro *"Areia e Espuma"*: *"O homem é a palavra de Deus."*

A quinta profecia está resumida em duas frases escritas em uma carta a Mary Haskell, depois da Revolução Bolchevista na Rússia: *"O subjetivo antigo da raça humana está correndo para ser enterrado e o novo subjetivo começa a aparecer como um gigante jovem. Todos os czares e todos os imperadores do mundo juntos não conseguem fazer o tempo andar para trás."*

Sexta Profecia

Gibran afirma: *"Vim divulgar uma palavra e vou pronunciá-la. Se a morte me impedir de proferí-la, o futuro a dirá em outro dia, pois o que pronuncio hoje como um intérprete do futuro, no futuro será pronunciado em muitas línguas."*

Gibran morreu aos 48 anos de idade. Hoje, seus livros estão disponíveis em diversos idiomas e circulam nos cinco continentes. Milhões de pessoas lêem e divulgam suas idéias. Portanto, sua profecia se cumpriu.

Gibran, o filósofo

As artes plásticas e a literatura polarizaram os interesses de Gibran nos diversos aspectos de sua vida: atividades profissionais, amores, amizades e demais relações sociais. Parecia que tudo girava em torno de seu pincel, dando-lhe inspiração para produzir cores novas nas palavras e desvendar o véu histórico que encobria os segredos da existência e do desejo do indivíduo. Preparava o terreno para no futuro propor uma vida feliz ao homem. Gibran expressava seu ideal nas telas e sua filosofia nos livros e nas cartas a Mary Haskell e amigos.

Após a morte de Gibran, Mary Haskell entrou no estúdio dele e encontrou Barbara Young, a última companheira dele, com uma caixa cheia de correspondências que Gibran havia guardado e que ela pretendia queimar. Contudo, Mary foi durante a noite ao estúdio, pegou a caixa de correspondências e levou-a consigo para a Geórgia. Antes de morrer, presenteou a Universidade da Carolina com as cartas e seu diário, publicados no livro *Meu Querido Profeta*.

Além das cartas que salvou[29], Haskell também havia guardado muitas telas, que posteriormente presenteou a cidade natal de Gibran, recomendando à população de Bicharry que cuidasse bem das telas e não as usasse com fins comerciais, pois elas possuem uma mensagem universal e espiritual. As telas, cujas molduras foram feitas pelo famoso artista plástico Kaissar Jumail, estão expostas no museu Gibran, no Bosque Dair Sarkis, em Bicharry, no Líbano, onde também estão os restos mortais de Gibran. Uma equipe foi oficialmente nomeada para zelar por este patrimônio cultural.

As obras de Gibran causam efeitos no pensamento humano, principalmente nos jovens, que possuem a curiosidade e a ingenuidade que permitem compreender as mensagens filosóficas e espiritualistas de Gibran.

Gibran filosofava no modo de proceder, ao libertar seus pensamentos de crenças hipotéticas e ir fundo nos temas, questionando o conteúdo e a linguagem. Buscava compreender os fenômenos humanos e naturais, os problemas enfrentados, indagando criticamente sobre a civilização e as relações humanas, ao invés de aceitar as lendas como verdades absolutas e imutáveis.

---

29 Barbara Young tinha ciúmes do relacionamento de Gibran e Mary. Então, pretendia queimar as cartas caso Mary não as salvasse.

Gibran se preocupava com os mesmos assuntos, assim como os grandes filósofos ao longo da História, até hoje. Por outro lado, Gibran era o filósofo dos profetas no estilo da redação, na genialidade de expressar seus pensamentos e na colocação das palavras no assunto, fazendo o leitor apreciar as frases assim como uma criança saboreia um doce delicioso. Dos escritores árabes, Gibran foi inconfundível na magia e estética literária por mesclar filosofia à literatura. No idioma de Shakespeare, Gibran foi enaltecido como profeta. Ghassan Khaled, em seu *Gibran Filósofo*, aponta: *"Gibran tocou com pincel na mente, produzindo uma sinfonia que canta palavras, linhas e cores, no anseio de entender os segredos da natureza".*

※※※※

Nas obras que tratam da antologia de Gibran escritas em árabe, percebe-se um senso comum quando se atribui sua rebeldia ao ambiente e às condições de vida que passou. A revolta de Gibran é notória em seus romances, nas fábulas que narram a exploração de mulheres e pobres lavradores pelos fortes que usavam as doutrinas a seu favor, enganando a inocentes, comercializando os ensinamentos religiosos de salvação da alma por intermédio da escravidão do corpo. Dessa maneira, ele sempre se colocava contra essas práticas dos religiosos, emires e xeques e o domínio dos bárbaros otomanos. Segundo Gibran, a filosofia deveria ser escrita em alto nível literário, buscando soluções para a vida humana, mas versificada de maneira suave e clara para que fosse compreensível aos leitores mais leigos. Acreditava que o literato tinha o papel de guiar os subjugados à liberdade e considerava que a 'arte não era para a arte', mas que 'a arte era para a vida'.

Tufic Curban, mestre intelectual libanês que se mudou para São Paulo, Brasil, escreveu na obra *Casca e Cerne*: *"O filósofo grego entrou na corrida da filosofia com pernas e mãos desatadas. Estava preso somente por um fio de lã da Mitologia, enquanto que o filósofo árabe entrou no campo da filosofia acorrentado dentro da arena com a legislação sagrada."* Era essa a realidade que dificultava a divulgação das teses de Gibran, pois dizia que a verdade não deveria apenas ser conhecida, mas também ser amplamente divulgada.

Nos livros *As Ninfas do Vale, Espíritos Rebeldes e Asas Quebradas*, entre outros, Gibran mostra a realidade do Oriente, principalmente dos vilarejos sírios e libaneses, descreve o cotidiano do povo, a paisagem, as condições do tempo e os abusos dos governantes e religiosos, faz críticas em uma narrativa criativa e suave, que faz o leitor vivenciar a história, ficar emocionado com o sofrimento das personagens do conto e refletir sobre os problemas vividos pelos humildes. Nesses contos, vemos a revolta de Gibran contra o Oriente atrasado. Mas, quando começou a escrever em inglês, não poupou o Ocidente, pois contestou seu materialismo e apontou a filosofia humanista e espiritualista do Oriente. Sua filosofia aparece em forma de prosa e poesia. Somente quem consegue se aprofundar no âmago do pensamento gibrânico vai perceber sua filosofia. Em uma carta a May Ziadah, Gibran disse: *"Como posso perder a minha fé na justiça da vida, se eu sei que os sonhos dos que dormem em cama de plumas não é mais feliz do que os sonhos de quem dorme no chão?"*

Este livro traz diversos trechos que demonstram a filosofia gibrânica, e aqui veremos outras.

Sobre a maternidade, Gibran disse:

"Tudo na natureza fala de mãe. O Sol é a mãe da terra e a nutre de calor. Ele não abandona o universo na noite, e sim coloca a terra para dormir ao som da cantiga do mar e do hino dos pássaros e riachos. A terra é a mãe do arvoredo e das flores. Ela as produz e, alimenta. As árvores e as flores se tornam mães amorosas de seus grandes frutos e das sementes. E a mãe, modelo de toda existência, é o espírito eterno, repleto de beleza e amor."
Fica ao critério do leitor classificar esse trecho como poético ou filosófico.

No primeiro livro em árabe, *A Música*, Gibran fala sobre a música com pensamentos filosóficos e frases de sinfonia.

- *"A música se harmoniza com nossas almas e atravessa conosco as etapas da vida."*
- *"A música e o idioma de todas as nações glorificam os Deuses e procuram agradar-lhes."*
- *"A música é a voz da alma."*.
- *"A música é uma vibração que desce do espaço celeste aos ouvidos, e às vezes se transforma em lágrimas nos teus olhos, evocação da amada que se foi ou das feridas do destino e em outras vezes, vira sorriso em teus lábios para as dádivas da vida."*

Quando ocorreu o incêndio no estúdio de Fred Holand Day, onde também estava todo seu trabalho, Gibran escreveu no jornal "El Mohager": *"Será que a morte destrói tudo o que construímos, que o vento espalha tudo que dissemos e a sombra esconde tudo que fizemos? Será isto a vida? (...) Assim será o homem como a espuma do mar: flutua um minuto e depois o vento vem e a apaga."*

"O que é a lei? Quem a viu chegando com o Sol do alto do céu? Quem viu nela o coração de Deus e vislumbrou seus desejos e objetivos? Em que séculos os anjos andaram entre nós, pregando: 'Impeçam o fraco de gozar a vida e executem

os marginais com a espade pisem sobre os pecadores com pé de ferro.'"[30]

Em seu segundo livro, "As Procissões", Gibran ainda era um jovem filosofando sobre a natureza:

*"Somente o que se eleva
Por sobre conforto e dor
Verá a sombra daquele
Que escapa à compreensão."*[31]
*"Na floresta, não existe
Religião ou ateísmo:
O rouxinol, quando canta,
Não diz: "Esta é a verdade."
A religião, entre os homens
vem e se vai como sombra,
e, no entanto, é sempre a mesma."*[32]

*"Mas a justiça dos homens
É como a neve,
Que se derrete ao primeiro olhar do Sol."*[33]

*"A Felicidade é uma sombra
Que se deseja de longe:
Quando se transforma em corpo,
Dela se cansam os homens.
Tal como um rio que corre
Com vigor para a planície
E que, ao atingí-la,
Se espalha vaporoso,
E suas águas se turvam."*[34]

---
30 GIBRAN, Gibran Khalil. *Asas Partidas*, p. 78. Tradução: Ângelo Cunha.
31 GIBRAN, Gibran Khalil. *As Procissões, A Música*, p. 19. Tradução: Mansour Challita.
32 GIBRAN, Gibran Khalil. *As Procissões, A Música*, p. 28. Tradução: Mansour Challita.
33 Ibid., p. 32.
34 Ibid., p. 67.

Os primeiros passos de Gibran na literatura foram dados como aclamação da liberdade para o homem. Sua realização literária era o resumo do conjunto dos motivos de sua revolta que com o tempo foram ficando claros, como a indignação com as leis antiquadas, os costumes herdados dos séculos passados e o desejo de liberdade e de ver a humanidade vivendo com justiça e fraternidade. No quinto livro em árabe, *Uma Lágrima e Um Sorriso*, há 54 contos cheios de ternura, clareza de pensamentos e cores do surrealismo de seu imaginário. A narrativa do livro traz uma estrutura semelhante à bíblica, de salmos, livro do Jó e de Jeremias, provérbios e cânticos dos cânticos e ensinamentos do Nazareno. Este livro traz muitas passagens cheias de amargura e solidão, outras de amor e esperança, e ainda semeia a fé que leva a pessoa à estabilidade e a dar valor pela vida, colocando-a acima de qualquer medida presumida pelos homens:

"*Prefiro morrer a desejar viver na indiferença. (...)*
Quando a noite cai, a flor fecha as pétalas e dorme abraçada aos seus desejos. Quando rompe a madrugada, mostra os lábios para receber o beijo do Sol. A vida da flor é desejo seguido de união: uma lágrima e um sorriso."[35]

"*Vamos colher os produtos da terra assim como nossas almas colhem os produtos da felicidade e do amor. Vamos amontoar os frutos da natureza assim como a vida tem amontoado os sentimentos em nossas almas.*"[36]

"*Eis que o amor zomba de mim e quer me ridicularizar. Levou-me onde a esperança é considerada um crime e os desejos são uma infâmia.*"[37]

"*Vem, ó morte benevolente. Minha alma tem saudades de ti. Aproxima-te e rompe as cadeias da matéria, pois estou cansado de carregá-las. Vem, ó morte amena, e leva-me destes homens que me consideram um ser estranho porque expresso em palavras o que os anjos me sussurram.*"[38]

"*Ontem eu era um pastor que levava seu rebanho àqueles prados verdes e sentia a alegria de viver e proclamava sua alegria com sua flauta. Hoje, sou prisioneiro das ambições. O dinheiro me conduz a mais dinheiro e a riqueza me leva à preocupação e infelicidade.*

---

35 GIBRAN, Gibran Khalil. *Uma Lágrima e Um Sorriso*, p. 17. Tradução: Mansour Challita.
36 GIBRAN, Gibran Khalil. *Uma Lágrima e Um Sorriso*, p. 20. Tradução: Mansour Challita.
37 Ibid., p. 22.
38 Ibid., p. 29.

Vivia cantando como os pássaros, esvoaçando livremente como as borboletas. Meus passos eram leves como a brisa que passa sobre a relva dos campos. Agora, as convenções da vida social me enclausuram: eu me visto artificialmente, eu me alimento artificialmente, eu ajo artificialmente, com a única preocupação de agradar aos homens e às suas modas. Nasci para gozar as alegrias da vida, e aqui estou seguindo o caminho da aflição, por causa das minhas riquezas. Sou como um camelo carregado de ouro e esmagado por sua carga. Onde estão os vastos campos? Onde estão os riachos que cantam? Onde está a brisa perfumada da aurora? Onde está a natureza na sua glória imaculada? Onde está a divindade de minhas aspirações? Troquei tudo isto por estas riquezas que amo e que zombam de mim, por escravos numerosos que aumentam minhas preocupações e por um palácio que ergui sobre os escombros da minha felicidade.

Andávamos, eu e a pequena camponesa que eu namorava, de mãos dadas com a virtude e o amor, sob os olhos benevolentes da Lua. Hoje, vivo entre mulheres cheias de artificialidades, que procuram a beleza nos cosméticos e nos enfeites e vendem seu coração por pulseiras e anéis. Eu e meus companheiros nos assemelhávamos a um bando de gazelas. Cantávamos juntos e juntos gozávamos os prazeres simples da vida, e éramos felizes. Hoje vivo como uma ovelha no meio dos lobos. Quando ando nas ruas, sinto as flechas do ódio e da inveja. Quando procuro divertimento, só encontro rostos graves e cabeças arrogantes. Ontem, eu possuía a vida e a beleza da natureza; hoje, eu as perdi. Era rico, porque era feliz; hoje, sou pobre com muito dinheiro. Ontem, no meio do meu rebanho, eu era como um soberano benévolo no meio dos seus súditos. Hoje, sou diante do outro como escravo de um tirano. Não previa que a riqueza me levaria a este deserto e que a chamada glória seria este inferno...."[39]

"*Vós, os humanos, tendes medo de tudo, inclusive de vós mesmos. Temeis o céu, embora seja a fonte da segurança. Temeis a natureza, embora seja o leito do repouso. Temeis a Deus e atribuís a Ele o rancor e a vingança; Ele que, se não fosse por amor e compaixão, nem sequer existiria.*"[40]

"*A Liberdade nos convida à sua mesa para nos regalar com seu vinho e suas iguarias; e nós aceitamos, mas bebemos e comemos demais, e o banquete se torna um palco para o abuso, a vulgaridade e o desprezo de si mesmo.*"[41]

"*Por que o homem destrói o que a natureza constrói?*"[42]

---

39 GIBRAN, Gibran Khalil. *Uma Lágrima e Um Sorriso*, p. 49. Tradução: Mansour Challita.
40 GIBRAN, Gibran Khalil. *Uma Lágrima e Um Sorriso*, p. 59. Tradução: Mansour Challita.
41 Ibid., p. 67.
42 Ibid., p. 72.

"Muito além das fronteiras do presente, ouvi as aleluias da humanidade. Ouvi o badalar dos sinos anunciar às ondas do espaço celeste o início das preces no templo da beleza. Eram sinos marcados pelos sentimentos e instalados no templo sagrado, que é o coração do homem.

Muito além do futuro, vi as multidões ajoelhadas no meio da natureza, o rosto voltado para o Nascente, na expectativa da luz da aurora, a aurora da verdade."[43]

O primeiro olhar

É o minuto que separa o despertar da vida de sua embriaguez. É a primeira chama que ilumina os recantos da alma. É a primeira composição mágica na primeira corda da lira do coração. (...)

O primeiro beijo

É o primeiro trago na taça que os Deuses encheram com o elixir do amor. É o limite que separa a dúvida que persegue e entristece o coração da certeza que o ilumina e alegra. É o primeiro verso do poema da vida espiritual e a primeira cena do maior dos dramas humanos. É o traço de união entre o passado de expectativa e um futuro de esplendor, entre o silêncio dos sentimentos e suas canções."[44]

No final do livro *Uma Lágrima e Um Sorriso*, há capítulos filosofando sobre: felicidade, presente e passado, encontros, segredos do coração, força cega, tempo, amizade, amor, paz, poeta, volta do bem-amado, beleza da morte, canções, flor, etc. Em todos esses temas, Gibran usa toda a magia literária que o consagrou para mostrar sua filosofia e conduzir o homem ao entendimento da vida. Nele, encontramos uma literatura com indícios que se assemelham ao livro "Profeta", porém os traços mais marcantes indicam o amor à pátria e a seu povo, diferente do nazismo de Nietzsche.

A respeito do livro *Curiosidade e Beleza* o Jornalista Riad Hunain, relata: O Monsenhor Mansour Stefano, pároco da igreja Nossa Senhora do Líbano, localizado no Brooklyn, em Nova Iorque, em 1927, estava visitando o amigo Ibrahim Hitty, dono da companhia de viagem marítima. Ao chegar ao escritório de Ibrahim, encontrou-o acompanhado de diversos compatriotas: Yacob Rofeil, dono da revista "Ética", Farid Bustani e outro homem de estatura mediana, parado com a bengala na mão, entre outros. Ibrahim Hitty perguntou se não nos conhecíamos, e continuou: Eu lhe apresento o literato e artista Gibran Khalil Gibran, de

---

[43] Ibid., p. 79.
[44] GIBRAN, Gibran Khalil. *Uma Lágrima e Um Sorriso*, p. 91. Tradução: Mansour Challita.

Bicharry. Este é o meu amigo padre, escritor e poeta Mansour Stefano de Ghosta, do Líbano.' E eu respondi alegre: Eu lhe conheço mesmo antes de encontrá-lo, pois, quando eu lecionava árabe no Cairo e era tradutor no colégio da "família sagrada" dos padres jesuítas, freqüentava a livraria Arábia, de Youssef Bustani e o ajudava com algumas revisões e outros assuntos literários. Certa vez, ele me pediu para selecionar algumas crônicas de Gibran para publicar em um livro. Eu aceitei imediatamente e selecionei as crônicas publicadas nos jornais, mas que ainda não haviam sido publicadas em um livro, e outras do livro Uma Lágrima e Um Sorriso *e organizei as crônicas do* Temporais, *selecionei algumas fotos famosas, revisei e compilei tudo e o intitulei de* Al Badaih Wa Taraifi (Curiosidade e Beleza)". *Gibran respondeu: Eu vi o livro e gostei e aproveito a oportunidade para agradecer o seu esforço. Ao nos despedirmos, disse: Esse homem é como a pérola dentro da ostra.*[45]

A oitava obra de Gibran, *Curiosidade e Beleza*, trata-se de crônicas que foram publicadas em jornais, revistas e livros, posteriormente selecionadas para uma nova publicação. Este livro também inclui as crônicas "No dia em que nasci" e "Meu Líbano".

❈❈❈❈

A respeito da filosofia de Gibran, duas questões guiaram suas meditações: uma sobre a justiça na sua terra natal, o Líbano, e outra a respeito da justiça no mundo todo. No livro *Espíritos Rebeldes*, as crônicas *Aclamação das Tumbas*, "Leito da Noiva", "*Khalil, o Herege*" e "Madame Rosa El Hani", e ainda nos livros "Temporais" e *Asas Mutiladas*, percebemos a preocupação de Gibran com relação à justiça, não a justiça das leis civis ou religiosas, e sim a verdadeira justiça, aquela de amor genuíno. Gibran contestava o governo e os governantes, latifúndio e latifundiários, principados e príncipes, que teciam leis para o seu benefício, contrapondo-se aos interesses da Humanidade.

O nacionalismo de Gibran e seu interesse em despertar o seu povo cresceram até culminar no momento em que ele a deixa de lado e volta-se para as questões universais, clamando por um mundo de justiça, paz, amor, consciência e espírito humanitário. A partir daí, passa a abranger a questão como um todo, e de forma profética roga por normas sociais que levem à evolução e ao desenvolvimento, que os governos trabalhem para o povo fazendo obras que beneficiem aos cidadãos, onde as leis sirvam ao homem, ao invés do homem servir às leis,

---
45 HUNAIN, Riad. *A Outra Face de Gibran*, 1981, p. 68. Editora "Al Nahar" – Beirute.

tomando por base os ensinamentos de Cristo: *"O Sábado foi feito em contemplação do homem e não o homem em contemplação do Sábado."*[46]

As obras de Gibran escritas em inglês demonstram a evolução de filósofo a profeta, aconselham ao amor fraterno e sem limites e pregam o espírito humanitário para que o mundo viva sem ganância, exploração e escravidão.

Gibran assim escrevia:

- Se o homem é à semelhança de Deus, ele se torna uma parte Dele... E tem o compromisso de aperfeiçoar sua moral, praticar o seu espírito cultivando o instinto natural que vem das raízes para se purificar com a natureza.

- O homem deve se despir de todas as tradições e costumes, e deve se apressar para recuperar seu instinto natural e inocentar-se de todos os pecados, *"trocando as algemas do passado pela esperança do futuro."*[47]

- O globo terrestre é pequeno e não deveria ser dividido entre reinos e emirados. Proclamaria um mundo unificado, sem nacionalismo nem fanatismo, e diria: *"O homem não pode destruir o que a natureza fez."*

- Discorde do que Spinoza diz sobre a liberdade: *"o homem consciente e de mente amadurecida tem seus passos conduzidos pela liberdade."*

- *"Na floresta não existem rebanhos ou pastos, tristezas ou preocupações, ateísmo ou religiões, castigo ou perdão, força ou fragilidade, ignorante ou sábio, escravos ou escravidão, esnobismo ou devassidão, críticas ou censuras e nem esperança ou tédio. Na floresta não tem diferença entre corpo e alma, não há intrusos ou inúteis, não há mortos nem túmulos."*[48]
- A liberdade é para aqueles que se libertam dos laços tradicionais, que se sustentam em leis e tradições. Gibran dizia: *"Esses laços são como gaiolas, impedem que um pássaro cante a liberdade em uma gaiola de grades. Porque o hino de liberdade não sai na gaiola de barras de ferro, e só do peito orgulhoso de um coração corajoso que ecoa como as tempestades que cobrem vales e montes."*

※※※※

---
46 Bíblia, Evangelho de São Marcos. Versículo 2, p. 900.
47 KHALED, Ghassam. *Gibran o Filósofo*, p. 177. Tradução: Assaad Zaidan.
48 GIBRAN, Gibran Khalil. *Procissões*. Tradução: Assaad Zaidan.

- "O homem tem os olhos como a lupa, que mostra o mundo maior do que ele é na verdade."
- "Quero distância das pessoas que acham a audácia o mesmo que coragem e a gentileza o mesmo que covardia."
- "Quero distância dos que pensam que tagarelar é sabedoria, que o silêncio é ignorância e que a adulação é uma arte."
- "Disseram-me: se encontrardes um escravo dormindo não o acorda, pois é capaz que esteja sonhando com a liberdade."
- "O entusiasmo é um vulcão que nasce no topo e a relva é a indecisão."
- "Levem-me para longe da sabedoria que não chora, da filosofia que não ri e da grandeza que não inclina sua cabeça diante das crianças."
- "A Terra disse: 'Eu sou o outeiro, sou e sempre serei o túmulo, até desaparecerem as galáxias e o Sol se transformar em cinzas."
- "O amor é uma felicidade que treme
O tempo de amar, a mocidade passou,
E os anos desapareceram
Como uma sombra que se recolhe.
Se soubéssemos, nunca teríamos deixado uma noite
Passar entre o sono e o adormecimento.
Se soubéssemos, nunca teríamos deixado um olhar
Perder-se entre a inércia e o despertar.
Se soubéssemos, nunca teríamos deixado um instante
Do tempo de amar passar na separação.
Agora sabemos, mas só quando a alma já bradou:
-"Levantai-vos e ide embora."
Agora ouvimos e recordamos,
Mas só depois que sepultura nos chamou,
Gritando: "Aproximai-vos!"[49]
- "Deus das almas perdidas, tu que estás perdidos entre os deuses, ouve-me!...
Moro no meio de uma raça perfeita, eu sou o mais imperfeito.
Eu, um caos humano, uma nebulosa de elementos confusos, movo-me entre mundos acabados, povos de leis exemplares e ordem pura...
Roubar um vizinho com um sorriso, elogiar prudentemente, censurar cautelosamente, destruir uma alma com uma palavra, queimar um corpo com um sopro e depois lavar as mãos quando termina o trabalho do dia...

---

49 GIBRAN, Gibran Khalil. *Curiosidade e Beleza.*, pg 469

Por que estou aqui, ó Deus das almas perdidas...?"[50]

- *"E, depois de mil anos, galguei a montanha sagrada e falei novamente a Deus: 'Meu Deus, minha meta e minha realização! Sou o teu passado e tu és o meu futuro. Sou tua raiz na terra e tu és minha flor no firmamento, e juntos crescemos diante do Sol.'"*[51]

- *"A poesia é uma sabedoria que deslumbra o coração,*
A sabedoria é uma poesia que canta na mente.
Se pudéssemos deslumbrar o coração do homem e ao mesmo tempo, cantar em sua mente, então, na verdade, ele viveria à sombra de Deus"[52].

- *"Na tarde de ontem, vi filósofos na praça do mercado carregando suas cestas e gritando: "Sabedoria! Sabedoria à venda!"*
Pobres filósofos! Sem dúvida, precisam vender suas cabeças para alimentar seus corações."[53]

- *Disse um filósofo a um varredor de ruas: "Tenho pena de ti. Teu trabalho é duro e sujo." E o varredor de ruas disse: "Obrigado, senhor. Mas, diga-me, qual é o seu trabalho?" E o filósofo respondeu: "Estudo a mente do homem, seus feitos e seus desejos."*
Então, o varredor de ruas recomeçou a varrer e disse com um sorriso: "Tenho pena do senhor, também."[54]

- *"São necessários dois para descobrir a verdade: um para anunciá-la e outro para entendê-la."*[55]

- *"Sete vezes desprezei minha alma:*
Quando a vi com a humildade para alcançar a grandeza;
Quando a vi coxear na presença dos coxos;
Quando lhe deram a escolher entre o fácil e o difícil, e escolheu o fácil;
Quando cometeu um mal e consolou-se com a idéia de que outros cometem o mal também;
Quando aceitou a humilhação por covardia e atribuiu sua paciência à fortaleza;
Quando desprezou a feiúra de uma face que era na realidade uma de suas próprias máscaras;
Quando considerou uma virtude elogiar e glorificar."[56]

- *"O primeiro pensamento de Deus foi um anjo.*
A primeira palavra de Deus foi um homem."[57]

- *"Quando a vida não encontra um cantor para cantar o seu coração, produz um filósofo para falar à sua mente."*[58]

- *"Se abrisses realmente os olhos e enxergasses, contemplarias tua imagem em todas as*

---

50 YOUNG, Barbara. *Gibran, esse homem do Líbano*. P. 49. Tradução: Aurélio Lacerda.
51 Ibid., p. 50.
52 GIBRAN, Gibran Khalil. *Areia e Espuma*. P. 27. Tradução: Mansour Challita.
53 Ibid., p. 68.
54 Ibid., p. 69.
55 Ibid., p. 21.
56 GIBRAN, Gibran Khalil. *Areia e Espuma*, p. 14. Tradução: Mansour Challita.
57 Ibid., p. 7.
58 Ibid., p. 19.

imagens. E se abrisses os ouvidos e escutasses, ouvirias tua voz em todas as vozes."[59]
- *"Entre o poeta e o cientista há uma planície verde, se o cientista atravessá-la, torna-se sábio e se o poeta atravessá-la, torna-se profeta."*

"Sempre tem conserto"

"Um filósofo levou seu sapato velho ao sapateiro e disse: 'Quero que você conserte meu sapato.'

O sapateiro respondeu: 'Hoje estou consertando outro sapato que tenho que entregar ainda hoje. Deixe seu sapato que lhe empresto um outro para usar hoje e amanhã quando vier, o seu sapato estará consertado.'

O filósofo ficou nervoso e disse com raiva: 'Eu não calço um sapato que não seja meu.'

O sapateiro respondeu: 'Se você é um filósofo que não consegue colocar seus pés nos sapatos de outro homem, então é melhor você ir ao começo da outra rua, pois lá tem um sapateiro que compreende os filósofos melhor do que eu.'"

"Dois filósofos"

No Monte Líbano, dois filósofos se encontram em uma ladeira, um perguntou ao outro aonde iria, e ele respondeu: "Procuro a fonte da juventude que fica nesta região em uma dessas ladeiras. Segundo os escritos, a fonte da luz do sul floresce como flor". E continuou: "E você, o que está procurando?"

O primeiro respondeu: "Procuro desvendar os segredos da morte."

Os dois filósofos, cada um achando que faltava muita sabedoria ao seu colega, começaram a debater e ambos falavam que o outro era ignorante. No meio da discussão, passou um cidadão simples e ficou assistindo à discussão dos filósofos, que se esforçavam em rebater o argumento do colega. O cidadão se aproximou e disse: 'Parece que os dois pertencem a uma única escola filosófica, vocês falam sobre um assunto, mas com palavras divergentes, um procura a fonte da juventude e o outro o segredo da morte, que são na realidade um só assunto.'"

---

[59] Ibid., p. 21.

- Você é livre diante do Sol;
você é livre diante da Lua e das estrelas;
você é livre onde não há Sol, Lua e estrelas;
você também é livre quando fechar os olhos da existência.
Mas você é escravo de quem ama e
de quem te ama, porque te ama."
- "O ódio é um cadáver. Quem de vós deseja ser um túmulo?"[60]

---

[60] GIBRAN, Gibran Khalil. *Areia e Espuma*, p. 51. Tradução: Mansour Challita.

Gibran e Nietzsche

Como mencionado anteriormente, Gibran era admirador de Nietzsche. Segundo Miguel Naime, foi pela influência dele que Gibran abandonou suas raízes de formação. Entretanto, o Dr. Khalil Hawi, no livro *Antologia de Gibran*, discorda de Naime, ressaltando: *"Antes de conhecer Nietzsche, Gibran já havia se convertido a Jesus pela opinião de William Blake*[61]*. Blake deu-lhe força para se defender da magia poética de Nietzsche, que enaltece a força do homem."* Gibran se mostra favorável à força quando combate a tirania, a escravidão e todos os males que rondam a humanidade, como indicado na crônica "O Coveiro", do livro *Temporais*. Também temos a forma como Gibran vê Jesus; para ele o Nazareno era um herói, que suportou a cruz corajosamente, pois considerava que o sofrimento passado por Ele era um sinal de coragem e força, ao invés de covardia, como Nietzsche acreditava.

Quando comparamos a literatura de Gibran com a de Nietzsche, percebemos que profundas diferenças entre eles. Nietzsche não aceitava a tendência oriental ao espiritualismo, enquanto Gibran negava o materialismo ocidental. Nietzsche não foi a única influência na vida de Gibran. William Blake acreditava que o forte é aquele que dá a vida pela amizade, amor, ou para salvar um ser humano. Blake era muito religioso e também influenciou Gibran, escreveu: *"Não tenho dúvidas de que este Jesus nunca agradará aos ingleses e judeus"*. Antagônico a Gibran e Blake, Nietzsche, principalmente em *Assim Falou Zaratustra*, derruba crenças, aniquila inimigos e esmaga os fracos e pobres, para formar a sociedade dos mais fortes. A distância que existe entre os dois faz com que alguns pesquisadores descartem a tese de que Gibran foi influenciado por Nietzsche. No entanto, essa influência existiu de fato, talvez não da mesma forma que é apresentada.

As críticas e contestações acontecem a todos e em todas as áreas, mas quando se fala dos grandes gênios da Humanidade, seja por suas idéias ou pela produção artística e cultural inovadora, trazem uma nova luz à sociedade e por isso são

---

[61] No livro *Gibran, ambiente e personalidade*, de Khalil Hawi, há algumas frases de William Blake traduzidas para o árabe por Said Fares Baz.

"Jesus amaldiçoou os fariseus e os legisladores, repudiou a dissimulação;
Jesus mostrava grandeza clara e positiva, por isso morreu.
Se fosse o Messias um blasfemo, pregaria e agradaria aos pobres?
Se ele não tivesse tratado os rabinos como cachorros, não teria sido crucificado,
mas a cruz completou sua grandeza luminosa.
Certamente, este Jesus nunca agradará aos ingleses e judeus."

estudados, apreciados, censurados ou acusados de plágio, assim como aconteceu com Gibran. O "amigo" Miguel Naime afirma no livro *Gibran Khalil Gibran* que Al Mustafá, personagem do livro *O Profeta*, é o mesmo Zaratustra, de Nietzsche, e que seu estilo literário também se trata de imitação de Nietzsche, assim como a crença na reencarnação, que segundo Naime, era profunda em Nietzsche.

Naime, com uma narrativa suave, semelhante à de Gibran, demonstrou muitas vezes inveja do sucesso do amigo, mencionou o nome dele com o intuito de se elogiar, criou fatos e diminuiu Gibran. Fez críticas errôneas que pareciam elogios e foi imitado por muitos escritores, que ao invés de pesquisar e analisar Gibran* e Nietzsche, transcreveram as críticas de Naime. Amin Rihani, amigo de ambos, comentou o livro de Naime: "*Micha[62]: recebi seu livro e o li, mas lamento dizer-lhe que tem cupins literários.*"

❋ ❋ ❋ ❋

Friedrich Wilhelm Nietzsche nasceu na Alemanha em 1844, filho de um pastor luterano. Recebeu formação religiosa rigorosa, estudou filosofia grega e aos 25 anos foi nomeado professor de filosofia na Universidade de Basiléia. Adotou a nacionalidade suíça. Durante a docência, tornou-se amigo de Jacob Burckhardt, historiador renascentista, Franz Overbeck, teólogo protestante que não acreditava no Cristianismo, e Richard Wagner, compositor alemão de música clássica. A partir de 1879, Nietzsche se desliga do magistério devido a sérios problemas de saúde - dores de cabeça constantes - que o fizeram viver na solidão e se dedicar a seus livros, que passavam despercebidos pelos críticos. Nietzsche tornou-se nômade vivendo um tempo em cada cidade, buscando um clima mais favorável para a sua saúde.

Hoje, é considerado um dos autores mais controversos da História. Sua primeira obra escrita foi *A Filosofia na Época Trágica dos Gregos*, assunto no qual era profundo conhecedor. Possuía predileção pelos filósofos pré-socráticos, especialmente Heráclito e Empédocles. Nessa obra aparecem características nazistas, pois afirma que os gregos não foram serenos, mas sim pessimistas.

---

* Nota do autor: o estilo de Nietzsche não exerceu influência, apesar de muitos dizerem o contrário, sobre o estilo literário suave de Gibran. Este começou a escrever aso doze anos de idade e só veio a conhecer o escritor alemão 20 anos depois.

62   Apelido carinhoso para Miguel.

Seu livro mais famoso, *Assim falou Zaratustra*, usa a máscara de um sábio persa para proclamar a filosofia pessoal do retorno sucessivo e eterno de todas as coisas vivas e a futura vitória do homem superior sobre a moral cristã servil. Alguns estudiosos classificam-no como niilista[63], outros como nazista e há os que contestam essas teorias.

Em 1886, o escritor dinamarquês George Brandes conseguiu chamar a atenção da opinião pública européia para os livros de Nietzsche. Após uma desilusão amorosa, Nietzsche passa a escrever cada vez mais, culminando em um colapso, em 1889 - um surto de loucura que durou até sua morte, em 1900. Durante esse período, o escritor viveu sob os cuidados da mãe e da irmã Elizabete, fanática nacionalista alemã.[64]

※※※※

Gibran era apreciador das obras de Nietzsche, mas entre eles haviam grandes diferenças, a começar pelas experiências de vida: um era libanês e o outro alemão, e traziam no íntimo a cultura e a tradição de sua terra natal. Os dois tiveram rígida formação religiosa: Gibran era católico maronita e Nietzsche luterano, mas o último perdeu a fé ainda na adolescência. Gibran tinha como influência o espiritualismo oriental e o nacionalismo, a revolta contra a exploração e a opressão de seu povo; sonhava com um país livre, caminhando para o desenvolvimento socioeconômico; diferente do idealismo e nacionalismo alemão de Nietzsche, influenciado pelos heróis da antiga Grécia e dos amigos Jacob Burckhardt e Richard Wagner e pelas ideologias da raça ariana que culminaram no nazismo.

Nietzsche dizia que o objetivo do homem na terra, em primeiro lugar, é a realização pessoal e tornar-se o senhor mandante do mundo. Tal homem conhecedor de sua verdadeira força deve abandonar todas as qualidades humanitárias, como: amizade, afeto, ternura, humanidade e tolerância. Para Nietzsche, essas não eram qualidades dignas, e sim defeitos que viviam nos espíritos dos fracos, ao passo que Gibran era um divulgador da doutrina do amor e da igualdade e defendia os direitos dos pobres lavradores e das mulheres oprimidas.

Ao compararmos os pontos de vista de Gibran e Nietzsche em relação a

---

63 Do latim *nihil* (nada), é uma corrente filosófica que concebe a existência humana como desprovida do sentido superior, isto é, a descrença.
64 As informações expressas nas páginas 314 e 315 deste livro foram baseadas em leituras sobre a biografia de Nietzsche das Enciclopédias Mirador, Abril e Wikipédia.

Jesus Cristo, percebe-se uma grande divergência. Nietzsche acusa a humanidade de ser escrava de quatro judeus: Cristo, sua mãe, Pedro e Paulo, considera a escravidão como hábito na fé em um homem fraco, cínico, submisso e covarde, que os carrascos crucificam sem que ele reaja e lute. Nietzsche, com seu racismo, não gostava de Jesus por ele ser judeu. Nietzsche não aceitava que os judeus dissessem ser o povo eleito de Deus e assim foram os primeiros a semear o racismo no mundo. Concorriam com seu ideal de "super raça germânica", por isso pregou o ódio contra seus rivais.

Por outro lado, Gibran nunca se referiu a Jesus ou à sua mãe Maria como judeus ou descendentes de David. Ele dizia que a Humanidade é a verdadeira mãe de Jesus[65]. No livro *Jesus, O Filho do Homem*, Gibran fez uma composição poética, criativa e antológica sobre Jesus, considerava-o como elevado, humilde e corajoso por aceitar a crucificação e perdoar seu executor. Gibran dizia: *"Esse era o espírito existencial para comandar a Humanidade a seu trono espiritual aperfeiçoado"*. Para Gibran, Jesus era o representante da alma da humanidade em seu estado superior, para atravessar as fronteiras do racismo e livrar o homem do cinismo, vingança, ódio, traição, crimes, mentiras, falsidades, mesquinharias e leviandade. O principal ensinamento de Jesus era a irmandade entre os povos. Ele disse *"Eu vim para a humanidade e não somente para os judeus."*

Nietzsche foi o mentor que guiou os alemães ao racismo, plantou a ideologia nazista de que *"a vida é para os fortes"* e que *"a raça germânica é superior a qualquer outra raça humana"*. Dizia: *"Deus já morreu e no lugar d'Ele estará o homem-deus predominante que no futuro vai reencarnar e voltar para a vida, dominar o mundo e fazer uma raça germânica predominante."*[66] - assim como Hitler tentou na Segunda Guerra Mundial.

Gibran estimulava a Humanidade a seguir um código de justiça e direitos iguais, sem guerra, dominação, exploração ou escravidão dos fortes sobre os fracos. Gibran escreveu seu anseio de ver um exército numeroso e forte, mas essa força deveria defender a pátria, e não invadir outras nações. Para Gibran,

---

65 Nami Kazan, poeta imigrante libanês radicado no Rio de Janeiro, admirador de Gibran e de sua filosofia. Em um Natal, criou uma ode influenciada pela obra *Jesus, O Filho do Homem*:

Um dia perguntei: Quando foi que Jesus nasceu?
Não tem registro nem data de nascimento!
Eu disse, e minha palavra é verdade:
Se o Cristo é a verdade,
Seu caminho levará ao coração da vida,
e seu nascimento ocorrerá todos os dias e a cada minuto.
Mas se era filho de uma mulher, então ele morreu como todos morrem.
Sobre sua morte perguntemos à mãe da Humanidade.

66 KHALED, Ghassan. *Gibran, o Filósofo*, p. 273. Tradução: Assaad Zaidan.

Deus era uma energia que unificava o universo e acelerava o espírito de avanço e progresso para elevar o homem à perfeição e à existência perpétua.

Gibran e Nietzsche, ambos acreditavam na reencarnação de maneira diferente. Nietzsche presumia que o homem depois de morto voltava à terra permanentemente, isto pela força humana que toma lugar da força celestial. Gibran negava essa crença e acreditava na reencarnação como uma volta da alma, energia de Deus para outro corpo, com o intuito de completar o crescimento espiritual e moral do homem pela reencarnação.

Vimos que as filosofias de Gibran e Nietzsche são divergentes, mas muitos autores as consideram análogas, talvez porque Gibran se declarou admirador de Nietzsche, ou pelo fato de suas poesias apresentarem estilo consoante às rimas dele. No livro *O Profeta*, há um estilo semelhante, uma linguagem de sabedoria, uma prática de dar conselhos de um sábio, assim como em "Assim Falou Zaratustra", de Nietzsche. Por outro lado, as semelhanças não passam do estilo da narrativa, pois as idéias e os argumentos diferem na essência da filosofia.

O jornalista Riad Hunain escreveu um artigo no jornal "Al Anwar" (nº 11379, de 07/06/1983) a respeito de Gibran e Nietzche: *"O livro de Gibran,* O Profeta, *possui estilo parecido com o de* Assim Falou Zaratustra, *de Nietzche, mas os conteúdos são completamente diferentes."*

Gibran e o nazismo

A grande revolução francesa de 1789 fez tremer todos os tronos da Europa e assustou os imperadores daquela época. Napoleão Bonaparte foi considerado o principal inimigo dos reis europeus, mas na verdade não foi, pois salvou a monarquia, mudando a marcha da Revolução Francesa de *Liberdade, Igualdade e Fraternidade* para a ocupação colonialista. Ao trocar os objetivos da Revolução, Napoleão fez renascer o nacionalismo francês, *Vive la France*, pois precisava de um grande exército para conquistar territórios e formar um império colonialista. Essa mudança fez com que os reis aceitassem os conselhos do príncipe austríaco de Meternich e mudassem de postura, tornando-se nacionalistas, e assim trocaram seu símbolo *Salve o rei* para *Salve a pátria*.

Depois da derrota de Napoleão, nasceu na Europa o nacionalismo fanático usado pelas potências, principalmente pela França e Inglaterra, para conquistar e expandir seus domínios. Na Alemanha, não tardou a surgir o nacionalismo germânico, uma vez que o terreno era fértil, pois lá já haviam sido plantadas as ideologias nazistas dos filósofos, pensadores e poetas alemães[67]. A humilhante derrota da Alemanha na Primeira Guerra Mundial favoreceu o renascimento do nazismo alemão liderado por Adolf Hitler. Com base em seu entusiasmo e discurso eloqüente, conseguiu despertar a febre do fanatismo racista germânico, conquistar milhões de jovens, que se alistaram na organização nazista. O nazismo de Hitler alcançou o poder em 1933, com seus ideais do "super-homem germânico dominando o mundo", e assim a 2Segunda Guerra Mundial foi declarada, que causou 56 milhões de vítimas e a destruição de centenas de cidades e países.

O nazismo alemão, com suas ideologias e o modelo de raça superior, foi exportado aos quatro cantos do mundo. A partir daí, apareceram novos imitadores de Hitler, vangloriando a história passada de suas nações, convocando a juventude para marchar em busca das glórias históricas e confirmar suas raízes de bravos heróis, "super-homens" que comandaram as vitórias como as dos babilônios, persas, egípcios, gregos, cartagineses, romanos e árabes, dentre outros.

---

67 Dentre os colaboradores do nacionalismo racista (nazista) alemão citamos: Hegel, Fichte, Ernst Moritz Arndt, Friedrich Ludwig Jahn, Houston Stewart Chamberlain, Friedrich Ratzel, Karl Haushofer, o músico Richard Wagner, Oswald Spengler e o famoso filósofo Nietzsche. Além dos colaboradores de Hitler, que aceleraram a Segunda Guerra Mundial. (Fonte: Enciclopédia Mirador, Vol. 15, p. 8034. São Paulo: 1977).

Cada líder imitava Hitler em sua saudação, suástica, discursos, etc.

No começo da década de 30, surgiu no Líbano o Partido Nacionalista Sírio, convocando o povo à unificação do Líbano, Palestina, Jordânia e atual Síria. Divulgava as glórias do passado, combatia a invasão dos judeus na Palestina, o domínio das potências européias no Oriente Médio e fazia propaganda ativa contra o comunismo. Esse novo partido era dirigido pelo universitário libanês Antônio Saade, que se intitulou "Al Zaim" (O Líder) após divulgar, em 1933, as doutrinas do partido plagiadas da doutrina do nacionalismo alemão.

O governo francês, que dominava o Líbano naquela época, mandou prender Antônio Saade, que se refugiou na Alemanha, depois no Brasil e posteriormente na Argentina. Com o fim da 2ª Guerra Mundial, Saade voltou ao Oriente levando um mapa, criado por ele, da nova nação, "A Grande Síria", onde estavam anexados os territórios da Mesopotâmia, Kuwait e Ilha de Chipre, como a estrela da meia-lua fértil. Durante sua ausência, o número de ativistas do partido aumentou e ao retornar, encontrou seus correligionários com a mesma lealdade e obediência, da mesma maneira que os nazistas agiam em relação a Hitler, pois acreditavam que seu carismático líder, Antonio Saade, tinha qualidades extraordinárias e sobre-humanas. Um dos poetas populares, seguidor de Saade, comparou-o a Confúcio[68] e aos grandes filósofos gregos, já que seus seguidores tomavam suas frases como sagradas, assim como fazem os religiosos devotos de Mohamed e Jesus Cristo.

Antonio Saade foi combatido pelos nacionalistas libaneses e pelos pan-arábicos, depois de uma manobra do governo aliado aos falangistas libaneses. Saade foi acusado de traição à pátria libanesa e em um julgamento engendrado, foi sentenciado à morte por fuzilamento.

❋❋❋❋

Esses acontecimentos históricos se fazem necessários para que o leitor compreenda as questões polêmicas atribuídas a Gibran, pois diversos escritores tentaram validar teorias como aquela dele ter sofrido influência do nazismo de Nietzsche. Todavia, verificamos que, apesar de a narrativa se assemelhar, os princípios discordavam. Alguns escritores afirmaram que Gibran havia sido influenciado por Antonio Saade, mas Gibran faleceu em 1931 e Antônio Saade anunciou

---

[68] K'ung Fu-tsu (K'ung: 'filósofo; mestre') viveu na China entre os séculos IV e V a.C. Grande pensador que exerceu enorme influência no seu povo ao longo dos últimos 2500 anos. Deixou um conjunto de normas com elevados valores morais em frases curtas, fáceis de entender, que educou milhões de chineses nos princípios da moral, serenidade e harmonia.

seus ideais dois anos após a morte de Gibran, então essa teoria também não pode ser sustentada.

O próprio Antonio Saade escreveu no editorial da primeira edição do seu jornal "A Nova Síria", publicado no Brasil, que Gibran havia profetizado sua chegada na crônica "O Jovem da Primavera", porque o jovem da primavera chama a população ao despertar. Tudo isso fez com que muitos fanáticos divulgassem essa teoria, de Gibran ter sido influenciado por Nietzsche, ter abraçado o ideal nacionalista extremista sírio e profetizado a chegada de Saade.

Ainda assim, o escritor João Déia, ativista do Partido Nacionalista Sírio, publicou em Londres um livro de 464 páginas, em árabe, no qual relata que Gibran mencionava o nome da nação síria e afirma que isso prova que Gibran seria idealista nacionalista da doutrina de Saade, antes mesmo da existência do partido. Ele também acreditava que todos os membros da Liga Literária eram nacionalistas. Apesar disso, Gibran e a maioria dos membros da Liga que alegaram ser sírios e que escreviam: "Síria, nossa Pátria" ou "Síria, Nossa Mãe", tinham chegado aos Estados Unidos entre 1890 e 1910, época em que a atual Síria, Líbano, Palestina e Jordânia eram Estados do sultanato turco. Os imigrantes, que na realidade eram fugitivos, aceitavam a alcunha de "sírios", ao invés de "turcos". Isso não valida a teoria de terem ingressado no Partido Nacionalista Sírio de Antonio Saade, que apareceu quatro décadas após a imigração de Gibran e seus colegas literatos. Além disso, nenhum membro da Liga Literária se alistou no partido de Antonio Saade nem alardeou que Chipre, Kuwait e Mesopotâmia faziam parte da grande nação síria, como Antonio Saade havia esboçado em seu mapa.

Assim como negava a filosofia de Nietzsche, a filosofia gibrânica também negou a filosofia de Antonio Saade, que também não se ajustava à humanitária de Gibran. Conforme relatado, Gibran participava de movimentos, organizações, comissões ou atividades que tivessem a finalidade de libertar a pátria. Durante sua vida (1883 - 1931), o Líbano não havia se separado da Síria. Somente em 1943, tornou-se livre e conquistou a identidade nacional, ou seja, quando Gibran escrevia suas crônicas ardentes contra o sultanato otomano que dominava sua pátria síria, tinha a intenção de libertar a Síria inteira.

Em 1911, quando eclodiu a guerra entre o Iêmen e a Turquia, Gibran escreveu a Mary Haskell, demonstrando seu desejo de ingressar no exército do Iêmen, lutar pela liberdade e derrotar os agressores turcos. Em outra ocasião, disse que sonhava com uma nação árabe unificada e avançada, competindo com os países do mundo, ao invés de continuar dividida em tribos e seitas religiosas.

Gibran escrevia "Síria, minha pátria" e preferia ser chamado de "sírio" a ser chamado de "turco", como geralmente acontecia com imigrantes no Brasil e em outros países da América, uma vez que seus passaportes vinham com a nacionalidade turca. A maioria dos escritores da Liga Literária, os "sírios", era de origem libanesa. Eles não viam problemas em serem chamados dessa maneira. Entretanto, nenhum membro da Liga Literária enaltecia o passado à maneira nazista nem vangloriava heróis sírios, como Aníbal, que bateu as portas de Roma, o assírio Assurbanipal ou Nabucodonosor, nem escrevia anexando Chipre, Mesopotâmia e Kuwait ao território da grande Síria.

Naquela época, o Líbano era território da Síria. Depois da independência, o povo continuou unido. O Líbano e a Síria são como dois irmãos dividindo a mesma História, mas cada um segue seu caminho.

Gibran era libanês de coração e escrevia aos árabes, convidando-os a romper as algemas do domínio otomano. Vale ressaltar que a maioria dos literatos árabes que se dedicaram à libertação da Síria era de origem libanesa e cristã maronita, versificavam aclamando "Síria, nossa pátria" e "Síria, nossa mãe", mas não eram correligionários do Partido Nacional Sírio de Antonio Saade. Quando o Líbano conquistou sua independência, todos louvaram a bandeira do cedro libanês, tornando-se nacionalistas libaneses, com traços diferentes do nacionalismo nazista sírio.

Os libaneses amam suas raízes, são humanos e pacíficos. Os que imigram se deslocam devido à opressão sofrida com a dominação otomana e autoridades locais, temporais, latifundiárias e religiosas. Todavia, os imigrantes libaneses vêem a nova pátria como uma mãe adotiva, que os acolhe com respeito e dignidade, proporcionando-lhes um ambiente para iniciar uma nova vida pacífica, e que oferece a oportunidade de progresso advindo do trabalho. Demonstram o carinho para o lugar onde imigraram e nunca esquecem sua terra natal, tal qual um filho nunca esquece sua mãe verdadeira. Os libaneses, apesar do sofrimento de geração após geração, são eternos apaixonados pelo Líbano, carregam no coração suas recordações, e ao mesmo tempo, demonstram carinho pela Síria, pátria irmã, que possui a mesma história, amigos, inimigos, etc.

O nacionalismo libanês luta pela independência do Líbano, livre dos conquistadores e da cobiça dos ambiciosos por novos territórios. No Líbano, os jovens não são obrigados a servir à pátria no serviço militar, são criados para serem fiéis à pátria que nasceram. O amor pelo Líbano e o nacionalismo do imigrante libanês é um sentimento de saudosismo e emoção pela terra natal, mas que não compete nem diverge com o sentimento à pátria que os acolhe. O nacionalismo libanês é assim. Com Gibran não era diferente. Na crônica "Meu Líbano", é possível compreender seu sentimento pela terra natal:

"*Meu Líbano, uma montanha temerosa e tranqüila entre o mar e a planície, como um poeta entre a eternidade e a contemplação.*
Meu Líbano, lavradores que transformam as terras áridas em sítios e jardins.
Meu Líbano, vinhateiros que transformam as uvas em bebidas e as passas em mel.
Meu Líbano, poetas que derramam seus espíritos em copos novos e cantam as poesias populares.
Meu Líbano, patrícios que nascem em casebres e morrem nos palacetes da Ciência.
Meu Líbano, candeeiro que a ventania não apaga e sal que não apodrece com o passar dos séculos.
Meu Líbano, imigrantes que se despedem do Líbano sem nada nos bolsos, carregando apenas energia nas veias e força nos braços, adaptando-se ao ambiente aonde chegam e bem queridos em qualquer lugar que se instalam.
Meu Líbano dos empreiteiros a tecelões e dos oleiros aos fabricantes dos sinos.
Meu Líbano, país das amoreiras e das mães que tecem os fios de seda."

FRASES DE GIBRAN (25)

A seguir, selecionamos algumas frases de Gibran que reforçam o seu patriotismo e sua luta pela independência da grande Síria, e em particular de seu país. Desejava a união dos países árabes do Oriente Médio, para que formassem uma nação independente.

- *"Nietzche arrancou sua composição literária das frases da minha alma, ele colheu os frutos da árvore que eu queria podar."*[69]

- *"A liberdade é uma luz que surge de repente de dentro dos homens e não é um enxerto de fora."*[70]

- *"Quem é escravo da sua ambição individual não pode andar livre com a cabeça erguida no meio da multidão."*[71]

- *"A política tem destaque nas obras de Nietzche; ele proclama um doutrina social aristocrática brutal."*[72]

- *"A vida não caminha para trás, nem se demora com o ontem."*[73]

- *"Quero voltar ao Líbano e quero que minha ida seja para sempre."*

- *"Amo minha aldeia como parte da minha região, e minha região como parte de minha pátria. Mas amo também a Terra inteira como o lar da Humanidade e a Humanidade inteira como receptáculo do espírito."*[74]

---

[69] Carta de Mary Haskel de 30/08/1914, referente ao estilo de Nietzche.
[70] Discurso de Gibran em reunião da "Argola de Ouro" - 25/02/1911 - Nova Iorque.
[71] Discurso de Gibran em reunião da "Argola de Ouro" - 25/02/1911 - Nova Iorque.
[72] Carta a Mary Haskell, setembro de 1914.
[73] GIBRAN, Gibran Khalil. *O Profeta*, p. 43. Tradução: Pietro Nassetti.
[74] GIBRAN, Gibran Khalil. *Uma Lágrima e Um Sorriso*, p. 144. Tradução: Mansour Challita.

PARTE VII

Gibran Khalil Gibran - VII

- Gibran escreveu a sabedoria árabe de forma poética e sedutora.
- Gibran é a prova de que existe uma filosofia libanesa de destaque.
- "Era o profeta da paz e do amor, as frases de seus livros servem de alicerce aos sermões."[1]
- Gibran tinha nos lábios o sorriso que vislumbra o Oriente e no coração carregava a dádiva espiritual, que presenteou o Ocidente.
- Guia dos caravaneiros perdidos nos desertos da vida, conduzia-os aos caminhos que levam à paz. Era como uma flâmula que levava os espíritos humanos para a luz da vida.
- Tinha o coração cheio de amor e fraternidade e sem ódio e inveja. Seu espírito tinha rebeldia contra a injustiça humana.
- Gibran tinha a magia das letras na pena de seu pincel, a melodia nas cordas de sua harpa, mas em sua melancolia havia as trevas da noite e as nuvens de um vendaval.
- Consagrou-se profeta da literatura e da arte, e assim, permaneceu eterno.
- Sofria no íntimo da alma cada vez que oprimiam a justiça.
- Gibran serviu a sua pátria, tornou-se príncipe da literatura de todas as nações árabes por seu talento e genialidade.
- Carregava no espírito todos os sonhos do Oriente; seus olhos brilhavam, resplendecendo o talento e a genialidade.
- Gibran escrevia com criatividade, revelando os segredos da vida. Acordou o mundo para ver e entender os segredos.
- Possuía a magia da palavra, muitas vezes passava semanas escolhendo a melhor palavra para a frase.
- Foi precursor do surrealismo na literatura árabe contemporânea.
- Gibran era cristão e venerava Jesus e seus ensinamentos, porém olhava para o Cristianismo com olhar contrário aos ritos religiosos. Era cristão e em suas raízes criticou os religiosos, mas nunca difamou a religião.

---

1 MASSOUD, Habib. *Gibran Vivo e Morto*. 2ª edição. São Paulo, 1966, p. 758.

Reencarnação

A reencarnação é uma teoria religiosa e filosófica questionada ao longo da História. Não há uma data precisa de seu surgimento, nem do primeiro povo a adotar essa crença, mas está presente em diferentes épocas e lugares. Os antigos egípcios acreditavam na eternidade do espírito. O profeta persa Zaratustra[2] pregava que o corpo é independente do espírito. Buda disse: *"Estamos no mundo hoje e voltaremos outras vezes, até que sejamos perfeitos como os deuses".*

No Tibet, a crença na reencarnação perdura até os dias atuais nos ensinamentos de Dalai Lama e na crença sagrada de que o espírito do homem continua voltando à Terra, reencarnando sucessivamente em outro corpo até se tornar puro e esvaecer na natureza de Deus. No Ocidente, a crença na reencarnação passou a ter adeptos depois dos filósofos gregos, principalmente Pitágoras, que divulgava a teoria da imortalidade da alma, dizendo que o espírito é mais nobre do que a matéria. Para ele, o espírito era eterno e se transfere de um corpo a outro, podendo ser homem, animal, pássaro ou outros seres. Platão dizia que o espírito não morria com o fim do corpo, pois ressuscitaria da morte. Quando condenado, Sócrates disse, antes de beber o veneno: *"Sou feliz porque vou me transferir para outro lugar."* O filósofo Plotino[3] ensinava que o espírito, depois de encarnar em outro corpo, tem memória, percepção e sensação mais evoluídas. A Bíblia Sagrada, na primeira epístola de São Paulo, menciona a reencarnação:

"35 Mas, dirá alguém, como ressuscitam os mortos? E com que corpo vêm?

36 Insensato! O que semeias não recobra vida, sem antes morrer.

37 E, quando semeias, não semeias o corpo da planta que há de nascer, mas o simples grão, como, por exemplo, de trigo ou de alguma outra planta.

38 Deus, porém, lhe dá o corpo como lhe apraz, e a cada uma das sementes o corpo da planta que lhe é própria.

39 Nem todas as carnes são iguais: uma é a dos homens e outra a dos animais; a das aves difere da dos peixes.

40 Também há corpos celestes e corpos terrestres, mas o brilho dos celestes difere do brilho dos terrestres.

41 Uma é a claridade do Sol, outra a claridade da Lua e outra a claridade das estrelas; e ainda uma estrela difere da outra na claridade.

---

2 Zarastutra (600 ou 700 a.C.) fundou uma nova religião que difundiu por todo Irã, foi considerada por alguns historiadores como a primeira expressão monoteísta ética.
3 Plotino nasceu no Egito (205 a 270 d.C.) e iniciou o neoplatonismo.

42 Assim também é a ressurreição dos mortos. Semeado na corrupção, o corpo ressuscita incorruptível;
43 Semeado no desprezo, ressuscita glorioso; semeado na fraqueza, ressuscita vigoroso"[4]

No livro sagrado dos mulçumanos, o Alcorão, encontram-se algumas suratas que fazem referência à reencarnação:

Surata "A Vaca" (Al Bácara) - Versículo 28: *"Como ousais negar a Deus, uma vez que éreis inertes e Ele vos deu a vida, depois vos fará morrer, depois vos ressuscitará e então retornais a Ele?"*[5]

Surata "A Vaca" (Al Bácara) - Versículo 56: *"Então, vos ressuscitamos, após a vossa morte, para que assim, talvez, Nos agradecesseis."*[6]

Surata "O Gado" (Al An'am) - Versículo 36: *"Só te atenderão os sensatos; quanto aos mortos, Deus os ressuscitará; depois, a Ele retornarão."*[7]

Surata "Maria" (Máriam) - Versículo 15: *"A paz esteve com Ele desde o dia em que nasceu, no dia em que morreu e estará no dia em que foi ressuscitado."*[8]

No Oriente Médio, há uma seita religiosa, a Drusa[9], que acredita na reencarnação, intitulada de unitarista "Mowahidin". Para eles, a alma transmigra e existe um único Deus somente, encarnado sucessivas vezes. A visão drusa da reencarnação é uma crença espírita revelada pelo ministro do Faraó Mhotep da 3ª Dinastia, chamado pelos drusos de Hermes Al Haramisat. Os historiadores mencionam seu nome como arquiteto da pirâmide e primeiro sábio da História. Atribuem-lhe a primeira operação médica, a primeira obra da engenharia, primeira música, primeiras letras e outros métodos. Os antigos gregos o chamavam de "Deus da Sabedoria" (Mhotep). Os drusos conferem a este sábio o princípio da doutrina da reencarnação.

Pitágoras, um dos grandes filósofos gregos que pesquisou e desenvolveu a crença na reencarnação, viveu no Egito e passou 22 anos pesquisando os segredos das pirâmides. Não conseguiu desvendar os mistérios de sua construção,

---

4 Bíblia. Epístola de São Paulo aos Coríntios, p. 1022.
5 Alcorão. Tradução: Samir El Hayek, p. 6.
6 Alcorão. Tradução: Samir El Hayek, p. 8.
7 Alcorão. Tradução: Samir El Hayek, p. 92.
8 Alcorão. Tradução: Samir El Hayek, p. 217.
9 A seita drusa ismaelita (xiita) islâmica foi fundada pelo sexto califa fatimita "El Hakem Biamr Allah" (996-1021). Atualmente, a seita conta aproximadamente com 2 milhões de seguidores no Líbano, Síria, Palestina, Jordânia e em outras partes do mundo, levada pelos seus imigrantes. Considerada uma doutrina esotérica, crê no Deus único, que é pura energia, luz substancial que cobre o Universo e dela emana a vida espiritual e material deste mundo. O espírito humano é um raio da energia superior, quando o corpo do homem perece, seu espírito volta à energia mãe, da qual se separou, e muitas vezes volta a animar outro corpo, raramente lembra da vida passada. Os drusos possuem seis livros: "Sabedorias" (Hikmat), onde mencionam que a mais bela obra de Deus foi a mente humana, pois recebe suas forças desta energia feita do Universo. Descartam os milagres que não são confirmados pela lógica. A doutrina drusa também é chamada de *logos* (razão).

mas conseguiu organizar uma cartilha matemática. Aprendeu também muitas lições esotéricas sobre a teoria da reencarnação.

Mais tarde, no século XI, a teoria da reencarnação foi enriquecida e aperfeiçoada pelo sexto califa fatimita egípcio El Hakem Biamr Allah. Era um califa sábio, conhecedor da filosofia grega e das teorias religiosas, retificou as teses da reencarnação de Pitágoras, negou a crença de que o espírito humano reencarna em animais, pássaros e outros seres irracionais. A seita Drusa, que resistiu a opressões fanáticas religiosas, continua até hoje influenciando doutrinas e filósofos, assim como ocorreu com Gibran.

Reencarnação e o segredo da morte

Gibran era conhecedor das diversas teorias filosóficas, religiosas e literárias a respeito da reencarnação. Contudo, o que o levou a essa crença foram os trágicos acontecimentos que atingiram sua vida. A perda de entes queridos da sua família em um curto período de tempo o fez buscar consolo e ânimo nessa teoria para continuar lutando pela realização de seus projetos de arte e literatura.

Gibran esteve durante quatro anos ausente do convívio familiar, pois estudava no Líbano. Ao voltar a Boston deparou-se com sua família vestindo luto pela sua querida irmã caçula, Sultana. A tristeza tomou conta de Gibran. Revoltou-se e por pouco não aderiu ao ateísmo. Dizia a Pedro: *"Por que Sultana? Por que Deus escolheu essa flor em seu jardim?"*

O sofrimento e a tristeza aumentaram ainda mais com a morte, causada pela tuberculose, de Pedro e sua adorada mãe, em um período de quinze meses. Foi sua fase de maior revolta. Gibran disse: *"Deus deverá morrer de tuberculose. Cristo disse: quem fere com espada, com a espada será ferido!"* Com o tempo, seus ânimos foram se acalmando e ele procurou consolo nos livros espíritas, pois queria desvendar os segredos da morte. Depois de muito pesquisar, escreveu: *"Eu não desvendei o segredo da morte e desconheço quem conseguiu descobrir."*

No entanto, esse não foi o único motivo que levou Gibran a essa visão espírita. Seu narcisismo também o influenciou, pois era reconfortante e satisfazia seu ego acreditar num ser eterno, que retornaria para concluir o trabalho incompleto, uma vez que se preocupava com o fato de não conseguir terminar seu trabalho por causa do seu frágil estado de saúde. A sombra da morte acompanhou seus pensamentos por toda vida e influenciou seus quadros e livros.

A sombra da morte está nítida nas telas de Gibran. Mary Haskell, durante o primeiro encontro com Gibran no estúdio de Fred Holand Day, perguntou-lhe: *"Por que em seus quadros há muitos símbolos da morte e da dor? Será que existe algum significado em particular?"*

Gibran respondeu: *"Sim, porque até hoje a dor e a morte têm sido o meu grande destino. De abril de 1902 a junho de 1903, a morte levou minha irmã caçula, meu irmão e minha mãe, as pessoas mais queridas da minha vida."*

Gibran procurava uma resposta lógica que aliviasse o pesadelo da morte e tirasse a angústia de perda dos seus entes queridos. A reencarnação parecia amenizar tal dor e se perpetuaria em seus livros e cartas a amigos e namoradas.

"Viverei após a morte e continuarei a cantar para vós mesmo depois que as ondas do vasto mar tiverem me conduzido às profundezas.
E me sentarei à vossa mesa, embora sem um corpo, e vos acompanharei aos vossos campos como um espírito invisível.
E me sentarei ao canto de vosso fogo, embora não me vejais.
A morte muda somente as máscaras que recobrem nossas faces.
O lenhador será sempre um lenhador, o lavrador será sempre um lavrador e os que lançam suas canções ao vento continuarão a fazê-lo em outras esferas."[10]

Em suas produções literárias, a crença na reencarnação aparece pela primeira vez em seu segundo livro *As Ninfas do Vale*, quando, no prefácio do conto "A Cinza dos Séculos e o Fogo Eterno", ele menciona:

"Ó alma, quando o ignorante diz: 'A alma desaparece com o corpo. E o que vai não volta mais.', dize-lhe que as flores também passam, mas as sementes permanecem. Assim é com a essência da vida."

Alguns escritores alegam que a crença de Gibran na reencarnação se deve à época em que morava com sua família no bairro chinês em Boston, após deixarem o Líbano. Todavia, as crônicas e as poesias de Gibran não confirmam essa versão, pois ele era conhecedor das diversas doutrinas e filosofias a esse respeito, desde as orientais (árabes, hindu, chinesas...) até as gregas, e suas crenças utópicas - versões de Platão, Pitágoras e Plotino - não foram influenciadas. Além disso, Gibran conhecia a crença dos drusos, pois escreveu: *"No Líbano, há uma comunidade chamada drusa que acredita na reencarnação."*

Tudo que Gibran redigiu referente à reencarnação estava desligado das crenças utópicas e aplicado a uma filosofia cristalina que manifestasse sua consciência. O

---

10   Gibran, *Esse Homem do Líbano*, p. 128. Tradução: Aurélio de Lacerda.

Dr. Ghassan Khaled, autor do livro *Gibran, O Filósofo* escreveu: "*A crença de Gibran na reencarnação estava longe das crenças do paganismo e politeísmo, era limpa e pura como a crença unitarista drusa.*"

As poesias e crônicas escritas por Gibran remetem à crença da reencarnação da seita unitarista drusa e à literatura de William Blake e Charlotte Taylor, que foram influenciados pelas doutrinas orientais (hindu-chinesa).

Aqui transcrevemos trechos do conto "Cinzas dos Séculos" (1906), a primeira crônica de Gibran sobre a reencarnação:

Cinzas dos séculos

(Outono de 116 a.C.)

A noite trouxe a quietude e a vida parou na Cidade do Sol. Uma a uma, as lâmpadas foram se apagando nas residências espalhadas ao redor dos templos gigantescos que repousam desde há séculos no meio das oliveiras e dos louros. Depois, levantou-se a Lua e verteu seus raios para a brancura das colunas de mármore, gigantes que velam, no silêncio da noite, sobre os altares dos deuses, e contemplam com orgulho as torres do Líbano sobre as colinas distantes.

Naquela hora cheia de magia, quando as almas dos que dormem se unem aos sonhos do infinito, Nassan, filho do Sacerdote Ahiram, chegou ao templo de Astarté, carregando uma tocha. Com as mãos trêmulas, acendeu as lâmpadas e colocou fogo nos incensórios. E os perfumes de mirra e do incenso subiram e se estenderam sobre a estátua da deusa um véu imaterial, similar ao véu que envolve o coração humano. Depois, ajoelhou-se perante o altar de ébano incrustado de ouro e levantou os braços e os olhos para as alturas. Com o rosto coberto de lágrimas, e entre um suspiro e outro, bradou: "Piedade, ó poderosa Astarté, ó Deusa do Amor e da Beleza! Tem pena de mim e afasta a morte da bem-amada que escolhi por tua vontade... Os remédios dos médicos têm sido em vão, assim como as orações dos sacerdotes. Só me resta agora apelar para teu nome sagrado. Ouve minhas súplicas, olha para o esmagamento do meu coração e deixa ao meu lado a outra metade da minha alma, para que compartilhemos os prazeres do amor e a beleza da juventude, pois ambos somos reflexos de ti e cantamos a tua glória.

"Destas profundezas, apelo para ti, ó Astarté venerada, apelo para ti, ó Astarté venerada, apelo para tua ternura. Ouve a mim, teu escravo Nassan, filho do sacerdote Ahiram, que consagrou sua vida ao serviço de teu altar. Amei uma jovem entre as jovens e escolhi-a para companheira. Mas os gênios nos invejaram, aplicaram em seu corpo delicado os germes de uma doença estranha e enviaram o mensageiro da morte para arrebatá-la. E ele está,

agora mesmo, ao lado da sua cama, rugindo como um tigre faminto, estendendo sobre ela suas asas negras, ameaçando-a com suas garras. Por isto, vim a ti, humilde! Tem piedade de mim e protege-a, uma flor que não experimentou a beleza do verão da vida, um pássaro que ainda não terminou sua canção à aurora da juventude. Salva-a para que voltemos a entoar tuas canções e a glorificar teu nome, oferecer sacrifícios em teu altar, com vinho envelhecido e azeite perfumado e cobrir o chão de teus templos com rosas e jasmins. Salva-nos, ó Deusa dos Milagres, e faze com que o amor vença a morte, ó Deusa da Morte e do Amor."

Permaneceu o jovem um minuto em silêncio, vertendo sua dor em lágrimas e suspiros. Depois acrescentou: "Ai de mim! Meus sonhos estão perdidos, ó venerada Astarté! Meu coração está morto, minhas lágrimas queimam-me os olhos. Ressuscita-me pela tua bondade e guarda-me minha amada."

Então, entrou no templo um dos seus servos, aproximou-se dele respeitosamente e murmurou ao seu ouvido: "Meu Senhor, vossa amada abriu os olhos e vos chamou com urgência. Vim avisar-vos."

Nassan se levantou e saiu depressa, seguido pelo servo. Quando chegou junto à doente, inclinou-se sobre ela, tomou-lhe a mão frágil e beijou-a repetidas vezes como se quisesse passar para ela vida da sua própria vida. Ela virou para ele a cabeça afundada nos travesseiros e seus lábios esboçaram um sorriso que era o adeus de seu coração prestes a parar para sempre.

Depois, disse em voz entrecortada: "Os deuses estão me chamando, a morte está chegando para me separar de ti. Não te desesperes, pois a vontade dos deuses é sagrada e os decretos da morte são justos. Vou-me quando as taças do amor e da juventude estão ainda cheias em nossas mãos e os caminhos da vida se estendem diante de nós. Vou-me, para o mundo dos espíritos, mas voltarei a este mundo porque a poderosa Astarté devolve a alma dos enamorados que partem antes de ter gozado dos prazeres do amor e da glória da juventude. Haverá outro encontro entre nós, Nassan, e beberemos juntos o orvalho da aurora em copos de narciso e nos divertiremos com os pássaros dos campos, à luz do Sol. Até breve, meu amor!"

(...) Nassan lhe tocou a boca com seus lábios, achou-a gelada como a neve, e sentiu-lhe a alma dolorida esvoaçar entre o abismo da vida e da morte.

(Primavera de 1890 d.C.)

(...) A luz já se foi. O Sol acaba de recolher seu manto das montanhas de Baalbeck. O pastor Ali El Hussaini segue para as ruínas do templo, seguido por seu rebanho, e lá se senta entre as colunas desnudas. As ovelhas se recolhem à sua volta, procurando segurança na melodia de sua flauta.

À meia-noite, quando o céu já havia lançado as sementes do amanhã nas trevas, ele se inclinou sobre seu braço e o sono se aproximou. Libertando-se então de seu Eu adquirido, reencontrou-se com seu Eu interior, sensível a sonhos superiores às leis do homem e ao seu ensino. Essa visão ampliou os campos em volta dele e revelou-lhe os esconderijos dos segredos. Sua alma se isolou da procissão do tempo e se ergueu, sozinha, com pensamentos harmoniosos e ideais antecipadas. Pela primeira vez na sua existência, vislumbrou as causas da fome espiritual que perseguia sua juventude: uma fome feita da doçura da vida e da sua amargura, dos gemidos do desejo e da paz da satisfação, e que não encontra alimento adequado, nem nas glórias do mundo nem nas realizações dos séculos.

O pastor sentiu uma emoção diferente subindo das ruínas do templo. Era uma emoção delicada e misteriosa, que liberta a alma como a brasa liberta o incenso, ou como os dedos, tocando as cordas, libertam a melodia. Era uma emoção nova, nascida do nada e do tudo, mas que nasceu e evoluiu até abranger-lhe todo o Eu imaterial. E toda essa emoção renovadora se formou em um minuto de sono, como se de um minuto somente podem surgir as imagens de mil gerações, e como nações inteiras descendem de uma só semente.

Contemplando as ruínas do templo, seu sono foi substituído por um despertar espiritual. Lá estavam os vestígios maltratados do altar, as colunas derrubadas e as paredes desmoronadas. Mas Ali El Hussaini viu muito além do presente. Seu coração batia com violência. Como um cego que recupera a vista, foi levado por ondas de pensamentos para um passado distante e lembrou-se dessas colunas eretas, de lâmpadas e incensórios de prata em volta da estátua de uma deusa venerada e de sacerdotes respeitosos fazendo oferendas em um altar de ébano incrustado de ouro. Lembrou-se de jovens cantando para a Deusa do Amor e da Beleza. Viu tudo isto em imagens nítidas e sentiu vibrações incompreensíveis agitarem as profundezas silenciosas. Mas a lembrança nos devolve somente os reflexos de seres que vimos em alguma de nossas vidas passadas e o eco de vozes que já ouvimos. Que relação pode existir entre essas recordações misteriosas e o passado de um rapaz que nasceu entre horizontes estreitos e passou sua juventude cuidando de um rebanho de ovelhas nos prados?

Levantou-se e caminhou por entre as pedras desmoronadas, enquanto suas recordações longínquas retiravam os véus do esquecimento da sua imaginação assim como as mãos retiraram a teia de aranha de um espelho. Quando chegou ao centro do templo, parou, como se houvesse no solo um imã que lhe imobilizasse os pés. Olhou e viu uma estátua jogada no chão. Ajoelhou-se ao seu lado sem saber o que fazia. As emoções jorravam de seu ser como o sangue jorra de feridas graves, as batidas de seu coração se aceleravam e se acalmavam como ondas do mar que sobem e descem. Baixou o olhar, gemeu e chorou, porque sentia um isolamento penoso que separava sua alma de uma alma formosa que estava ao seu lado desde antes mesmo que ele viesse a esta vida.

Tinha a sensação de ser apenas uma centelha que se tinha separado de Deus antes do começo dos tempos.

Sentiu o bater de asas suaves a esvoaçarem entre seu peito em fogo e seu cérebro em ebulição.

Sentiu um amor poderoso envolver-lhe o coração, dominar-lhe a alma e separá-lo do mundo de medidas e quantidades – aquele amor que fala quando as línguas da vida se calam e que se ergue como uma coluna de luz quando as trevas escondem tudo. E esse amor encheu a alma de Ali com sentimentos suaves e amargos, como o Sol faz crescer juntos flores e espinhos.

Mas que amor era esse? De onde vinha? O que queria de um jovem recolhido com seu rebanho entre aquelas colunas e ruínas? O que era esse vinho vertido em um coração que nunca havia sido embriagado pelo olhar das moças? O que eram essas canções celestiais acariciando o ouvido de um pastor que nunca havia sido embalado por melodias femininas? E o que queriam de Ali, desviado do mundo por suas ovelhas e sua flauta?

O pastor fechou os olhos em lágrimas e estendeu as mãos como um mendigo, e seus gemidos entrecortados e humildes, expressando a queixa e o desejo, se transformaram em palavras quase inaudíveis:

"Quem és tu, que estás tão perto do meu coração, tão longe dos meus olhos? Separas meu Eu do meu próprio Eu, e amarras meu presente a tempos remotos e esquecidos. Serás o fantasma de uma fada que veio do mundo da eternidade para me mostrar como a vida é vazia e como os homens são fracos? Ou serás a alma da Rainha das Fadas que saiu das fendas da terra para me enfeitiçar a mente e ridicularizar-me perante minha tribo? Quem és tu? O que é essa fascinação que me mata e me ressuscita ao mesmo tempo? O que são essas emoções que enchem meu coração de luz e fogo? Quem é esse novo Eu que chamo, mas que me é estranho? Terei absorvido a água da vida com as vibrações do éter e me tornado assim, um anjo que vê e ouve os segredos do invisível? Ou fui embriagado por um vinho e um filtro, que me impedem de distinguir as verdades racionais?"

Calou-se um minuto. Seus sentimentos se avolumavam e sua alma se agitava. Disse: "Ó espírito formoso, que a luz revela e aproxima, mas que a noite esconde e afasta, e que pairas no espaço dos meus sonhos, despertastes em mim sentimentos adormecidos como sementes de flores enterradas sob as camadas da neve e passaste como um vento carregado do perfume dos campos e tocaste meus sentidos, que vibraram e estremeceram como as folhas das árvores! Mostra-te a mim, se estiveres vestida de matéria, ou manda o sono fechar minhas pálpebras para que te veja em meu sonho, se estiveres liberada da terra. Deixa-me tocar-te. Deixa-me ouvir tua voz. Rasga esse véu que nos separa e destrói *esse corpo que esconde minha divindade. Dá-me asas para que voe atrás de ti aos palcos do éter superior, se for lá que habitas, e se me achares digno de seguir-te."*

(...) Ali, com a fronte em chamas, despertou e olhou pesadamente em volta de si. Como Adão, quando Deus lhe abrira os olhos, estranhava tudo o que via. Depois, chamou suas ovelhas, elas se levantaram e seguiram-nos aos prados verdes.

Ali fitava o espaço límpido. Seus sentimentos se debatiam ante os enigmas da existência, e evocavam as gerações passadas e futuras num relance, para, logo em seguida, devolver-lhe a saudade e o desejo. Achava-se separado da alma de sua alma, assim como o olho que não vê a luz. E, a cada gemido, destacava-se uma chama de seu coração em fogo.

Chegou ao riacho, cujo murmúrio revelava os segredos dos campos. Sentou-se à sua margem, sob os salgueiros. Suas ovelhas se espalharam para pastar a erva. Gotas do orvalho se espalharam na brancura de sua lã.

Minutos depois, sentiu as batidas de seu coração de precipitarem e as vibrações de sua alma se tornarem mais velozes. Olhou inquieto em volta de si e viu uma jovem sair de entre as árvores carregando um cântaro sobre o ombro e aproximar-se devagar da fonte, seus pés desnudos cobertos de rocio.

Quando chegou à fonte e se inclinou para encher o cântaro, olhou para o outro lado, e seus olhos encontraram os olhos de Ali, o pastor. Com um suspiro, deixou cair o cântaro e recuou. Ali se sentia como um ser perdido que encontra de repente alguém que lhe é conhecido. Passou-se um minuto, que foi como luzes que guiavam esses dois corações um para o outro. E no silêncio havia melodias estranhas que devolviam às duas almas lembranças vagas de uma fonte e árvores iguais àquelas árvores. Cada um olhava o outro com ternura e falava-lhe sem palavras.

Quando se completou o entendimento e o conhecimento entre suas almas, Ali atravessou o arroio, atraído por uma força secreta, aproximou-se da moça e beijou-lhe os lábios e olhos sem que ela se movesse, como o perfume do jasmim se entrega sem resistência à brisa que passa. A jovem apenas inclinou a cabeça sobre o peito como se, cansada, tivesse encontrado o repouso, mas seu coração proclamava a alegria do despertar. Depois, olhou para seu companheiro com a expressão de quem acha todas as palavras vazias, se comparadas com o silêncio, a linguagem das almas.

Caminharam os dois entre os salgueiros, duas entidades unidas em uma só, dois ouvidos atentos à inspiração do amor, duas almas cheias da glória da felicidade. Atrás deles, seguiam as ovelhas, apanhando ocasionalmente as pontas de uma hortaliça ou de uma flor. Os pássaros vinham ao seu encontro de todos os lados.

Quando atingiram a orla do vale, o Sol estendia por cima das colinas seu manto de ouro. Sentaram-se em uma pedra, violetas cresciam ao seu redor. A jovem olhou nos *olhos negros de Ali. O vento brincava com seu cabelo, como se quisesse beijá-la. Forças desconhecidas puseram palavras em seus lábios, e ela disse com doçura:*

- Astarté devolveu nossas almas a esta vida para que não continuemos privados dos prazeres do amor e da glória da juventude, ó meu amado!
Ali fechou os olhos. A música das palavras da moça ressuscitou as cenas de um sonho que o havia visitado muitas vezes, e sentiu asas invisíveis carregando-o para uma alcova estranha, onde jazia o corpo inanimado de uma formosa jovem. Gritou, aterrorizado. Depois, reabrindo os olhos, viu aquela mesma moça sentada ao seu lado, os lábios sorridentes de amor, o olhar radiante de vida. Seu rosto se iluminou e sua alma vibrou. Livrou-se das imagens da aparição, esqueceu o passado e libertou-se dos prantos...

Os dois enamorados abraçaram-se, beberam o vinho dos beijos até a embriaguez e dormiram envoltos nos braços um do outro, até que a escuridão se foi e o calor do Sol os acordou.[11]

※※※※

No livro *Uma Lágrima e Um Sorriso*, Gibran reafirma sua crença, nos capítulos intitulados "A Beleza da Morte" e o "Hino do Homem", respectivamente:

"Não afogueis meu peito com gemidos e suspiros, e sim desenhai sobre ele, com vossos dedos, símbolos de amor e de júbilo.

Não perturbeis o repouso do espaço celestial com súplicas e rituais. Deixai vossos corações se alegrarem comigo e glorificar a sobrevivência e a eternidade.

Não useis luto por mim em sinal de tristeza, mas vesti o branco e alegrai-vos.

E não faleis com lamentos da minha partida, mas fechai os olhos e me vereis convosco agora, amanhã e sempre."[12]

Eu existia no começo dos tempos, existo e sempre existirei por toda eternidade, a minha existência não terá fim!

(...) Ouvi os ensinamentos de Confúcio e inclinei-me perante a sabedoria de Brama, e sentei-me ao lado de Buda sob a árvore do saber, e aqui estou hoje em luta contra a ignorância e renegação.

Estava no Monte de Thor quando Jeová apareceu a Moisés, na Transjordânia quando o Nazareno fez seus milagres e em Medina quando Maomé pregou sua mensagem. E aqui estou hoje prisioneiro da indecisão.

Vi a força de Babel, a glória do Egito e a grandeza da Grécia. E continuo vendo

---

11 GIBRAN, Gibran Khalil. *As Ninfas do Vale*, p. 25. Tradução: Mansour Challita.
12 GIBRAN, Gibran Khalil. *Uma Lágrima e Um Sorriso*, p. 139. Tradução: Mansour Challita.

fraqueza, maldade e mediocridade em todas essas realizações.

Vivi com os mágicos de Ain Dor, os sacerdotes de Assur e os profetas da Palestina. E continuo procurando a verdade.

Absorvi a sabedoria que desceu sobre a Índia, decorei os poemas do coração dos beduínos e impregnei-me da música que deu forma aos sentimentos dos ocidentais. E continuo cego e surdo."[13]

No livro *Temporais*, Gibran escreveu a crônica "O Poeta de Baalbeck", que também trata do tema:

O poeta de Baalbeck

1. Cidade de Baalbeck, 112 a. C.

Sentou-se o Emir em seu trono de ouro, decorado por lâmpadas e incensórios. À sua direita e esquerda, sentaram-se os generais e os sacerdotes, e diante dele estavam os soldados e servos em pé, como se estivessem idolatrando o Sol.

Momentos depois, os cantores pararam de cantar. O Primeiro Ministro se levantou e disse em voz trêmula de ancião:

— Poderoso Emir, chegou ontem a esta cidade um dos sábios da Índia. Ele prega doutrinas estranhas de que nunca ouvi falar, como a transmigração das almas. Diz ele que as almas voltam geração após geração em corpos diferentes, até atingirem a perfeição e se elevarem ao nível dos deuses. E pede para ser apresentado a vós para vos expor suas idéias.

Emir balançou a cabeça e disse com um sorriso:

— Do país da Índia chegam as curiosidades e os milagres. Mandai-o entrar, e ouçamos seus argumentos.

Logo em seguida, entrou um idoso, moreno, imponente, de olhos grandes e traços descontraídos que anunciavam, antes mesmo de dizer algo, segredos profundos e doutrinas estranhas. Após inclinar-se e pedir permissão para falar, ergueu a cabeça e seus olhos brilharam. Começou a expor a sua doutrina. Sustentou que as almas passam de um corpo para outro, evoluindo sobre o efeito de circunstâncias por elas escolhidas e de glórias por elas merecidas, evoluindo por alegrias e sofrimentos do amor. Descreveu como as almas mudam de um lugar para outro à procura do aperfeiçoamento, como sofrem as conseqüências de crimes cometidos em vidas anteriores e como colhem em um país o que semearam em outro país.

Havendo o sábio prolongado demasiadamente suas explicações, o cansaço e o enfado se manifestaram sobre o semblante do Emir. O Primeiro Ministro aproximou-se

---

13 GIBRAN, Gibran Khalil. *Uma Lágrima e um Sorriso*, p. 141. Tradução: Mansour Challita.

do sábio e sussurrou-lhe que deixasse o resto para uma outra oportunidade.

Recuou então e sentou-se entre os sacerdotes. Seus olhos se fecharam, cansados de ver o sábio falar sobre os mistérios da existência.

Após um silêncio similar ao êxtase dos profetas, o Emir olhou à direita e à esquerda e perguntou: "Onde está nosso poeta? Há tempos que não o vemos... O que lhe terá acontecido? Assistia às nossas audiências todas as noites."

Respondeu um dos sacerdotes: "Vi-o semana passada sentado no templo de Astarté, olhando o horizonte com olhos parados e melancólicos, como se tivesse perdido nas nuvens um dos seus poemas."

Disse um dos capitães: "Vi-o ontem no parque dos ciprestes e dos salgueiros. Cumprimentei-o, mas ele não me respondeu e permaneceu imerso no mar de suas meditações."

Disse o chefe dos eunucos: "Encontrei-o hoje no pátio do palácio, pálido e abatido. Havia lágrimas em seus olhos e suspiros em sua garganta."

Ordenou o Emir com manifesto interesse: "Procurai-o e trazei-o, estamos preocupados com ele."

Saíram os escravos e os soldados à procura do poeta. O Emir e seus conselheiros permaneceram silenciosos e assombrados. Suas almas sentiam a presença de uma sombra invisível.

Após um momento, voltou o chefe dos eunucos e jogou-se aos pés do Emir, qual um pássaro atingido por uma flecha. Disse, trêmulo: "Encontramos o poeta morto no pátio do palácio."

Perturbado, o Emir deixou seu trono e foi ao pátio, precedido pelos carregadores de tochas e seguido por soldados e sacerdotes. No limiar do parque, por baixo das amendoeiras, a luz amarela das tochas mostrou-lhes um corpo inanimado, estendido na grama como uma rosa murcha.

Disse um cortesão: "Olhai como abraçou sua lira, como se fosse sua enamorada a quem está ligado por um pacto sagrado."

Disse um capitão: "Ele continua olhando as estrelas à procura de um Deus desconhecido."

Disse o chefe dos sacerdotes: "Amanhã vamos enterrá-lo à sombra do templo de Astarté. Os habitantes da cidade seguirão seu caixão, os jovens cantarão e as virgens lançarão flores. Era um grande poeta. Devemos honrá-lo com um enterro digno."

Abanou o Emir a cabeça sem tirar os olhos do rosto do poeta, encoberto pela morte, e disse pausadamente: "Não, não! Nós o desprezamos na vida, quando ele enchia a terra de criações misteriosas e de perfume. Se o honramos na morte, os deuses zombarão de nós, assim como as ninfas dos prados e dos vales. Enterrai-o aqui mesmo onde sua alma se evaporou e deixei sua lira nos seus braços. E se alguém entre vós quiser honrá-lo, volte para casa e conte aos seus filhos que o Emir desprezou seu poeta, e por isso ele morreu melancólico e abandonado."

Depois, olhou em volta de si e perguntou: "Onde está o sábio hindu?"

O sábio deu um passo à frente. Perguntou-lhe o Emir: "Dize-me, ó sábio, os deuses me devolverão a esta terra como Emir e o devolverão como poeta? Ele voltará para rimar a existência mais uma vez e voltarei para lhe alegrar o coração e enchê-lo de dádivas e honrarias?"

Respondeu o filósofo: "Tudo o que as almas almejam, as almas alcançarão. A lei que devolve o esplendor da primavera após o inverno vos devolverá como um príncipe glorioso e o devolverá um grande poeta."

O Emir se alegrou e sua alma se vivificou. Depois, voltou ao seu palácio, rememorando as palavras do sábio hindu, e repetindo: "Tudo o que as almas almejam, as almas alcançarão."

2. Cairo, Egito, 1912 a.C

A Lua surgiu e estendeu seu manto de prata sobre a cidade. O Emir estava sentado no balcão de seu palácio, observando o firmamento límpido, meditando sobre os acontecimentos dos séculos, interpretando os feitos dos reis e dos conquistadores que passaram diante da majestade da Esfinge, imaginando as procissões dos povos entre as pirâmides e o palácio de Abidin.

Quando o círculo de seus pensamentos se tinha completado, virou-se para seu companheiro e disse-lhe: "Nossa alma esta noite tem saudade da poesia. Recita-nos algum poema."

Inclinou-se o companheiro e começou a declamar um poema de um poeta pré-islâmico. Interrompeu-o o Emir, dizendo: "Declama algo mais recente."

Inclinou-se o companheiro novamente e começou a declamar um poema do século da Transição. Interrompeu-o o Emir de novo, e disse: "Mais recente, mais recente!"

Inclinou-se o companheiro pela terceira vez e começou a declamar um poema andaluz.

Diz o Emir: "Declama algo de um poeta contemporâneo."

Passou o companheiro a mão sobre a testa, procurando lembrar-se de tudo o que foi composto pelos poetas do século. Depois, seus olhos brilharam, seu rosto se iluminou e ele começou a declamar versos cheios de imagens e sedução, de pensamentos delicados e versos inéditos.

O Emir amou os versos e sentiu mãos invisíveis levarem-no daquele lugar para um lugar distante. Perguntou: "De quem são esses versos?"

Respondeu o companheiro: "Do poeta de Baalbeck."

O poeta de Baalbeck! Palavras estranhas que ressoaram nos ouvidos do Emir e despertaram na sua alma ecos de aspirações indistintas e desejadas.

O poeta de Baalbeck: nome antigo e novo que devolveu à alma do Emir imagens de dias esquecidos, despertou em seu coração sombras e lembranças adormecidas e desenhou perante seus olhos, com traços similares às formas do nevoeiro, a imagem de um moço morto, apertando uma lira no braços, cercado por sacerdotes, chefes militares e ministros.

Depois, apagou-se esta visão do Emir como os sonhos desaparecem quando chega a madrugada. Levantou-se e caminhou, de braços cruzados e os lábios murmurando as palavras do profeta árabe: "Vós estáveis mortos, e Ele vos ressuscitou, Ele vos matará e ressuscitará outra vez, e a Ele voltareis."

Virou-se para o companheiro e disse: "Alegra-nos a presença do poeta de Baalbeck em nosso país. Vamos honrá-lo e festejar sua visita." Após um minuto, acrescentou em tom mais baixo: "O poeta é um pássaro estranho, que deixa os espaços celestiais e vem cantar neste mundo. Se não o honrarmos, ele abre suas asas e volta para a sua pátria."

Quando a noite findou e o espaço retirou sua vestimenta decorada de estrelas para vestir sua roupa tecida como a luz do dia, a alma do Emir flutuava ainda entre os mistérios da vida."[14]

※※※※

No livro *O Louco* (1918), Gibran relata:

'Criador, sou Tua criação. Da argila me fizeste, e a Ti devo tudo o que sou." E Deus não respondeu mas, como asas ligeiras, seguiu adiante.

Depois de outros mil anos, subi a sagrada montanha e falei a Deus novamente: "Pai, sou Teu filho. Com piedade e amor deste-me vida e com amor herdarei Teu reino."

E depois de outros mil anos, subi a sagrada montanha e novamente falei a Deus: "Meu Deus, minha meta é minha contemplação, sou Teu ontem e Tu é meu amanhã. Sou Tua raiz na terra e Tu és minha flor no céu, e juntos crescemos diante do Sol."[15]

O livro *Os Deuses da Terra* (1931) também traz referências sobre a reencarnação:

"Agora, me levantarei e deixarei o tempo e o espaço,
Dançarei naquele campo não pisado,

---

14 GIBRAN, Gibran Khalil. *Temporais*, p. 99-104. Tradução: Mansour Challita.
15 GIBRAN, Gibran khalil. *O Louco*. Tradução: Mansour Challita.

E os pés da dançarina se moverão com os meus pés.
Cantarei naquela atmosfera mais serena,
E uma voz humana palpitará dentro de minha voz.
Passaremos para o crepúsculo,
Talvez para despertar para a aurora de um outro mundo.
Mas o amor permanecerá,
E as marcas de seus dedos não serão apagadas.
A forja sagrada está em chamas,
As centelhas sobem, e cada centelha é um Sol.
É melhor para nós
Procurar um recanto à sombra e dormir em nossa divindade terrestre
E deixar o amor, humano e frágil, comandar o dia que chega."[16]

No livro *O Jardim do Profeta* (1933), destacamos:
"Eu realmente tenho me retraído de vós? Não sabes que não há distâncias, a não ser aquela que a alma é incapaz de cruzar? E quando a alma transpõe as distâncias, elas se tornam um ritmo na própria alma."
"O espaço entre si e teu vizinho com quem não mantendes bons contatos é sem dúvida maior do que o espaço entre ti e teu bem-amado que mora além das sete terras e dos sete mares."[17]
Ó neblina, minha irmã alada, estamos novamente juntos, e juntos estaremos até o segundo dia da vida, cuja aurora te depositará, gotas de orvalho, em um jardim, e me depositará, uma criança, sobre o peito de uma mulher, e assim acordaremos."
"Ó neblina, minha irmã, minha irmã neblina, agora que estou contigo, não sinto mais minha individualidade.
As muralhas caíram e as correntes se quebraram, Ergo-me para ti, uma outra neblina, e juntos flutuaremos sobre o mar até o segundo dia da vida, quando a aurora te depositar, gotas de orvalho, em um jardim, e me depositar, uma criança, sobre o peito de uma mulher."[18]

O livro *Uma Lágrima e Um Sorriso* traz o conto "No Dia Em Que Nasci" (vide pg. 45 deste livro), em que diz: *"Amei a morte e desejei-a muitas vezes, chamando-a com nomes suaves e cantando-a em segredo e em público."* Gibran menciona a morte diversas vezes em suas crônicas. No livro *Espíritos Rebeldes*, relata: *"A vida é mais fraca do que a morte e a morte é mais fraca do que o amor."*

---
16 GIBRAN, Gibran Khalil. *Os Deuses da Terra*, p. 80. Tradução: Mansour Challita.
17 GIBRAN, Gibran Khalil. *O Jardim do Profeta*, p. 30. Tradução: Mansour Challita.
18 *O Jardim do Profeta*, p. 85. Tradução: Mansour Challita.

Desde a infância, Gibran foi direcionado à religiosidade e espiritualidade pela sua mãe. Além disso, o Oriente sempre apresentou várias correntes lendárias e doutrinas esotéricas. Gibran deve ter conhecido a doutrina drusa por intermédio de seu amigo Miguel Naime[19], profundo conhecedor desse assunto. Gibran era um estudioso que freqüentava salões de literatura e passava horas nas bibliotecas, lendo principalmente Rousseau, Nietzsche, William Blake e o americano Emerson. Evidentemente que Gibran apreciava esse tema, pois fez-lhe excessivas referências, como em: *No livro* A Música, *Gibran se refere à morte quatro vezes; em a* Ninfa do Vale, *quinze vezes; em* Asas Quebradas, *37 vezes; em* Uma Lágrima e um Sorriso, *68 vezes; em* Procissões *foram 4 citações; em* Temporais, *fez 36 referências e em* Curiosidade e Beleza, *17 citações."*[20] Tantas referências à morte na literatura de Gibran evidenciam que ele jamais deixou de crer na reencarnação.

---

19 Naime escreveu sobre a reencarnação:
A vela morre para se transformar em luz,
A madeira morre para fornecer o fogo,
A fruta morre para nascer a árvore,
A árvore morre dando frutos,
A vida é a ida e a morte é a volta,
A vida é a vestimenta e a morte o despir,
O espírito volta ao lugar de onde veio,
O raio vem do Sol e a ele retorna,
A árvore veio da terra e a ela retorna,
O espírito veio de Deus e a Ele retorna.
20 HABIB, Boutros. *"Dialeto do Amor e da Morte" nas Obras de Gibran*, p. 56.

Jesus de Gibran
x
Clero de Jesus

Gibran nasceu em uma família cristã fervorosa. Seu avô materno era o virtuoso pároco da Igreja de Bicharry, sua mãe era uma mulher de devoção à fé, que tinha criado seus filhos segundo os ensinamentos de Jesus Cristo. Dessa educação ortodoxa, destacam-se dois acontecimentos na vida de Gibran. Primeiro, quando criança, em uma Sexta-Feira da Paixão, desapareceu e foi encontrado no pomar colhendo flores para coroar a estátua de Jesus. O segundo, aproximadamente aos 14 anos, Gibran estudava no colégio El-Hikmat e tinha os cabelos à altura dos ombros, como os de Jesus, incomuns para a época. Por toda sua vida, Gibran foi convicto na crença em Jesus.

O vilarejo de Bicharry fica em uma região do Líbano, onde a maioria absoluta é cristã maronita. Na região do vale (Cano-Bin), pode-se ver muitos conventos e eremitérios, onde ocorrem reuniões anuais de padres e bispos. Como geralmente acontecem eventos religiosos, os pensamentos dos fiéis estão sempre direcionados à doutrina. Com Gibran não era diferente. Ele criou em sua consciência uma profunda admiração pela personalidade de Jesus.

Gibran sempre contemplava, indagava e filosofava sobre os diversos temas, principalmente questões sociais e espirituais, e ainda discorria sobre eles em suas crônicas e poesias. Esse raciocínio filosófico e questionador não o afastou de Jesus, ao invés disso, aproximou-o ainda mais da fé e paixão por Cristo. Tal fato não se deve unicamente pela criação religiosa, visto que *"Gibran não era um crente no sentido ortodoxo da palavra, pois diversas vezes questionou as práticas religiosas. Isso ocorria porque Gibran adorava os ensinamentos de Jesus Cristo, tinha-o como modelo"*[21]. Gibran era um estudioso, amava ler e meditar sobre diversos temas, dentre eles a vida e doutrina dos profetas. Encontrou sabedoria e altruísmo nos preceitos de Jesus, onde então confirmou sua fé.

Para alguns escritores, Gibran escreveu *Jesus, O Filho do Homem* inspirado nos

---
21 Apresentação de Mansour Challita no livro de sua tradução: *Jesus, O Filho do Homem*.

evangélicos de Boston. A respeito disso, Miguel Naime, amigo e companheiro de Gibran, escreveu em *Gibran Khalil Gibran*: "*O que Gibran escreveu sobre Cristo não combina com as doutrinas evangélicas. Gibran chamava Jesus de 'nosso irmão' e 'nosso amigo'. Também não concordava com a divisão do Cristianismo em seitas e templos. Ele não pertencia a qualquer seita, era fiel ao Nazareno e não foi por influência evangélica que escreveu Jesus, O Filho do Homem. Foi sim uma escolha feita desde a infância. Ele abraçou Jesus e o Cristianismo muito antes de escrevê-lo*"

Gibran escreveu *Jesus, O Filho do Homem* de forma única, pois sua mágica composição literária consegue aproximar os leitores dos ensinamentos de Jesus. Muitos leitores acreditavam que esta obra seria um outro livro do *Novo Testamento*, outros achavam que se tratava do Evangelho de Gibran. No livro de Barbara Young, *Gibran, Esse Homem do Líbano*, destaca-se a crítica a "Jesus, O Filho do Homem" publicada no "Manchester Guardian": '*É um grande prazer para o leitor cansado com a quantidade de livros referentes aos Quatro Evangelhos chegar subitamente a um que tem grande beleza e distinção peculiar, que é o caso de* Jesus, O Filho do Homem", de Khalil Gibran. *Não é outra vida de Jesus segundo o modelo de Renan e Farrar e Sanday e Headham e muitos outros. É antes da natureza de uma reconstrução imaginosa, em que a mente de um grande poeta usou, sem se restringir a isso, os materiais encontrados nos Evangelhos... Khalil Gibran tentou uma experiência única e ousada... Se algum homem estava capacitado para esta temerária tarefa, essa pessoa era o sr. Gibran...*'[22]

Alguns trechos do livro *Jesus, O Filho do Homem* são apresentados a seguir:

Thiago, filho de Zebedeu
"*Judas Iscariotes se adiantou, caminhou até junto de Jesus e disse: 'Olha que os reinos do mundo são vastos e as cidades de Davi e Salomão prevalecerão sobre os romanos. Se quiseres ser o rei dos Judeus, ficaremos a teu lado com espadas e escudos e esmagaremos o estrangeiro.'*

Quando Jesus ouviu isto, voltou-se para Judas, e Sua face estava cheia de ira. E falou com uma voz terrível como o trovão do céu: 'Afastai-vos de mim. Satanás. Pensais que desci ao longo dos anos para reinar por um dia sobre um formigueiro? Meu trono é um trono além de vossa visão. Aquele cujas asas circundam a terra procurará abrigo em um ninho abandonado e esquecido? Será o vivente honrado e exaltado por aqueles que vestem mortalhas? Mas meu reino não é deste mundo, e meu trono não está construído sobre os ossos de vossos antepassados. Quem és tu e o que tu queres, Judas Iscariotes? E por que me tentas? Vosso sacerdote e vosso imperador querem meu sangue. Serão atendidos antes

---

22 YOUNG, Barbara. *Gibran, Esse Homem do Líbano*, p.99. Tradução: Aurélio de Lacerda.

que eu parta daqui. Pois não pretendo mudar o curso da lei nem governar a loucura. Que a ignorância se reproduza até cansar. Que os cegos guiem os cegos para o abismo.'

Depois, voltou-se para Judas e disse-lhe: 'Afasta-te de mim, homem! Teus reinos nunca estarão no meu reino'."[23]

Quando Jesus era criança

"'A criança tem apenas um dia, porém vimos a luz de nosso Deus nos Seus olhos e o sorriso de nosso Deus nos Seus lábios.'

Em Nazaré todos o amavam, e no meu coração eu sabia por quê. Muitas vezes levava nossa comida e a oferecia aos transeuntes. E distribuía a outras crianças os doces que Lhe havia dado, sem ao menos prová-los.

Escalava as árvores do meu pomar para colher frutas, mas nunca as comia."[24]

Nazareno orador

"Os sacerdotes gregos e romanos falavam da vida aos seus ouvintes como ela se afigura à mente. O Nazareno falava de um anseio que se abriga no coração. E em sua fala havia um poder que faltava aos oradores de Atenas e Roma."[25]

Curador dos enfermos

"Dizem também que Jesus visitou a Índia e o país entre Os Dois Rios, e que lá os sacerdotes Lhe revelaram o conhecimento de tudo quanto se esconde no âmago de nossa carne.

Mas esse conhecimento pode ter-Lhe sido dado diretamente pelos deuses, e não por intermédio dos sacerdotes. Pois aquilo que ficou oculto a todos os homens por toda eternidade pode ser revelado a um homem em apenas um momento. E Apolo pode pousar sua mão no coração obscuro e torná-lo sábio.

Parece-me que era pela força da oposição e da resistência que Ele curava os enfermos, mas de uma maneira desconhecida aos nossos filósofos. Espantava a febre com Seu toque de neve, e ela se retirava; surpreendia os membros endurecidos com sua própria calma, e estes se curvavam a Ele e ficavam em paz.

Às vezes, parece-me que Ele ouvia o murmúrio de dor de todas as coisas que crescem ao Sol."[26]

Gibran relatou e versificou a rivalidade que havia entre os religiosos da

---

23 GIBRAN, Gibran Khalil. *Jesus, O Filho do Homem*, p. 4-5. Tradução: Mansour Challita.
24 GIBRAN, Gibran Khalil. *Jesus, O Filho do Homem*, p. 7-8. Tradução: Mansour Challita.
25 GIBRAN, Gibran Khalil. *Jesus, O Filho do Homem*, p. 10. Tradução: Mansour Challita.
26 GIBRAN, Gibran Khalil. *Jesus, O Filho do Homem*, p. 15. Tradução: Mansour Challita.

Judéia e os cristãos, pois eles percebiam que os ensinamentos de Jesus libertavam seus escravos e acabavam com a exploração da população pelos rabinos e chefes sacerdotes da Torá, além de anunciar uma revolta contra César e Pilatos, ameaçando a doutrina difundida por Davi e Moisés.

Caifás, o Sumo Sacerdote

    Ao falar desse homem Jesus e de Sua morte, consideremos dois fatos salientes: a Torá precisa ser mantida por nós em segurança e este reino precisa da proteção de Roma.

    Ora, esse homem desafiava a nós e a Roma. Envenenava o espírito de pessoas simples e as conduzia, como por mágica, contra nós e contra César.

    Meus próprios escravos, tanto homens como mulheres, depois de ouvirem-No falar na praça do mercado, tornaram-se rabugentos e rebeldes. Alguns deixaram minha casa e fugiram para o deserto de onde tinham vindo.

    Não se esqueça que a Torá é nosso alicerce. Nenhum homem nos destruirá enquanto tivermos este poder para refrear sua mão, nenhum homem derrubará Jerusalém enquanto suas muralhas se erguem sobre a antiga pedra que Davi colocou.

    Se a semente de Abraão deve realmente viver e prosperar, este solo precisa permanecer incorrupto.

    E esse homem, Jesus, era um profanador e um corruptor. Matamo-Lo com uma consciência tanto deliberada quanto limpa. E mataremos todos os que tentem depreciar as leis de Moisés ou poluir nossa herança sagrada.

    Nós e Pôncio Pilatos sabíamos do perigo que existia naquele homem e que era prudente dar-Lhe fim.

    Cuidarei de que Seus seguidores tenham o mesmo destino, e que o eco de Suas palavras morra no mesmo silêncio.

    Como a Judéia deve viver, todos os homens que se opuserem a ela devem ser reduzidos a pó. E antes que a Judéia pereça, eu cobrirei meus cabelos grisalhos com cinzas, como fez Samuel, o profeta, e rasgarei esta vestimenta de Aarão e me vestirei com vestes rudimentares até que me vá para sempre."[27]

Novo Deus para Israel

    Na crônica "Um filosofo Persa em Damasco", Gibran revela seu ponto de vista sobre a doutrina e mensagem de Jesus. Explica as diferenças entre o Deus de Jesus, que é bondoso e que olha seus filhos com piedade, e o Deus de Moisés, que é duro, destrói cidades e mata os inimigos de Israel sem perdão ou piedade.

---

[27] GIBRAN, Gibran Khalil. *Jesus, O Filho do Homem*. p. 21-22. Tradução: Mansour Challita.

"Mas isto, eu digo: o antigo Deus de Israel é duro e implacável. Israel deveria ter outro Deus, que fosse bondoso e perdoador, olhasse seus fiéis com piedade, descesse com os raios do Sol e marchasse pelos caminhos das limitações do Seu povo, ao invés de sentar-se eternamente na cadeira do julgamento para verificar suas faltas e medir suas culpas. Israel deveria ter um Deus cujo coração não fosse ciumento e cuja memória das faltas fosse curta, um Deus que não se vingasse do pecador até a terceira e quarta geração.

O homem da Síria é como um homem de todas as terras..., pois não há profundidade além da alma do homem. A alma é a profundidade que procura a si mesma. E não há outra voz para falar nem outros ouvidos para ouvir."[28]

Jesus menosprezou e puniu os hipócritas

No conto "Lucas Sobre os Hipócritas", Gibran mostra a ira de Jesus contra os hipócritas, que usam a doutrina com o intuito de atender a seus próprios interesses.

"Jesus desdenhava e menosprezava os hipócritas, e Sua cólera era como uma tempestade que os açoitava. Sua voz era um trovão nos ouvidos deles, e Ele os amedrontava.

'Mestre, perdoa e consola os pecadores e todos os fracos e enfermos, menos unicamente o hipócrita!' E Ele disse: 'Escolheste bem tuas palavras quando chamastes os pecadores de fracos e enfermos. Perdôo-lhes realmente a fraqueza do corpo e a enfermidade do espírito, pois seus defeitos foram-lhes transmitidos por seus antepassados ou impostos pela voracidade de seus vizinhos. Mas não tolero o hipócrita, porque ele oprime os ingênuos e os indulgentes.

Os fracos, que tu chamas de pecadores, são como os passarinhos que ainda não têm penas e caem do ninho. O hipócrita é o abutre que assiste de um rochedo à morte de sua presa. Os fracos são homens perdidos no deserto. Mas o hipócrita não está perdido. Ele conhece o caminho, mas, ri entre a areia e o vento. Por este motivo não o tolero.'

Assim falou nosso Mestre, e eu não tinha compreendido. Mas agora compreendo.

Depois, os hipócritas da terra puseram suas mãos sobre Ele e O julgaram. Desta forma, se consideraram justificados, pois mencionaram, no Sanhedrim, as leis de Moisés como testemunho e prova contra Ele."[29]

Jesus, o Salvador

Para Gibran, Jesus era o salvador de sua pátria, como também de toda a Humanidade. Gibran acreditava que Jesus era o farol da salvação. Na crônica "Sermão da Montanha", ele escreve:

---
[28] GIBRAN, Gibran Khalil. *Jesus, O Filho do Homem*, p. 28. Tradução: Mansour Challita.
[29] GIBRAN, Gibran Khalil. *Jesus, O Filho do Homem*, p. 31-32. Tradução: Mansour Challita.

"Bem-aventurados os serenos de espírito.

Bem-aventurados os que não estão dominados pelas posses, porque serão libertados;.

Bem-aventurados os que relembram suas dores, e em sua dor esperam sua alegria;

Bem-aventurados os que têm fome de verdade e de beleza, porque sua fome lhes trará pão, e sua sede, água fresca;

Bem-aventurados os bondosos, porque serão consolados por sua própria bondade;

Bem-aventurados os puros de coração, porque estarão unidos a Deus;

Bem-aventurados os misericordiosos, porque encontrarão misericórdia em seu destino;

Bem-aventurados os pacificadores, pois seus espíritos morarão acima das batalhas, e eles transformarão o campo do oleiro em jardim."

"Disseram-vos: 'Olho por olho e dente por dente.' Mas eu vos digo: 'Não resistais ao mal, porque a resistência alimenta o mal e o fortalece. E somente os fracos se vingam. Os fortes perdoam, e perdoar é uma honra para o injuriado.'

'Somente as árvores que têm frutos são sacudidas e apedrejadas em busca de alimento.'

'E a partir daí, cada um de acordo com sua necessidade, pois o pai não dá sal ao sedento, nem uma pedra ao faminto, nem leite ao desmamado.'

E não deis aos cães o que é sagrado, nem lanceis vossas pérolas aos porcos. Pois, com tais dádivas, estareis zombando deles e eles também de vossa dádiva, e em seu ódio, vos destruiriam."[30]

Jesus, o bom carpinteiro

"Ele era um bom carpinteiro. As portas que fabricava nunca eram abertas por ladrões, e as janelas que fazia estavam sempre prontas a se abrir com o vento do leste e do oeste."[31]

Jesus vencera

Gibran reafirma sua fé ao escrever o conto "João Batista":

"Pegaram-me desprevenido. Talvez lancem as mãos também sobre Ele, mas não antes que Ele transmita toda a sua mensagem. E Ele os vencerá.

Seu carro passará por cima deles, Seus cavalos os esmagarão e Ele triunfará.

Sairão com lança e espada, mas Ele os enfrentará com o poder do Espírito.

---

30 GIBRAN, Gibran Khalil. *Jesus, O Filho do Homem*, p. 33-35. Tradução: Mansour Challita.
31 GIBRAN, Gibran Khalil. *Jesus, O Filho do Homem*, p. 43. Tradução: Mansour Challita.

Seu sangue correrá pela terra, mas Seus inimigos conhecerão as feridas e suas dores, e serão batizados com suas próprias lágrimas até que fiquem limpos de seus pecados.

Eles mandarão suas legiões munidas de armas contra Suas cidades, mas serão afogados no Rio Jordão no caminho.

E Suas muralhas e torres se erguerão mais alto, e os escudos de Seus guerreiros brilharão mais ao Sol.

Dizem que tenho uma trama com Ele, cujo propósito é estimular o povo contra o reino da Judéia.

Eu respondo, e bem que poderia ser verdade: se consideram este poço de iniqüidade um reino, que caia na destruição e não exista mais. Que siga o destino de Sodoma e Gomorra, e que esta raça seja esquecida por Deus, e esta terra desfeita em cinzas."[32]

Jesus não era manso

No capítulo *Jesus não Era Manso*, Gibran descreve a coragem de Jesus, contrapondo Nietzsche, que se referia a Jesus como fraco e covarde:

"*Dizem que Jesus de Nazaré era humilde e manso.*

Dizem que, embora justo e reto, era tímido, que foi confundido muitas vezes pelos poderosos, que, quando se achava diante de homens de autoridade, não passava de um cordeiro entre leões.

Será que Ele duvidava de si mesmo quando disse àqueles que tentavam embaraçá-lo com uma prostituta: 'Quem estiver sem pecados que atire a primeira pedra'?

Temeu a autoridade quando lançou os cambistas para fora da porta do templo, embora fossem licenciados pelos sacerdotes?

'Meu reino está acima de vossos reinos terrenos.'

Estava procurando abrigo em palavras quando repetiu várias vezes: 'Destruí este templo e eu o reconstruirei em três dias'?

Era mesmo um covarde quando sacudiu o punho à face das autoridades e chamou-lhes de 'mentirosas, vis, corruptas e degeneradas'?

Um homem bastante ousado para dizer essas coisas àqueles que governavam a Judéia seria considerado manso e humilde?"[33]

Jesus, o que Ele era?

"*Não, Jesus não foi uma sombra, nem uma concepção de poetas. Era um homem como eu, mas somente para os olhos, o tato e o ouvido. Em todos os outros aspectos, era diferente de nós.*

---
32 GIBRAN, Gibran Khalil. *Jesus, O Filho do Homem*, p. 47- 48. Tradução: Mansour Challita.
33 GIBRAN, Gibran Khalil. *Jesus, O Filho do Homem*, p. 53-54. Tradução: Mansour Challita.

Era um homem de alegria. Foi no caminho da alegria que encontrou as tristezas de todos os homens. Foi dos altos tetos de Suas tristezas que contemplou a alegria de todos os homens.

Amava-nos com terno amor. Seu coração era um lagar, de onde poderíamos nos aproximar e beber o vinho."[34]

Não era um Deus

Gibran escreveu um diálogo entre um romano e João de Nazaré:

"Ele não era um Deus, era um homem como nós, mas Nele, a mirra da terra subia para encontrar o incenso do céu. Em Suas palavras, nosso balbucio abraçava o murmúrio do invisível e em Sua voz ouvíamos uma canção insondável.[35] *Sim, Jesus era um homem e não um Deus, e aí está nosso deslumbramento e nosso assombro. Quem sabe não será esse homem sem exércitos nem navios quem governará amanhã?"*

Que os mortos enterrem seus mortos

"Disseram que Jesus era inimigo de Roma e da Judéia. Mas eu digo que Jesus não era inimigo de nenhum homem e de nenhuma raça.

Ouvi-o dizer: 'Os pássaros e os cumes das montanhas não se preocupam com as serpentes em suas tocas escuras. Que os mortos enterrem seus mortos. Permanecei vós entre os vivos, e voai nas alturas.'

Jesus foi o início de um novo reino sobre a Terra, e esse reino permanecerá."[36]

Eles odiavam Jesus

No conto "Jefté de Cesaréia", Gibran relata o ódio dos religiosos "Yefteh" por Jesus, uma representação da repugnância dos rabinos judeus a Jesus Cristo e seus ensinamentos. Os sacerdotes da Judéia antiga perceberam que os ensinamentos de Jesus seriam a futura doutrina espiritual da Humanidade, e que seus mercados religiosos, montados a partir dos profetas lendários, como Moisés, David, Salomão, Josué e outros, ficariam ameaçados. Sabiam que a Humanidade escolheria as palavras de paz de Jesus à doutrina que prega destruição, sangue e fogo. Eles se revoltaram com a coragem de Jesus ao expulsar os comerciantes do templo dizendo: *'A casa do meu pai não é mercado de especulações.'*

"Que homem falará depois que Isaías falou? Quem ousará cantar depois de Davi? Nascerá de novo a sabedoria depois que Salomão se juntou a seu país?

---

34 Ibid., p. 60.
35 GIBRAN, Gibran Khalil. *Jesus, O Filho do Homem*, p. 98. Tradução: Mansour Challita.
36 GIBRAN, Gibran Khalil. *Jesus, O Filho do Homem*, p. 105. Tradução: Mansour Challita.

E o que direis de nossos profetas, cujas línguas eram espadas e cujos lábios eram chamas?

Deixaram uma espiga atrás para este lavrador da Galiléia? Ou um fruto caído para o mendigo do País do Norte? Não havia nada para Ele senão partir o pão já cozido por nossos antepassados e tomar o vinho, cujas uvas do passado seus santos pés já espremeram."[37]

Pôncio Pilatos

Neste conto, Gibran inocenta Pilatos da morte de Jesus, alega que ele acatou a sentença de Roma e que estava com receio da revolta do povo da Judéia contra Jesus, influenciado por seus rabinos.

"(...) Se eu O tivesse salvado, teria provocado uma revolução. É uma atitude sábia para o governador de uma província romana não ser intolerante com os escrúpulos religiosos de uma raça conquistada.

Creio até o momento que o homem era mais do que um agitador. O que decretei não foi a minha vontade, mas sim pelo bem de Roma."[38]

Sangue de Jesus é nova argila da Terra

A obra *Jesus, O Filho do Homem* possui 79 contos e foi traduzida para o português. É considerada uma das melhores obras de Gibran. Nesse livro, ele descreve a vida, mensagem, milagres, revolta, coragem, fraqueza e sofrimento de Jesus de uma maneira inimaginável. Além dos relatos resumidos nesta obra, alguns trechos são apresentados a seguir:

"O Nazareno não apoiava o servo contra o seu senhor, nem o senhor contra o seu servo. Não queria homem algum contra outro homem."[39]

"Um ladrão é um homem com necessidade, um mentiroso é um homem com medo, o caçador que é caçado pelo vigia de vossa noite é também caçado pelo vigia de suas próprias trevas."[40]

No conto "Um Homem Rico", Gibran narra a resistência do rico em se desfazer de seus bens. Disse o rico: *"Ele mandou dar os meus bens aos pobres e segui-lo. Mas Ele não possuía nada. Desta forma, não conhecia a segurança e a liberdade que as propriedades proporcionam, nem a dignidade e o auto-respeito nelas contidos."*[41]

No conto "João em Patmos", Gibran escreve sobre a verdadeira generosidade

---

37 GIBRAN, Gibran Khalil. *Jesus, O Filho do Homem*, p. 115-116. Tradução: Mansour Challita.
38 Ibid., p. 123.
39 Ibid., p. 124.
40 GIBRAN, Gibran Khalil. *Jesus, O Filho do Homem*, p. 128. Tradução: Mansour Challita.
41 Ibid., p. 130.

(relato resumido): *"Ele havia me dado as duas maçãs e eu sabia que Ele tinha fome tanto quanto eu. Mas hoje sei que, por ter me dado as duas, Ele se sentiu satisfeito. Ele comeu outro fruto, de uma outra árvore.*

E agora, eu vos contaria mais sobre Ele, mas como o farei?

Quando se torna vasto, o amor não tem mais palavras.

E quando está sobrecarregada, a memória procura as profundidades silenciosas."[42]

No conto "Pedro", recomenda amor e caridade ao próximo:

"(...) 'Eu gostaria que amásseis vosso próximo como Eu vos amei.'

Então, interroguei-O, dizendo: 'Como poderei amar a um próximo que não me ama e que cobiça minha propriedade? Alguém que roubaria minha esposa?'

E Ele respondeu: 'Quando estais arando e vosso ajudante vai lançando a semente à terra atrás de vós, por acaso parais e olhais para trás para repreendê-lo porque está se alimentando com um pouco de vossas sementes? Se o fizésseis, não sereis dignos das riquezas de vossas colheitas.'

Quando Jesus disse isso, senti-me envergonhado e fiquei silencioso, mas não temi, porque Ele sorriu para mim."[43]

- *"'Pai, perdoai-lhes porque não sabem o que fazem.'*

(...) Soube-se antes de algum assassinado ter compaixão de seus assassinos? Ou de um meteoro se deter por causa de uma toupeira?

Os anos passarão antes que se esgotem as palavras: 'Pai, perdoai-lhes porque eles não sabem o que fazem.'

E nós, embora nasçamos outra vez e mais outra vez, as guardaremos.

E agora entrarei em minha casa, e me colocarei, mendigo exaltado, à Sua porta."[44]

"Jesus era também impaciente.

Não poupava os hipócritas.

Não cedia aos astuciosos nem aos malabaristas de palavras.

E não podia ser governado.

Era impaciente com aqueles que não acreditavam na luz porque moravam na sombra e com aqueles que procuravam sinais no céu mais do que em seus próprios corações. Era impaciente com aqueles que pesavam e mediam o dia e a noite antes de confiar seus sonhos à aurora e ao anoitecer.

Jesus era paciente. Contudo, era o mais impaciente dos homens.

---

42 Ibid., p. 134.
43 GIBRAN, Gibran Khalil. *Jesus, O Filho do Homem*, p. 135. Tradução: Mansour Challita.
44 Ibid., p. 146.

Ele vos faria tecer o pano embora gastásseis anos entre o tear e o linho, mas não admitiria que alguém rasgasse uma polegada do tecido."[45]

Pensamento de Judas

Tanto os rabinos de Israel quanto Judas acreditavam que o reino de Jesus era neste mundo, que Ele libertaria os judeus e lhes daria os tesouros de Roma. Mas quando Jesus disse: *"meu reino não é deste mundo"*, Judas e os outros o entregaram para ser crucificado.

"'Quando Ele primeiro nos chamou, prometeu-nos um reino poderoso e vasto e, em nossa fé, procuramos agradar-Lhe para que tivéssemos altos postos em sua corte. Nós nos víamos como príncipes tratando esses romanos como eles nos haviam tratado. E Jesus falou muito sobre o Seu reino, e eu pensei que Ele me havia escolhido para capitão de Seus carros de guerra e chefe de Seus guerreiros. E segui-Lhe os passos com boa vontade. Mas descobri que não era um reino o que Jesus buscava, nem era dos romanos que Ele nos libertaria. Seu reino não passava de um reino do coração.'

'Dize a teus filhos e netos: Judas Iscariotes entregou Jesus de Nazaré aos Seus inimigos porque acreditava que Ele fosse um inimigo de Sua própria raça. E dize também que Judas, no mesmo dia do seu grande erro, seguiu o Rei aos degraus do Seu trono para entregar sua alma e ser julgado. Dize-lhes ainda que meu sangue também estava impaciente pela terra e que meu espírito aleijado queria ficar livre.'

Depois, Judas recostou a cabeça na parede atrás de si e gritou: "Ó Deus, cujo nome terrível nenhum homem pronunciará antes de seus lábios serem tocados pelos dedos da morte, por que me queimaste com um fogo sem luz?'

'Por que deste ao Galileu esta paixão por uma terra desconhecida e me sobrecarregaste com um desejo que não se desvencilharia das ligações de parentesco e do lar? E quem é esse homem Judas, cujas mãos estão manchadas de sangue?'

'Um homem almeja um reino em que ele fosse príncipe.'

'Outro homem desejava um reino em que todos os homens fossem príncipes.'"[46]

Anãs, o Sumo Sacerdote

"Poderia agir como surdo quando Ele nos chamava de mentirosos, hipócritas, lobos, víboras e filhos de víboras? Não, eu não poderia agir assim com Ele, porque Ele não era um louco. Era dono de Si e em Sua barulhenta santidade, denunciava e desafiava a todos nós.

---

45 GIBRAN, Gibran Khalil. *Jesus, O Filho do Homem*. P. 147. Tradução: Mansour Challita.
46 GIBRAN, Gibran Khalil. *Jesus, O Filho do Homem*, p. 179. Tradução: Mansour Challita.

Por isso, eu O crucifiquei. Sua crucificação foi um sinal e uma advertência para os outros estampados com o mesmo selo maldito.

(...) melhor que um homem morra pelo povo do que o povo se perder por causa de um homem."[47]

Thiago, o irmão do Senhor

Nesse capítulo, Gibran dá uma nova versão aos ritos da Santa Ceia, onde Jesus lavaria os pés do humilde na Quarta-Feira de Cinzas:

"'Porque preciso libertar vossos pés da poeira da estrada antiga e dar-lhes a liberdade da estrada nova.'

E nós todos estávamos embaraçados e acanhados.

Então, Simão Pedro se levantou e disse: 'Como deixarei que Meu Senhor lave meus pés?'

Jesus respondeu: 'Lavarei vossos pés para que vos lembreis que quem serve aos homens será o maior entre eles.'"[48]

Gibran encerra a obra "Jesus, O Filho do Homem", alertando que após dezenove séculos, as questões continuam as mesmas: os fariseus, exploradores e crucificadores da Humanidade estão ainda mais numerosos e mais fortes do que antes, assim como os verdadeiros cristãos que carregam a cruz continuam sofrendo.

"(...) Pois aquele que era feito de ouro e de marfim não existe mais.

Na floresta escura, o javali O derrubou.

Chorai comigo, vós, filhas de Astarté,

E todas vós, amantes de Tamuz.

Chorai comigo à volta de Seu caixão, da mesma forma em que as estrelas choram e as pétalas, como pequenas luas, caem sobre Seu corpo ferido."[49]

---

47 GIBRAN, Gibran Khalil. *Jesus, O Filho do Homem*, p. 155. Tradução: Mansour Challita.
48 Ibid., p. 166.
49 GIBRAN, Gibran Khalil. *Jesus, O Filho do Homem*, p. 166. Tradução: Mansour Challita.

FRASES DE GIBRAN (26)

- *"Em Jesus, os elementos de nossos corpos e sonhos foram combinados de acordo com a lei. Tudo o que estava perdido no tempo antes Dele, Nele encontrou seu tempo."*[50]

- *"O espírito de Jesus de Nazaré é o melhor vinho, e o mais velho."*[51]

- *"Nenhum homem pode atacar as torres do passado e escapar das pedras dos desmoronamentos."*[52]

- *"Com a morte, Jesus venceu a morte."*[53]

- *"Quem sabe não será esse homem sem exércitos nem navios quem governará amanhã?"*[54]

- *"Deus falou, e Suas palavras eram o homem, e o homem era um espírito gerado pelo espírito de Deus."*[55]

- *"O amor é um mistério sagrado."*[56]

---

50 GIBRAN, Gibran Khalil. *Jesus, O Filho do Homem*, p. 84. Tradução: Mansour Challita.
51 Ibid., p. 27.
52 Ibid., p. 69.
53 Ibid., p. 178.
54 Ibid., p. 99.
55 Ibid., p. 117.
56 Ibid., p. 132.

A eterna obra "O Profeta"

No século XX, até então não havia acontecido um fenômeno de venda de livro como foi com *O Profeta*. Ninguém imaginava que Gibran, um árabe imigrado do Líbano, escrevesse com tanta perfeição no idioma de Shakespeare, a ponto de conquistar o exigente público americano e fazer o sucesso que fez e ainda faz. O livro de Gibran Khalil Gibran, foi revisado por Mary Haskell e publicado em setembro de 1923 pela editora de Alfred Knopf[57]. Quinze meses após o lançamento, em um dos seus discursos, o professor Franklin disse que *O Profeta* estava na terceira edição[58].

Esse livro acompanhou a vida de Gibran desde sua juventude. Quando voltava do colégio El Hikmat, ele lia para sua mãe algumas frases proféticas que tinha escrito em seu caderno. Apesar de analfabeta, dona Kemilah observou que as frases não estavam ainda tão desenvolvidas e aconselhou o filho: *"deixe para escrever esses assuntos proféticos quando sua mente estiver madura, cheia de luz da sabedoria."*[59]

Em 1926, Gibran escreveu ao Archimandrite[60] Antonio Bachir[61]: *"o que posso dizer é que esse pequeno livro 'O Profeta' é uma parte da minha circulação sangüínea, e nele está pequena parte de mim. O livro chegou à décima edição em inglês e já foi traduzido para dez idiomas europeus, para o japonês e para hindustâni. Estou recebendo elogios e carinho de todas as partes e de pessoas de diversas áreas, culturais e sociais. Eu me sinto acanhado e grato por isso."*

Parecia que as lembranças relacionadas a esse livro passeavam na mente de Gibran. Quando estudante no colégio El Hikmat, o professor havia lhe chamado de falso profeta. Gibran contou o ocorrido a Michellin, que questionou os motivos: *"Será que ele encontrou erros graves no seu estilo de escrever, nas suas palavras, nos seus pensamentos?"* Gibran respondeu que sim. Ela continuou: *"Fico*

---

57   Alfred Knopf, nascido em Nova York em 1892, formado em História e Letras pela *Columbia University*. Fundou em 1922 a editora que levou seu nome, "Knopf". Alfred era um homem dinâmico e conhecedor das grandes obras e dos autores universais. Obteve sucesso com a tradição da publicação das obras de Tomas Mann, Paul Moran, Jean Paul Sartre, Jorge Amado e todas as obras de Gibran. Gibran, que confiava no amigo Alfred Knopf. Certa vez, disse: *"Cada vez que encontro com Alfred aumenta minha amizade e confiança nele."*
58   Hnaido, Nizar Breek. *Assim falou Gibran*, p. 175.
59   JABR, Jamil. *Gibran, Sua Época E Suas Obras*, p. 104.
60   Palavra de origem grega que significa 'abade superior', nomeado pelo bispo.
61   Antonio Bachir, pároco da igreja maronita em Nova Iorque, sacerdote que traduziu os livros de Gibran do inglês para o árabe. O livro *O Profeta* foi traduzido na presença de Gibran.

feliz que ele não disse que suas poesias eram ruins." Contudo, o que o professor falou ficou na memória de Gibran, mas não serviu de lição e nem o fez despir-se da sua personalidade profética, pois em suas obras há personagens que fazem o papel do profeta diante de seus discípulos e ouvintes, recomendando e instruindo com provérbios, conselhos e sermões.

Nas obras anteriores a *O Profeta* encontramos com freqüência personagens que fazem esse papel. No livro *As Ninfas do Vale*, destacamos o conto "João, O Louco" por possuir um orientador divulgando suas idéias. Fazemos uma analogia da seqüência de personagens de "João, O Louco"[62] e posteriormente "O Profeta" e "Al Mustafá" com a história bíblica de João Batista, que dava conselhos e foi considerado insano.

No livro *Espíritos Rebeldes*, saliento o conto "Khalil, o Herege", cujo personagem Khalil discursava aos lavradores como um messias orientador. Da mesma forma que "Al-Mustafá", uma das alcunhas do profeta Mohamed[63], Khalil era pastor, como a maioria dos profetas bíblicos. Gibran finaliza a crônica desta forma: *"E se você indagar sobre Khalil, ele erguerá a mão pro céu, dizendo: "Lá reside o nosso amado Khalil, a história de sua vida foi escrita por Deus, com letras resplandecentes sobre as páginas dos nossos corações, e elas jamais serão apagadas pelos tempos."*[64] Assim sendo, é costume apontar para o céu ao se referir à moradia de um profeta.

Até agosto de 1957, haviam sido vendidos um milhão de exemplares do livro *O Profeta*, além da obra ter sido traduzida para mais de 50 idiomas, incluindo todos os países europeus. Na Ásia, a China tomou a dianteira, com a tradução e publicação de diversos livros de Gibran, onde *O Profeta* foi publicado em 1931. Esse livro colocou o autor entre os gigantes da literatura universal. É considerada umas das 100 obras mais brilhantes do mundo.[65]

O Profeta escrito pelo profeta

Tanto o livro *O Profeta*, quanto seu autor, estão ligados a Mary Haskell em vários aspectos: criatividade, revisão, composição, etc., - ela esteve sempre ao seu lado, como uma sombra que o protegia. Haskell era uma pessoa de personalidade humana e espírito incomum, e reconheceu o talento daquele pobre jovem sem recursos atingido pela tragédia da morte. Investiu no talento de Gibran e o

---

62 *Assim falou Gibran*, p. 182.
63 Significa "o eleito" e "o bem-amado", "o especial".
64 GIBRAN, Khalil Gibran. *Espíritos Rebeldes*, p.104. Tradução: Emil Farhat.
65 *Assim falou Gibran*, p. 177.

revelou ao mundo. Com a ajuda de Mary, ele teve a oportunidade de mostrar à Humanidade a mensagem espiritual que tinha em seu íntimo. E assim, sua protetora forneceu-lhe as condições que faltavam para que ele mostrasse sua aptidão.

Gibran almejava voar pelo espaço secreto da eternidade, mas não tinha asas para isso. Ela o ajudou a tornar esse sonho realidade. Durante três décadas, permaneceu ligada a tudo que estivesse relacionado ao seu querido profeta, mas ao contrário dele, Haskell era realista. E foi graças ao realismo dela que Gibran conseguiu organizar sua vida financeira e artística.

Quanto ao profeta Gibran, ele sempre reconheceu a colaboração de Mary Haskell. Em 1918, quando Mary comemorava 45 anos, Gibran escreveu-lhe: *"Depois do Natal de Cristo, hoje é o dia mais sagrado pra mim."* No dia seguinte, encontrou-a e mostrou-lhe os papéis de O Profeta e disse: *"Estes são escritos em árabe, criei quando tinha 16 anos e minha redação era ainda primária. Este livro de 'Al Mustafá' provavelmente ainda ficará comigo por uns cinco anos até ser publicado, mas já tenho sua estrutura completa em meu pensamento."* Em outro encontro, Gibran confessa à sua protetora: *"Embora eu use o inglês para falar com você, há coisas que só consigo pensar em árabe."*[66] Em outra ocasião, disse a ela: *"Mary Haskell, você sempre soube que você, mais do que ninguém no mundo, fortaleceu minha fé e meu conhecimento."*[67]

Em 1920, Gibran recuperou sua saúde e ao voltar das férias que passou na confortável residência de amigos e admiradores, trouxe consigo o início de O Profeta. No dia sete de setembro de 1920, Mary escreveu a esse respeito em seu diário:

"Hoje Khalil trouxe a primeira parte de O Profeta (...) Isto Khalil já escreveu e pensou no restante. Como em "Al Mustafá", quando descer a montanha, ao ver a embarcação, encontrará a cidade à sua espera, pois agora eles sabem que o amam, eles o seguem e pedem-lhe conselhos, impedem de seguir, e a todos eles dá seus conselhos. Em seguida, eles o seguem até o navio e ele se despede. E, então, tudo termina. Uma parte da despedida também já está escrita.

'Pensei', disse Khalil, 'em usar o nome Al Mustafá apenas no início do livro, e depois só usar 'ele'. Em árabe, Al Mustafá significa 'algo especial', 'o eleito' e 'o bemamado'. E ele discutiu se deveria usar Al Mustafá depois do nome. Quando lhe perguntei a respeito de omitir a 'terra e suas recordações', Khalil disse: 'tudo que está escrito aqui assim foi feito com muitas coisas em mente. Cada coisa é um símbolo da vida do homem como um todo e a 'terra de suas recordações' é todo o nosso passado histórico. A vida nos conduz do nosso grande passado para o nosso futuro maior.'[68]

---
66 Diário de Mary Haskell, de 20/06/1914.
67 Carta de Gibran a Mary Haskell de 17/11/1918.
68 HILU, Virginia. *O Grande Amor do Profeta*, p. 313. Tradução: Valerie Rumjanek.

No dia 14 de setembro de 1920, Mary Haskell escreveu em seu diário: *"Khalil trouxe a terceira parte de* O Profeta *(...) 'Foi redigido com muita pressa', disse Khalil. À medida que revíamos o texto, condensávamos as frases de ligação.*

Sentimos sempre um grande prazer em rever um manuscrito, porque eu podia falar com Khalil como se ele falasse consigo mesmo. Não há preocupação com orgulho nem qualquer endeusamento de frases. Ele gosta de trabalhar e rever incessantemente, até que diga realmente o que tencionava dizer. Às vezes, é preciso deixar que uma idéia amadureça em Khalil. Jamais ele escreveu de modo tão sistemático um livro em inglês. Por isso, estamos trabalhando mais do que o habitual. Geralmente, ele guarda as coisas para me mostrar só depois de ter terminado. A introdução O Profeta *está na primeira ou segunda redação. Diz que a forma final vem mais rapidamente do que quando faz os cortes sozinho. Nosso método é o seguinte: primeiro Khalil lê em voz alta pra mim. Em seguida, examinamos o texto juntos e, se faço restrição a algum trecho, paramos até que tudo fique resolvido.*

Ele conhece mais inglês do que qualquer um de nós, pois tem consciência da estrutura da língua. E ele cria o inglês.

'Tenho ensinado a mim mesmo a fazer cortes e buscar a consciência da estrutura, que é fundamental.'

Quando eu comentei que tinha gostado de 'trabalhar' seu manuscrito mais do que qualquer outra coisa no mundo, ele disse simplesmente: 'Eu lhe trarei todas as palavras que deve escrever'."[69]

Após muitas noites de trabalho com a revisão de O Profeta regadas por discussões demoradas, principalmente quando Mary Haskell tinha que convencer Gibran a mexer nas idéias ou na redação, ela disse, ao ler o último capítulo do livro: *"Gibran você é o profeta! Apesar de você sempre dizer que não é o profeta, mas eu lhe digo: você é o próprio profeta!"* Mary se referia ao personagem Al Mustafá do livro O Profeta.

No dia 17 de abril de 1923, Gibran escreveu a Mary Haskell agradecendo a revisão do livro: *"Sua revisão de* O Profeta, *com tanto amor, foi muito abençoada, e isso torna cada página preciosa para mim. A pontuação, os espaços acrescentados, a mudança de expressões em alguns lugares, a troca e retirada de várias palavras – tudo ficou ótimo. A única coisa sobre a qual pensei bastante, e que não consegui captar, foi a reformulação dos parágrafos sobre 'Amor', 'Casamento', 'Criança', 'Presentes' e 'Roupas'. Tentei ler essas partes em seu novo formato, e de certa maneira me soaram estranhos. Talvez seja o hábito. Eu sei, Mary, que ouvidos e línguas criam hábitos, bons e ruins. É possível que*

---

[69] HILU, Virginia. *O Grande Amor do Profeta*, p. 317. Tradução: Valerie Rumjanek.

haja algo mais em meus ouvidos, mais estranhos do que o hábito. Quero muito falar sobre isso quando nos encontrarmos.[70]

❉❉❉❉

O Profeta esteve na mente de Gibran por vinte anos. Ele o reescreveu cinco vezes, sendo a primeira quando ainda estudava no El Hikmat. Mostrou à sua mãe e ela achou que ele precisava amadurecer as idéias. A segunda vez escreveu quando morava em Paris. Escreveu duas vezes em inglês e não gostou, mas em 1923 conseguiu redigir suas idéias na forma literária almejada e no mesmo ano finalmente publicou o livro. Sua capa era preta e tinha a foto de Al Mustafá em destaque.[71]

No dia nove de janeiro de 1919, Gibran escreveu à amiga May Ziadah (que morava no Egito): *"Há mil anos escrevi* O Profeta, *não sei o que posso lhe dizer sobre esse profeta, a não ser que ele é meu segundo nascimento e meu primeiro batizado! Esse livro anuncia idéias que me fazem merecedor de ficar de pé frente ao Sol, este profeta me compôs antes que eu tentasse escrevê-lo."*[72]

Em outro momento Gibran escreveu para Mary Haskell: '*Escrever* O Profeta *é o maior desafio da minha vida. Vivi 36 anos sonhando com a realização desta obra. Toda minha existência está neste livro... Tudo que fiz no passado, na verdade era uma etapa de aprendizagem...* O Profeta *é minha religião e o que há de mais sagrado na minha vida.'*[73]

O Profeta é considerado um livro sagrado[74] e se tornou livro de cabeceira dos americanos. É lido e comentado por pastores em seus sermões durante as celebrações em igrejas evangélicas e católicas americanas por conter a mais sublime ética humana. Até o ano de 1983, *O Profeta* havia sido traduzido para mais de setenta idiomas[75]. Alguns escritores árabes disseram que nenhum tradutor conseguiu revelar o verdadeiro brilho do livro.

Nessa obra, Gibran demonstrou toda a sua criatividade, versificando sobre as questões da vida humana: amor, casamento, filhos, moradia, vestuário, compras, vendas, dor, crime, castigo, liberdade, legislação, dádiva, razão, trabalho, tempo, tristeza, alegria, conhecimento, amizade, o bem e o mal, prece, beleza,

---
70 HILU, Virginia. *O Grande Amor do Profeta*, p. 364. Tradução: Valerie Rumjanek.
71 JABR, Jamil. *Gibran, Sua Época e Suas Obras*, p. 104.
72 *Flâmula Azul*, p. 41.
73 JABR, Jamil. *Gibran Em Sua Vida Tempestuosa*, p. 210.
74 NAJAR, Alexandre. *Gibran Khalil Gibran*, p. 142.
75 KALED, Ghassan. *Gibran, Sua Personalidade*, p.66.

religião e morte. No livro, ele cadencia a supremacia de suas idéias, respondendo sobre os temas pronunciados pelo seu porta-voz Al Mustafá.

A contradição das frases do profeta em seu pensamento era tão forte, a ponto de Gibran mesmo se confundir. Ele dizia que o profeta do livro tinha escrito seus conselhos e sermões em sua imaginação, antes mesmo que ele os tivesse escrito. Em 1923, após publicar "O Profeta", escreveu a May Ziadah: *"May! 'O Profeta' é a primeira letra de uma palavra e eu vim ao mundo para escrever-lhe."*

Mensagem de *O Profeta*:

Após o lançamento de *O Profeta*, Gibran estava feliz e surpreso com o êxito alcançado. Todas as suas conversas e correspondências se referiam ao livro. Recebia diariamente muitas cartas de todas as regiões e de todas as classes com elogios e felicitações pela obra que tinha escrito. A primeira edição esgotou em três semanas e foi comentada e elogiada em diversos jornais e revistas do mundo daquela época, com exceção do *Chicago Post*, que fez críticas severas ao livro[76]. A repercussão do livro foi imensurável. Seria necessário um volume exclusivo para os comentários feitos ao livro *O Profeta*.

A extraordinária aceitação impulsionou a procura pelos outros livros de Gibran. Com isso, sua situação financeira melhorou. O autor escreveu a Mary Haskell contando que havia comprado um prédio de sete andares na Rua Marlboro, por 24 mil dólares, em sociedade com o compatriota Fares Malouf, e que a reforma seria financiada pelo banco. Ele escreveu que tinha feito esse investimento porque o prédio estava valorizando e com o tempo esperava ganhar uma fortuna.

Mary se preocupou com a notícia deste negócio, pois mais do que qualquer um, ela sabia da ingenuidade dele quando se tratava de assuntos financeiros, conhecia suas aventuras comerciais, os prejuízos e preocupações que traziam. Assim, foi imediatamente a Nova Iorque para verificar o negócio feito. Gibran contou-lhe que ele e o sócio tinham alugado o prédio a um clube feminino que faliu e não pagou o aluguel e nem a reforma.

Mary, que desde 1927 estava casada com o Engenheiro Florenço Minis, nunca deixou de ser fiel amiga e protetora de Gibran.. Preocupava-se com a saúde e os investimentos financeiros do amigo e o ajudou com a revisão de seus livros contábeis. Sem o conhecimento do marido, Mary mandou dinheiro para Gibran pagar suas dívidas e apelou para que evitasse as aventuras comerciais de lucro fácil. O prédio hipotecado foi entregue ao banco e ele pagou o restante das dívidas com a ajuda dela.

---
76 JABR, Jamil. *Gibran em Sua Vida Tempestuosa*, p. 243-244.

Porém, Gibran ficou revoltado com o clube feminino que tinha tratado muito bem, mas que tinha falido, e entrou com uma ação judicial contra ele. Na audiência, a presidente do clube compareceu ao Tribunal de Justiça carregando o livro O Profeta. Em seu depoimento, virou-se para Gibran, apontou o livro e disse: *"O senhor é o autor desta obra? Como pode abrir inquérito contra uma sociedade feminina filantrópica falida? O senhor prega clemência e irmandade e quer nos condenar?"* Gibran retirou a queixa, pois preferia perder dinheiro a contrariar a mensagem de seu livro.

A imagem de *O Profeta*

A capa da primeira edição do livro *O Profeta* tinha uma imagem de um rosto desenhada por Gibran, que em uma conversa com Mary, disse: *"Contei-lhe que vi o rosto do profeta? Outra noite, eu estava lendo deitado na cama, quando cansei e cochilei, e então vi aquele rosto bem claro. Essa visão passou em um minuto ou dois e depois desapareceu, o que me levou a desenhar o rosto de Jesus".* Gibran confessou ainda: *"Às vezes estou com meus companheiros e de repente o rosto do profeta aparece como uma sombra na minha frente. Outra noite sonhei com seu rosto, levantei e desenhei o profeta."*

Suavizar a consciência

Quando o livro finalmente saiu da editora, Gibran mandou o primeiro exemplar para Mary Haskell e ela, apesar de ter feito a revisão do livro, não deixou de manifestar sua admiração e surpresa, na carta de agradecimento pelo presente.

O Profeta chegou hoje e fez mais do que apenas realizar minhas esperanças, porque, em sua forma compacta, pareceu abrir novas portas de desejo e imaginação em mim, e criar em torno de si mesmo o universo em uma auréola, de tal forma que eu o leio no centro de todas as coisas. O formato está excelente e permite que as idéias e o verso fluam livremente. As pinturas fazem meu coração bater mais forte. Estão muito bem feitas. Gostei do estilo do livro.

O texto está mais belo, mais íntimo, mais revelador, mais admirável que nunca ao transmitir a realidade e suavizar a consciência. O inglês, o estilo, o vocabulário, a música – está tudo primoroso, Khalil, simplesmente lindo! Seja abençoado por ter dito tudo e por se ter esforçado tanto para trazer à tona em forma e expressão a sua vida interior, por ter tido a energia e a paciência do fogo e do ar, da água e da pedra.

Esse livro será considerado como um dos tesouros da literatura inglesa. Em nossa escuridão, nós o abriremos para nos encontrarmos de novo, assim como encontrar o paraíso e a terra dentro de nós mesmos. As gerações futuras não o esgotarão; pelo contrário, encontrarão nos livros tudo a que anseiam – e será mais apreciado à medida que os homens se tornem mais maduros.

É o livro mais cheio de amor que jamais se escreveu. E isto porque você é a criatura mais amorosa dentre as que têm escrito. Você sabe, porém, que, finalmente, a mesma coisa acontece, de uma árvore se consumir em chamas ou cair silenciosamente na floresta. Aquela chama de vida que existe em você se encontra com o calor menor, multiplicado pelos muitos que o estimam. Você está iniciando uma revolução! Mais pessoas o amarão com o tempo, até muito depois que seu corpo se tornar pó. As pessoas o encontrarão em seu trabalho, porque você está nele tão visivelmente quanto Deus.

Adeus e que Deus o abençoe! Com o maior carinho, adorado Khalil, e que pela sua boca cantem mais e mais as canções, Dele e suas."[77]

Al Mustafá

Durante 12 anos vivendo em Orphalece, Al Mustafá aguarda o barco que o levará de volta a sua ilha natal e, do alto do cume da montanha avista uma barca em meio a neblina, seu espírito festeja e dança nas ondas da alegria. Desce a montanha, alegre por voltar e triste por se despedir do povo de Orphalece - pessoas tão queridas que lhe cercaram com tanto carinho -, e triste porque não podia recusar o convite da barca na beira do mar e proclama: "*O grande mar onde os arroios e os rios encontram paz, liberdade e eternidade.*" Essa frase se refere ao fato de que nem os profetas podem deixar de atender ao chamado da morte.

O povo de Orphalece vai à praça para se despedir de Al Mustafá e no meio da multidão aparece Al Mitra[78], uma maga vistosa, declara sua fé no profeta e faz-lhe perguntas. Ele responde:

- *Então*, disse Al Mitra, *fala-nos do amor.*

---
77 HILU, Virginia. *O Grande Amor do Profeta*, p. 374. Tradução: Valerie Rumjanek.
78 Al Mitra, Deusa da Antiga Pérsia ("Mithra": símbolo da luz e corrente que liga o homem ao Supremo Deus).

- Quando o amor vos acena, segui-o, embora seus caminhos sejam ásperos e escarpados. Mesmo quando sua espada escondida entre suas plumas possa ferir-vos. E quando ele vos falar, acreditai nele, embora sua voz possa arrasar vossos sonhos como o vento do norte devasta o jardim.[79]

- Então, falou Al Mitra novamente, *fala-nos sobre o matrimônio, Mestre?*

- Amai um ao outro, mas não façais do amor um cativeiro, enchei o copo um do outro, mas não bebais do mesmo copo. Dai um ao outro do vosso pão, mas não comais do mesmo pedaço. Dai vossos corações, mas não para que o outro zele, pois apenas as mãos da Vida podem conter os vossos corações.[80]

E uma mulher que trazia seu filho no colo disse: "Fala-nos dos filhos."

E ele disse: "Vossos filhos não são vossos filhos, são filhos e filhas do desejo da Vida por si mesma. Eles vêm por meio de vós, e não de vós, e embora estejam junto de vós, não vos pertencem. Podei dar-lhes vosso amor, mas não vossos pensamentos, pois eles têm seus próprios pensamentos. Podeis tentar ser como eles, mas não tentai fazê-los como vós, pois a vida não caminha para trás, nem se demora com o ontem.[81]

Então um homem rico disse: "Fala-nos da dádiva."

E ele respondeu:

- Por meio de suas mãos é que Deus fala, e por trás de seus olhos Ele sorri para o mundo. É bom doar quando solicitado, mas é melhor dar sem ser pedido, só por ter compreendido.[82]

Um agricultor se aproximou, pedindo que narrasse algo sobre trabalho. Al Mustafá respondeu:

- Eu vos digo que vós realizarei com o trabalho uma parte dos sonhos longínquos da terra, parte que vos havia sido designada desde o nascimento desses sonhos. Se vos conservais fiéis e constantes no trabalho útil e proveitoso, tereis, na verdade, descerrado os vossos corações ao amor da vida, porque, a quem ama a vida com o trabalho útil e proveitoso, a vida lhe abrirá a sua profundidade, atraindo-o ao seus segredos e mistérios. Na verdade vos digo: a vida será uma treva densa se não for saturada de vivacidade. A vivacidade se tornará cega e sem benção se não se orientar pelo saber. O saber será apático e insípido se não for estímulo de atividade. A atividade será inútil e improdutiva se não se unir ao amor. Sim, o trabalho é a imagem potente do perfeito amor![83]

Uma mulher pediu que falasse da alegria e da tristeza.

---

79   GIBRAN, Gibran Khalil. *O Profeta*, p. 34. Tradução: Pietro Nassetti.
80   Ibid., p. 42.
81   GIBRAN, Gibran Khalil. *O Profeta*. P. 43. Tradução: Pietro Nassetti.
82   Ibid., p. 46.
83   GIBRAN, Gibran Khalil. O Profeta, p. 58. Tradução: José Mereb.

O Profeta respondeu: "(...) *a fonte única em que abasteceis de fluido os vossos risos sempre se enche com a tristeza de vossos prantos. Penso que um grupo entre vós dirá que a alegria é maior que a tristeza; e outro grupo, contrariando, dirá que a tristeza excede a alegria. Porém, eu vos digo, na verdade, as alegrias e tristezas nascem juntas, juntas se ausentam e morrem.*[84]

Em relação às habitações, o profeta falou:

"(...) *Vossas casas são os vossos corpos engrandecidos. Crescem debaixo do calor do Sol e dormem com o silêncio da noite."*[85]

Um tecelão disse: *"Fale-nos das roupas."*

E ele respondeu:

- *Vossas roupas escondem muito de vossa beleza, embora não escondam o feio.*[86]

E um mercador disse: *'Fale-nos das compras e vendas'*

E ele respondeu:

- *A terra vos oferece seus frutos, e de nada mais precisareis se não souberdes como encher as mãos. É trocando os dons da terra que encontrareis a abundância e a satisfação. Todavia, se a troca não for feita com amor e justiça benevolente, levará uns à cobiça e outros à fome.*[87]

Então um dos juízes da cidade se aproximou e disse:

- *Fala-nos do crime e do castigo.*

- *(...) E vós que quereis compreender a justiça, como o fareis sem olhardes para todos os atos na plenitude da luz? Só então sabereis que o erguido e o caído são o mesmo homem, imóvel no crepúsculo entre a noite do seu eu-pigmeu e o dia do seu eu-divino.*[88]

Um magistrado lhe perguntou: *"Qual a sua opinião sobre a nossa lei, Mestre?"*

E ele lhe respondeu:

- *Vós se orgulhais por ter elaborado as leis para vós mesmos, porém, vós mais as mutilam e restringem."*[89]

E um orador disse: *Fala-nos da liberdade!*

E ele respondeu:

Tenho-vos visto prostrados ás portas da cidade e junto de vossas lareiras para adorardes vossa própria liberdade como escravos que se humilham diante de um tirano louvando-o, embora este os aniquile. Sim, no arvoredo do tempo e à sombra da cidadela tenho visto os mais livres dentre vós carregarem sua liberdade como uma opressão e

---

84 Ibid., p. 98.
85 Ibid., p. 103.
86 GIBRAN, Gibran Khalil. O Profeta, p. 61. Tradução: Pietro Nassetti.
87 Ibid., p. 63.
88 Ibid., p. 68.
89 GIBRAN, Gibran Khalil. O Profeta, p. 125. Tradução: José Mereb.

algema. E meu coração sangrou dentro do meu peito, pois vós só podeis ser livres quando até mesmo a busca da liberdade se tornar um empecilho para vós, e quando cessardes de falar em liberdade como uma meta e uma realização.[90]

Mais uma vez, a Maga pediu-lhe que falasse, desta vez sobre o raciocínio e a inclinação.

Respondeu-lhe o Profeta!

- Eu desejaria ser o portador da paz para as vossas almas, convertendo tudo o que vós tendes de desarmonia e discórdia em união e serenidade. Essa incumbência não é a mim conferida, se vós não vos tornais benéficos a vós mesmos e não vos afeiçoais a todos os vossos temperamentos.[91]

Uma mulher se levantou e, abrindo caminho no meio da multidão, aproximou-se dele e perguntou:

- O que é a dor, profeta?

Ele respondeu:

- (...) se vós houvésseis dispensado à rotina da vossa vida diária um pouco de meditação, teríeis sentido menos as vossas dores e mais os vossos prazeres. Sois, na maior parte das vezes, vós mesmos que buscais a dor. É dever vosso procurar sempre o médico de vossa alma e ter sempre fé no seu remédio, tomando confiantes e tranqüilos a dose amarga. Porque sua mão, por mais pesada e cruel que vos pareça, é guiada providencialmente na direção pura e serena daquele invisível Ser Divino.[92]

E um homem disse: "Fale-nos do auto-conhecimento!"

E ele respondeu:

- Não digais 'Encontrei a verdade', mas sim: 'Encontrei uma verdade'. Não digais 'Encontrei o caminho da alma', mas sim: 'Encontrei a alma andando no meu caminho', pois a alma caminha por todos os atalhos. A alma não caminha em linha reta, nem cresce como junco. A alma desabrocha, como um lótus de incontáveis pétalas."[93]

Então disse um professor: "Fala-nos do ensino!"

- Homem algum pode nos revelar coisa alguma, a não ser aquilo que está meio adormecido até a revelação do vosso conhecimento.'"[94]

E um jovem disse: "Fala-nos da Amizade!".

E ele respondeu:

- Vosso amigo é a vossa necessidade satisfeita. Ele é o vosso campo, que semeias com

---

90 GIBRAN, Gibran Khalil. *O Profeta*, p. 71. Tradução: Pietro Nassetti.
91 GIBRAN, Gibran Khalil. *O Profeta*, p. 143. Tradução: José Mereb.
92 GIBRAN, Gibran Khalil. *O Profeta*, p. 149. Tradução: José Mereb.
93 GIBRAN, Gibran Khalil. *O Profeta*, p. 80. Tradução: Pietro Nassetti.
94 GIBRAN, Gibran Khalil. *O Profeta*. P. 81. Tradução: Pietro Nassetti.

amor e colhes dando graças. Ele é vossa mesa e vossa lareira, pois a eles vos aproximais com fome, e nele procurais a paz. E que não haja outro propósito na amizade, a não ser o conhecimento do espírito. Se ele deve conhecer a vossa maré baixa, que conheça também a enchente.'"[95]

Um astrônomo formulou a seguinte pergunta:

- Qual é a vossa opinião, Mestre, a respeito do tempo?

Al Mustafá respondeu:

- *Mesmo aquele que estiver desprendido da voz do tempo sabe muito bem que a vida ignora os limites do tempo. É que o passado não é mais nada que a recordação de hoje, e o futuro é o sonho do presente. Haverá, porventura, entre vós, algum homem que não sinta que sua força para o amor é limitada? E que não perceba o amor infinito que leva dentro de seu ser, que, em virtude de um só pensamento, se transforma em outro sublime ato de amor?"*[96]

Aproximou-se um asceta que visitava a cidade, uma vez por ano, e disse-lhe: *"Fale-nos do prazer, Al Mustafá!"*

E o profeta, respondeu-lhe:

- *O prazer é a canção da liberdade, porém não é a própria liberdade. O prazer é a flor de vossas pretensões, porém não é o seu fruto. O prazer é uma ave que se libertou da gaiola mas não é o espaço livre. Sim, o vosso corpo é a harpa da vossa alma. Ide, pois, para as campinas e bosques e lá aprendereis que o prazer da abelha consiste em sugar a doçura da flor. A flor tem prazer em oferecer o seu mel à abelha. A abelha reconhece que a flor é o manancial da vida! A flor crê que a abelha é a mensageira do amor revigorante! A abelha e a flor crêem que receber e oferecer prazer são dois motivos necessários determinando o prazer indispensável à vida. Ó filhos de Orphalece! Procurai ser em vossos prazeres imitadores da abelha e da flor!"*[97]

Logo depois, um poeta, que ali se achava, pediu-lhe que falasse sobre a beleza.

Al Mustafá respondeu:

- *Ó filhos de Orphalece! O belo é a própria vida que vale as suas faces cândidas e puras, porém sois vós mesmos a vida e sois vós mesmos o véu. A beleza é a eternidade que olha para si mesma em um espelho. Entretanto, sois vós o espelho e sois vós a eternidade."*[98]

Um ancião sacerdote, aproximando-se do Mestre, pediu-lhe que falasse sobre religião.

Al Mustafá respondeu assim:

- *(...) Se quereis conhecer a Deus, não vos canseis com charadas e enigmas. Basta olhardes ao redor e O encontrareis a brincar com os vossos filhos. Levantai os vossos olhos para o espaço imenso e O verás caminhando nas nuvens, com os braços estendidos ao relâmpago*

---

95 Ibid., p. 83.
96 GIBRAN, Gibran Khalil. *O Profeta*, p. 93. Tradução: José Mereb.
97 GIBRAN, Gibran Khalil. *O Profeta*, p. 179. Tradução: José Mereb.
98 GIBRAN, Gibran Khalil. *O Profeta*. P. 187. Tradução: José Mereb.

e caindo com o orvalho sobre a terra. Observe atentamente e vereis Deus sorrindo por meio das flores e após passar as mãos nas árvores."[99]

Então Al Mitra falou: "Queríamos perguntar-te sobre a morte."

E ele disse:

- Quereis conhecer o segredo da morte, mas como o encontrareis se não for olhando para o coração da vida? (...) Se quereis de fato contemplar o espírito da morte, abre de vez vosso coração para o corpo da vida, pois vida e morte são uma coisa somente, assim como o rio e o mar são um."[100]

Disse Al Mitra:

- Bendito seja este dia e este lugar, que nos reuniu convosco e bendita também vossa alma que falou às nossas almas.

Ele respondeu: "Fui eu acaso quem falou? Não era um ouvinte como vós? Ó, filhos de Orphalece! A brisa ordena que e me afaste, embora não seja eu célebre como a brisa, mas sou forçado a obedecer, porque, nós, os boêmios que eternamente andamos pesquisando o mais árduo e solitário dos caminhos, não iniciamos trabalho algum sem que tenhamos terminado outro. Curtos foram os dias entre vós, mais curtas ainda as palavras que vos deixei! Porém, se a minha voz for esquecida e diminuir a minha amizade em vossos corações, então tornarei a vós com presteza, (...) porque a necessidade do homem varia e se permuta em outras, porém não o seu amor, que jamais se alterará. Conheci os vossos prazeres e as vossas tristezas. Vossos sonos e vossos sonhos foram o meu sono e os meus sonhos. Porém, ainda há aí algo que é mais doce do que o riso e digno de estima do que as afeições e do que tudo o que me veio de vós: é o 'Super Ser Infinito', que vive em vós.

O homem maravilhoso e onipotente, que está em vós e de cujo organismo vós não sois mais que tecidos e músculos.

O tenor, diante sua peça musical, torna os vossos cantos nada mais do que balbucios.

Vós não conhecereis a verdadeira grandeza sem esse maravilhoso ser que vive em vós, sem essa entidade, com quem, ao me deparar, descobri logo na vossa realidade. E foi por ela que eu vos amei.

Porque havia na vida elevação e grandeza acessíveis ao poder do amor, sem que fossem infinito e incomensurável por esse ser!

Haverá ali imagens, aspirações ou sonhos que possam se elevar e sublimar até atingir a seu mais alto topo e ao seu mais remoto vôo?

Sim, essa entidade admirável é na verdade semelhante à gigantesca azinheira, coberta de pétalas e botões.

---

[99] Ibid., p. 193.
[100] GIBRAN, Gibran Khalil. *O Profeta*, p. 105. Tradução: Pietro Nassetti.

Suas raízes mergulham na terra e o seu perfume impregna o firmamento azul.

Mas a sua resistência contra as forças da natureza a torna imortal.

Há muito eu vos expliquei que vós sois como uma corrente enfraquecida, em virtude da fragilidade dos elos que a constituem.

Porém, isso é em boa lógica, metade da verdade, porque vós todos sois tão fortes como o mais forte elo da corrente. Se a nos for facultado vos condenar no diminuto de vossas ações, vamos fazer como quem condena a força do mar no que há de inconsistente e de efêmero em sua espuma.

E, se vos condenamos pela vossa fraqueza, somos como quem condena a sucessão das estações e a sua pouca firmeza e instabilidades. Sois, com certeza, igualáveis a um grande mar, do qual grandes embarcações esperam o fluxo e o refluxo. E sois como o oceano, que não pode apressar nem retardar a sua maré.

Contudo, eu vos transmito com a minha frase o que vós concebestes em vossos pensamentos. Tende presente que uma verdade dita não é senão o eco da verdade que não foi dita, e o que sabe orar não é mais do que o reflexo daquele que sabe escrever.

(...) a vida procura a vida nos corpos que temem a sepultura.

Vós me haveis dado esta sede de vida que eu sinto agora. Na verdade, eu vos digo que nenhuma dádiva neste mundo é de maior benefício para o homem do que aquela que converte tudo o que há no seu desejo e, de sensualidade em dois lábios sedentos, transformando-lhe a vida em um manancial eterno e inesgotável.

Vós não estais enclausurados nos cárceres dos vossos corpos, nem amarrados às paredes de vossas casas, nem confinados nos limites de vossos campos.

O ser superior invisível, que é a vossa verdadeira individualidade, habita os altos das montanhas e vagueia nas ventanias.

Não rasteja ao Sol para esquecer e não siga apoiado ao caminhar nas trevas.

Ele é, sim, um espírito livre e desembaraçado, que pode percorrer toda a terra remontando as camadas do espaço celestial.

Se essas minhas palavras são obscuras e imperceptíveis para vós, não procureis esclarecê-las.

A obscuridade e o gelo são o início de todas as coisas, e não o fim.

Adeus, ó filhos de Orphalece! Já escureceu o Sol deste dia, cerrando-nos suas portas, como cerra o lírio as pétalas sobre o cálice.

Tudo o que nos foi dado aqui, será conservado.

Se não bastar para suprir às nossas necessidades, então viremos outra vez a este lugar e estenderemos juntos as mãos para aqueles que nos favoreceram.

Não se esqueçais que eu virei outra vez a vós.

Curto tempo decorrerá para que a minha alma reúna a escuma e a argila para a confecção de outro corpo.

Em um instante não me vereis, mas em mais outro instante, poderás me ver.

Outra mulher me conceberá e me dará à luz.

Adeus! Despeço-me de vós e da juventude que passei entre vós, como se fosse um sonho."[101]

---

101 GIBRAN, Gibran Khalil. *O Profeta*, p. 203-218. Tradução: José Mereb.

Adeus ao profeta dos Orphales

Passaram-se três anos após o lançamento de O Profeta. Gibran festejava o êxito alcançado e parecia ter derramado todo seu coração nessa obra, pois presumiu ter cumprido sua missão artística e literária ao escrevê-lo. Ele dizia: *"Vim a este mundo para dizer uma palavra."* Contudo, quando o livro conquistou o mundo, Gibran entendeu que O Profeta tratava-se apenas de uma letra dessa palavra que pretendia pronunciar ao mundo.

Em uma conversa com Miguel Naime, Gibran disse: *"Para encher o vazio da minha vida literária, entre O Profeta e o próximo livro, tenho que completar minha missão e minha palavra. Muitos se alegraram com o meu êxito, mas eu considero este como um prefácio para os próximos livros. Em O Profeta, tratei da relação do homem com o homem, estou planejando um outro livro, que chamarei de 'Jardim do Profeta', onde relatarei a relação do homem com a natureza, e o terceiro livro, sobre a relação do homem com Deus e o chamarei de 'A Morte do Profeta'. Com esses três livros completarei e encerrarei minha missão e minha palavra ficará dita."*

No livro *Gibran Khalil Gibran*, Miguel Naime relata: *"Um tempo depois, voltei a visitar Gibran e perguntei a ele: 'Onde estão as páginas do livro 'Jardim do Profeta?' Ele me respondeu: ''O Jardim do Profeta' ainda está em minha idéias, mas estou escrevendo um livro sobre Jesus. Há muito tempo estas idéias estavam em meu pensamento, pois estou descontente com aqueles que alegam ter fé em Jesus, pois dizem que era um homem de barba e físico bonito, porém era fraco, pobre... Estou angustiado com a versão dos falsos cristãos... Como também estou cansado do clero que tece cortinas, lendas de ignorantes para Cristo e cansado de guardar sua doutrina longe da mente e do coração da Humanidade. Jesus não se tornou um Deus para adorar-lhe e nem um humano para admirá-lo. Decidi escrever um livro inédito no seu estilo sobre Jesus'"*.[102]

❀❀❀

Gibran lutava contra a doença e a dor que lhe consumia, temia que a morte chegasse antes que ele conseguisse terminar a obra *Jesus, O Filho do Homem*. Mas, finalmente no verão de 1928, após ser revisado por Haskell, o livro foi publicado.

---
102 NAIME, Miguel. *Gibran Khalil Gibran*, 1971, p. 266-267.

Seus admiradores e fãs, principalmente as mulheres, demonstraram amor e surpresa pelo eloqüente escritor.

Depois de ouvir frases de *O Profeta* no sermão de uma igreja nova-iorquina, a americana Barbara Young leu a obra de Gibran e se encantou. Ela escreveu para ele relatando sua admiração, pois nunca imaginou que escutaria a leitura de um livro com trechos tão lindos. Contou que os livros dele transformaram seu conhecimento e aperfeiçoaram seu estilo de expressão oral e escrita. Barbara foi uma aluna fiel de Gibran e, assim como os apóstolos de Cristo, ela viajava de cidade em cidade, lendo frases de Gibran, principalmente citações de *O Profeta*, divulgando sua mensagem e ensinamentos humanitários.

Decorrido certo tempo, ela tornou-se amiga e figura constante no estúdio de Gibran, observando suas telas e o pós-escrito em inglês de seus livros. Passava muitas noites em claro, lendo, escutando, capturando e registrando dados sobre a vida dele, pois planejava escrever sua biografia. Porém, algumas pessoas fizeram críticas, chamando-a de egoísta e interesseira.

Alexandre Najar, em seu livro *Gibran Khalil Gibran*[103], descreve Barbara Young como oportunista, que se aproximou de Gibran nos últimos anos de vida com a intenção de se tornar a única herdeira da fortuna cultural dele. Após a sua morte, Barbara fez um inventário de tudo que ele deixou e ainda tentou queimar as correspondências de Mary Haskell, alegando que era uma ofensa moral à memória de Gibran. Ela também declarou inimizade a Miguel Naime, proibiu o companheiro da Liga Literária de ler os manuscritos em árabe ou inglês deixados por ele, alegando que eram seus por direito de herança. Mariana, irmã de Gibran, entrou na justiça com uma ação de restituição de bens contra ela, mas Barbara Young ganhou a causa, visto que o documento apresentado por Mariana não pôde ser aceito como prova no processo.

Alexandre Najar supõe que Barbara Young retirou diversos capítulos dos livros *O Errante* e o "Jardim do Profeta", publicados após a morte de Gibran. Além disso, no dia 22 de julho de 1945, Barbara escreveu para a editora Knopf informando que não queria que o livro "Asas Quebradas" fosse publicado em inglês, pois considerava esse romance muito fraco, sensível e romântico. Barbara era uma mulher excessivamente devotada à Igreja, por isso não queria que o romance, que questionava as autoridades eclesiásticas, fosse publicado.

Em 1923, ela publicou uma biografia de Gibran intitulada *Gibran, Esse*

---

103 Alexandre Najar escreveu *Gibran Khalil Gibran*, publicado em francês e cujo título coincide com o de Miguel Naime, amigo de Gibran.

Homem do Líbano[104] (Gibran, This Man From Lebanon). Viajou para a cidade natal de Gibran, Bicharry, no Líbano, visitou o casebre onde ele nasceu, passeou pelas paisagens que ele tanto enalteceu. Ela foi bem recebida pelos libaneses, gratos pelo tratamento que ela tinha oferecido a Gibran nos últimos anos de sua vida.

❊❊❊❊

Milhares de crônicas foram publicadas nos jornais e revistas do mundo inteiro sobre o filósofo profeta, salientando o talento da psicologia de Gibran como um raro gesto da poderosa e inominável potência. Longe dos comentários que corriam o mundo, Gibran estava sempre em seu estúdio, chamado de eremitério, recebendo visitas de compatriotas, pintores, intelectuais e admiradores. Recebia a todos como um bom anfitrião, sempre com um agradável sorriso, *Ahla Wa Sahla*[105], mas no íntimo desejava a solidão para suportar a amarga dor provocada pela doença que devorava seu fígado. Gibran não temia a morte, estava preocupado se conseguiria concluir sua composição ou se seria levado pela morte antes de completar todas as palavras. Dizia: *"Vim a este mundo para dizer uma palavra e gravar minha mensagem. Se a morte me levar antes, eu voltarei para dizer-lhe".*

Assim, ele não parava de trabalhar, dia e noite escrevendo e pintando. Em uma entrevista ao jornalista Nassib Arida, declarou que seu objetivo de vida era trabalhar, trabalhar e trabalhar[106]! No mesmo período escreveu à amiga May Ziadah, contando:

... Minha saúde atualmente está pior do que no começo do verão. Os longos meses que passei entre o mar e a montanha aumentaram a distância entre meu corpo e meu espírito. Mas este estranho coração que costumava bater mais que cem vezes por minuto está se acalmando agora, e começando a voltar ao normal, depois de ter arruinado minha saúde e afetado meu bem-estar. O descanso irá de alguma forma me beneficiar, mas os remédios estão para minha enfermidade assim como o azeite para a lamparina. Não estou precisando de médicos,

---

[104] O livro de Barbara Young realmente é uma magnífica obra literária, tem influência do estilo gibrânico. Em 1954, o livro foi traduzido para o árabe pelo imigrante palestino Said Afif Baba e publicado pela Editora Safady, de São Paulo. Posteriormente, em 1973, foi traduzido para o português por Aurélio de Lacerda, no Rio de Janeiro. Barbara publicou outros livros sobre Gibran e algumas crônicas de menos importância.

[105] Ahla Wa Sahla, não possui tradução, mas significa uma saudação tradicional dos árabes aos visitantes, assemelha-se a "seja bem-vindo".

[106] Na sua dedicação ao trabalho, Gibran foi influenciado pelos missionários carmelitas que foram os primeiros missionários europeus a chegar ao Líbano. Instalaram-se em um mosteiro no Vale de Cadisha, próximo a Bicharry. Em 1735, trocaram o mosteiro pelo convento de "Mar Sarquis". Contam os velhos que dentre os missionários havia um frei de nome Miguel que passou toda sua vida escavando e esculpindo rochas, abrindo caminho, como um corredor. Quando indagado sobre porque passava todo tempo trabalhando, Irmão Miguel respondeu: *"quando Satanás passar por aqui, não me achará parado para murmurar em meus ouvidos e desviar o meu caminho."* Um desses missionários entregou a Gibran algumas gravuras das pinturas de Leonardo da Vinci que o influenciou, tanto pela arte quanto pela dedicação ao trabalho, por toda sua vida.

remédios e nem de descanso e silêncio. Estou precisando urgentemente de alguém que me ajude, tornando mais leve minha carga. Preciso de um remédio espiritual de uma mão prestativa para aliviar meu espírito atormentado. Preciso de um vento forte que derrube minhas frutas e folhas. Sou, May, um pequeno vulcão cuja abertura foi fechada. Se hoje eu fosse capaz de escrever algo grande e belo, estaria completamente curado. Se pudesse gritar, recuperaria minha saúde. Você pode dizer pra mim: "Por que você não escreve para então ficar curado, e por que não grita pra recuperar a saúde?" E minha resposta é: "Não sei." Só consigo gritar, e esta é minha verdadeira doença; é uma enfermidade espiritual, cujos sintomas apareceram no corpo... Você pode perguntar novamente: "Então, o que está fazendo por esta doença, qual será o resultado, e quando tempo você vai permanecer neste estado?" Digo que deverei ficar curado, e cantarei minha canção, descansado mais tarde, e deverei gritar em voz alta, que irá sair da profundeza de meu silêncio. Por favor, pelo amor de Deus, não me diga: "Você cantou bastante, e o que cantou é maravilhoso!" Não mencione minhas ações passadas, pois a recordação delas me faz sofrer, sua trivialidade transforma meu sangue em um lago ardente, sua secura produz ânsia no meu coração e a sua fraqueza me sustenta e oprime mil e uma vezes por dia. Por que escrevi todos esses artigos e histórias? Nasci e vivi para escrever – um livro, somente um pequeno livro – nasci para viver, sofrer e para dizer uma palavra viva e alada, e não posso permanecer calado até que a vida revele esta palavra por meio de meus lábios. Eu era incapaz de fazer isto porque era um tagarela. É uma vergonha, e sinto pesar porque permaneci um tagarela até que meu falatório enfraqueceu a minha força. E quando me tornei capaz de pronunciar a primeira letra da minha palavra, vi-me com uma pedra na minha boca... Porém, a minha palavra ainda está em meu coração, é uma palavra viva e leve que devo pronunciar para poder remover com a sua harmonia as ofensas que meu falatório criou.[107]

✤✤✤✤

Em 1927, quando terminou o livro *Jesus, O filho do Homem*, estava com a saúde bastante debilitada. Sentia-se como um pássaro tentando voar em uma gaiola. Em 1929, no 46º aniversário de Gibran, a comunidade sírio-libanesa de Nova Iorque lhe prestou uma grande homenagem, com o conhecido historiador Philip Hiti como orador, que disse: *"Estamos orgulhosos de sua magnífica realização literária!"*

Depois da homenagem, Gibran passou um período no hospital fazendo exames e uma radiografia detectou uma alteração pulmonar. Com isso, suas conversas e correspondências giravam em torno de sua saúde. Seus colegas da Liga Literária sempre perguntavam sobre a saúde do ídolo literário. Mary Haskell,

---
[107] *Auto-Retrato de Gibran*, p. 102-104. Tradução: Emil Farhat.

casada com Florenço Mini desde 1927, fez a revisão dos três livros dele em inglês e nunca deixou de temer pela saúde de Gibran. Preocupada, visitou o amigo e o encontrou envelhecido e sem vontade de se alimentar.

Gibran escreveu ao amigo Miguel Naime (Micha): *"Minha dor é mais profunda do que nos nervos e nos ossos, os médicos me proibiram de trabalhar. Mas eu não posso viver sem trabalhar! O que você diz se eu fizer um livro de quatro contos sobre Michelangelo, Shakespeare, Spinoza e Beethoven?"*

Barbara Young registrava as frases de Gibran em seus últimos anos de vida:

"Viverei após a morte e continuarei a cantar para vós, mesmo depois que as ondas do vasto mar tiverem me conduzido às profundezas.
E me sentarei à vossa mesa, embora sem um corpo, e vou acompanharei aos vossos campos como um espírito invisível.
E me sentarei ao canto de vosso fogo, embora não me vejais.
A morte muda somente as máscaras que recobrem nossas faces.
O lenhador será sempre um lenhador, o lavrador será sempre um lavrador e os que lançam suas canções ao vento continuarão a fazê-lo em outras esferas."[108]

No final de 1929, após passar oito meses em Boston recebendo cuidados da irmã Mariana, Gibran voltou à Nova Iorque e se dedicou a organizar seu livro e seus papéis, colocando-os em caixas para enviar a Bicharry, no Líbano, sempre auxiliado por Barbara. Gibran renovou a mobília de seu estúdio e a pintura da sala. Escreveu para a amiga Mary Kahwage, agradecendo o tratamento durante sua permanência em Boston e repudiando as fofocas que os bisbilhoteiros faziam sobre a amizade[109] deles.

Em 1930, Gibran escreveu uma carta ao amigo e literato Felex Fares, contando: *"Estou à disposição dos médicos e de suas receitas, até que meu coração declare sua rebeldia ou minha alma se revolte dentro de meu corpo. Rebeldia ou revolta nada me interessa, só o que quero é voltar ao Líbano sem voltar..."*

Na primavera de 1931, Gibran não se renovou como a natureza sempre faz nessa época. Um dia, ao se levantar e se vestir pela manhã, sentiu uma forte dor no peito, que o obrigou a voltar ao leito e lá permaneceu pelo resto do dia. Barbara Young estava sempre ao seu lado e percebia que ele se entediava com o ócio. Ainda no começo de abril, Gibran sentiu-se melhor e tentou se levantar, mas a palidez de seu rosto anunciava que *o Profeta* se despedia da vida.

Na noite de 8 de abril, seu amigo Abdul Massih Hadad[110] lhe visitou,

---
108 YOUNG, Barbara. *Gibran, Esse Homem do Líbano*, p.128. Tradução: Aurélio de Lacerda
109 Mary Kahwage era vizinha de Mariana. Gibran chamou Boston de "Cidade das Fofocas".
110 O nome Abdul Al Massih significa "Servente de Cristo", então Gibran o chamava Abdul Jesus.

levando-lhe revistas e jornais. Gibran estava lúcido, mas respirava com dificuldades e ficou animado com a visita do colega. Perguntou sobre sua mulher e filhos, depois pelos amigos da Liga Literária, um a um, parecia querer saudar todos antes da sua última viagem. Os dois passaram horas conversando sobre agradáveis recordações. Gibran confessou que não havia parado de trabalhar um minuto sequer, apesar da proibição dos médicos. Abdul Massih revoltou-se: "*O que você está fazendo é um suicídio! Sua saúde está em perigo e você não pode trabalhar!*" Gibran respondeu: "*Não posso viver sem trabalhar! Deixa a doença levar o que quiser levar de mim, pois ainda consigo pintar e escrever e continuarei enquanto puder.*"

No dia seguinte, uma manhã de quinta-feira, como de costume, a vigia do prédio, Ana Ohanso, foi levar o café da manhã a Gibran e se deparou com ele agonizando. Ela chamou o médico, e mesmo com Gibran se recusando a ir ao hospital, Barbara Young o internou no Hospital São Vicente. No outro dia, sexta-feira, 10 de abril, às 10:45 da manhã, Gibran, o profeta autor de O Profeta, suspirou e cerrou seus olhos pela última vez. Aos 48 anos de idade, Gibran, que teve uma existência cheia de vida, trabalho fértil, realizações literárias, filosóficas e humanitárias, se libertou deste mundo para encontrar seu Criador!

O velório aconteceu na capela da Avenida Lilgniston, cercado de coroas de flores e de muitas lágrimas derramadas por seus amigos, parentes, colegas da Liga Literária e fãs. Dentre os presentes, destacamos a irmã Mariana, as primas Rosa Diah e Zakia Gibran, Barbara Young, Miguel Naime, Jacob, a poetisa Adel Watson, Wiliam Braum Miloni e Gerard Chitren.

No terceiro dia do velório, às 20h, uma mulher alta, magra e vestida de branco, aproximou-se da urna e beijou os lábios gélidos do corpo. Nesse instante um murmúrio tomou conta da sala, questionavam-se: "*Será esta Mary Haskell?*"

Um dos presentes começou a recitar frases de Gibran:
"*Aproxima-te de mim agora, ó minha amada!*
Não me abandonas mais
A morte é mais forte que a vida
Mas o amor é mais forte que a morte!"

Três dias depois o cortejo seguiu para Boston, e em agosto do mesmo ano os restos mortais do profeta seguiram para o Líbano.

Na apresentação do livro *Jesus, O Filho do Homem*, cuja tradução e apresentação foram realizadas por Mansour Challita, selecionamos o trecho:

"*Ele, que escrevera tantas páginas profundas sobre a vida e a morte, agoniza entre gemidos confusos no decorrer de uma crise pulmonar que o deixaria inconsciente. Por testamento, legou suas propriedades à irmã Mariana, grande parte dos quadros à Mary Haskell e todos os direitos autorais à sua cidade, Bicharry. E como muitos libaneses, que conhecem a fortuna e a glória sob os céus mais diversos, mas aspiram dormir o sono eterno na terra abençoada dos antepassados, Gibran pediu que levassem os restos mortais para a sua cidade natal.*

O adeus dos Estados Unidos foi grandioso e comovente. Em 21 de agosto de 1931, os restos mortais do maior e mais célebre escritor e pintor do mundo árabe contemporâneo chegaram a Beirute e foram recebidos e acompanhados até Bicharry com manifestações oficiais e populares de proporções inusitadas.

Foi enterrado na vertente de uma colina de silêncio e beleza, em um velho convento cavado na rocha, onde Gibran sonhava ir viver seus últimos anos como anacoreta. Seu túmulo se transformou em lugar de peregrinação. Na parte de cima do convento, o Comitê Nacional de Gibran edificou um museu onde são expostas algumas das suas belas telas e os seus livros em todas as línguas. Em cima do túmulo, está simples inscrição: "Aqui, entre nós, dorme Gibran."

Mas ali, na verdade, dorme somente seu corpo. Sua alma, difundida em seus livros, serve de guia a milhões de leitores na mais fascinante de todas as viagens: a que leva o homem das trevas do egoísmo e da cegueira ao esplendor do dom de si e da compreensão."

Despedida
- Morreu o profeta de Orphales, suas palavras pareciam bálsamos para os espíritos humanos;
- Gibran era como a liberdade, pois não tinha limites, era incomum e o aroma de seu espírito perfumava o espaço literário e artístico;
- Um pincel e um pedaço de papel era tudo que Gibran precisava para expressar o amor e a beleza;
- Morreu o poeta filósofo, cujas idéias, poesias e crônicas enchiam nossos corações de calor humano, suavizavam nossos olhos com ternura, deixando nossos espíritos brandos e afáveis. Se procuramos um amigo, o encontramos escondido em seu coração, se precisar de generosidade, achará em seu bolso e em suas mãos abertas. Mas se necessitar de uma companhia agradável, visite seu ermitério, pois a paz e o sossego sempre estavam em suas palavras; aproveite para saborear suas telas, pois foram produzidas com doçura e esperança, em uma conversa de seu lápis.
- Gibran era nosso mestre sábio que deixou em seus livros e telas uma lição espiritual, que fez nossos pensamentos e nossa imaginação se movimentarem. Ele era

como um farol iluminando as margens dos nossos sonhos;
- Gibran era como um missionário, salvando e renovando a literatura árabe, fazendo nascer a fé na arte e na literatura;
- Morreu Gibran, que era vida em nossa literatura, força em nossa fraqueza, uma idéia iluminada em nosso pensamento. Ele era um presente valioso do nosso passado glorioso, despertando os árabes para a corrida rumo ao progresso!
- Morreu o profeta que falava em nome do coração e pensamento da natureza;
- Morreu o poeta que entendia a mensagem das gerações renovadoras e escutava os gritos do seu espírito humanitário;
- Morreu o filósofo que era rebelde contra as instituições religiosas, monopolizadoras das legislações divinas e que consagram os ritos de lucros, abandonando outras leis de valor;
- Gibran recusou o temor a Deus, usado nos sermões para escravizar o homem em nome de Deus;
- No livro *Asas Quebradas*, Gibran proclamou a distribuição da terra para quem a cultiva. Foi ainda mais ousado, quando, em *Almas Rebeldes*, usa a voz de "Khalil, o Herege", para dizer que as terras dos latifúndios e dos conventos deveriam ser entregues aos lavradores;
- Morreu o profeta que proclamou a justiça social ao escrever no livro *Uma Lágrima e Um Sorriso*: "*O dinheiro, fonte de todos os males; o amor, fonte da felicidade e da luz.*"[111]

No mesmo livro: "*Olhei, e não vi mais nem pobreza, nem opulência, mas fraternidade e igualdade. Não vi mais médicos, pois cada um tinha se tornado seu próprio médico, pela experiência e saber. Não vi mais sacerdotes, sendo a consciência o sacerdote supremo e não vi mais advogados, pois a natureza substituiu os tribunais, registrando a concórdia e a harmonia entre todos.*

Vi o homem tomar consciência de que é a pedra angular da criação, elevando-se acima das maldades e das mesquinharias.

Vi-o libertar a visão da sua alma e ela começou a ler o que as nuvens escrevem sobre o céu e o que a brisa desenha sobre os lagos; e ela começou a compreender o que dizem o perfume das flores e o cantar dos melros e rouxinóis.

Para além das fronteiras do presente, sobre o palco das gerações vindouras, vi a beleza em vestidos de noiva, tendo o espírito como noivo, e a vida toda se tornar uma festa permanente."

❋❋❋❋

---

[111] GIBRAN, Gibran Khalil. *Uma Lágrima e Um Sorriso*, p. 35. Tradução: Mansour Challita.

Nosso profeta entre nós

O clero não perdoou Gibran, pois não conseguiram impedir-lhe, nem recolher seus livros das mãos do povo, nem mesmo com a queima de *Almas Rebeldes*. Porém, um padre maronita de Nova Iorque se recusou a rezar pela alma de Gibran, pois o escritor não freqüentava a Igreja e nem se confessava. Mas o amigo e compatriota de Gibran, o Padre Stephano Duayhy realizou a celebração de despedida. Enquanto isso, no Líbano, o clero ainda ressentido, conseguiu se vingar de Gibran, ao protestar e mudar os dizeres da placa do mausoléu dele, que tinha se tornado um lugar de peregrinação. O comitê que cuida do museu mandou esculpir uma pedra de mármore com a frase: "Huna Yercud NABIANA Gibran Khalil Gibran" (Aqui dorme nosso profeta Gibran Khalil Gibran), mas o clero substituiu "NABIANA" (Nosso Profeta) por "BAINANA" (Entre Nós). Dessa maneira, ao visitar o museu de Gibran em Bicharry, lê-se: "Huma Yercud BAINANA Gibran Khalil Gibran" (Aqui, entre nós, dorme Gibran Khalil Gibran). Porém, para o povo, Gibran ficou gravado na História como profeta, ainda que o clero lhe considere um homem comum.

- *"O que nos foi dado aqui, nós conservaremos.*
E se não for o suficiente, mais e mais vezes estaremos juntos, e juntos estenderemos nossas mãos para o doador.
Não esqueçais que eu voltarei para vós.
Mais um curto momento, e minhas saudades levarão pó e espuma para outro corpo.
Mais um curto instante, um rápido momento de descanso sobre o vento, e outra mulher me conceberá"[112].

---

112 *O Profeta*, p. 115. Tradução: Pietro Nassetti.

O jovem Gibran fotografado por Fred Holand Day

Pintura de Gibran - Hala El Daher. Primeira namorada de Gibran (citada no romance *Asas Mutiladas* com o pseudônimo de Salma Karame)

Foto de Saída El Daher (irmã de Hala) conversando com o jornalista Riad Hunain em 1965. O jornalista está segurando a bengala usada por Gibran 65 anos atrás.

Foto de Boulos Queiroz (Paulo Queiroz), primo de Gibran, conversando com o jornalista Riad Hunain em 1965.

Georges Mikhail Siman (Jorge Miguel Simão), outro primo de Gibran, conversando com o jornalista Riad Hunain em 1965.

Capa do primeiro livro de Gibran em árabe, *A Música*, publicado pelo jornal "El Muhajer" de Nova Iorque, em 1905.

Charlote Taylor

Gibran com roupas árabes (fotografado no estúdio de Fred Holand Day, em Boston)

Capa do livro *Folhas Gibrânicas*, de Alexandre Najar - escrito em francês, traduzido para o árabe pela Nissrim Hadad e publicado em Beirute, em 2006, pela editora El Nahar.

Capa do livro *Areia e Espuma*, publicado em Nova Iorque, em 1927, pela editora Alfred A. Knoph.

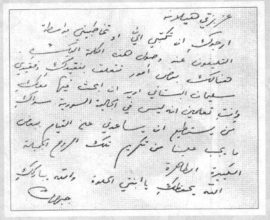

Carta de Gibran para Helena Gostin

Foto de Helena Gostin, já com idade avançada

Uma das mais perfeitas pinturas de Gibran: o rosto de Madeline Mason Manheim. Ela era poetisa e escreveu o livro *Hill Fragments*, para o qual Gibran a presenteou com 5 pinturas. Ela foi a primeira a traduzir o livro *O Profeta* para o francês, em 1926. O escultor Khalil, primo de Gibran, em entrevista à revista libanesa El Hawades, a?rma que Madeline foi namorada de Gibran.

Carta de Madeline para Eduardo Burril, convidando-o para um jantar com Gibran.

Pintura de Gibran na capa do livro
de Madeline, *Hill Fragments*.

Hill Fragments
BY
MADELINE MASON-MANHEIM

With a Preface by ARTHUR SYMONS
And Five Drawings by KAHLIL GIBRAN

LONDON: CECIL PALMER
CHANDOS STREET, W.C.2.

Capa do livro de Madeline, com prefácio
do grande poeta Artur Symons e as
cinco pinturas de Gibran.

Outra pintura de Gibran para o livro de Madeline

"Respostas da Vida" (Life Answers) - tela de Gibran

"O Silêncio", de Gibran

"A Solidão", de Gibran

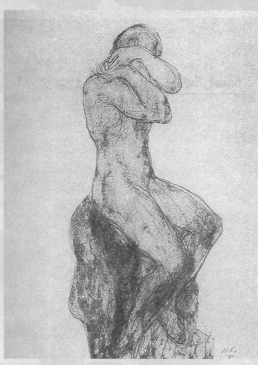

"A Compensação", de Gibran

Khalil, pai de Gibran, no meio das ?lhas,
antes da emigração da família para os Estados Unidos

Foto de Charlote Taylor

Fotógrafo Fred Holand Day

Artigo de jornal americano sobre o
livro de Charlote Taylor, *The Cage*

Kemilah, mãe de Gibran, com as duas ?lhas
Mariana e Sultana - foto de Fred Holand Day

Foto de Bicharry, vilarejo onde nasceu Gibran (1912)

Mary Haskell

Tela de outono de Gibran

Tela do livro *o Profeta*, em 1923

Companheiros de Gibran na Liga Literária (da direita para a esquerda)
Miguel Naime, Abdulmassih Hadad, Gibran, Nassib Arida

Capa do livro *O Propheta* de 1985 - edição publicada em Beirute pela Editora e Livraria Sadeer

Rosto do Profeta (Al Mustafá) - imaginação de Gibran que originou o livro *O Profeta*. Capa da 1ª edição, de 1923.

Carta com um exemplar ilustrativo do livro "O Propheta" oferecido ao então presidente Ronald Reagan pelo editor Josef Sader.

Outro exemplar de *O Profeta*, ilustrado, oferecido ao presidente libanês Sheik Amin Jumail em 1983, em comemoração aos 100 anos do nascimento de Gibran.

Da Síria, o poeta cego Abu Al Ala El Mahari

Califa Haroun El Rachid. Sábio, mandou traduzir diversos livros das culturas indiana, persa e grega para o árabe. Ficou conhecido no Ocidente como "o califa das mil e uma noites".

Ibn Khaldun (1332-1406). Nasceu na mesma cidade de Santo Agostinho. É considerado o pai da Sociologia por seu livro *Os prolegômenos* ou *Filoso?a Social*.

Abu Nawas. Poeta e boêmio, viveu em Bagdá na época do califa Haroun El Rachid.

Personalidades árabes - desenhos de Gibran

Obras de Gibran

Em árabe
- *A Música* – (1905)
- *As Ninfas do Vale* – (1906)
- *Almas Rebeldes* – (1908)
- *Asas Quebradas* – (1912)
- *Uma Lágrima e Um Sorriso* – (1919)
- *Temporáis* - (1920)
- *As Procissões* – (1920)
- *Curiosidade e Beleza* – (1923)

Em inglês
- *O Louco* – (1918)
- *O Precursor* – (1920)
- *O Profeta* – (1923)
- *Areia e Espuma* – (1927)
- *Jesus, o Filho do Homem* – (1928)

Livros publicados após a morte de Gibran
- *Os Deuses da Terra* – (1931)
- *O Errante* – (1932)
- *Jardim do Profeta* – (1933)

Mulheres na vida de Gibran

Namoradas, amantes, colaboradoras e amigas:
- Hala El Daher (citada no livro "Asas Quebradas" com o pseudônimo de Salma Karame)
- Sultana Tabet (irmã presidente do governo libanês Ayoub Tabet)
- Mary Haskell (protetora de Gibran)
- Emile Michel (conhecida como Michelline)
- Josephine Preston Bebody
- Mary Khawage
- Citreed Barry
- Mari Issa Koury
- Mary Yani
- May Ziadah
- Courin Roosevelt (irmã do Presidente)
- Mary Teodoro Garland
- Rosa Onil
- Charlote Taylor
- Adil Watson
- Madilin Maison
- Marieta Lusn
- Barbara Young

Referências

BAIDAS, Emil Khalil. *Cartas de Amor*. Beirute: Novo Horizonte, 1999.

BITKUFTCH, Constantino. *Líbano e os Libaneses de 1869 – 1882*. Tradução: Youssef Attallah. Beirute: Elmada, 1986.

CHALLITA, Mansour. *O Amor na Vida e na Obra de Gibran*. Rio de Janeiro: Record, [s.d.].

DAHER, Massoud. *Beirute e Monte Líbano*. Beirute: El Mada, 1985.

DAHER, Massoud. *História Social do Líbano*. Beirute: El Farabi, 1974.

DAYA, João. *Ideologia de Gibran*. Londres: Sourakia, 1988.

DICIONÁRIO Aurélio - Português. Rio de Janeiro: Nova Fronteira, 1980.

DICIONÁRIO Caldas Aulete. Rio de Janeiro: Delta, 1973.

DICIONÁRIO El Manhal Nour-Adriss Francês-Árabe. 4. ed. Beirute: Ciência para os Milhões, 1977.

DICIONÁRIO El Minjid - Árabe. Beirute: Dar El Machreq, 1973.

DICIONÁRIO Enciclopédia Mirador. Rio de Janeiro: Encyclopedia Britannica do Brasil, 1977.

DICIONÁRIO Francês-Português-Francês. Lisboa: El Manhal, 1973.

DICIONÁRIO Houaiss-Português. [s.l.] : [s.n.], 2001.

DICIONÁRIO Inglish-Arabic. 19. ed. Beirute: Dar El Machreq.

DICIONÁRIO Jabour Nour Abdul Árabe-Francês. 9. ed. Beirute: Ciência para os Milhões, 1999.

ELJUR, Chicralla. *Profeta de Orphales*. Beirute: Al Makshuf, 1967.

ENCICLOPÉDIA Acadêmica da Filosofia. Beirute: Dar El Taliat, 1974.

ENCICLOPÉDIA Barsa. Rio de Janeiro: Encyclopedia Britannica do Brasil, 1967.

ENCICLOPÉDIA da Filosofia. Beirute: Dar El Taliat, 1987.

ENCICLOPÉDIA Larousse Cultural. Rio de Janeiro: [s.n.], 1974.

ENCICLOPÉDIA Mirador. São Paulo; Rio de Janeiro: Encyclopedia Britannica do Brasil, 1977.

FERRES, Anthony. *Auto Retrato de Kahlil Gibran*. Tradução: Emil Farhat. 4. ed. Rio de Janeiro: Record.

GIBRAN, Gibran Khalil *Coleção Completa dos Livros de Gibran Escritos em Árabe*. Revisão: Miguel Naime. Beirute: Sader, 1949.

GIBRAN, Gibran Khalil. *A Música*. [s.n.t.].

GIBRAN, Gibran Khalil. *Almas Rebeldes*. Tradução: Ângelo Cunha de Andrade. São Paulo: Claridade, 2005.

GIBRAN, Gibran Khalil. *Areia e Espuma*. [s.n.t.].

GIBRAN, Gibran Khalil. *As Almas Rebeldes*. [s.n.t.].

GIBRAN, Gibran Khalil. *As Almas Rebeldes*. Tradução: Mansour Challita. Rio de Janeiro: [s.n.], [s.d.].

GIBRAN, Gibran Khalil. *As Asas Partidas*. [s.n.t.].

GIBRAN, Gibran Khalil. *As Ninfas do Vale*. [s.n.t.].

GIBRAN, Gibran Khalil. *As Ninfas do Vale*. Tradução: Mansour Challita. Rio de Janeiro: Catavento, 1978.

GIBRAN, Gibran Khalil. *As Procissões A Música*. Tradução: Mansour Challita. Rio de Janeiro: Ingraf, [s.d.].

GIBRAN, Gibran Khalil. *As Procissões*. [s.n.t.].

GIBRAN, Gibran Khalil. *Asas Partidas*. Tradução: Ângelo Cunha Andrade. São Paulo: Claridade, 2005.

GIBRAN, Gibran Khalil. *Coleção Completa das obras de Gibran, escrita em Inglês e traduzida para o Árabe*. Tradução: Archimanditre Antonio Bachir. Beirute: Sader e Beirute, 1964.

GIBRAN, Gibran Khalil. *Curiosidade e Beleza*. [s.n.t.].

GIBRAN, Gibran Khalil. *Espíritos Rebeldes*. Tradução: Emil Farhat. 4 ed. Rio de Janeiro: Record, 1947.

GIBRAN, Gibran Khalil. *Jesus, o Filho do Homem*. [s.n.t.].

GIBRAN, Gibran Khalil. *Jesus, O Filho do Homem*. Tradução: Mansour Challita. Rio de Janeiro: Apex Gráfica, 1976.

GIBRAN, Gibran Khalil. *Jesus O Filho do Homem*. Tradução: Pietro Nissetti. São Paulo: Martin Claret, 2006.

GIBRAN, Gibran Khalil. *O Jardim do Profeta*. [s.n.t.].

GIBRAN, Gibran Khalil. *O Jardim do Profeta*. Tradução: Mansour Challita. Rio de Janeiro: Ingraf, [s.d.].

GIBRAN, Gibran Khalil. *O Louco*. [s.n.t.].

GIBRAN, Gibran Khalil. *O Louco*. Tradução: Mansour Challita. Rio de Janeiro: Ingraf, [s.d.].

GIBRAN, Gibran Khalil. *O Precursor*. [s.n.t.].

GIBRAN, Gibran Khalil. *O Precursor*. Tradução: Mansour Challita. Rio de Janeiro: Catavento, 1977.

GIBRAN, Gibran Khalil. *O Profeta*. [s.n.t.].

GIBRAN, Gibran Khalil. *O Profeta*. Tradução: José Mereb. São Paulo, 1935.

GIBRAN, Gibran Khalil. *O Profeta*. Tradução: Mansour Challita. [s.n.t.].

GIBRAN, Gibran Khalil. *O Profeta*. Tradução: Pietro Nassetti. São Paulo: Martin Claret, 2006.

GIBRAN, Gibran Khalil. *Os Deuses da Terra*. [s.n.t.].

GIBRAN, Gibran Khalil. *Os Deuses da Terra*. Tradução: Mansour Challita. Rio de Janeiro: Record, [s.d.].

GIBRAN, Gibran Khalil. *Temporal*. Tradução: Mansour Challita. Rio de Janeiro: Ingraf, [s.d.].

GIBRAN, Gibran Khalil. *Uma Lágrima e um Sorriso*. [s.n.t.].

GIBRAN, Gibran Khalil. *Uma lágrima e Um Sorriso*. Tradução: Mansour Challita. Rio de Janeiro: Primyl, [s.d.].

GIBRAN, Gibran Khalil. *O Errante*. [s.n.t.].

GIBRAN, Gibran Khalil. *Temporais*. [s.n.t.].

HABIB, Boutros. *Diálogo de Amor e de Morte nas Obras de Gibran*. Beirute: Edital, 1995.

HASKELL, Mary. *Meu Querido Profeta*. Tradução: Lourenço Fares. Beirute: El Jaridat, 1974.

HAWI, Kalil. *Gibran Khalil Gibran*. Beirute: Lar da Ciência para os Milhões, 1982.

HILU, Virginia. *Kahlil Gibran e Mary Haskell, O Grande Amor do Profeta*. Tradução: Valérie Rumjanek. 3. ed. Rio de Janeiro: Record, 1972.

HITTY, Philip. *História da Síria, Líbano e Palestina*. Tradução: Anis Fraiha. 2. ed. Bei rute: Cultura, 1972.

HITTY, Philip. *História da Síria, Líbano e Palestina*. Tradução: Jorge Haddad e Aboul Karim. 2. ed. Beirute: Cultura, 1958.

HUNAIDE, Break Nizar. *Assim Falou Gibran*. Damasco: Aláa El Deen, 2004.

HUNAIN, Riad. *Cartas de Gibran Errante*. Beirute: Naufal, 1983.

HUNAIN, Riad. *Conversação com Gibran*. Beirute: Naufal, 1983.

HUNAIN, Riad. *Outra Face de Gibran*. Beirute: Nahar, 1983.

HUWAYIK, Youssef. *Minhas Memórias com Gibran em Paris*. Adevic Chaibub. 2. ed. Beirute: Naufal, 1979.

HUWAYIK, Youssef. *Gibran, Em Paris*. Tradução: Ismênia Dantas. Rio de Janeiro: Record, 1976.

JABR, Jamil. *Gibran e Sua Época*. Beirute: Naufal, 1983.

JABR, Jamil. *Gibran Em Sua Vida Tempestuosa*. Beirute: Naufal, 1980.

KARAM, Youssef. *História da Filoso?a Grega*. Beirute: Al Kalamo, [s.d.].

KAZAN, Fuad. *Líbano e Seu Ambiente Árabe*. Beirute: El Farabi, 1972. 1 v.

KHALED, Ghassan. *Gibran, o Filósofo*. Beirute: Naufal, 1983.

KHALED, Ghassan. *Gibran, Sua Personalidade e Sua Literatura*. Beirute: Naufal, 1983.

KOURY, Raif. *Época de Renovação e Despertar*. Beirute: Organização Escolar, 1957.

KOURY, Raif. *In?uência da Revolução Francesa no Novo Pensamento Árabe*. Beirute: Elma Kchuf, 1943.

KUMAIRA, Jontas. *Gibran e Nietzche, O Profeta de Zaratustra*. Beirute: Naufal, 1997.

KURBAN, Tu?c David. *A casca e o cerne*. São Paulo: Safady, 1979. 4 v.

KUZBARI, Hajar Salma; BEXRUTI, Suhail. *Flâmula Azul*. Beirute: El Nahar, 2004.

MASSOUD, Habib. *Gibran Vivo e Morto*. 2. ed. Beirute: El Rihani, 1966.

MUKAREN, Nassib Sami. *Luzes na Doutrina Unitarista Drusa*. Beirute: Saáb, 1966.

NAIME, Miguel. *Gibran Khalil Gibran*. 6. ed. Beirute: Naufal, 1971.

NAJAR, Alexandre. *Folhas Gibrânicas*. Beirute: Nahar, 2006.

NAJAR, Alexandre. *Gibran Khalil Gibran*. Beirute: Nahar, 2006.

NAJEM, Khristo. *As Mulheres na Vida de Gibran*. Líbano: El RaidHazmia, 1985.

NIETZCHE, Friedrich. *Assim Falou Zaratustra*. Tradução: Alex Martins. São Paulo: Martin Claret, 2007.

REVISTA da Liga Literária. Nova York: Síria Americana, 1921-1922.

REVISTA Osbat At Andalussiat. São Paulo: [s.d.], n°6, 1947.

RIHANI, Amin. *El Rihaniat*. 2. ed. Beirute: Sader, 1922.

SABBAGH, Alphonse. DICIONÁRIO Português-Árabe. Beirute: Livraria Libanesa, 2004.

SAFADY, Jorge. *A imigração Libanesa no Brasil*. São Paulo: Safady, 1972.

SAIDAH, Jorge. *Nossa leitura e Nossos Literatos nas Américas*. 3. ed. Beirute: Lar da Ciência para os Milhões, 1964.

SALIBI. Kamal. *Partida da História do Líbano*. Nova York: Caravan, 1979.

SHEHAB, Haidar Ahmed. *Líbano na Época dos Primeiros Habitantes*. Beirute: Universidade Libanesa, 1969.

TADMURY, Abdul Salam Omar. *Líbano de 750 a 969*. Trípoli: Bros, 1992.

YOUNG, Barbara. *Gibran, Esse Homem do Líbano*. Tradução: Aurélio Lacerda. Petrópolis: Vozes, 1973.

YOUNG, Barbara. *Gibran, Esse Homem do Líbano*. Tradução: Said Afif El Baba. São Paulo: Safady, 1953.

ZAIDAN, Assaad. *Letras e História, Mil Palavras Árabes na Língua Portuguesa*. Belém: Secult, 2005.

ZAIDAN, Assaad. *Raízes Libanesas no Pará*. Belém: Secult, 2001.

Impresso em São Paulo, SP, em julho de 2008,
com miolo em chamois fine 67g/m2,
nas oficinas da Gráfica Edições Loyola
Composto em Palatino, corpo 10 pt.

**Não encontrando esta obra nas livrarias,
solicite-a diretamente à editora.**

Escrituras Editora e Distribuidora de Livros Ltda.
Rua Maestro Callia, 123
04012-100 – Vila Mariana – São Paulo, SP
Tel.: (11) 5904-4499 / Fax: (11) 5904-4495
escrituras@escrituras.com.br
vendas@escrituras.com.br
imprensa@escrituras.com.br
www.escrituras.com.br